MASCULIN/FÉMININ DANS L'EUROPE MODERNE

COMITÉ DE DIRECTION

Colette H. Winn, Myriam Dufour-Maître, Catriona Seth et Damien Zanone

36

Série *XVIIIe siècle*
dirigée par Catriona Seth

16

Femme et Folie sous l'Ancien Régime

Actes du colloque international de la SIÉFAR « Femme et folie » organisé en ligne les 25 et 26 avril 2021, publiés avec le soutien de l'unité de recherche Textes et Cultures (UR 4028) de l'université d'Artois et du laboratoire LAMO (EA 4276) de Nantes Université

Femme et Folie sous l'Ancien Régime

Sous la direction de Marianne Closson,
Nathalie Grande, Claudine Nédelec et Ghislain Tranié

PARIS
CLASSIQUES GARNIER
2022

Marianne Closson est maîtresse de conférences en littérature française de la Renaissance à l'université d'Artois. Ses travaux portent sur la démonologie, le fantastique, l'utopie, le corps et les études de genre aux XVIe et XVIIe siècles. Elle a dirigé la publication de *L'Hermaphrodite de la Renaissance aux Lumières* (Paris, 2013) et des *Amours entre frère et sœur : l'inceste adelphique du Moyen Âge au début du XIXe siècle* (Paris, 2020).

Nathalie Grande, professeure à l'université de Nantes, est historienne de la littérature. Elle interroge au fil de ses travaux la question de l'accès des femmes à l'écriture et leur place dans le champ littéraire du XVIIe siècle. Au-delà, elle questionne les interactions entre littérature et société et la manière dont la mixité peut changer la culture, en particulier à travers l'étude du phénomène galant.

Claudine Nédelec, professeure émérite à l'université d'Artois, est spécialiste des modes du comique au XVIIe siècle (notamment du burlesque : *Les États et Empires du burlesque*, Paris, 2004) ainsi que de la galanterie. Elle a publié avec Jean Leclerc une anthologie des poésies de Scarron (*Recueil de quelques vers burlesques. Une anthologie*, Paris, 2021).

Ghislain Tranié, docteur en histoire moderne, est membre associé du Centre Roland Mousnier (Sorbonne Université). Ses travaux portent sur les communautés religieuses féminines à l'époque moderne et sur l'anthropologie politique du sujet au XVIe siècle. Il a publié *Philippe de Gueldre (1465-1547). « Royne de Sicile » et « povre ver de terre »* (Paris, 2018).

ISBN 978-2-406-14170-9 (livre broché)
ISBN 978-2-406-14171-6 (livre relié)
ISSN 2111-6970

AVANT-PROPOS

Pour une histoire genrée de la folie à l'époque moderne

Le colloque organisé conjointement par la SIÉFAR (Société Internationale pour l'Étude des Femmes de l'Ancien Régime) et les centres de recherche « Textes et cultures » de l'Université d'Artois et « Littératures Antiques et Modernes » de Nantes Université, les 25 et 26 avril 2021, se proposait d'interroger à travers une approche pluridisciplinaire les liens entre femme et folie dans la culture d'Ancien Régime. Or, dans l'*Histoire de la folie à l'âge classique*, ouvrage qui a ouvert un champ d'études jusque-là peu exploré[1] et qui reste, malgré les critiques dont il est l'objet, un texte de référence, Michel Foucault ne fait nulle part mention d'une différence entre les sexes, tant dans la classification que dans le traitement de la folie. Pourtant les textes consacrés aux pathologies mentales exclusivement féminines, telle l'hystérie, appelée aussi « suffocation de matrice », et les débats sur le « genre » de certaines maladies – l'hypocondrie, la mélancolie, l'hystérie même – sont l'objet de nombreux textes et polémiques durant tout l'Ancien Régime.

Dans un système de valorisation du masculin, la folie de la femme est ainsi presque toujours liée au corps et à la sexualité, celle de l'homme étant davantage vue comme « cérébrale » ; de ce fait, elle peut même être admirée, avec la redécouverte du problème XXX du pseudo-Aristote[2], qui fait de la mélancolie la marque du génie créateur. En revanche la

1 Voir G. Swain, *Dialogue avec l'insensé. Essais d'histoire de la psychiatrie.* Précédé de *À la recherche d'une autre histoire de la folie* par M. Gauchet, Paris, Gallimard, 1994. Marcel Gauchet signale à propos de Foucault : « Si nous pensions contre lui, nous savions que c'était grâce à lui. [...] Il a tout simplement créé le sujet », l'histoire de la folie étant figée jusque-là dans un « poussiéreux grand récit unificateur » célébrant les « Lumières et le combat laïque du XIXe siècle », p. XXVI-XXVII.

2 « Pour quelle raison tous ceux qui ont été des hommes d'exception, en ce qui regarde la philosophie, la science de l'État, la poésie ou les arts, sont-ils manifestement mélancoliques ? ». Cette célèbre formule est à l'origine du lien établi à partir de la Renaissance dans la culture occidentale entre génie créateur et folie. Aristote, *L'Homme de génie et la mélancolie*, J. Pigeaud (trad.), Paris, Rivages poche, 1988, p. 83.

folie des femmes est toujours inscrite dans la faiblesse organique supposée du corps féminin[3] qui conduit à une infériorité tant intellectuelle que morale : la femme est folle *dans* son corps mais aussi *de* son corps. La pathologisation du désir féminin devient dès lors un moyen de contrôle et de domination qui va au-delà de la sexualité : toute femme qui sort de sa passivité, en investissant des champs de savoir et de pouvoir exclusivement masculins, est vite soupçonnée d'être démente, surtout quand elle ose mettre en cause la place des femmes dans la société. Nombre d'artistes, de femmes politiques ou encore de femmes libres dans leurs mœurs ont ainsi été traitées de furies, d'hystériques, ou de lunatiques : les femmes n'ont-elles pas un quartier de lune dans la tête[4] ? L'accusation de folie lancée contre les femmes vise ainsi à les exclure de l'ordre rationnel, forcément masculin.

La question du genre constitue donc un enjeu majeur dans la représentation de la folie, offrant une caution « scientifique » à la domination masculine, processus qui ne fera que s'amplifier pendant tout l'Ancien Régime ; il aboutira au XIXe siècle, comme on le sait, à l'enfermement des femmes – elles sont alors majoritaires dans les asiles[5] –, et à ce tableau iconique qui aujourd'hui révolte, *Une leçon clinique à la Salpêtrière* (1887), avec ce corps presque dénudé d'une patiente exhibée devant un public masculin par le Dr Charcot. On doit aussi au célèbre neurologue l'événement mondain du « bal des folles[6] », qui transforme les aliénées en objet de curiosité érotique, la figure de la folle devenant dans la même période une image obsédante dans l'art et la littérature.

3 Si la prise en compte du « genre » dans la médecine peut être considérée comme un « progrès » – les pathologies cardiaques chez la femme ont ainsi été longtemps sous-estimées du fait de la différence des symptômes avec ceux de l'homme – la question mérite d'être débattue pour ce qui est des maladies mentales. J. M. Ussher, dans *The Madness of Women : Myth and Experience*, Londres-New York, Routledge, 2011, montre combien aujourd'hui encore – où la dépression est devenue le diagnostic dominant pour les femmes, remplaçant ainsi l'hystérie –, la psychiatrie considère les caractéristiques biologiques des femmes (les règles, la ménopause) comme des prédispositions « hormonales » à la maladie mentale, sans s'interroger sur les conditions sociales de violence et de domination que vivent les patientes.

4 Voir l'estampe *L'influance de la lune sur la teste des femmes* (Gallica IFN-8404239) choisie pour l'affiche du colloque. La lune est traditionnellement associée à l'humeur fantasque et à la folie pour les deux sexes, mais si les femmes sont réputées être particulièrement « lunatiques » c'est probablement du fait du lien avec le cycle des règles.

5 Voir les chiffres de C. Quétel, *Histoire de la folie. De l'Antiquité à nos jours*, Paris, Tallandier, « Texto », 2012 [2009], p. 313 *sq.*

6 *Le Bal des folles* est devenu en 2019 le titre d'un roman de Victoria Mas, qui a été adapté au cinéma par Mélanie Laurent en 2021.

Il faudra attendre les années 1970, en particulier dans le monde anglo-saxon[7], pour que la folie féminine soit l'objet d'un questionnement : n'y aurait-il pas un lien entre le diagnostic de maladie mentale et la condition féminine ? Les femmes ne seraient-elles pas poussées dans la folie, à la fois par les injonctions de la société et par une médecine entièrement aux mains des hommes ? Dans le champ de la psychiatrie mais aussi de la psychanalyse, nombreuses sont aujourd'hui les voix qui font entendre une critique de théories historiquement « phallocentrées » et qui invitent, sans nier la spécificité de certaines pathologies féminines, à reconsidérer la question de la différence des sexes et des genres pour les maladies psychiques. Par ailleurs, le lien entre folie féminine et création est désormais reconnu et même revendiqué par des artistes et des écrivaines, comme l'attestent, entre autres, la popularité des figures de Camille Claudel ou de Séraphine de Senlis[8] et les récents colloques interrogeant la folie chez les femmes artistes et les écrivaines[9].

La plupart des recherches actuelles sur le sujet portent néanmoins principalement sur la période récente, et on peut citer ici l'ouvrage pionner paru en 1986 de Yannick Ripa, *La Ronde des folles : femme, folie et enfermement au* XIX*e siècle*[10] ; pour l'Ancien Régime, le champ de recherche ouvert par Foucault fait qu'il existe de nombreux ouvrages et articles sur l'histoire de la folie, mais ils font peu ou pas de place à la différence des sexes ; on trouve néanmoins pour cette période des études sur l'hystérie – souvent en lien avec la démonologie ou la possession démoniaque – ainsi que sur les personnages de folles, de la fameuse Moria d'Érasme aux héroïnes de la tragédie ou de l'opéra[11]. Ces travaux

---

7 On peut citer à ce propos l'ouvrage de P. Chesler, *Women and Madness* [1972] *Les Femmes et la folie*, J.-P. Cottereau (trad.), Paris, Payot, 1975, ou encore le film *Family life* de Ken Loach (1971).

8 Voir, entre autres, A. Vircondelet, *L'Art jusqu'à la folie. Camille Claudel, Séraphine de Senlis, Aloïse Corbaz*, Monaco, Éditions du Rocher, 2016. Ces trois artistes ont été popularisées par le cinéma : *Aloïse* de Liliane de Kermadec en 1975, *Camille Claudel* de Bruno Nuytten en 1987, *Séraphine* de Martin Provost en 2008.

9 Voir les ouvrages issus de deux colloques qui se sont tenus en novembre 2016 : M. Calle-Gruber, S.-A. Crevier Goulet, A. Oberhuber et M. Peñalver Vicea (dir.), *Folles littéraires, des folies lucides. Les états* borderline *du genre et ses créations*, Montréal, Nota bene, 2019 ; et N. Mékouar-Hertzberg et S. Urdician (dir.), *Histoires de folles : raison et déraison, liaisons et déliaisons*, Binges, Orbis tertius, 2018.

10 Paris, Aubier, 1986.

11 Les scènes de folie à l'opéra – comment ne pas évoquer le grand air de la Folie dans *Platée* (1745) de Jean-Philippe Rameau ? – font l'objet de nombreux travaux. Voir, entre autres,

sont cependant rarement intégrés dans la perspective plus vaste que propose la SIÉFAR : l'histoire des femmes et plus précisément ici de la représentation des femmes et du genre[12] sous l'Ancien Régime. Aussi le colloque a-t-il permis de rassembler des spécialistes de cette période appartenant à différents champs, et ainsi de montrer la richesse de ce qui, il y a un demi-siècle, était encore perçu comme un « non-sujet ».

LES FOLLES POUR REVISITER L'HISTOIRE DE LA FOLIE À L'ÂGE CLASSIQUE

L'*Histoire de la folie à l'âge classique*[13] (1972), d'abord publiée sous le titre *Folie et déraison. Histoire de la folie à l'âge classique* (1961), polarise depuis plus de soixante ans les débats intellectuels sur la dynamique d'exclusion qui serait propre à la modernité, une thématique ensuite approfondie par Michel Foucault dans ses ouvrages ultérieurs, notamment *Surveiller et punir* (1975) et les volumes de l'*Histoire de la sexualité* (1976-2018). Qu'il s'agisse de la médecine, de l'Église ou de l'État, Foucault voit dans le développement des institutions modernes l'émergence d'une raison coercitive au service des pouvoirs. S'agissant de la folie, celle-ci ne saurait dès lors plus avoir droit de cité. À son inclusion succéderait ainsi son exclusion et son assujettissement, d'abord incarnée par le « grand renfermement » décidé en 1656 par l'Église et l'État en associant charité et répression, puis par la libération des enchaînés de l'hôpital Bicêtre en 1793, un acte marquant l'aboutissement d'un processus faisant relever la folie de l'expertise médicale.

La réception de l'*Histoire de la folie à l'âge classique* s'effectue de façon distincte des deux côtés de l'Atlantique. Aux États-Unis, l'ouvrage est

J. Verdeau-Paillès, M. Laxenaire et H. Stœcklin, *La Folie à l'opéra*, Paris, Buchet Chastel, 2005.

12 Du fait qu'il s'agit avant tout d'étudier une représentation, nous avons fait le choix, débattu, d'utiliser le singulier « la femme ». Comme l'écrit Dominique Godineau : « Pour l'historien, "la Femme" n'existe pas [...], ce sont des femmes que l'on rencontre dans les archives [...]. Pourtant cette Femme abstraite est présente dans les discours des contemporains ». *Les Femmes dans la France moderne*, Paris, Armand Colin, 2015, p. 11.

13 Pour un résumé détaillé et une analyse critique de l'ouvrage de Michel Foucault, voir C. Quétel, *op. cit.*, p. 87-98.

traduit dès 1965 dans une version abrégée. Les lectures qui en découlent situent alors Michel Foucault dans un mouvement philosophique de déconstruction des pouvoirs dans lequel la question du genre ne semble guère avoir de place – ce qui n'empêche toutefois pas que la pensée foucaldienne tienne une place majeure dans la *French Theory* qui se développe dans les années 1970-1980 et qui, pour sa part, donne une impulsion majeure aux études de genre. En France, la lecture antipsychiatrique de l'ouvrage entraîne des critiques spécifiques (sur l'assimilation de la folie à une idéologie et sur l'incapacité à penser l'hôpital psychiatrique dans le cadre démocratique[14]). Toutefois, l'ouvrage demeure au centre des débats car Michel Foucault ne cesse de revisiter sa thèse. Il inclut ainsi – enfin ! – en 1976 dans son cours au Collège de France une réflexion sur l'importance des femmes dans les représentations littéraires et les réalités statistiques de l'enfermement liées à la folie pour l'Ancien Régime[15]. Mais cette inflexion ne débouche pourtant sur aucune réédition augmentée. Car pour Foucault, le pouvoir cherche d'abord à assujettir les individus aux normes qu'il produit et s'adresse aussi bien aux femmes qu'aux hommes – ces derniers apparaissant plus souvent dans son œuvre d'abord en raison du biais des sources normatives rédigées par des hommes.

Des femmes et du genre, il n'est donc nullement question dans cet ouvrage. Cette absence des femmes s'explique par plusieurs facteurs : la question du genre demeure marginale dans la France de 1961 ; sa position de philosophe produisant un discours visant la totalité du social l'empêche de distinguer entre les femmes et les hommes ; l'absence de comparaison avec d'autres sociétés ou d'autres temporalités enfin n'aide pas à mettre en lumière une approche par la distinction entre la folle et le fou. Ni littéraire ni historien, Foucault propose un ouvrage qui, soixante ans plus tard, demeure essentiel mais fait l'objet de nombreuses critiques. Appliquer le discours médical sur un processus étiré de la Renaissance au XIXe siècle sans mettre au cœur de l'approche les femmes et les hommes qui se voient attribuer une folie, par ailleurs loin d'être définie, pose de nombreux problèmes.

14 M. Gauchet, G. Swain, *La Pratique de l'esprit humain. L'institution asilaire et la révolution démocratique*, Paris, Gallimard, « Bibliothèque des sciences humaines », 1980.

15 Pour l'évolution de la pensée et de la réception de M. Foucault, voir P. Artières *et alii*, *Histoire de la folie à l'âge classique de Michel Foucault. Regards critiques 1961-2011*, Caen, Presses universitaires de Caen, 2011.

La SIÉFAR propose de relancer l'enquête sur la folie en partant des femmes parce que celles-ci, même si elles ne sont présentées pour elles-mêmes nulle part chez Foucault, sont partout présentes dans les discours et les images produits sur les conflits entre la raison et la déraison, et ce dès la Renaissance. Dès lors, les limites perçues dans l'ouvrage de Foucault sont autant de perspectives permettant de revisiter l'histoire de la folie par le biais des folles – que cette dénomination leur soit assignée de l'extérieur ou qu'elle soit adoptée par des femmes de façon autonome.

La thèse de Michel Foucault repose sur l'opposition d'une Renaissance inclusive vis-à-vis de la folie (suivant en cela un héritage médiéval) et d'une modernité qui enferme, châtie et, éventuellement, soigne les fous et les folles. Si ce schéma peut être dans ses grandes lignes retenu, l'examen de la situation des femmes désignées folles et de celles qui s'affirment comme folles par rapport à une norme donnée, permet de nuancer ce tableau en remarquant que les mécaniques d'inclusion et d'exclusion sont susceptibles d'être mobilisées, mais que le mouvement général tend à exclure les femmes des champs du religieux, du politique et du social à l'époque moderne.

Qu'en est-il de cette Renaissance « inclusive » ? De Jérôme Bosch à Pieter Brueghel, de Sébastien Brandt à Érasme, de Rabelais à Agrippa d'Aubigné, la mise en accusation d'une folie image d'une Chrétienté perdue dans le péché irrigue les champs littéraire et artistique. La folie se trouve alors au cœur d'un imaginaire de l'inversion, signe d'une humanité qui se laisse submerger par l'angoisse eschatologique. Le désarroi en arrière-plan de cette conception de la folie relève des mutations religieuses, politiques, sociales et culturelles qui jalonnent le XVIe siècle. Ainsi, dans une première lecture, des lignes de partage entre folles et fous sont difficiles à distinguer tant les auteurs cherchent d'abord à accumuler des exemples aussi bien féminins que masculins. Pourtant, une seconde lecture fondée sur l'observation des folles – c'est-à-dire les femmes considérées ou se définissant elles-mêmes comme telles – permet de dévoiler une folie plus complexe et moins inclusive. Trois catégories principales de folles peuvent être différenciées : celles qui sont incluses dans la société parce que leur présence est indispensable à la réalisation des rites sociaux fondateurs ; celles qui éprouvent dans leur corps et par leur corps une folie les projetant hors d'elles et posant la question du sujet à un moment clé d'émergence de la personne – et de son genre ;

celles enfin qui se considèrent folles dans le Christ ou qui, au contraire, sont condamnées comme folles pour leur incapacité à résister à l'hérésie ou à la sorcellerie.

Dans la continuité du bas Moyen Âge, les folles apparaissent nécessaires à la réalisation et à la représentation des pratiques sociales à la Renaissance. Cela est particulièrement visible pour les rites qui, en canalisant les formes de destruction de l'ordre social par leur restauration quasi immédiate, servent de réassurance pour les institutions politiques, sociales et culturelles. La littérature rabelaisienne comme les contes de Noël du Fail mettent par exemple en lumière le rôle des abbayes de jeunesse. Celles-ci s'adressent aux jeunes garçons non mariés et diffusent un discours misogyne : les cocus sont moqués lors des charivaris mais leurs femmes sont tout aussi fautives. Par leur corps adonné aux passions, elles attirent le péché. Leur nature les inclinerait ainsi à une folie définie par leur propension au péché, à l'image d'Ève. La question de la réputation se trouve en arrière-plan de cette situation. Aucune femme ne pourrait réellement jouir d'une *bona fama*, d'où le jeu de mots sur les pratiques ou les paroles de « bonne femme » qui soulignent ironiquement l'infériorité féminine. Les femmes sont dans cette perspective folles parce qu'elles démontrent leur incapacité à la sagesse. Folles sont alors les matrones partageant leurs remèdes à la limite de la sorcellerie dans *Les Évangiles des quenouilles*, présentés comme des veillées consignées par un clerc à la fin du XVe siècle. Dans ce cas, il s'agit de six femmes soi-disant « sages doctoresses et inventeresses[16] », mais qui suscitent au mieux le rire et au pire la crainte. Toutes ces folles ont un point commun : elles ne sont pas encore ou ne sont plus mariées, et sous la surveillance d'un homme.

Le dévoilement de ces folles intervient à l'occasion de temporalités spécifiques, qui sont des temps d'excès (le carnaval) ou de suspension du temps ordinaire (la fête des fous). Les folles des « fêtes des fous » dans le nord de la France expriment ainsi l'obscénité, la transgression. Fait remarquable, il s'agit en général d'hommes travestis en femmes[17]. Les

16 *Les Évangiles des quenouilles*, M. Jeay (éd.), Paris, Librairie philosophique Jean Vrin, Montréal, Presses de l'Université de Montréal, « Études médiévales », 1985.

17 Voir la thèse de P.-E. Guilleray, *La Fête des fous dans le nord de la France (XIVe-XVIe siècles)*, thèse pour le diplôme d'archiviste-paléographe sous la direction de C. Gauvard, École nationale des Chartes, 2022, 2 vol. La position de thèse est consultable en ligne. URL : https://www.chartes.psl.eu/fr/positions-these/fete-fous-nord-france-xive-xvie-siecles (consulté le 2 juin 2022).

folles se retrouvent donc liées à une inversion sexuelle qui contrevient à la nature donnée par Dieu à la suite de la faute originelle commise par Ève, qu'il convient de dénoncer mais qu'il faut aussi inclure car elle révèle les desseins de Dieu. Mais cette inclusion doit être nuancée. Elle est en effet circonscrite à des lieux spécifiques, en plus des temporalités vues ci-dessus, à l'image de la cour. La folle y désigne une position extraordinaire tenue par une femme. C'est le cas d'Anne de France, à propos de laquelle – selon Brantôme – son père le roi Louis XI aurait déclaré qu'elle « est la moins folle des filles de France, car de sage il n'y en a point ». Dans ce cas, la folle est la dame qui prétend exercer le pouvoir en lieu et place d'un homme. Or la quasi régence d'Anne de France marque une étape essentielle dans l'institutionnalisation de la régence dans un royaume où la loi salique est de plus en plus opposée à toute prétention féminine au pouvoir. La sagesse d'Anne de France résiderait ainsi dans sa prudence à l'égard de l'évolution vers une position reconnue de pouvoir pour une femme qui mettrait à distance toute passion qui viendrait signifier la folie féminine.

Toutefois les folles de cour désignent surtout des femmes bien spécifiques chargées de distraire les courtisans et qui servent d'exutoire face à la pression accumulée dans cet espace politique et social en perpétuelle tension. La folle de cour incarne donc une altérité bien identifiée mais associée au monde des dames. Plusieurs sont connues : elles sont désignées comme folles mais sont surtout des naines (à l'instar de Dareille, naine de Claude de France, Cathelot, naine d'Éléonore de Habsbourg puis de Marguerite de France, duchesse de Berry, Mathurine[18], folle d'Henri IV et de Louis XIII), et également des « monstres » selon le vocable du temps (telle Antonietta Gonsalvus logée avec sa famille dans les jardins de Fontainebleau sous le règne d'Henri II). Ainsi, pour reprendre Clément Marot, « Triboulet a frères et sœurs[19] ». Le point commun de ces folles de cour est de jouir d'une position qui se joue des rangs : leur extravagance leur permet de faire entendre une autre voix éventuellement bénéfique pour le pouvoir. Mathurine aurait ainsi permis l'arrestation de Jean Châtel, qui venait d'attenter à la vie d'Henri IV en 1594[20].

18 Il est intéressant de noter que Mathurine est réputée s'habiller avec un costume militaire…

19 C. Marot, *Œuvres complètes. Tome 2. Œuvres satiriques*, C. A. Mayer (éd.), Genève, Slatkine Reprint, 1999, p. 130, v. 141. G. Berthon, « "Triboulet a frères et sœurs" – Fou de cour et littérature au tournant des XVe et XVIe siècles », *Babel*, 25 (2012), p. 97-120.

20 J. Mathorez, *Mathurine et les libelles publiés sous son nom*, Paris, H. Leclerc, 1922.

La représentation des folles du XVIe siècle ne doit pas occulter l'identification les désignant comme telles à cause de leur corps. Deux caractérisations émergent surtout : une nosographie déduite de la médecine antique, distinguant entre les maniaques, les frénétiques et les mélancoliques d'une part ; et les discours religieux qui cherchent à repérer les folles de Dieu et celles du diable d'autre part[21]. La désignation précise de la folle dépend par conséquent du producteur du discours à son encontre. Un point commun émerge toutefois : les folles ne peuvent maîtriser leur corps, et leur folie détient une valeur collective par effet d'analogie.

Hors d'elles, les folles révèlent par exemple des tensions présentes au sein de la société et traduisent des peurs sociales et religieuses à un moment où la crise de l'Église et le développement de la Réforme rendent possible l'extériorisation de l'altérité. L'histoire des danses de Saint-Guy (de Saint-Jean également) offre un imaginaire de folles et de fous – mais ce sont les premières qui retiennent l'attention – prises par la manie de la danse. À Strasbourg, une femme, Frau Troffea, aurait été prise d'une manie dansante faite de gestes plus ou moins désarticulés entraînant dans son sillage des dizaines de personnes des semaines durant. Le seul remède efficace aurait été d'emmener l'ensemble des folles et des fous en pèlerinage. C'est aussi ce que montre un dessin de Pieter Brueghel l'Ancien en 1564 où figurent des folles portées au sanctuaire de Saint-Jean de Molenbeek pour y être guéries[22].

Les folles en Dieu se caractérisent par un corps volontairement méprisé, humilié et parfois mutilé. La négation de soi et la piété doloriste sont très présentes dans la spiritualité féminine. Le port du cilice et l'adoption d'un surnom soulignant un défaut physique sont des indices corporels qui traduisent l'adoption d'un modèle de sainteté négative car à la recherche de l'annihilation de la créature. Philippe de Gueldre (1465-1547), duchesse de Lorraine puis religieuse colettine, se réjouit ainsi de souffrir en son corps et signe ses lettres « le povre ver de terre[23] ». De

21 Voir *infra* l'article d'Élisabeth Lacombe sur la superposition de plusieurs formes de folie dans la tragédie de la Renaissance.

22 G. Tranié, « L'Apocalypse a-t-il un genre ? L'imaginaire eschatologique au féminin entre France et Empire à la Renaissance », *Le Verger* X, décembre 2016, revue électronique de *Cornucopia*. URL : http://cornucopia16.com/blog/2016/11/21/ghislain-tranie-lire-les-signes-de-lapocalypse-dans-les-categories-de-genre-a-strasbourg-et-en-alsace-a-la-renaissance/ (consulté le 4 avril 2022).

23 Sur cette femme, voir G. Tranié, *Philippe de Gueldre (1465-1547), « royne de Sicile » et « povre ver de terre »*, Paris, Classiques Garnier, « Bibliothèque de la Renaissance », n° 13, 2018.

façon générale, les femmes éprises de mystique recherchent, à la manière de Catherine de Sienne, un modèle de sainteté fondé sur la négation de leur corps et l'adoption de pratiques folles au regard des normes sociales et culturelles. Mais la désignation de folles n'est pas nécessairement le fait d'un regard projeté sur ces mystiques : les religieuses se vivent comme des folles parce qu'elles se pensent habitées par le Christ. Elles deviennent également folles du fait de leur présomption qui pourrait devenir une vanité et les entraîner vers une tout autre possession, diabolique celle-là, à l'instar des sorcières. L'imaginaire du sabbat diffusé auprès des clercs comme des juges par le *Malleus Maleficarum* des dominicains Institoris et Sprenger dépeint des sorcières, c'est-à-dire des folles par hérésie, chevauchant le diable pour leur seul plaisir. Cet imaginaire est à l'origine des procès en sorcellerie dans lesquels, à l'instar de Nicolas Rémy en Lorraine, les juges s'évertuent à ausculter le corps des femmes. Ce corps dévoyé porte en effet les stigmates de leur folie diabolique, et seule la condamnation par le feu semble alors en mesure de purifier la société et éliminer la folie/hérésie[24]. Depuis l'espace germanique, et non sans une perspective de dispute confessionnelle, le médecin Jean Wier dénonce néanmoins cette vue des clercs associant les sorcières à l'hérésie : les sorcières sont des malades mentales, de « pauvres vieilles insensées[25] » et non des hérétiques. En les jugeant folles, il déclare ces femmes irresponsables[26].

Folie et péché, folie et sainteté : la Renaissance est un âge du paradoxe. Les folles sont donc aussi des folles de Dieu, aussi bien de façon symbolique (les sibylles, les prophétesses) que réelles. Mais toutes ces folles, femmes visionnaires ou princesses engagées dans les guerres de Religion, sont ainsi caractérisées dans des libelles et des pamphlets diffusés dans une logique de combat – politique et religieux – dirigé contre tout pouvoir féminin. L'un des textes les plus précis dans cette

24 Pour une approche détaillée de l'identification corporelle de la sorcière, voir É. Delcambre, *Le Concept de sorcellerie dans le Duché de Lorraine au* XVIe *et au* XVIIe *siècle*, Nancy, Société d'archéologie lorraine, 1er fascicule : *L'Initiation à la Sorcellerie et le Sabbat*, 1948 ; 2e fascicule : *Les Maléfices et la Vie supranormale des Sorciers*, 1949.

25 J. Wier, *Histoires, disputes et discours, des illusions et impostures des diables, des magiciens infames, sorcieres et empoisonneurs ; des ensorcelez et demoniaques et de la guerison d'iceux ; item que meritent les magiciens, les empoisonneurs et les sorcieres*, Paris, Pour Jacques Chouet, 1579, « Préface » [p. 6-7].

26 Voir *infra* « *Tota mulier in utero* », et pour une analyse de la réception de l'œuvre de Jean Wier à travers la traduction de Jacques Grevin, voir *infra* l'article d'A. Ruciak.

assimilation des femmes aux « déportements » vise en 1575 Catherine de Médicis et souligne la dangerosité de femmes mues par leur corps et leurs passions. Du côté des religieuses, toutes sont figurées ou se représentent comme mues par le Christ et se veulent des guerrières de Dieu. Les folles de Dieu risquent aussi, dans cette même tension paradoxale, d'être des folles contre Dieu, c'est-à-dire des schismatiques ou des hérétiques. Folles sont les religieuses dites « déformées » qui refusent la clôture et l'autorité de l'évêque, suscitant même, comme à l'abbaye de Saint-Pierre à Lyon en 1528, une crise de possession et l'apparition d'un spectre[27]. Folles sont pour les Genevois les clarisses, conduites par leur abbesse et chroniqueuse Jeanne de Jussie, qui refusent d'abandonner la vie régulière. Folles enfin sont, pour les religieuses fidèles à Rome, celles qui quittent le couvent et adoptent la Réforme, à l'instar de Marie Dentière, religieuse augustinienne passée à la Réforme et autrice défendant un rôle actif des femmes dans la religion[28].

La diversité des folles de la Renaissance ne doit pas masquer l'essentiel : la folie fait l'objet d'une condamnation religieuse et morale parce qu'elle reflète une nature féminine qui serait incapable d'accéder à la raison – une raison déterminée selon des normes confessionnelles puis, de plus en plus, morales et scientifiques, mais toujours par des hommes.

Le XVIIe siècle est celui de l'âge baroque, pour lequel Jean-Marie Constant a pu parler d'une « folle liberté[29] » à propos des derniers feux – certes particulièrement flamboyants – de l'idéal nobiliaire au sein duquel les dames n'hésitent pas à s'illustrer ; il est également celui de l'âge classique qui enfermerait la noblesse dans de nouvelles contraintes politiques et sociales. De façon parallèle et engagée dès les guerres de Religion, l'exclusion des femmes du champ politique entraîne un changement de point de vue sur celles qui prétendent agir sur la scène du royaume : leur incapacité découle de leur incompétence profonde. Dominées par leurs passions, les femmes ne peuvent être sages. La régente Anne d'Autriche passe par exemple pour une folle : le mémorialiste Guy Joly souligne sa réaction impulsive et contraire à la sagesse face aux magistrats du parlement de Paris : le conseiller Broussel s'exclame

27 J.-M. Le Gall, « L'ange, la moniale et l'hérétique : une affaire de possession à Lyon en 1528 », *Mélanges Jean-Pierre Massaut, Revue d'histoire ecclésiastique*, 2004, p. 147-160.

28 Sur les relations entre les religieuses et la folie, voir *infra* l'article d'E. Guillemard.

29 J.-M. Constant, *La Folle Liberté des baroques 1600-1661*, Paris, Perrin, « Pour l'Histoire », 2007.

« *Habemus iratam Junonem* », le cardinal de Retz la décrit gouvernée par ses passions jusqu'à l'absurde[30]. Le champ des représentations, de la littérature à l'histoire, de la Réforme catholique à la morale sociale, précise et nuance ce constat. Dès le premier tiers du XVIIe siècle s'opère un tournant. La folie est alors doublement associée aux passions et à la pathologie[31], mettant en accusation aussi bien l'esprit que le corps. Cette double focalisation renforce l'identification d'un nombre toujours plus grand de folles. Celles-ci se voient affublées des caractères les plus vifs, qu'il s'agisse des protagonistes des œuvres littéraires ou des autrices. La figure de Médée, souvent convoquée dans les canards imprimés dans la première moitié du siècle, incarne la folie de ces femmes qui, folles d'amour, de rage ou de douleur, en viennent à commettre des crimes atroces[32]. Leonora Galigaï, confidente de Marie de Médicis, est d'ailleurs affublée du surnom de Médée dans un libelle de 1617, *La Médée de la France. Dépeinte en la personne de la Marquise d'Ancre*[33].

Dès l'âge baroque s'effectue donc une analogie entre la nécessité d'exclure les femmes de la scène politique et la diffusion d'un imaginaire associant les femmes aux passions, faisant d'elles des furies incapables de contrôler leur corps et leurs paroles[34]. Cette évolution s'inscrit dans l'émergence d'une nouvelle forme de raison politique à l'issue des guerres de Religion qui oppose justement les discours et les pratiques des folles en les associant à des passions telles que la haine, la furie, l'amour ou la tristesse, et les discours et les pratiques des sages marqués par l'absence de passion, la maîtrise de soi et la tempérance. La volonté de légitimer la relégation de la folie hors du théâtre politique n'explique toutefois pas pourquoi celle-ci est de plus en plus associée aux seules femmes. L'identification entre folie et folle s'inscrit certes dans la tradition misogyne fortement établie, mais elle se nourrit d'une relecture politique

30 S. Vergnes, « Anne d'Autriche pendant la Fronde. Une régente dans la tourmente devant le tribunal de ses contemporains », F. Salesse (dir.), *Le Bon Historien sait faire parler les silences. Hommage à Thierry Wanegffelen*, Toulouse, Presses universitaires du Midi, 2012, p. 77-90.

31 Voir *infra Tota mulier in utero*. – Pour une approche de la littérature médicale sur les femmes sur une longue Renaissance (1480-1620), voir É. Berriot-Salvadore, *Un corps, un destin. La femme dans la médecine de la Renaissance*, Paris, Honoré Champion, 1993.

32 Voir *infra* l'article de S. Grangean.

33 À Paris, Par Fleury Bourriquant, en l'Isle du Palais, rüe Traversante, aux Fleurs Royalles, 1617. Sur la figure de Médée, voir S. Lebel, *Les Médées modernes. La cruauté féminine d'après les canards imprimés (1574-1651)*, Rennes, Presses universitaires de Rennes, 2013.

34 Voir *infra* l'article d'A. Bonnefoy-Lucheri.

de l'histoire récente. À un moment où la reconstruction politique du royaume passe par l'inclusion des figures masculines de la Ligue ayant rallié Henri IV ou se convertissant sous Louis XIII, la mémoire du rôle politique des princesses pendant les guerres de Religion fait de celles-ci des folles. Les princesses de la Ligue (Anne d'Este, douairière de Guise et duchesse de Nemours, Catherine-Marie de Lorraine, douairière de Montpensier) qui ont harangué le peuple parisien en 1589 sont dans la mémoire collective liées à l'assassinat d'Henri III et à la guerre civile. Les princesses protestantes de la fin du XVIe siècle sont également liées à la folie, avec par exemple Charlotte-Catherine de La Trémoille, accusée d'avoir empoisonné le prince de Condé en 1588, ou encore Catherine de Bourbon, qui refuse d'abjurer le protestantisme alors qu'elle est mariée à l'héritier du très catholique duché de Lorraine et qui se distingue par sa folie utérine, se croyant à de nombreuses reprises enceinte[35].

Au milieu du XVIIe siècle, les folles ont – à l'exception singulière mais très circonscrite du temps des frondeuses – quitté le champ politique pour apparaître dans des pamphlets qui critiquent leur prétention littéraire et savante. D'ailleurs, les frondeuses sont décrites dans ces mêmes libelles comme des folles qui ont trop lu les romans et confondent la morgue aristocratique et l'intérêt de l'État[36]. La lecture féminine, l'art de la conversation et la direction des salons par des femmes contribuent à la diffusion du thème polémique des femmes savantes, c'est-à-dire de la légitimité ou de la folie pour les femmes à devenir savantes. Les salonnières de renom savent que, pour attirer les beaux esprits et l'élite de la société, il ne faut pas, du fait de leur position d'organisatrices de salon, faire étalage de leur savoir. L'engagement intellectuel de Madeleine de Scudéry (1608-1701) donne également ses lettres de noblesse à la femme d'esprit. Mais la roche tarpéienne n'est jamais loin. Jacques Olivier multiplie par exemple les attaques contre les femmes dans son *Alphabet de l'imperfection et malice des femmes* (1617), dont le titre souligne combien les femmes, par leur nature et par leurs pratiques, font preuve

35 Sur ces princesses, voir R. Muchembled, *Le Fils secret du Vert-Galant*, Paris, Les Belles Lettres, 2021, J. Carolus-Curien, *Pauvres duchesses. L'envers du décor à la cour de Lorraine*, Metz, Éditions Serpenoise, 2007, p. 121-137, et M.-H. Grintchenko, *Catherine de Bourbon (1559-1604). Influence politique, religieuse et culturelle d'une princesse calviniste*, Paris, Honoré Champion, « Vie des huguenots », 2009.

36 Le rôle des princesses au sein de la Fronde a été étudié par S. Vergnes dans *Les Frondeuses. Une révolte au féminin (1643-1661)*, Seyssel, Champ Vallon, 2013.

de déraison en détournant, par malice justement, la raison dans le but de faire le mal. De même, à partir du milieu du siècle, le thème de la capacité des femmes à pouvoir concilier la morale et la science vient discuter l'existence d'une nature raisonnable en elles – dont Molière se moque notamment dans ses *Femmes savantes* (1672). Madeleine de Scudéry aussi fait les frais d'une critique misogyne souvent féroce[37]. Selon l'analyse de Danièle Haase-Dubosc – qui peut être contestée dans la mesure où nombre de Modernes se révèlent tout aussi misogynes – cette question des femmes savantes s'inscrit dans le contexte de la querelle des Anciens et des Modernes : si pour les Modernes, la culture peut être publiquement partagée entre les femmes et les hommes, pour les Anciens, la simplicité et la pureté du style sont des valeurs viriles qui ne doivent pas être corrompues par les passions ou la folie des femmes[38]. Un point de vue plus radical à l'égard des femmes d'esprit s'exprime dans la série des *Vierges folles* et des *Vierges sages* (1635) du graveur protestant Abraham Bosse, qui transpose dans la société contemporaine la parabole de l'Évangile de Matthieu[39]. Le graveur met en scène deux groupes de jeunes filles de la bonne société où le livre occupe une place centrale. Alors que les vierges folles s'occupent à des jeux, des lectures, des sciences et de l'art, les vierges sages utilisent le livre comme un support pour illustrer la foi – en l'occurrence l'attente de l'époux mystique – qui ne suppose pas nécessairement la mise en œuvre de la lecture. À ses yeux, toute mondaine et précieuse est une folle. Dans la même veine, les jansénistes, lecteurs de saint Augustin, rapportent le désir de savoir féminin à la folie, dans la mesure où ce désir serait avant tout l'expression d'une passion. Mais cette question dépasse les seules positions protestantes ou jansénistes : c'est déjà le désir de savoir qui perd Ève, et par conséquent Adam. Dans une société imprégnée de la crainte du péché, la *libido sciendi* des femmes constitue un risque pour la morale sociale.

---

37 Sur la critique misogyne assimilant Madeleine de Scudéry à une folle, voir *infra* l'article de N. Grande.

38 D. Haase-Dubosc, « Intellectuelles, femmes d'esprit et femmes savantes du XVIIe siècle », *Clio. Histoire, femmes et sociétés*, 13, 2001. URL : http://journals.openedition.org/clio/133 (consulté le 5 avril 2022).

39 Abraham Bosse a livré plusieurs versions gravées de cette représentation avec de sensibles différences. Mais un point commun demeure sur la plupart : les vierges sages ne semblent jamais lire le livre. Sur cette série, voir par exemple pour les vierges sages, Gallica IFN 8403245, et pour les vierges folles, Gallica IFN 8428892.

L'association des femmes aux passions et à la folie n'irrigue pas seulement la scène politique et culturelle ; elle est également présente au cœur de la société et de l'Église, comme l'a montré Michel de Certeau[40]. Deux périodes peuvent être repérées : la focalisation religieuse et judiciaire sur des cas de sorcellerie et de possession diabolique dans les couvents féminins[41], dans le premier tiers voire la première moitié du siècle ; puis un déplacement du traitement de ces questions vers une approche sociale et médicale, les possédées et les folles étant désormais considérées comme des malades à enfermer. Cette seconde époque correspond à ce que Michel Foucault qualifie de « grand renfermement » et dont la marque la plus visible est selon lui la mise en place par les pouvoirs publics et les médecins des institutions hospitalières dans la seconde moitié du siècle. La première période se caractérise par la présence d'une thèse possessionniste de la folie de femmes tant séculières que religieuses. Cette thèse, à l'issue des guerres de Religion, fait l'objet de violentes polémiques au sein de l'Église, dans un contexte de luttes entre les différents ordres anciens et ceux de la Réforme catholique, et au sein de l'État monarchique, de plus en plus méfiant à l'égard des femmes, qualifiées de folles par leurs supérieurs comme par les autorités civiles, qu'elles soient considérées comme possédées ou inspirées. De l'affaire d'Aix-en-Provence (1610-1611) à celle d'Auxonne (1658-1663), il s'agit pour l'Église et pour les juges de trouver les coupables de la possession, qui sont rarement les religieuses – avec quelques exceptions néanmoins comme Madeleine Bavent à Louviers[42]. Ces dernières doivent faire face à l'exorciste puis, au fur et à mesure que la possession diabolique est davantage associée à une pathologie, aux directeurs de conscience ou aux supérieurs qui imposent leur ordre et font enfermer les insensées.

La seconde époque se caractérise par une décriminalisation de la sorcellerie qui va de pair avec la pathologisation de la folie, laquelle appelle un traitement politique et médical à l'encontre des folles. La création de l'Hôpital général en 1656 correspond ainsi à une volonté des pouvoirs publics de prendre en charge la pauvreté et les manifestations sociales ou sanitaires qui lui sont associées. La relégation des folles n'y

40 M. de Certeau, *La Fable mystique*, Paris, Gallimard, « nrf », 1982.

41 Sur la possibilité d'être folle au couvent et ses limites, voir *infra* l'article de G. Tranié.

42 J.-P. Cavaillé, « Possession et sorcellerie en France au XVIIe siècle », *Archives de sciences sociales des religions*, 188, 2019, p. 141-159.

est pas seulement le produit d'une volonté d'exclure et de contrôler. Elle s'inscrit dans une pratique associant l'enfermement et l'intériorisation du péché présente dans les communautés de filles repenties, pratique qui trouve une nouvelle vigueur avec la Réforme catholique, entraînant de nombreuses fondations de couvents qui accueillent des femmes considérées comme perdues par leur famille[43]. Peu à peu, les folles sont toutefois enfermées en dehors du cadre conventuel. Il peut s'agir des Petites-Maisons, sous l'autorité du grand bureau des pauvres de Paris, de l'Hôpital général de Paris, ou de la Salpêtrière qui détient aussi des femmes identifiées en 1657 comme « idiotes » et « folles » parmi une vingtaine de catégories. Mais en 1769, les folles constituent à peine 10 % des femmes enfermées à la Salpêtrière[44]. Le phénomène importe donc moins par sa quantification que par l'effort de la médecine à opérer une pathologisation des folles et à les séparer des autres femmes.

Comment expliquer ce passage d'une conception « possessionniste » de la folie à une conception pathologique ? Deux thèses s'opposent dans le champ historique. Pour Benoît Garnot, il s'agit d'une « mutation psychologique qui a fait passer la sorcellerie, donc les possessions, de la démonologie à la maladie mentale[45] ». L'attention des directeurs de conscience ou des médecins serait ainsi le résultat d'une mutation culturelle et sociale du regard porté par des hommes sur des femmes sur lesquelles ils exercent une forme de domination. Pour Jean-Pierre Cavaillé, en revanche, « ce n'est pas la psychologie qui a changé, mais les rapports de force, à travers la modification des institutions, entre des discours, des savoirs et des représentations concurrentes[46] ». En d'autres termes, l'exclusion des femmes de la scène politique au moment de la structuration de l'État moderne a pour conséquence la mise en place d'institutions pensées par et pour les hommes, et exerçant sur les femmes un contrôle social faisant qualifier de folles toutes celles qui sont considérées comme déviant de la place qui leur a été assignée. D'où, par exemple, le développement d'une écriture mystique radicale pour des

43 J.-P. Gutton, *La Société et les pauvres en Europe – XVIe-XVIIIe siècles*, Paris, PUF, 1974, p. 122-157 ; H. Say, « Filles abandonnées, perdues ou repenties : le Refuge de Nancy aux XVIIe et XVIIIe siècles », *VST – Vie sociale et traitements*, vol. 106, n° 2, 2010, p. 29-37.

44 C. Quétel, *op. cit.*, p. 99-130.

45 B. Garnot, *Une affaire de possession au XVIIe siècle. Les religieuses d'Auxonne (1658-1663)*, Paris, Imago, 2018, p. 188.

46 J.-P. Cavaillé, *op. cit.*, p. 148.

religieuses qui ne sont pas pour autant perçues comme des folles car elles se conforment aux formes attendues par leur supérieure ou leur directeur, à savoir une écriture totale qui ne tient rien caché, qui énonce la destruction du moi et du corps dans une sorte de jouissance négative, associant le pur amour du Christ à la haine de soi[47]. À l'inverse, toute écriture mystique qui ne se conforme pas à ces attentes vaut à son autrice l'enfermement selon diverses modalités, comme le montre l'exemple de Louise du Néant, internée puis soignante à la Salpêtrière[48]. Cette définition de la normalité pour les religieuses est elle-même instable : la progressive condamnation des mystiques dans la seconde moitié du siècle contribue à faire passer pour folles des religieuses qui, à la génération précédente, ont fait figure de modèles.

Pour finir, la ligne de partage entre inclusion et exclusion de la folie se révèle plus complexe que ce que Michel Foucault met en exergue à travers le principe du « grand renfermement ». En se focalisant sur les folles plutôt que sur la folie, il devient en effet possible de mettre en lumière les modes de désignation des folles au prisme des rapports de genre et des tensions palpables entre les différentes institutions qui cherchent à mettre en ordre la société selon leur propre conception – toujours masculine. Entrent alors en jeu les questions de rang, de réseaux et d'influence qui tracent des lignes de partage entre celles qui demeurent incluses dans la société et celles qui se retrouvent dans les couvents ou dans les maisons telles que la Salpêtrière.

L'aliénation des folles aux XVIIe et XVIIIe siècles est consécutive à la diffusion d'un discours juridique et politico-théologique puis scientifique et médical. Incapables de répondre aux injonctions de la morale sociale diffusées par la Réforme catholique et objectivées par la littérature médicale, les folles ne sont plus seulement des insensées ; elles sont aliénées au sens où, au cœur même des familles, elles sont vues comme des étrangères apportant la honte sociale. Pour répondre à cette évolution, les instances de prise en charge des folles tendent à se préciser. Pourtant, à partir du XVIIIe siècle, une nouvelle attention à la nature sensible du « je » et aux possibilités induites par l'éducation des filles et des garçons

47 Parmi les nombreuses occurrences de l'écriture mystique des religieuses, il faut faire une place à part aux biographies spirituelles, étudiées par J. Le Brun dans *Sœur et amante. Les biographies spirituelles féminines au XVIIe siècle*, Genève, Droz, « Titre courant », 2013.

48 Sur Louise du Néant et Jeanne Guyon, voir *infra* l'article de B. de Maumigny-Garban.

rend possible un changement de paradigme de la folie, au moment où l'enfermement des femmes dans toutes ses composantes (au couvent, dans les hospices ou les maisons de charité) se trouve discuté au nom de l'utilité publique. Cet enfermement associe depuis longtemps la charité à la relégation mais se trouve remis en cause par la fermeture de nombreux établissements, en particulier conventuels, au XVIIIe siècle. Or, au même moment, le nombre de demandes d'enfermements de femmes, en particulier de la part des familles, tend à augmenter. Ce contexte explique sans doute l'attitude ambiguë à l'égard des folles au siècle des Lumières. D'un côté elles suscitent de plus en plus un sentiment de piété, mais de l'autre elles tendent à être objectivées par des médecins recherchant la reconnaissance académique. La science et la médecine imputent des causes biologiques aux prétendues fureurs et manies féminines, ouvrant la voie à des traitements et à des soins potentiels.

L'internement des folles connaît des évolutions dans ses modalités et dans ses finalités au XVIIIe siècle. Sur les modalités, les familles recherchent des lettres de cachet afin d'évincer des filles qualifiées de démentes, d'imbéciles, d'insensées ou de dérangées. Ces demandes potentiellement suspectes sont en général soutenues par un certificat émis par le curé ou par un représentant du roi. L'intendant ou le lieutenant général de police à Paris déclenche une enquête administrative dès réception de la requête : il s'agit d'établir l'évidence de la folie. Quel que soit le cas, l'internement est décidé à partir du moment où la privation de liberté apparaît comme la seule solution possible, parce que la famille ne peut plus s'occuper de la folle ou que celle-ci a commis des violences. Mais face à l'augmentation des cas (indice d'une sensibilité nouvelle ou d'une volonté toujours plus grande d'exclure), l'Hôpital général ne suffit plus. Désormais des maisons de force sont ouvertes dans des couvents féminins, non sans réticence de la part des religieuses[49]. Des dépôts de mendicité sont également mis en place, accueillant en général 15 % de folles et de fous. Sur les finalités, il faut distinguer l'aspect politique de l'aspect médical. Dans le domaine politique, les pouvoirs publics continuent d'étendre leur emprise sur le processus de mise à l'écart des folles comme des fous. La police parisienne, sous la direction du lieutenant général Lenoir en particulier (1776-1785), exerce une surveillance assidue, emblématique de la volonté de contrôler les populations dites flottantes

49 C. Quétel, *op. cit.*, p. 131-164.

à Paris et dans les grandes villes, et de celle plus générale de savoir, de dénombrer et de normer. Sur l'aspect médical, qui se renforce avec le développement des sciences et le crédit toujours plus grand accordé aux médecins, une évolution se dessine dans les années 1780. Le médecin Jean Colombier, inspecteur général des hôpitaux, dépôts de mendicité et prisons, est alors le premier à préconiser un véritable traitement de la folie qui devient pleinement une maladie.

Toutefois, à la fin du XVIIIe siècle, l'objectif est désormais d'accueillir pour soigner, et non d'enfermer pour séparer[50]. Cette tendance reflète la sensibilité nouvelle aux idées diffusées par le courant philanthropique depuis l'Angleterre et par les encyclopédistes, autour de Jean-Jacques Rousseau notamment. Les notions de piété, de bienfaisance et d'assistance se développent avec l'idée de réparer la misère, les mauvaises conditions sanitaires et hygiéniques, les pathologies dont la société est la cause. L'Hôpital général concentre alors toutes les critiques parce qu'il symbolise l'enfermement de masse, les chaînes et l'humiliation. Fous et folles sont désormais vus comme des victimes. La circulaire diffusée en 1785 sur l'ordre du gouvernement royal insiste sur ce point : « C'est aux êtres les plus foibles & les plus malheureux que la Société doit la protection la plus marquée et le plus de soins[51] ». De même, la réflexion juridique tend à confirmer ce changement de regard, en définissant la folie comme « l'état d'une personne dont la raison est affaiblie au point d'ignorer si ce qu'elle fait est bien ou mal[52] ».

Face à ce changement de paradigme, comment expliquer la distinction toujours présente entre fous et folles ? La réponse est sans doute à rechercher du côté social et culturel : les folles sont des femmes qu'il est aisé de dénoncer à la vindicte parce qu'elles outrepassent la position qui leur est assignée. Cette assignation à un statut d'éternelle mineure rend scandaleuse toute manifestation publique, par des femmes, d'une volonté d'autonomisation. Cela explique en particulier la propension des factums,

50 J.-P. Carrez, « La Salpêtrière de Paris sous l'Ancien Régime : lieu d'exclusion et de punition pour femmes », *Criminocorpus. Varia*, 2008. URL : http://journals.openedition.org/criminicorpus/264 (consulté le 5 avril 2022).

51 *Instruction sur la manière de gouverner les insensés, Et de travailler à leur guérison dans les Asyles qui leur sont destinés*, Paris, Imprimerie Royale, 1785, p. 1.

52 J.-N. Guyot, *Répertoire universel et raisonné de jurisprudence civile, criminelle, canonique et bénéficiale. Ouvrage de plusieurs jurisconsultes : Mis en ordre & publié par M. Guyot, écuyer, ancien magistrat*, Paris, Visse, 1784-1785, 17 vol., cité par C. Quétel, *op. cit.*, p. 186.

ces écrits destinés à publiciser des affaires judiciaires et à influer sur la décision des juges, à mettre en scène des femmes se livrant au scandale[53]. Folle est ainsi la religieuse qui conteste l'élection de sa supérieure ; folle est l'abbesse qui se livre à la débauche avec une religieuse et lui promet ensuite la coadjutorerie[54] ; folles sont aussi les convulsionnaires qui, dans leur délire janséniste, laissent leur corps dénaturer l'exercice d'une saine piété[55]. Sans aller jusqu'à ces formes de radicalité face auxquelles la justice et les pouvoirs publics n'ont d'autre solution que de proclamer ces femmes folles pour rétablir l'ordre, d'autres femmes recherchent la reconnaissance sociale, et se retrouvent taxées d'extravagantes. Le XVIIIe siècle est notamment marqué par la présence de femmes qui cherchent à être reconnues, à l'exemple des artistes peintres formées en dehors des normes académiques. Il faut également y voir la difficulté pour la société à associer les femmes à la distinction sociale, à travers l'attention portée aux tenues et aux coiffures extravagantes adoptées par les femmes de l'élite nobiliaire, marchande et financière dans les fêtes privées et à la Cour, qui se veulent des transgressions culturelles mais sont perçues comme des outrances sociales qu'auraient pu réaliser des insensées[56]. Le cas de Marie-Antoinette est exemplaire : si elle bénéficie d'un capital de sympathie important lors de son arrivée à Versailles, elle devient bientôt – et dès avant la période révolutionnaire – une folle, tant pour les courtisans que pour le public plus large des sujets du roi. En se refusant à l'étiquette et en recherchant une forme d'intimité dans l'éducation de ses enfants et au Petit-Trianon, elle soustrait le corps de la reine aux courtisans, ce qui est aussitôt interprété comme un manque de sagesse patent. Folle, Marie-Antoinette l'est par son amour des dépenses et de la luxure, comme le souligne dès 1779 les poèmes satiriques des *Amours de Charlot et de Toinette*. Par sa sexualité incontrôlable, la reine est livrée aux critiques du public[57]. En 1785, le scandale du « collier

---

53 Sur la présence des folles dans les factums, voir *infra* l'article de S. Dumortier.

54 Ces exemples sont développés dans G. Tranié, « "Pour servir d'éclaircissement à ceux qui pourroient estre abusez par les artifices, cabales et colligations" : négocier l'autorité au sein des communautés de religieuses à l'époque moderne », *Chrétiens et sociétés*, n° 27, 2020, p. 61-86.

55 Sur l'assimilation des convulsionnaires à des folles, voir *infra* l'article d'É. Yampolsky.

56 Voir D. Masseau, *Fêtes et folies en France à la fin de l'Ancien Régime*, Paris, CNRS Éditions, 2018. Il faut aussi penser à la vogue des excentricités capillaires à la cour qui sont toujours associées aux femmes, et en particulier à la reine Marie-Antoinette dans les années 1780.

57 Sur la folie pornographique de Marie-Antoinette telle que représentée au début de la Révolution française, voir *infra* l'article de M. Charbonneau.

de la reine » marque en quelque sorte l'aboutissement de ce processus assimilant la reine à une véritable folle. Les conditions sont désormais réunies pour faire de la folie féminine un motif de désacralisation de la reine et, plus généralement, de déconsidération des femmes sur la scène politique...

TOTA MULIER IN UTERO

Le discours médical sur la folie féminine sous l'Ancien Régime s'inscrit avant tout dans l'héritage antique, la nosographie des maladies mentales connaissant pendant toute cette période une stabilité qui ne sera remise en cause qu'au XIXe siècle et plus encore au XXe siècle avec la découverte de l'inconscient ; aussi, tout en étant objets de débats et en connaissant des évolutions importantes, les termes de « fureur », « mélancolie », « hypocondrie », ou encore « hystérie », servent-ils à établir les diagnostics[58] et des traitements plus ou moins différenciés selon le sexe, puisque la femme au tempérament froid et humide est un être imparfait et voué à la maladie ; les nombreux traités consacrés spécifiquement aux maladies des femmes[59] s'inscrivent dès lors à la fois dans cette tradition humorale et dans l'illustration de l'adage hippocratique : *Tota mulier in utero.*

L'utérus est le siège des maladies féminines, tant physiques et mentales[60]. Perçue comme un animal vorace, qui dans la médecine antique se déplace dans le corps féminin, « la matrice appète avec avidité la

58 Marcel Gauchet reproche à Foucault d'avoir « escamoté » le « poids de l'héritage antique dans l'histoire de la folie » et de n'avoir pas fait l'inventaire de ces « stéréotypes majeurs de la folie, de ces figures de longue durée, venues du fond de l'Antiquité grecque et latine », *À la recherche d'une autre histoire de la folie*, dans G. Swain, *op. cit.*, p. L.

59 Voir « Les maladies des femmes », première partie de l'ouvrage d'E. Dorlin, *La Matrice de la race. Généalogie sexuelle et coloniale de la Nation française*, Paris, La Découverte-poche, 2009, p. 17-94.

60 La formulation est probablement anachronique ; comme le signale Jean Céard dans son article « Entre le naturel et le démoniaque ; la folie à la Renaissance », J. Postel et C. Quétel (dir.), *Nouvelle histoire de la psychiatrie*, Paris, Dunod, 2012, p. 81-95, l'âme étant « incorruptible », la folie ne peut avoir dans la pensée du XVIe siècle que des origines organiques.

semence de l'homme[61] » écrit l'*Encyclopédie*. L'organe féminin de la génération, incontrôlable, fait de la femme un être sexuellement insatiable, incapable d'accéder à la maîtrise de son désir. Aussi, l'hystérie, qui tire son nom de l'utérus, est-elle la maladie féminine par excellence. Aujourd'hui disparue du champ des maladies mentales, elle était déjà perçue, au XVIIe siècle, comme étant presque impossible à définir : Thomas Sydenham écrivait ainsi que les symptômes en étaient aussi « nombreux, que variés, protéiformes et caméléonesques[62] ». On peut dès lors partager l'analyse de Gladys Swain : « L'hystérie n'est pas une maladie. C'est la maladie à l'état pur, celle qui n'est rien par elle-même mais susceptible de prendre la forme de toutes les autres maladies. Elle est *état* plus qu'accident ; ce qui fait la femme malade par essence[63] ». Autrement dit, l'hystérie, ou plutôt la grande illusion médicale qu'elle a été, est la traduction de la double infériorité, tant physiologique que mentale, de la femme.

Le diagnostic connaît néanmoins une évolution notable au XVIIe siècle. Dans la tradition antique, l'hystérie atteint les femmes sans hommes, les vierges ou les veuves, et est attribuée à une corruption des humeurs qui provoque suffocations et convulsions ; la thérapie en est principalement le mariage. Or, les médecins de l'âge moderne constatent que des hommes présentent des symptômes de la maladie ; aussi les médecins Charles Lepois (1563-1633), Thomas Willis (1621-1675) et Thomas Sydenham (1624-1689) affirment-ils que les troubles hystériques sont d'origine cérébrale ou nerveuse et non plus utérine, atteignant de ce fait les deux sexes. Cette approche nouvelle reste néanmoins marginale et ne parvient pas à s'imposer, comme l'atteste le succès de la théorie des « vapeurs[64] » au XVIIIe siècle. Quoique « commune aux deux sexes »

---

61 N. Menuret de Chambaud, article « Mariage » de l'*Encyclopédie*.

62 Cité par G. Harrus-Révidi, *L'Hystérie*, Paris, PUF, « Que sais-je », 1997, p. 9.

63 G. Swain, *op. cit.*, « L'âme, la femme, le sexe et le corps », p. 215-236 (p. 223). Il serait vain par ailleurs de faire le recensement de tous les textes affirmant que les femmes sont toutes hystériques ou hystériques par nature. Pour un petit florilège, voir J. M. Ussher, *op. cit.*, p. 8 *sq.*

64 Voir J. Livi, *Vapeurs de femmes. Essai historique sur quelques fantasmes médicaux et philosophiques*, Paris, Navarin, 1984. Les vapeurs atteignant « les femmes et leurs semblables » (p. 90), les gens de lettres, les débauchés ou les dévots sont eux aussi des « vaporeux ». Précisons que la théorie des vapeurs qui connut un si grand succès au XVIIIe siècle, et qui est remarquablement analysée par E. Dorlin dans son chapitre « Les vapeurs ou la lutte des classes » (dans *La Matrice de la race*, *op. cit.*, p. 96-108) n'est pas absolument une

– les vapeurs proviennent des organes du bas-ventre avant de monter au cerveau –, « cette maladie se nomme dans les hommes affection hypochondriaque » et « affection ou suffocation hystérique[65] » chez les femmes. La division sexuelle est réaffirmée, et le mot « vapeurs » devient couramment synonyme d'hystérie. Si l'on se souvient de la compression des ovaires pratiquée aux XIXe et XXe siècles, il est clair que les tentatives de « dégenrer » l'hystérie n'ont pas eu beaucoup d'écho[66] ; certes, les cas masculins existent, mais ils ont toujours été exceptionnels et invitent surtout à s'interroger sur l'inquiétante part féminine révélée par les symptômes hystériques chez les hommes.

Quoi qu'il en soit, et peut-être sous l'influence de la théorie cérébrale ou nerveuse, qui d'une certaine façon l'anoblissait, l'hystérie semble sous l'Ancien Régime se scinder progressivement en deux branches : d'un côté une pathologie dont les manifestations seraient principalement physiologiques – convulsions, suffocations – et non mentales[67] ; de l'autre, ce que les médecins appellent la « fureur utérine », qui, comme son nom l'indique, ne peut provenir que de l'organe féminin. Parfois appelée « mélancolie érotique[68] » – ce qui signale combien hier comme aujourd'hui la nosographie des maladies mentales est complexe si ce n'est confuse –, cette « érotomanie » atteindrait les femmes en trop bonne santé, et donc, dans le système humoral, anormalement « chaudes » : « espèce de délire attribué par cette dénomination aux seules personnes du sexe, qu'un appétit vénérien démesuré porte violemment à se satisfaire, à chercher sans pudeur les moyens de parvenir à ce but[69] ». La fureur entraîne ses victimes à avoir les comportements les plus indécents, avant qu'elles ne sombrent dans la folie, l'imbécillité, si ce n'est la mort. Dès

nouveauté ; dans la médecine antique, c'est la rétention des règles dans la matrice qui était censée faire monter les vapeurs au cerveau et provoquer l'hystérie.

65 Article « Vapeurs » de l'*Encyclopédie.*

66 Signalons que ce n'est pas la thèse de S. Arnaud, qui dans *L'Invention de l'hystérie au temps des Lumières (1670-1820)*, Paris, Éditions de l'EHESS, 2014, soutient que « l'hystérie n'était pas vue comme une maladie des femmes », mais une « pathologie de l'aristocratie » (p. 289). Sa thèse repose sur l'idée, pour le moins discutable, que la « féminité est exhibée comme une marque de prestige chez les hommes aristocrates » (p. 35).

67 Voir G. Harrus-Révidi, *op. cit.*, p. 42.

68 Voir J. Ferrand, *De la maladie d'amour ou melancolie érotique* [1623], D. Beecher et M. Ciavolella (éd.), Paris, Classiques Garnier, « Textes de la Renaissance », n° 153, 2010 : à la question de savoir « *Si la fureur utérine est une espèce de melancholie erotique* » (chap. XII), la réponse est positive.

69 Article « Fureur » (« fureur utérine ») de l'*Encyclopédie.*

lors la médecine, prenant progressivement le relais de l'Église dans le contrôle de la sexualité féminine, se donne pour mission de soigner ces malades appelées désormais « nymphomanes[70] » et de conjurer la menace que constituent pour l'ordre patriarcal ces nouvelles « ménades[71] ». Les folles sont donc des patientes systématiquement observées sous le prisme du genre, la fureur utérine illustrant l'idée que l'insensée l'est en raison de la nature de son sexe[72].

Dans les écrits médicaux, comme dans la culture populaire, la folie féminine est ainsi presque toujours associée à la sexualité et n'échappe pas, puisqu'elle renvoie au péché d'Ève, à une condamnation morale et religieuse : l'hystérique et la prostituée partagent dans l'imaginaire collectif la même réprobation[73], et il n'est dès lors guère surprenant que le diable lui-même soit soupçonné d'être un acteur majeur de cette folle concupiscence : à partir du XVe siècle, la méfiance séculaire de l'Église envers les femmes accusées de susciter la débauche masculine devient avec la chasse aux sorcières une véritable « croisade misogyne[74] », traduisant de façon maladive une peur des femmes et de leur sexualité ; les sorcières, incapables de résister aux désirs charnels, se livrent ainsi – ou croient se livrer puisque Satan est le maître des illusions – à toutes les débauches du sabbat y perdant à jamais, et contre toute raison, leur âme. Le démonologue Pierre de Lancre écrit ainsi à propos de la sorcière couchant avec le diable : « c'est être non seulement impudique voire putain effrontée ; mais bien folle enragée, indigne des grâces que Dieu lui avait faites et versées sur elle, lorsqu'il la mit au monde, et la fit naître Chrétienne[75] ».

---

70 Voir *infra* l'article de M. Closson.

71 Voir *infra* l'article de S. Grangean.

72 Voir, par exemple, J.-B. Drouet de Maupertuis, *La Femme foible, où l'on représente aux Femmes les dangers auxquels elles s'exposent par un commerce fréquent et assidu avec les Hommes*, Amsterdam, s. n., 1755 [1714].

73 L'expression « courtisane hystérique » serait ainsi un pléonasme au XVIIIe siècle : voir M. Cortey, « Du boudoir aux petites maisons : la courtisane hystérique », R. Démoris et H. Lafon (dir.), *Folies romanesques au siècle des Lumières*, Paris, Desjonquères, 1998, p. 103-115.

74 Voir F. G. Alexander et S. T. Selesnick, *Histoire de la psychiatrie. Pensée et pratique psychiatriques de la préhistoire à nos jours*, G. Allers, J. Carré et A. Rault (trad.), Paris, Armand Colin, 1972, p. 83-84. *Le Marteau des sorcières* (1486) des inquisiteurs Institoris et Springer y est décrit comme un « manuel de pornographie et de psychopathologie » traduisant les « répugnantes pulsions masculines projetées sur les femmes ». Les auteurs font l'hypothèse que nombre de victimes de la chasse aux sorcières étaient des aliénées.

75 P. de Lancre, *Tableau de l'inconstance des mauvais anges et démons* [1613], N. Jacques-Chaquin (éd.), Paris, Aubier, 1982, p. 193.

Si les sorcières sont des hystériques qui se damnent, Jean Wier prend néanmoins leur défense en utilisant un autre argument ; il voit en elles de « pauvres vieilles affolies, trompées par le diable », « malades de mélancolie[76] », cette humeur noire dont on dit, selon la formule attribuée à saint Jérôme, qu'elle est le *balneum diaboli*. Leurs aveux, obtenus sous la torture, ne seraient que des hallucinations suscitées par les démons et il est d'ailleurs probable que parmi les victimes se trouvaient des malades mentales et surtout des vieilles femmes séniles. Quoi qu'il en soit, si le diagnostic de mélancolie[77] pouvait leur épargner le bûcher, c'était aussi le moyen de réaffirmer la faiblesse de la raison féminine[78]. En revanche, la réponse constante des partisans de la chasse aux sorcières[79] s'appuyait sur la théorie des humeurs : il était impossible qu'une femme, au tempérament froid et humide, fût atteinte de mélancolie, humeur chaude et sèche, et donc noble, réservée aux seuls hommes !

La possession démoniaque fait naître les mêmes questionnements chez ceux qui refusent de croire à la présence de forces surnaturelles dans ces agitations extraordinaires et ces discours où les pires blasphèmes se mêlent aux prêches. Si l'on exclut la fraude délibérée, il ne reste que l'hypothèse de la maladie mentale : si certains voient dans les religieuses possédées des hystériques rendues folles et délirantes par l'abstinence sexuelle, d'autres plus modérés soutiennent qu'il s'agit de mélancoliques. Quel que soit le diagnostic, un fait est notable : dans toutes les manifestations mettant en scène des femmes mystiques ou démoniaques, les accusations de folie sont omniprésentes, annonçant ainsi les conceptions d'un Charcot et de son école. Dans les volumes de la « Bibliothèque diabolique[80] », les psychiatres du XIXe siècle mettent

---

76 J. Wier, *Cinq livres de l'imposture et tromperie des diables, des enchantements et sorcelleries* [1569], S. Margel (éd.), Grenoble, Jérôme Millon, 2021, p. 76-78.

77 « Au reste, tout le monde sait que les femmes ont plus de légèreté que nous n'en avons, et que l'on en voit plus de Sorcières, ou plutôt de folles et de mélancoliques, que l'on ne voit d'hommes sorciers » écrivait à la fin du XVIIe siècle le médecin Nicolas Venette dans *La Génération de l'homme, ou tableau de l'amour conjugal*, Londres, 1771 [1686], 2 vol., vol. 2, p. 326.

78 Voir *infra* l'article d'A. Ruciak.

79 Voir, entre autres, J. Bodin, « Réfutations des opinions de Jean Wier », *La Démonomanie des sorciers* [1580], V. Krause, C. Martin et É. MacPhail (éd.), Genève, Droz, 2016, p. 437-489.

80 *Bibliothèque diabolique*, Collection Bourneville, Paris, Progrès médical, Delahaye et Lecrosnier, 1882-1902, 9 vol. L'édition de cette série de documents – procès de sorcellerie, récits de possession, textes mystiques – par les médecins anticléricaux de la Salpêtrière visait à démontrer que ces phénomènes jugés surnaturels avaient une explication scientifique

ainsi sur le même plan[81] Thérèse d'Avila, Jeanne des Anges, les sorcières ou encore les convulsionnaires de saint Médard : toutes des hystériques, avec chacune leur spécialité, « extatiques », « démonopathes », « nymphomanes » ! Aussi l'hystérie apparaît-elle comme la « matrice » non seulement de toutes les pathologies mentales féminines, mais aussi la jauge de tous les comportements extraordinaires ou extravagants ; dans une conception du corps féminin fantasmé comme un vide appelant à être comblé[82], c'est parce qu'elle a un utérus que la femme est envahie par la folie et/ou possédée par des forces divines ou démoniaques[83].

Paradoxalement, cette folie conçue et fantasmée par les hommes a pu apparaître à certaines femmes comme un moyen d'échapper à la place que leur assignait l'ordre masculin pour s'imposer spectaculairement dans l'espace public ; on connaît l'extraordinaire destin de Jeanne des Anges possédée par les démons puis devenue une quasi-sainte dans l'affaire de Loudun, mais on peut citer aussi Louise du Néant enfermée comme folle à la Salpêtrière dans les conditions les plus abominables et revivant ainsi la folie du Christ[84] avant de devenir soignante dans le même établissement. Ces femmes mystiques, possédées, convulsionnaires[85], accusées d'être folles, ont donc parfois revendiqué cette folie pour se faire reconnaître et s'imposer dans un monde qui les réduisait au silence. Si l'hystérie est donc bien une construction misogyne qui fait de la femme un objet, elle a aussi été parfois pour quelques-unes une échappatoire, la possibilité d'être un sujet résistant à la pression des normes de genre comme à la « fabrique des corps dociles[86] ».

Le discours médical, sur toute la période de l'Ancien Régime et au-delà, connaît donc des invariants nourris d'une représentation de la folie féminine, calquée métaphoriquement sur l'image d'un corps

---

avec les découvertes de Charcot sur l'hystérie. Jean Wier y est célébré comme le fondateur de la psychiatrie moderne pour avoir vu dans les sorcières et les possédées des folles.

81 Voir J. Céard, « Démonologie et Démonopathies au temps de Charcot », *Histoire des Sciences médicales*, 1994, 28, n° 4, p. 337-344.

82 Cette représentation archaïque, qui place l'origine de la folie des femmes dans leur supposée déficience biologique, serait-elle à l'origine de la théorie freudienne de « l'envie du pénis », qui a très vite été contestée par les femmes psychanalystes, en particulier Mélanie Klein ?

83 La femme est « démoniaque parce qu'hystérique » écrit encore G. Swain, *op. cit.*, p. 228.

84 Voir *infra* l'article de B. de Maumigny-Garban.

85 Voir *infra* l'article d'É. Yampolsky.

86 Selon la célèbre formule de M. Foucault dans *Surveiller et punir. Naissance de la prison*, Paris, Gallimard, « nrf », 1975, titre du chap. I de la 3e partie, p. 137.

féminin imparfait et incapable de se suffire à lui-même. Aussi la plupart des ouvrages médicaux proposent-ils des remèdes visant soit à rétablir l'équilibre des humeurs – en humidifiant un corps trop chaud par exemple par des bains et un régime –, soit à proposer aux patientes le mariage et la grossesse vus depuis l'Antiquité comme le moyen d'en finir avec la folie féminine.

Mais à partir du XVIIe siècle, une politique plus systématique d'enfermement des pauvres leur fait rejoindre le grand cortège des déviantes : prostituées, vagabondes, mendiantes ou criminelles. Le « grand renfermement » décrit par Foucault ne concerne pas, comme on le sait, les seuls malades mentaux, mais les errants et les marginaux, tous ceux qui ne travaillent pas et qui sont donc perçus comme une menace pour l'ordre public, mais aussi économique et religieux. S'il y eut à partir du XVe siècle en Europe des hôpitaux pour les malades mentaux[87], il semble qu'en France il faille attendre la fin du XVIIIe siècle pour que soient créés des asiles destinés spécifiquement aux aliénés, dans la perspective de les soigner par le « traitement moral ». Un tableau iconique traduit cette révolution dans l'approche de la maladie mentale : *Pinel délivrant les aliénés à la Salpêtrière en 1795* (1876) construit le mythe heureux du fondement de la psychiatrie française et républicaine[88]. On y voit le médecin faisant enlever leurs chaînes aux folles, qui de reconnaissance lui baisent la main. Ce geste de délivrance conduira paradoxalement au XIXe siècle à l'enfermement massif des femmes dans les asiles, dans le but de les « soigner » pour qu'elles acceptent leur place dans le nouvel ordre moral et politique[89].

Sous l'Ancien Régime, l'internement des malades mentaux ne fut pas aussi massif, mais il apparaît que, lorsqu'à la maladie s'ajoutait la détresse sociale, ils étaient fort maltraités, et ce depuis le Moyen Âge avec les « tours des fous » dans lesquelles ils étaient emprisonnés dans des conditions épouvantables. Si Bicêtre pour les hommes, et la Salpêtrière pour les femmes incarnent l'enfermement des aliénés sous l'Ancien Régime, ces établissements,

87 En particulier en Angleterre – le Bethlem Royal Hospital appelé communément Bedlam – et en Espagne ; ainsi la tragi-comédie de Charles de Beys *L'Hospital des fous*, publiée en 1635, se situe à Valence.

88 L'une des figures féminines semble symboliser avec ses habits aux couleurs du drapeau français la liberté enchaînée. Ce tableau de Tony Robert-Fleury, exposé à l'hôpital de la Salpêtrière, est donc bien un mythe en grande partie fabriqué par la IIIe République.

89 Voir Y. Ripa, *op. cit.*, p. 33-41, qui cite, entre autres, les cas de « folie politique » des femmes jugées folles parce que révolutionnaires.

qui faisaient partie de « l'Hôpital général pour le renfermement des pauvres à Paris » créé par l'édit de 1656, n'ont aucune fonction thérapeutique, les « vrais » malades étant envoyés à l'Hôtel-Dieu. En septembre 1657, seules vingt-deux « folles et imbéciles » sont répertoriées parmi les six cent vingt-huit femmes internées à la Salpêtrière ; dès 1669 néanmoins est créé le « Logis des folles » : les « loges » y sont des cellules construites sur un sol marécageux, exposées aux inondations de la Seine et donc aux attaques par les rats[90]. Jugées incurables – « folles furieuses, indécentes et sans espoir de guérison », « folles galeuses et épileptiques, incurables et imbéciles » – les malades vivent au milieu des immondices, les « furieuses » souvent nues étant enchaînées à la muraille par un anneau de fer qui leur étreint le milieu du corps[91]. À la fin du XVIIIe siècle, elles auraient été plus de huit cents, s'entassant dans ce qui est devenu le plus grand hospice du monde avec près de huit mille internés, principalement des femmes, mais aussi des enfants et des vieillards ; en d'autres termes, c'est un immense bagne dans lequel les folles sont traitées comme des prisonnières inutiles – contrairement aux autres internées, elles ne peuvent être contraintes au travail forcé – et subissent mille violences. Leur indécence et leur agitation suscitent la curiosité et l'amusement des visiteurs qui soudoient leurs gardiens pour assister à un spectacle dont rend compte un témoignage en 1789 : « Elles y sont bien plus mal que les fous ne sont à Bicêtre : l'air des vieilles loges est infect, elles sont petites, les cours étroites, tout y est dans un état d'abandon aussi affligeant qu'inconcevable ; tous les genres de folies sont confondus : les folles enchaînées (et il y en a un grand nombre) sont réunies avec les folles tranquilles ; celles qui sont dans les accès de rage sont sous les yeux de celles qui sont dans le calme ; le spectacle de contorsion, de fureur, les cris, les hurlements perpétuels ôtent tout moyen de repos à celles qui en auraient besoin et rendent les accès de cette horrible maladie plus fréquents, plus vifs, plus cruels, plus incurables[92] ».

---

90 Voir M. Henry, *Les Origines de l'élimination des antisociaux et de l'assistance aux aliénés chroniques. La Salpêtrière sous l'ancien régime*, Paris, Librairie Le François, 1922, p. 47-50.

91 L. Boucher, *La Salpêtrière, son histoire de 1656 à 1790*, Thèse pour le doctorat en médecine, Paris, Imprimerie de la société de typographie, 1883, p. 54-55. Voir aussi J.-P. Carrez, *Femmes opprimées à la Salpêtrière de Paris, 1656-1791*, Paris, Connaissance et Savoirs, 2005.

92 Cité par C. Quétel, *Histoire de la folie…*, *op. cit.*, p. 200. Sous la direction de P. Pinel, la Salpêtrière se vide à partir de 1795 des autres catégories d'internées pour devenir à la fois un hospice pour les vieillards et ce célèbre asile d'aliénées qui ne fermera ses portes qu'en 1921.

On ne saurait pourtant réduire le traitement de la folie sous l'Ancien Régime aux malheureuses de la Salpêtrière ; certes dans les hôpitaux généraux comme dans les maisons de force[93] en province – souvent situées dans les couvents – la situation ne devait pas être beaucoup plus reluisante, mais certaines communautés religieuses semblent s'être spécialisées dans l'accueil de malades moyennant pension. Une institution comme les Petites-Maisons[94] à Paris a permis au peintre Georges Focus, mort en 1708, d'y réaliser ses extraordinaires « écritures dessinées[95] ». On peut donc faire l'hypothèse que certains établissements prenaient en charge les hommes et femmes « de condition » sans trop de violence, avec peut-être même des visées thérapeutiques : saignées, purgations, régimes, exercices physiques, musique ne sont-ils pas recommandés par les médecins du temps[96] ? Mais beaucoup, trop malades, trop violents, abandonnés par leurs familles, pourrissaient dans les basses-fosses des maisons religieuses[97], des hôpitaux généraux, des dépôts de mendicité…

S'il est difficile de faire un tableau spécifique de l'internement des folles sous l'Ancien Régime par rapport à celui des fous, on retiendra néanmoins que le discours médical ne pose pas les mêmes diagnostics ; nourri de stéréotypes misogynes, il est ainsi quasiment aveugle à la violence sexuelle masculine, mais n'hésite pas à voir dans la femme une tentatrice à qui la folie fait perdre toute pudeur[98], la mettant à nu en quelque sorte, conviction partagée par ce public qui venait provoquer et exciter les aliénées de la Salpêtrière. Aussi la folie féminine est-elle toujours également, le discours laïque prenant le relais de la condamnation religieuse, une folie morale.

---

93 *Ibid.*, « Le relais des maisons de force », p. 131-164.

94 Fondé en 1557 pour les « personnes insensées, faibles d'esprit ou même caduques », les Petites-Maisons accueillaient en 1664 cinq cents « pauvres vieilles gens caduques » et quatre-vingts « povres fols insensés » (*ibid.*, p. 116).

95 Voir *Georges Focus, La Folie d'un peintre de Louis XIV*, Catalogue de l'exposition présentée au Palais des Beaux-Arts de Paris (13 octobre 2018 – 6 janvier 2019), Paris, Beaux-Arts de Paris éditions, 2018.

96 Pour avoir une idée de la variété et même de l'inventivité de ces remèdes, voir la deuxième section consacrée aux traitements par R. Burton dans *L'Anatomie de la mélancolie*, B. Hœpffner et C. Goffaux (trad.), Paris, Corti, « Littérature étrangère », 2000 [1621]. Beaucoup de ces remèdes, dont certains relèvent de la « thérapie morale », proviennent de la médecine antique.

97 Voir le témoignage indigné du Dr Bienville délivrant une patiente d'un couvent de Tours, *La Nymphomanie ou traité de la fureur utérine* [1771], Paris, le Sycomore, « La boîte de Pandore », 1980, p. 93-95.

98 Voir *infra* l'article de S. Charbonnier.

LA FOLLE, PERSONNAGE LITTÉRAIRE

Tout en s'inscrivant dans le contexte des évolutions historiques et médicales de la représentation de la folie féminine, le personnage fictif de la folle obéit néanmoins à une chronologie particulière du fait de l'invention, de l'imitation et aussi de l'abandon de modèles et de formes spécifiquement littéraires. Aussi nous a-t-il semblé utile de donner ici quelques jalons permettant d'inscrire les articles de la seconde partie de recueil, « Folles de littérature, folles en littérature » dans une temporalité plus spécifiquement littéraire en évoquant de façon succincte quelques œuvres marquantes qui ont joué un rôle dans la richesse et la diversité de cette figure, des femmes pécheresses de *La Nef des folles* aux vieilles sorcières grotesques, des héroïnes « furieuses » de la scène tragique ou de l'opéra aux ridicules femmes savantes, des jeunes filles attendrissantes devenues folles par amour à l'autrice projetant dans son œuvre l'interrogation sur la possibilité même d'écrire.

Si la folie occupe une place majeure dans la culture de la Renaissance, c'est qu'elle est perçue non pas comme l'envers de la sagesse, mais comme le signe de l'inanité de la raison humaine, « la sagesse du monde » n'étant, selon les mots de saint Paul, que « folie aux yeux de Dieu[99] ». Aussi à la conception traditionnelle d'une folie-péché – matérialisée dans la célèbre *Nef des fous* (1498) de Sébastien Brandt – s'ajoute la vanité de toute sagesse, la seule vraie sagesse résidant dans la « folie en Dieu ». À la conscience que nul n'échappe à la folie vient ainsi se superposer la possibilité d'un *Éloge de la folie*, aussi paradoxal soit-il. Or, de la célèbre Moria d'Érasme à la Mère-Folle de la fête des fous de Dijon et peut-être à la *Mélancolie* de Dürer[100], c'est presque toujours une femme qui incarne allégoriquement la folie : Moria n'invite-t-elle pas la femme, « animal délicieux, fol et déraisonnable », à se réjouir d'avoir été créée pour rendre les hommes fous ? Qu'elle n'essaie pas de passer pour « sage », elle redoublerait sa « folie » car elle « a beau mettre un masque, elle reste toujours femme, c'est-à-dire folle[101] ». C'est pourtant

99 1 Co 1, 18-31.
100 Le débat sur l'identité de la figure mélancolique, femme ou ange, est toujours ouvert.
101 Érasme, *Éloge de la folie*, P. de Nolhac (trad.), Paris, Garnier-Flammarion, 1964, p. 27-28.

bien une figure féminine – « songez que je suis la folie et que j'ai parlé en femme[102] » – qui prêche en chaire de façon savante, ironique, indignée. Cette inversion de la hiérarchie des sexes fait certes partie du renversement carnavalesque, mais la folie ne pourrait-elle pas être le masque sous lequel un personnage féminin s'affirmerait la maîtresse du savoir face à un public masculin[103] ? Louise Labé dans le *Débat de Folie et d'Amour* (1555), inspiré d'Érasme, met à son tour en scène le pouvoir de Dame Folie. Affrontée à Amour qui affirme avec suffisance la supériorité de son « sexe » sur cette « fole », elle affiche d'emblée une prédominance qui sera confirmée par le jugement des Dieux : « Et guidera Folie l'aveugle Amour et le conduira ou bon lui semblera[104] ». Dans ces deux œuvres emblématiques de l'humanisme, la figure allégorique revendique donc son identité de femme, le plaidoyer de Folie chez la poétesse prenant parfois des accents ouvertement féministes.

Cette hypothèse d'une folie permettant à la femme de s'emparer du pouvoir de la parole réservé aux hommes[105] est néanmoins mise à mal par le fait que la « folle femme » incarne presque toujours la tentation charnelle, renvoyant ainsi au péché de la première d'entre elles : « Entre toutes les femmes mortelles Eve, nostre premiere mere, a este la plus folle et mere de toutes folies[106] », écrit l'auteur de *La Nef des folles.* Cette adaptation au féminin de *La Nef des fous* par Josse Bade[107] – dont l'organisation est néanmoins toute différente, la nef d'Ève étant rejointe par celles des cinq vierges folles[108] représentant les cinq sens associés aux péchés – connut six éditions entre 1501 et 1583. Son succès s'explique

102 *Ibid.* p. 94.

103 C'est là l'hypothèse de J.-C. Margolin, « Le sujet de l'énonciation dans l'*Éloge de la Folie* d'Érasme », P. Defosse (dir.), *Hommages à Carl Deroux. Christianisme et Moyen âge, néo-latin et survivance de la latinité*, vol. 5, Bruxelles, Latomus, 2003, p. 475-496.

104 L. Labé, *Œuvres complètes*, François Rigolot (éd.), Paris, Garnier-Flammarion, 1986, p. 49 et 103.

105 Les libellistes du début du XVIIe siècle attribuèrent ainsi à la folle de cour Mathurine – personnage que l'on retrouve dans *La Confession catholique du Sieur de Sancy* d'A. d'Aubigné (liv. II, chap. 1), comme dans *Les Caquets de l'accouchée* (5e journée) – un certain nombre de textes satiriques, appelés « Maturinades ». Voir J. Mathorez, *op. cit.*

106 *La Nef des folles.* Adaptation de Jean Drouyn *et alii*, O. A. Duhl (éd.), Paris, Classiques Garnier, « Textes de la Renaissance », n° 190, 2013, p. 101.

107 Josse Bade, *Stultiferae naves sensus animosque trahentes mortis in exitium. Venales sunt [Parisii] in Pellicano vici sancti Jacobi*, [1501]. L'édition se fait sous la responsabilité de Thielman Kerver et d'Enguerrand de Marnef.

108 Mt, 25, 1-13.

par la double approche satirique et moralisatrice consistant à faire porter le fardeau de la folie humaine sur les folles plutôt que sur les fous, ce qui suppose aussi une partialité dans la « Querelle des femmes », au moment où plusieurs auteurs – Antoine Dufour, Symphorien Champier, François de Billon – recherchent le patronage des reines et des princesses en leur dédiant des recueils de vies de femmes illustres par leur vertu et leur piété. Les ouvrages les plus diffusés demeurent toutefois ceux qui mettent en scène les folles, non les sages ! Quant au *Triumphe de Haulte Folie*[109] (vers 1550), son titre semble faire écho à un texte antérieur, *Le Triumphe de tres haulte et puissante dame Vérolle*[110], et on ne saurait dénombrer les gravures montrant un fou adorateur de Vénus, la déesse de l'amour étant présentée comme son pendant féminin[111]. Associée à la luxure, la folie féminine renvoie dès lors à la mort et à la damnation si ce n'est au diable : examinant les personnages féminins dans les sotties, Olga Anna Duhl en vient à conclure que « la folie chez la femme est une maladie incurable car relevant directement et irréversiblement du péché originel[112] » et que la « sotte folle [...] fidèle à son identité diabolique » apparaît comme « une incarnation de tous les vices[113] ». La charge satirique dont sont l'objet ces figures[114] doit-elle être lue comme une mise à mort symbolique ? Quoi qu'il en soit, Dame Folie ou mère sotte, ces personnages allégoriques s'inscrivent dans la représentation d'une folie universelle traduisant la nature pécheresse de l'homme.

À la fin du XVIe siècle, signe d'un changement de paradigme, apparaît un nouveau modèle littéraire de représentation de la folie avec l'*Hospidale de' pazzi incurabili* (1586) de Tomaso Garzoni. L'ouvrage, qui connut douze éditions en trente ans et fut traduit en anglais en 1600, puis en

109 *Le Triumphe de Haulte Folie* [1550 ?], A. de Montaiglon (éd.), Paris, Léon Willem, 1879.

110 *Le Triumphe de tres haulte et puissante dame Vérolle* [1534], A. de Montaiglon (éd.), Paris, Léon Willem, 1874.

111 Pour aller plus loin, voir Y. Pinson, *The Fools' Journey : a Myth of Obsession in Northern Renaissance Art*, Turnhout, Brepols, 2008, en particulier les chap. 4, 5 et 6, « La Nef des folles », « Le triumphe de haulte folie », et « *The Triumphal Procession of Folly (or The Power of Women)* », p. 69-124.

112 Voir *infra* l'article de B. Renner, qui conteste ce point mais pour les différentes versions de *La Nef des fous*.

113 O. A. Duhl, *Folie et rhétorique dans la sottie*, Genève, Droz, « Publications romanes et françaises », n° 210, 1994, p. 144 et 154.

114 On peut penser aussi au tableau de Pieter Brueghel l'Ancien, *Margot la folle* (1562 ?) où l'inquiétante figure féminine à la taille démesurée s'en va piller les Enfers à la tête d'une armée de femmes.

français en 1620 sous le titre *L'Hospital des fols incurables*, présente en effet d'authentiques malades tels qu'ils sont définis dans les nosographies de l'époque – « frénétiques », « mélancoliques », « forcenez », « desnués de mémoire et d'entendement » « idiots et grossiers » – et surtout les enferme. Le passage de la nef des fous à l'hôpital se justifie sans peine, puisque le fou n'est plus ce pécheur que l'on pourrait réformer par le biais de la satire, mais un malade dont la place est désormais à l'hôpital. Quoique présenté comme un lieu fictionnel et métaphorique, l'asile de Garzoni est fondé sur l'observation des établissements pour fous de Venise ou de Bologne[115] ; « l'*internement* fait suite à l'*embarquement* », écrit Foucault qui voit là, à juste titre, une confirmation de l'exclusion des fous dans l'Europe moderne[116].

L'ouvrage, touffu et érudit, classe d'abord les fous en trente catégories, avant de présenter le « Departement de l'hospital qui sert à loger les femmes. Où il est monstré que toutes les especes de folie sus-mentionnées se retreuvent en elles[117] ». Peu de visiteurs ont le privilège d'y entrer « parce que ces pauvres folles y sont ordinairement toutes nuës » ; enfermées dans des cellules individuelles, les trente démentes sont censées correspondre aux pathologies répertoriées chez les hommes. Cette équivalence est néanmoins mise à mal par le fait qu'il s'agit cette fois-ci des « plus ridicules subjects de folie qu'il soit possible d'imaginer[118] », et que les visiteurs sont invités à ne pas ouvrir la dernière chambre, celle de la « folle Diabolique » qui telle une enchanteresse les transformerait en « animaux deraisonnables[119] ».

Le traitement littéraire de la folie féminine semble donc une fois encore marqué par des stéréotypes misogynes, mais le texte, par sa description des aliénées, au travers d'anecdotes sur leurs manies ou sur les causes de leur folie, propose une galerie de petits portraits qui amorce la possibilité

---

115 A.-C. Fiorato présentant l'ouvrage écrit ainsi : « Chez Garzoni, la folie s'immobilise et se fige : elle est parquée, étiquetée, séparée du reste des humains sains d'esprit ; elle n'a pas d'histoire et n'aboutit à rien d'autre qu'un entassement (burlesque et fascinant à la fois) d'individus anormaux, incurables, affublés d'un masque grotesque », T. Garzoni, *L'Hospidale de'pazzi incurabili. L'Hospital des fols incurables*, F. de Clarier (trad.), A. C. Fiorato (éd.), Paris, Honoré Champion, 2001, p. 11.

116 M. Foucault, *op. cit.*, p. 53. Il faut noter néanmoins qu'on ne parle plus des mêmes fous.

117 T. Garzoni, *op. cit.*, p. 415. « Le discours de l'autheur » sur les femmes occupe un peu plus d'un dixième de l'ouvrage.

118 *Ibid.*, p. 415-417.

119 *Ibid.*, p. 445-447.

d'une narration plus étendue, qui sera réalisée un siècle plus tard dans un surgeon tardif de l'ouvrage, le chapitre sur les « fous enfermés » du *Diable boiteux* de Lesage, avec l'histoire d'Emerenciana[120], « première grande folle romanesque et tragique[121] » de la littérature française.

Le texte de Garzoni coïncide avec l'invasion de « véritables » fous et folles dans la littérature européenne en particulier sur la scène théâtrale[122], où elle aurait donné naissance à un sous-genre, le « théâtre de l'asile[123] ». C'est en Angleterre et en Espagne[124], où l'on trouve depuis le XVe siècle des hospices pour les fous, que ce théâtre est le mieux représenté, mais on doit à Charles de Beys une tragi-comédie, *L'Hospital des fous* (1636), qui deviendra en 1653 une comédie *Les Illustres fous*[125] ; l'intrigue met en scène des amants feignant la démence dans un asile où les frontières entre raison et folie, entre vie et théâtre, et même entre homme et femme, semblent poreuses. L'hôpital, pourtant situé à Valence, est un lieu allégorique plus que réaliste : le défilé des fous – le « philosophe », le « musicien », le « plaideur », « l'astrologue », le « soldat », « l'alchimiste[126] » – ne renvoie pas à des pathologies, mais à des types, et principalement à des fous savants aveuglés par leur monomanie ; aussi

---

120 A.-R. Lesage, *Le Diable boiteux*, Roger Laufer (éd.), Paris, Gallimard, « Folio », 1984, p. 147-157.

121 J. Sgard, « Les folles », S. Bernard-Griffiths et J. Sgard (dir.), *Mélodrames et romans noirs 1750-1890*, Toulouse, Presses universitaires du Mirail, 2000, p. 313-325, p. 314.

122 Il est inutile d'évoquer l'œuvre de Shakespeare… Pour ce qui est de la France, on peut citer, entre autres, *L'Hypocondriaque* (1628) de Rotrou, *Mélite* (1630) de Corneille, qui dans l'« Examen » de 1660 écrit : « La folie d'Éraste n'est pas de meilleure trempe. Je la condamnais dès lors en mon âme ; mais comme c'était un ornement de théâtre qui ne manquait jamais de plaire, et se faisait souvent admirer, j'affectai volontiers ces grands égarements » (*Œuvres complètes*, Paris, Seuil, « L'Intégrale », 1963, p. 28), la *Marianne* (1636) puis *La Folie du Sage* (1645) de Tristan L'Hermite. Dans ces pièces, il ne s'agit que de personnages masculins.

123 Voir les articles de J. Fuzier : « L'hôpital des fous, variations européennes sur un thème socio-littéraire de la fin de la Renaissance », *Hommage à Jean-Louis Flecniakoska*, Montpellier, Université Paul Valéry, 1980, t. 1, p. 157-183, et « King Lear et le théâtre de l'asile », Société d'études anglo-américaines des XVIIe et XVIIIe siècles, *Folie, folies, folly dans le monde anglo-américain aux XVIIe et XVIIIe siècles*, Aix-en-Provence, Université de Provence, 1982, p. 115-123.

124 Voir H. Tropé, *Folie et littérature dans l'Espagne des XVIe et XVIIe siècles*, Paris, L'Harmattan, 2014.

125 *L'Hospital des fous*, Paris, Toussainct Quinet, 1636 ; *Les Illustres fous*, Paris, Olivier de Varennes, 1653. Pour une analyse de la pièce, voir F. Poulet, « L'asile dans le théâtre : la folie comme miroir tendu au spectateur dans *Les Illustres Fous* de Charles Beys (1653) », *Métathéâtre, théâtre dans le théâtre et la folie*, 2010, p. 65-88, mis en ligne en mars 2010, URL : https://sceneeuropeenne.univ-tours.fr/regards/metatheatre (consulté le 18 avril 2022).

126 Liste des personnages dans *L'Hospital des fous*.

l'hôpital est-il le théâtre de la folie humaine, définie non plus comme péché ou pathologie, mais comme écart ridicule par rapport à une norme. Dans la société de plus en plus policée et codifiée du XVIIe siècle, l'« Extravagant », défini par Furetière comme un « Fou, impertinent, qui dit et fait ce qu'il ne faudroit pas qu'il dist ni qu'il fist », devient ainsi le nouveau visage de la folie en littérature[127], s'épanouissant dans les genres comiques, de l'anti-roman[128] à la satire ou la comédie.

Les folles sont cependant autrement moins nombreuses que leurs homologues masculins, peut-être parce qu'elles sont toujours présentées sous deux angles d'attaque qui n'en constituent parfois qu'un seul ; soit elles sont atteintes de fureur amoureuse, soit elles sont rendues folles par leurs lectures, la catégorie des « folles romanesques » rassemblant les deux pathologies, avec ces lectrices confondant, bien avant Madame Bovary, l'idéalisation amoureuse des tragédies, des opéras, ou des romans, avec la réalité[129] ; quand l'auteur de ces œuvres est de surcroît une autrice, l'accusation de folie retombe aussi sur cette dernière, comme le montre la mise en cause de la grande romancière Madeleine de Scudéry[130]. Le modèle de la « folie romanesque » né dans le sillage de *Don Quichotte* touche ainsi les femmes de façon spécifique, annonçant le discours médical du siècle des Lumières faisant le procès du roman accusé d'encourager chez les jeunes filles une lascivité pouvant les conduire à la démence[131].

Les héroïnes furieuses de la tragédie des XVIe et XVIIe siècles ne sont néanmoins pas sans grandeur. Sur le modèle sénéquien, dont Médée constitue l'archétype, le personnage puise dans sa « fureur » la force qui lui permet de commettre les crimes les plus inhumains et de transgresser tous les interdits, empruntant au passage les traits contemporains de la sorcière démoniaque[132]. Mais sa fureur est présentée comme l'envers

127 Voir *infra* l'article d'A. Bonnefoy-Lucheri, sur Tallemant des Réaux et son attrait pour les extravagants des deux sexes, qui dessinent néanmoins en creux une normalité à laquelle ils échappent, pour le plaisir de l'auteur comme du lecteur.

128 Voir R. G. Hodgson, « Du *Francion* de Sorel au *Pharsamon* de Marivaux : une histoire de la folie à l'âge de l'anti-roman », N. Boursier et D. Trott (dir.), *La Naissance du roman en France*, Seattle, Papers on French seventeenth century literature, « Biblio 17 », 1990, p. 29-38.

129 Voir les articles de C. Nédelec et de J. le Blanc.

130 Voir *infra* l'article de N. Grande.

131 Voir A. Wenger, *La fibre littéraire : le discours médical sur la lecture au XVIIIe siècle*, Genève, Droz, « Bibliothèque des Lumières », 70, 2007 et *infra* l'article de M. Closson.

132 Voir *infra* l'article É. Lacombe.

d'un amour dépravé, jaloux et vengeur, et/ou de la volonté de s'emparer du pouvoir. Qu'elles soient ridiculisées ou qu'elles inspirent la terreur, la représentation des folles traduit donc toujours une peur de la sexualité des femmes mais aussi de leur aspiration à égaler les hommes. Aussi lorsque ce sont des autrices qui choisissent des héroïnes à l'esprit dérangé, il n'est pas absurde de faire l'hypothèse qu'elles projettent sur leurs personnages leur propre stigmatisation pour mieux la dénoncer ou la conjurer[133].

Au cours du XVIIIe siècle, les personnages de folles se multiplient dans les œuvres de fiction jusqu'à devenir progressivement plus nombreuses que les fous, comme le constatent nombre de critiques[134]. Pour Jean Sgard[135], cette « innovation littéraire » qu'est la folie féminine dans le roman prend le relais d'une folie jusque-là « essentiellement comique et masculine », dominée « par les figures d'Orlando, de Don Quichotte ou du licencié de verre[136] » ; quant à l'image satirique de la folie menant le monde et traduisant l'aveuglement moral des hommes, elle est devenue un archaïsme pour l'élite des Lumières. Aussi, le déclin de cette « folie comique » – même si les traces en sont encore nombreuses – se fait au profit d'une folie tragique, cette fois-ci presque exclusivement féminine. Elle suscite non plus la terreur mais la compassion et s'épanouit dans le roman sensible, jusqu'à devenir un phénomène de mode à la fin du siècle. En 1786 triomphe l'opéra-comique, *Nina ou la folle par amour*[137], dans lequel la jeune héroïne, croyant son amant tué par le rival que lui destinait son père, sombre dans une folie douce et mélancolique. Signe de l'engouement pour le personnage, paraissent la même année un premier recueil de six nouvelles, *Les Folies sentimentales ou l'égarement de l'esprit par le cœur*, puis un second de onze récits, les *Nouvelles folies sentimentales*

133 Voir *infra* les articles de T. Varney Kennedy et de S. Genand.

134 « Fait remarquable, cette mise en scène de la folie concerne des femmes. Cela semble une nouveauté en ce début du XVIIIe siècle : jusqu'alors la folie était l'apanage des hommes », M. Beguin, « Folles par amour », M. Delon et J.-C. Abramovici (dir.), *Le Corps des Lumières, de la médecine au roman*, Nanterre, Centre des sciences de la littérature, 1997, p. 121-141, p. 122.

135 « Les folles », *Mélodrames et romans noirs 1750-1890*, *op. cit.*

136 « Le licencié de Vidriera », qui se croit en verre, est une des *Nouvelles exemplaires* de Cervantès.

137 Livret de B. J. Marsollier de Vivetières ; musique de N. Dalayrac. Sur le retentissement de cette œuvre, voir M. Delon, « Lionello Sozzi, le tournant des Lumières et la romance de Nina », *Studi Francesi*, *Omaggio a Lionello Sozzi*, 178 (LX, I), 2016, p. 54-66. Voir aussi *infra* l'article de J. le Blanc.

ou folies par amour chez l'éditeur Royez à Paris. Malgré la diversité des textes, qui sont à la fois des nouveautés écrites pour l'occasion et des extraits de romans antérieurs français comme anglais[138] – avec même une reprise de l'intrigue de *L'Hospital des fous* de Beys[139] –, s'impose néanmoins une nouvelle image de la folie[140], celle de la jeune fille qui perd la raison en signe d'une éternelle fidélité à l'être aimé. Les folles ne sont plus de dangereuses hystériques emportées par leur concupiscence, mais de jeunes innocentes habitant un monde mystérieux et inaccessible.

À l'arrière-plan de cette figure plane le fantôme d'Ophélie et le goût nouveau pour la littérature d'outre-Manche. La folie ne fait plus rire, elle arrache les larmes ; elle n'est plus condamnée comme un manquement à la morale – comme l'était jusque-là la folie d'amour chez les femmes[141] – puisqu'elle touche des personnages incarnant le nouvel idéal de la femme sensible. Elle reste néanmoins quelque peu suspecte, car elle réaffirme la fragilité émotionnelle du sexe féminin ; quant au couple fictif de « l'homme sensible » et de la jeune malade, il reproduit l'archétype de la raison masculine examinant la folie féminine, traduisant ainsi le nouveau regard médical philanthropique sur la maladie mentale bientôt incarné par Pinel[142].

Nina et ses épigones, qui ont pris naissance dans l'essor du roman sensible de la seconde moitié du siècle et s'épanouiront dans le romantisme, ne sont néanmoins pas les seules figures de la folie féminine ; les scènes de fureur restent ainsi un des clous attendus du spectacle, au théâtre comme à l'opéra, et les folles d'amour du roman sont plus souvent des « mélancoliques furieuses » ou des « hystériques » que de douces désespérées[143]. Quant aux « folles romanesques », elles continuent à être l'objet de toutes les attentions littéraires et médicales.

---

138 Pour le détail de l'édition de ces nouvelles, voir M. Beguin, « Folles par amour », *op. cit.*, et J. Sgard, « Les folles de 1786 », *Du visible à l'invisible, pour Max Milner*, t. 1, Paris, Corti, 1988, p. 111-121.

139 Cette intrigue ouvre le recueil des *Folies sentimentales* sous le titre « La folle par amour, ou Lucile et Lindamore ».

140 Voir C. Dornier, « Raconter la folie : les recueils des *Folies sentimentales* (1786) », R. Démoris et H. Lafon (dir.), *op. cit.*, p. 165-184 et *infra* les articles de S. Genand et de L. Sieuzac.

141 L'ambiguïté persiste néanmoins ; voir *infra* l'article de M. Closson.

142 L'une des nouvelles « Bedlam, anecdote anglaise », *Folies sentimentales*, *op. cit.*, p. 189-195, met ainsi en scène un visiteur de l'hôpital de Londres, bouleversé par une jeune Lady qui pleure son amant perdu. L'anecdote est tirée de *L'Homme sensible* (1775), roman de Henry Mackenzie.

143 Voir le tableau des « sources » dans R. Démoris et H. Lafon (dir.), *op. cit.*, p. 411-417.

Dans cet ensemble pourtant, une folie particulière se détache, celle des religieuses ; le cloître est devenu au XVIIIe siècle un motif majeur de la littérature libertine et anticléricale, mais c'est Diderot, dont la sœur Angélique est morte folle dans le couvent des Ursulines de Langres, qui fait de ce huis clos féminin un lieu hautement pathogène. Suzanne, l'héroïne de *La Religieuse*, aperçoit ainsi avant de prononcer ses vœux un spectacle « hideux » : une folle échappée de sa cellule, « échevelée et presque sans vêtement », « traînant des chaînes de fer », hurlant, courant, s'arrachant les cheveux et surtout cherchant « une fenêtre pour se précipiter ». L'héroïne s'identifie à cette religieuse et à toutes ces femmes qui deviennent « folles, stupides ou furieuses[144] » dans l'espace de la clôture monastique. Cherchant à faire annuler ses vœux, Suzanne sera accusée, comme dans les grandes affaires de possession du XVIIe siècle, d'être « obsédée du démon, coupable et folle[145] ». Les différents types de folie sont représentés à la fois par les trois mères supérieures – une mystique inspirée, une fanatique démoniaque, et une homosexuelle délirante[146] –, par la mélancolique sœur Ursule, et par Suzanne elle-même. Le cloître qui enferme les femmes – « Quel besoin a l'époux de tant de vierges folles et l'espèce humaine de tant de victimes[147] ? » – est donc une prison où le système hiérarchique, la peur de la damnation, le refus de la sexualité fabriquent la folie. Le texte de Diderot traduit ainsi la prise de conscience que la maladie mentale peut être provoquée par les contraintes sociales et culturelles, qui menacent davantage les femmes que les hommes, puisqu'elles sont affrontées à des interdits séculaires visant à limiter leur liberté sexuelle, intellectuelle, créatrice.

---

144 D. Diderot, *La Religieuse*, Florence Lotterie (éd.), Paris, Garnier-Flammarion, 2009, p. 19-20.
145 *Ibid.*, p. 75.
146 *Ibid.*, p. 184 *sq.* Elle parcourt nue en hurlant les couloirs du couvent.
147 *Ibid.*, p. 100.

PRÉSENTATION DE L'OUVRAGE

Ce « panorama » très incomplet des liens entre femme et folie sous l'Ancien Régime permet de replacer les articles des spécialistes qui ont participé à ce colloque dans un ensemble plus vaste, en rendant compte aussi des nombreux et fructueux échanges qui ont accompagné leurs communications. Le volume permet de découvrir des travaux[148] à la fois riches et complexes, qui ont été rassemblés dans trois ensembles centrés sur une approche religieuse, puis littéraire et enfin plus largement sociale de la question de la folie féminine.

Dans la première partie, « Folles de Dieu, folles du diable », mystiques, sorcières, possédées, convulsionnaires, religieuses au comportement jugé scandaleux ou traumatisées par une conversion forcée, ou encore victimes de la « folie du couvent », semblent constituer un ensemble disparate dans lequel peut néanmoins se lire une condamnation qui vise spécifiquement toute expression féminine « excessive » de la croyance : satanique ou divine, catholique ou hérétique, elle est perçue comme folle, révélant la nature naturellement faible et pécheresse de la femme quand elle échappe aux normes dessinées par les autorités masculines religieuses, médicales ou judiciaires.

La seconde partie, la plus importante de l'ouvrage avec ses huit articles, « Folles de littérature, folles en littérature », explore la figure de la folle « littéraire », qu'elle soit personnage, lectrice, ou autrice, et parfois l'une et l'autre en même temps. Les œuvres abordées appartiennent à tous les genres, et en particulier ceux de la scène, théâtre comme opéra. La permanence de stéréotypes liant la folie féminine à l'amour débridé, à l'ambition démesurée ou à la prétention au savoir, permet de percevoir cette figure comme une incarnation du désir, inquiet ou provocant, de libération de la parole et de la création féminines, miroir dans lequel se sont reconnues certaines autrices.

Enfin la dernière partie, « Folles en leur corps : répression du féminin », rassemble des textes qui renvoient à l'accusation de folie à la fois dans le champ de la morale, de la médecine, de la justice ou de la politique. La même inquiétude et la même volonté de dénoncer – et éventuellement de

148 Les résumés de chaque article figurent à la fin de l'ouvrage.

« corriger » – un corps féminin perçu comme incapable de se soumettre aux lois de la raison se lisent de façon constante sur toute la période de l'Ancien Régime et dans des domaines très différents, traduisant ainsi une peur de la « folle femme ».

Comme dans toute édition de colloque, surtout quand il concerne un sujet vaste et une période longue, les articles rassemblés ne prétendent pas couvrir l'ensemble des questions liées à la folie féminine, ni viser à l'exhaustivité. Mais du fait qu'ils convergent et dialoguent en des points multiples, ils ouvrent de nouvelles pistes de réflexion et d'analyse, et invitent à explorer de nouveaux corpus, avec un regard qui prenne en compte l'histoire des femmes et du genre.

Marianne CLOSSON
Université d'Artois
Textes et cultures (UR 4028)

Ghislain TRANIÉ
Centre Roland Mousnier
(Sorbonne Université)

PREMIÈRE PARTIE

FOLLES DE DIEU, FOLLES DU DIABLE

LE CLOÎTRE DÉSTABILISÉ

Les religieuses et la folie au moment de la Réforme

En 1614, le jésuite Louis Richeome rédige un traité sur l'humilité au sein duquel il sollicite l'exemple d'une nonne orientale qui se fait passer pour folle dans son monastère dans le but d'être méprisée de toutes les autres et d'éprouver ainsi son humilité. Le saint père Pitiron demande à rencontrer cette religieuse pour lui demander sa bénédiction. Les nonnes tentent alors de le dissuader car « elle est fole[1] ». Connaissant la cause sainte de cette folie feinte, il leur répond : « mes chères sœurs ne vous trompez pas & gardez d'être foles vous mesmes : cette cy est la plus sage de toutes & la Mere de devotion[2] ». La religieuse dont on ne sait pas le nom, démasquée par le père, préfère alors fuir pour ne pas mettre en danger cette vertu[3]. Une forme de folie est ainsi admise dans les cloîtres, une folie qui aurait à voir avec une expérience du sacré[4]. La « folle du couvent » semble importante monastiquement, en ce qu'elle permet à ses consœurs de tester et d'exercer leur charité et leur humilité. Les expériences de folie internes aux cloîtres pourraient donc prendre des formes qui ne se cantonnent pas à l'accueil de femmes marginalisées par la société par exemple. Plus encore, ces folies conventuelles semblent appuyées et insérées dans un cadre théologique qui les intègre au système monastique.

1 L. Richeome, *L'Academie d'honneur dressee par le filz de Dieu au royaume de son eglise sur l'humilite selon les degrez d'icelle opposez aux marches de l'Orgueil*, À Lyon, chez Pierre Rigaud en rue Merciere, 1614, p. 196.

2 *Ibid.*

3 Moins d'un siècle après, l'anecdote de cette religieuse qui se fait passer pour folle est reprise par Louis Bulteau. Dans ce récit, le lien entre sacré et folie religieuse a évolué ; en effet, le mauriste condamne le stratagème : « il y en avait une [de religieuse] qui, par une conduite extraordinaire, & qui ne doit pas être imitée, faisoit la folle » (L. Bulteau, *Essai de l'histoire monastique d'Orient, par *** de la Congregation de Saint Maur*, Paris, L. Billaine, 1680, p. 103.

4 Nous rejoignons ici l'interprétation foucaldienne d'une folie qui est abandon total à la volonté de Dieu (M. Foucault, *Histoire de la folie à l'âge classique*, Paris, Gallimard, 1972, p. 43).

Mais cette lecture sacrée de la folie des religieuses est bouleversée par la Réforme protestante. En effet, en mettant en cause l'utilité sociale et théologique, et même la pertinence chrétienne de lieux coupés du monde, les réformateurs protestants font se déplacer la ligne de partage monastique entre folie et sanité d'esprit. Apparaissent donc de nouvelles variations dans le nuancier de la folie cloîtrée. Du côté des réformés, la folie qualifie désormais les femmes qui font le choix des vœux religieux et les comportements jugés fous sont ceux qui, autrefois, pouvaient relever de la sainteté. Par exemple, le protestant Bernardino Ochino, dans ses *Apologues*, donne la parole à Laurent de Médicis, pour qu'il explique à l'ambassadeur du Soudan la raison pour laquelle il n'y a pas de fous dans les rues de Florence : « le menant hors de Florence, luy monstra beaucoup de monasteres de Moines & de Nonnains, luy disant que là-dedans habitoyent tous leurs fols & foles[5] ». C'est donc la vie monastique qui devient un choix insensé. Les théologiens catholiques rétorquent que c'est celles qui suivent les enseignements de Luther qui font preuve de la plus grande folie : le prêtre René Benoist s'indigne de ces religieuses qui « despourveues de bon jugement et defaillante[s] en sens commun[6] » ont été persuadées par Luther.

Dans ce contexte de bouleversements confessionnels, le discours sur les religieuses sollicite alors le vocabulaire de la folie. Ce champ lexical permet de tracer une démarcation entre comportements religieux validés et pratiques religieuses superstitieuses, ligne qui ressemble à celle distinguant l'orthodoxie de l'hérésie. Dans l'iconographie, ces représentations à charge contre les cloîtres sont figurées par des personnages incarnant des fous qui évoluent parmi des membres du clergé. Le ministre anglais Stephen Batman dénonce les excès monastiques dans un livre d'emblèmes, au sein duquel une gravure montre un personnage revêtu d'un tonneau, nouveau Diogène, que l'auteur identifie sous le nom de « désir insatiable[7] ». Ce fou, au centre de l'image, distribue de la nourri-

---

5 B. Ochino, *Apologues, esquels Se Descouvrent les abuz, folies, superstitions, erreurs, idolatries et impietez de la Synagogue du Pape et spécialement des moines d'icelui, Traduits d'Italien*, Genève, chez Jean Gerard, 1554, p. 42.

6 R. Benoist, *Remonstrance aux prestres, religieuses, et moynes qui soubz le pretexte d'un licite mariage ont commis abominable inceste et sacrilège*, Paris, chez Nicolas Chesneau, 1567, p. 5.

7 S. Batman, *A christall glasse of christian reformation wherein the godly maye beholde the coloured abuses vsed in this our present tyme. Collected by Stephen Bateman Minister*, Imprinted at London, by John Day dwelling ouer Aldersgate, 1569, n. p., chap. « Of Gluttony ».

ture à un prêtre et une religieuse. Sur la même gravure, un livre déchiré, représentant les « vérités non-écrites » bafouées par ces personnages, et le fait que la religieuse agrippe un chapelet disproportionné qui rend visible sa « croyance légère », insistent sur l'ampleur de la folie cléricale. La folie dénoncée ici n'est donc plus un comportement individuel, hors norme, témoignant d'une foi profonde et comme illuminée de Dieu, mais bien un ensemble de pratiques monastiques jugées superstitieuses par l'auteur protestant.

En d'autres termes, nous formulons l'hypothèse d'une confessionnalisation, dans les discours, de la folie des religieuses : les réformés feraient de la folie qui interroge le sacré monastique une folie qui le dénonce comme factice. Mais cette transition ne se réduit pas au monde discursif des affrontements confessionnels. La traduction concrète de ces idées anti-monastiques par les critiques qui pénètrent jusque dans les cloîtres, par les dissolutions de monastères, ou les tentatives de conversions de religieuses engagées par les réformés, déstabilise ces institutions et leurs occupantes. Au-delà des discours dénonçant la folie religieuse, le moment de la Réforme provoque également une grande déstabilisation monastique, qui ouvre une fenêtre sur les formes vécues d'une folie religieuse liée à ces moments de bouleversement. La Réforme agirait donc comme un moment de révélation des fractures profondes qui traversent les cloîtres et comme un moteur de ces déstabilisations internes. Nous rechercherons donc les moments où la folie, identifiée ainsi selon ses témoins, accède à une visibilité dans ce contexte de la Réforme.

LA FOLIE ENCLOSE

En 1535, Jeanne de Jussie, secrétaire des clarisses de Genève, relate la sortie de sa communauté de la ville désormais calviniste[8]. Au fil de ce récit, la religieuse distingue entre plusieurs types de folies qui touchent les membres du cloître, ce qui nous permet de comprendre ce qu'une folie interne monastique peut désigner. Dans une rapide typologie, le

8 J. de Jussie, *Petite chronique. Einleitung, Edition, Kommentar*, Helmut Feld (éd.), Mayence, P. von Zabern, 1996.

terme de « folie » utilisé par l'autrice caractérise à la fois des déviances religieuses à la stricte observance monastique et, selon une compréhension presque médicale, des formes de déficits intellectuels.

D'après cette chronique, Blaisine Varembert est la seule religieuse des clarisses de Genève à quitter les ordres, convaincue par la Réforme. Jeanne de Jussie inclut le récit que livre Blaisine de sa vie malheureuse au couvent[9] : en plus des mauvais traitements qu'elle y aurait reçus, l'ancienne religieuse relève des abus psychologiques, parce qu'elle a été « enferree, et emprisonee et tenu [*sic*] comme une folle[10] ». Bien sûr, Jeanne de Jussie se défend de ces accusations, et explique que c'est le refus de Blaisine de laisser sa quenouille pour la Bible le jour de la Fête-Dieu qui est à l'origine de ce qui prend la forme d'une correction sororale. Blaisine, selon ses propres dires, est ainsi perçue comme folle car elle se distingue du comportement « monastico-normé » des autres.

L'« apostate », dans son argumentaire contre les clarisses, évoque cependant une autre religieuse, qu'elle nomme « la pauvre folle[11] » et qui se nomme Jacquemine Lille. Cette folie de l'intérieur, décelée au couvent, a donc une autre signification. La folie de Jacquemine est constitutive de son identité, puisqu'elle est considérée comme « folle » unanimement, par les réformés et par les religieuses. Son état mental apparaît à de nombreuses reprises dans le récit et elle est tour à tour qualifiée de « pauvre debile de cerveau[12] », « pauvre simple[13] », « pauvre debile de teste[14] », et « folle[15] » à deux reprises. La folie désigne alors une forme d'incapacité, de déficience mentale, qui s'oppose ici à l'entendement. Dans le couvent, avant même la Réforme, deux types de folie se côtoient, qui recoupent en fait deux comportements ontologiquement différents car ils n'ont ni la même cause, ni la même signification : l'une est volontaire, d'autant plus grave qu'elle est choisie par Blaisine ; l'autre involontaire, donc voulue de Dieu.

Parallèlement, la présence de Jacquemine interroge l'enjeu crucial au moment de la Réforme du recrutement des sœurs. En effet, cette

9 J. de Jussie, *Le Levain du calvinisme ou le commencement de l'hérésie de Genève*, À Chambéry, par les freres Du-Four, 1611, p. 171.

10 *Ibid.*, p. 172.

11 *Ibid.*, p. 171.

12 *Ibid.*, p. 183.

13 *Ibid.*, p. 196.

14 *Ibid.*, p. 190.

15 *Ibid.*, p. 183, p. 171.

situation des cloîtres comme lieu où la société se débarrasserait des femmes indésirables devient l'un des arguments mobilisés contre ces institutions. Réformés et humanistes de toutes confessions s'accordent à critiquer l'utilisation de couvents comme lieux d'accueil des filles immariables. Ainsi, Rabelais, remplissant son abbaye de Thélème de recrues brillantes, construit son utopie *a contrario* de ce qu'il observe dans les monastères de son temps, dans lesquels on se débarrasserait des femmes qui sont « borgnes, boyteuses, bossues, laydes, defaictes, folles, insensees, maleficiees, & tarees[16] ». L'accumulation brosse alors un portrait-robot négatif des habitantes des couvents, qui cumuleraient les invalidités morales, physiques, mentales. Le réformateur protestant Pierre Viret poursuit ces attaques contre le rôle social d'accueil des monastères qui se réduirait, selon lui, à un espace de débarras des filles contrefaites ou dont quelques « folies » de jeunesse auraient compromis la chasteté[17].

Au sein de ces critiques, la folie, une nouvelle fois, désigne le contraire de la capacité d'entendement et la déviance par rapport à une norme comportementale religieuse. Notons que cette critique, en sus de ne pas être strictement confessionnalisée, n'est pas particulière aux femmes. L'évêque Antoine de Guevara insiste sur le fait que « pour servir Dieu ès monastères, l'on ne doit point prendre ceux qui sont rejetez du monde », ceux qui n'ont pas « entendement pour eux gouverner[18] ». Le modèle du cloître comme lieu de l'exclusion est contesté par les clercs eux-mêmes. Le service de Dieu ne peut donc pas se satisfaire de recruter celles et ceux que le monde présente au monastère, et doit plutôt accueillir celles et ceux qui y sont appelé.e.s. Pour citer Foucault, la folie, ici, « prend l'allure d'une satire morale[19] » : en effet, la critique ne vise pas tant l'accueil d'individus qui ne correspondent pas aux normes sociales physiques et intellectuelles, que le dévoiement du sens de la vie conventuelle provoqué par la conception du cloître comme lieu d'exclusion. En d'autres

16 A. de Guevara, *L'Oratoire des religieux et l'exercice des vertueux, composé par le Reverend et digne prelat, Don A. de Guevare, trraduit de l'italien en françoys et conferé avec l'espagnol par Nicolas Dany*, Paris, chez Guillaume Chaudière, 1582, p. 27.

17 P. Viret, *De la vraye et fausse religion, touchant les voeus & les serme[n]s licites & illicites : & notamment touchant les voeus de perpetuelle continence, & les voeux d'anatheme & d'execration, & les sacrifices d'hosties humaines, & de l'excommunication en toutes religions. Item de la moinerie, tant des juifs que des paiens & des turcs & des papistes, & des sacrifices faits à Moloch, tant en corps qu'en ame*, Genève, par Jean Rivery, 1560, p. 579.

18 A. de Guevara, *op. cit.*, p. 27.

19 M. Foucault, *op. cit.*, p. 36.

termes, alors qu'à Dieu, on ne doit offrir que les meilleures recrues, cet impératif est contredit de manière systématique par la pratique sociale de la vie monastique.

Ainsi, les attaques réformées contre les cloîtres, qu'elles prennent la forme de discours ou d'actions menées en vue de leur dissolution, révèlent les différentes facettes d'une folie interne aux couvents, notamment parce qu'elles provoquent des prises de paroles de la part des religieuses. D'abord, les habitantes des couvents diagnostiquent des formes de folie chez leurs consœurs déficientes intellectuellement. La Réforme ne transforme pas radicalement cette approche, même si, désormais, cet accueil est stigmatisé par les réformés comme dégradation du sacrifice de soi qu'implique la vie cloîtrée. Mais les religieuses appellent « folie » des comportements contraires à l'ordre monastique. Là, en revanche, la Réforme transforme en profondeur le sens de cette folie : si, bien sûr, les écarts par rapport à la norme monastique étaient fréquents à l'époque médiévale et condamnés théologiquement, c'est désormais cette norme qui devient folie dans le discours réformé[20]. En somme, la déviance n'est plus dans la fuite du cloître, elle prend corps au sein du monastère.

Cette transformation du sens donné à la folie monastique rejoint ainsi la compréhension foucaldienne d'un avant « grand renfermement » dans lequel la folie se liait au sacré : le monde est alors folie, mais le renoncement au monde est une plus grande folie encore, quand on le compare à la « folie abyssale » de la sagesse de Dieu[21]. Il faut donc recevoir au cloître celles et ceux qui seront aptes à reconnaître leur propre folie, donc à exercer leur entendement face à un mystère qui les dépasse. C'est cette prise de conscience qui confine à la folie, une folie souhaitable dans le cloître. Mais, avec la Réforme, la folie monastique perd ses accents mystiques : elle devient l'incarnation concrète du dysfonctionnement systématique du catholicisme.

---

20 Dans une riche historiographie sur les écarts médiévaux à la norme monastique, voir par exemple les travaux sur la mobilité et l'apostasie des religieuses et religieux : M. Svec Goetschi, *Klosterflucht und Bittgang : Apostasie und monastische Mobilität im 15. Jahrhundert*, Cologne, Böhlau Verlag, 2015 ; C. Harper-Bill, « Monastic Apostasy in late Medieval England », *The Journal of Ecclesiastical History*, vol. 32, n° 1, 1981, p. 1-18 ; F. D. Logan, *Runaway religious in medieval England : c. 1240-1540*, Cambridge, Cambridge University Press, 1996.

21 M. Foucault, *op. cit.*, p. 43.

REFORMULER LA FOLIE
Les cloîtres avant le « grand renfermement »

Pour comprendre comment est analysée cette folie spécifique aux religieuses et à leur observance des règles monastiques au XVIe siècle, l'étude des références bibliques sollicitées dans les discours sur les religieuses est révélatrice. L'utilisation de la parabole des vierges folles et des vierges sages, tirée de l'Évangile de Matthieu[22], est fréquente dans les écrits confessionnels à partir des années 1560. On pourrait alors formuler l'hypothèse que le contexte des débuts de la Réforme catholique explique l'utilisation accrue de cette grille théologique apposée à la folie interne aux cloîtres[23] : la parabole est simple et l'emploi du terme « vierges » dans le texte donne aux confesseurs des religieuses une occasion facile d'utiliser un récit de l'Évangile pour parler des nonnes sans ajouter de métaphore, ou presque. Ainsi, le religieux Pierre Crespet, dans un ouvrage à l'intention « d'une vierge chrétienne », c'est-à-dire de toute religieuse qui souhaite suivre cet état de perfection qu'est la vie monastique, applique la parabole aux moniales, en 1592 : « Je ne sçay si sous ceste parabolle des folles vierges, celles-là ne sont point entendues qui se vantent tant en religion de leur integrité & virginité corporelle[24] ». La folie des religieuses, dans la continuité directe de la parabole, est donc l'orgueil de croire que la virginité les sanctifie.

Les auteurs protestants utilisent aussi cet épisode mais si les vierges sages sont les fidèles du Christ, les vierges folles sont en fait les nonnes papistes[25]. Pierre Viret, assimilant les couvents à des « bordels » et les religieuses à des prostituées, lit à nouveaux frais cette parabole et note que parmi les nonnains catholiques, « il y en a plus de celles de

22 Matthieu, 25, 1-13.

23 Dans l'iconographie, ce thème est repris fréquemment, notamment par les calvinistes, pour proposer une critique moralisatrice de la danse, et montrer l'éthique du travail. Voir M. Nordera, « *Working or dancing : the iconography of the wise and foolish virgins (Low Countries, sixteenth and seventeenth centuries)* », M. Rothstein (trad.), *Clio. Femmes, genre, histoire*, 46, nº 2, 2017, p. 199-213.

24 P. Crespet, *La Pomme de Grenade mystique, ou Institution d'une vierge chrestienne et de l'Ame devote, qui fait profession de la vie continente, & de l'état de perfection, pour se disposer à l'advenement de son espoux Jesus Christ*, À Lyon, par Thomas Soubron, 1592, p. 90.

25 P. Viret, *De la vraye et fausse religion*, *op. cit.*, p. 587.

la compagnie des cinq folles vierges, que de celles des cinq sages[26] ». Il insiste aussi sur ces vierges folles que sont les religieuses, folie qui vient de leur refus de lire les Écritures et par le fait de remplacer cette salutaire compréhension du Verbe par un ensemble de pratiques superstitieuses. Il explique par exemple que les catholiques ne considèrent pas le début de l'Évangile de Saint Jean, « au commencement était le Verbe[27] », comme une injonction à comprendre les paroles de Dieu, et qu'au contraire, les religieuses recopient ce texte et l'enferment « dans des petites croix, faites de tuyaux de plume, ou dedans des petis oreillers faits de soye, ou de velours, ou dedans des petites images [...] ou autres tels fatras pour les porter sur soy, pendus au col[28] ». La manipulation matérielle du texte écrit, plutôt que sa nécessaire méditation, est présentée comme un geste dénué de sens. Ailleurs, il souligne « la folie et moquerie[29] » que sont les reliques du lait des saintes vierges qu'on trouve dans les monastères de femmes. Les pratiques monastiques sont donc folles, mais pas seulement. On retrouve, sous la plume de Luther, l'idée que la folie de ces femmes réside dans le fait d'être certaines de la sainteté de leur état[30], avec un diagnostic qui rejoint celui du catholique Crespet. Cette convergence de vue rappelle alors la force d'un imaginaire social dans lequel la folie des femmes tiendrait de leur nature.

Les religieuses sont donc, quand elles ne respectent pas leur règle à la lettre, coupables de folie, et quand elles la respectent, du point de vue protestant, tout aussi folles d'orgueil. La confessionnalisation de la théologie déplace ainsi la définition de ce qu'on pourrait appeler folie spirituelle.

Mais, même dans les discours des clercs ou des réformateurs, les cloîtres féminins sont surtout des lieux de folies moins spirituelles car ils subissent les influences du siècle et de la chair. Gabriel du Préau, théologien catholique, décrit le mariage de Luther et de sa nonnain, Katharina von Bora, et estime que celles et ceux qui ont suivi Luther

26 *Ibid.*

27 Jean (1, 1-18)

28 P. Viret, *Instruction chrestienne et somme générale de la doctrine comprinse ès Sainctes Escritures, où les principaux points de la vraye religion sont familierement traittez par Dialogues*, À Genève, De l'imprimerie de Conrad Badius, 1556, p. 261.

29 P. Viret, *De la source & de la difference & convenance de la vieille & nouvelle idolatrie, & des vrayes & fausses images & reliques, & du seul vray Médiateur*, [Genève], Par Antoine Rebul, 1559, p. 300-301.

30 M. Luther, *Œuvres*, Genève, Labor et Fides, 1964, vol. 3, p. 297-298.

devaient déjà avoir « perdu leur esprit et tous leurs sens[31] » pour suivre un tel guide. De même, René Benoist condamne les religieuses qui séduites par les incitations luthériennes, se sont « laissées persuader une chose si absurde et contraire à l'évidence & expérience de tant de personnes : comme est, qu'il n'est pas possible à un homme, ou à une femme de vivre chastement, demeurant en intégrité sans copulation charnelle[32] ». Selon lui, considérer que la chasteté n'est pas possible est une aberration, sans cesse contredite par l'expérience.

La folie des moniales partage donc un dénominateur commun entre les confessions, à savoir celui d'une propension à la débauche, qui est intimement liée au genre des religieuses. Chez René Benoist, ce lien entre la folie et la dimension charnelle des religieuses est fait par la critique du rôle dévoyé de l'abbesse. Les cloîtres, comme lieux féminins, sont des espaces de débauches, dans lesquels les abbesses, faibles femmes, ne savent pas encadrer leurs filles : elles « sont folles, charnelles, trotineresses & scandaleuses elles-mesmes, au lieu de les bien edifier[33] ». Il dénonce alors cet engrenage de la folie, enclenché par le mauvais exemple abbatial.

La folie, le cloître et le genre féminin se croisent ainsi dans les représentations sociales de la religieuse, et ce, même dans les discours catholiques. Cet entremêlement, lié à une nature féminine par définition charnelle, semble décuplé dans le huis-clos du couvent ou du monastère. Cette caractérisation du lieu clos et féminin comme espace d'une sexualité débridée et d'une folie particulière trouve des échos dans l'iconographie anti-monastique protestante. Une gravure allemande de 1555, « *Flaisch macht Flaisch*[34] », montre une religieuse qui essaye de convaincre un chat d'échanger le pénis qu'il tient dans sa gueule avec le poisson qu'elle a

31 G. Du Préau, *Histoire de l'estat et succes de l'Eglise dressée en forme de chronique generalle et vniverselle où sont contenuës les choses les plus memorables advenuës chacun an par toutes les parties du monde, tant au faict Ecclesiastic, que civil & seculier : depuis la nativité de Jésus-Christ iusques à l'an 1580. Avec ample description des troubles, heresies, schismes, & divisions survenuës par toute la Chrestienté, où sont remarquez tous les Conciles y celebrez tant pour l'extirpation des heresies que pour la correction des mœurs Ecclesiastiques Le tout extraict des plus approuuez Historiens, Chroniqueurs, & Annalistes qui en ont escris selon le vray ordre & supputation des temps par G. Du Preau Docteur en Theologie, natif de Marcoußis, pres Montlehery*, À Paris, chez Jaques Keruer, 1583, p. 381.

32 R. Benoist, *op. cit.*, p. 5.

33 *Ibid.*, p. 6-7.

34 Gravure intitulée « Flaisch macht Flaisch », (« la chair appelle la chair »), anonyme, Allemagne, 1555, conservée au Rijksmuseum. URL : http://hdl.handle.net/10934/RM0001.COLLECT.442324, (consulté le 7/06/2021).

à la main. Le refus d'obtempérer du chat explique alors l'air inquiet de la femme. Le fou est présent : la scène est observée depuis la fenêtre du cloître par un bouffon, sous-vêtement à la main, qui suit attentivement l'interaction. Dans cette gravure, l'anticléricalisme protestant s'appuie sur une présentation traditionnelle du cloître comme lieu de débauche. La religieuse porte un chapelet au bout duquel, en lieu et place du crucifix, pend une verge. Le message est limpide : les religieuses, dénuées de raison, sont dévouées non pas au Christ mais à la chair.

LES AFFRONTEMENTS CONFESSIONNELS, DÉSTABILISATEURS DES CLOÎTRES

Ces sources discursives qui redéfinissent la folie monastique sont essentiellement des sources cléricales, discours masculins portés sur des comportements féminins, qui assimilent vie cloîtrée et débauche, folie et pratiques monastiques.

Mais qu'en est-il du vécu émotionnel de ces déstabilisations tant théoriques que concrètes au sein des institutions monastiques[35] ? La destruction des cloîtres, dans les espaces qui passent à la Réforme, provoque des moments qui sont identifiés dans les sources comme des parenthèses de folie. La Réforme bouleverserait institutions et psyché des sœurs, contredisant cette vision idéalisée protestante de sœurs qui sortent volontairement de leurs couvents et monastères. Les discours réformés fournissent alors un exemple concret à cette conception : Katharina von Bora, épouse de Luther, devient rapidement la référence sollicitée pour évoquer le départ-modèle des ordres. On retrouve cette représentation d'une sortie sans hésitation, directe et simple du cloître chez Bernardino Ochino qui termine l'histoire fictive d'une fermeture de monastère par un départ collectif des religieuses sous le signe de l'évidence : « l'abbesse dit, le plus expedient est que nous bruslions le monastere, & ainsi chacune son honneur sauve, s'en pourra retourner en

35 Plusieurs ouvrages traitent de la question des religieuses face à la Réforme. Voir par exemple : M. E. Wiesner-Hanks, *Convents Confront the Reformation : Catholic and Protestant Nuns in Germany*, Milwaukee, Marquette University Press, 1996.

sa maison & là vivre en paix et se sauver. Ce qui pleut à toutes & le firent ainsi[36] ». L'unanimisme de la décision, le choix commun de la sortie, la certitude d'un salut hors de la clôture, tout ceci participe à la création d'un *topos* protestant selon lequel les femmes souhaiteraient ardemment quitter ces lieux d'enfermement et pourraient le faire aisément.

Mais, en réalité, les cloîtres bouleversés sont traversés par des expériences de violence extrême, au sein desquelles il faut compter les violences psychiques[37]. Par exemple, sœur Jacquemine, la religieuse « folle » des clarisses de Genève, résiste aux réformés qui se sont introduits dans le couvent, juste avant la dissolution du cloître. Elle leur « parla si fermement, qu'elle ne sembloit pas folle, mais de Dieu illuminée[38] ». Elle surprend ses sœurs, car, on s'en souvient, elle n'est pas « saine de son entendement[39] ». Dans ce moment traumatique, elle défend la validité religieuse de ses vœux face aux réformés qui tentent de la convaincre. Ce moment de lucidité est traité sous l'angle du miracle par la secrétaire, qui conclut l'épisode par une explication divine, « Dieu y avoit mis sa main misericordieuse[40] ». La violence de cette déstabilisation se perçoit bien dans ce renversement de la dichotomie entre folie et raison. Jacquemine, qui est décrite comme chroniquement « troublée d'esprit », acquiert, face à l'attaque, une éphémère rationalité : cet épisode montre l'élection divine de la religieuse, dont la folie oubliée momentanément fait ressurgir puissamment et en miroir celle actuelle des réformés, qui se présentent pourtant comme les tenants de la raison.

La brutalité de cette sortie du couvent, telle qu'elle est décrite par Jeanne de Jussie, provoque d'autres réactions psychosomatiques d'une partie des sœurs. La violence des réactions montre la perte de contrôle du corps par les plus âgées d'entre elles, qui sont entrées au couvent des décennies plus tôt. Ainsi, certaines sur le chemin, s'évanouissent, confondent ours et vaches, brebis et loups. Pâmées, elles sont décrites comme incapables de supporter l'air[41]. La réaction somatique, tout en

36 B. Ochino, *op. cit.*, p. 114.

37 La dissolution des cloîtres vécue comme un trauma par les religieuses est notamment traitée dans : P. Cunich, « The ex-religious in Post-Dissolution Society : Symptoms of Post-Traumatic Stress Disorder ? », J. G. Clark (éd.), *The Religious Orders in Pre-Reformation England*, Woodbridge, The Boydell press, 2002, p. 227-238.

38 J. de Jussie, *op. cit.*, p. 183.

39 *Ibid.*, p. 184.

40 *Ibid.*

41 *Ibid.*, p. 202.

notant l'usage du *pathos* par Jeanne de Jussie, témoigne de cette force de déstabilisation qu'est la destruction des cloîtres pour les esprits des religieuses : la désorientation sensorielle, une phobie du siècle – presque une « sécularophobie » –, une confusion mentale, marquent l'onde de choc du départ. Néanmoins, dans cet épisode, il n'y a pas de mention de folie, mais d'esprits troublés. Cependant, à lire cette description, on comprend que cette déstabilisation poussée pourrait mener à la folie.

En effet, ailleurs, l'exclusion physique des religieuses hors de leurs maisons suscitent des troubles psychiques similaires. À Alençon, un extrait du chartrier du couvent de Sainte-Claire relate le pillage du couvent en 1562 et révèle un cas de folie, quand une religieuse semble ne pas supporter la perte de son foyer. Après que les huguenots se sont emparés du couvent, certaines femmes accueillent chez elles des membres de la communauté en rupture de cloître, peut-être dans une démarche prosélyte[42]. Parmi ces religieuses, l'une d'elles s'installe chez une femme réformée, Suzanne Gervaiseaux qui « l'avait menée chez elle, et était troublée ladite religieuse, laquelle la contraignit de la mettre dehors, dépava et brisa tout chez elle avant que de sortir[43] ». La crise de folie de cette femme, extraite de sa communauté, comme enfermée dehors, dans un contexte de mode de vie bouleversé et de soutien spirituel absent, prend la forme d'une violence exacerbée. La religieuse détruit tout, puis, elle est mise à la porte.

Ces réponses émotionnelles sont poussées à leur paroxysme lorsque la prieure des dominicaines de Strasbourg s'oppose au réformateur Martin Bucer qui, en vain, sa patience s'amenuisant, tente de convaincre les religieuses de l'horreur de leur choix de vie. En 1526, alors que les réformés entrent dans le couvent pour chasser les sœurs, au milieu des hurlements et des cris de désespoir, la description signale que « certaines devinrent insensées, d'autres hurlaient qu'elles préféreraient être décapitées[44] ». La déstabilisation provoque une réponse communautaire extrême à l'intrusion des réformés. Ces derniers, convaincus de la folie

42 Sur ces trajectoires, voir ma thèse, *L'Adieu aux ordres. Les sécularisations des religieuses au moment de la Réforme (France, Suisse, Angleterre, XVIe siècle)*, non publiée, Neuchâtel, Université Lyon 3 et Université de Neuchâtel, 2020.

43 B. Robert, « Alençon protestant en 1562 d'après un document catholique de l'époque », *Bulletin de la Société de l'Histoire du Protestantisme Français*, vol. 86, 1937, p. 145.

44 A. E. Leonard, « Defending Women's Communal Life. Dominican Nuns at Strasbourg (1526) », sur *From the Reformation to the Thirty Years War (1500-1648). German History in*

des religieuses – Bucer dénonce celle de ces femmes qui font le choix des ordres contre les Écritures[45] –, veulent alors instaurer des programmes de retour au siècle, dans lesquels le mariage est proposé comme une solution à ces femmes en rupture de cloître. D'où viendrait alors cette folie des femmes dans les institutions monastiques ? La lettre que rédige Luther à trois religieuses, sur la question de la sortie des ordres, apporte quelques éléments de réponse. Les femmes, selon le réformateur, « n'ont pas le pouvoir de [maintenir leur chasteté par elles-mêmes][46] ». La folie des religieuses pourrait donc être considérée comme l'un des signes ou symptôme que le corps féminin a été créé par Dieu pour « être avec un homme[47] » et non pas pour entretenir l'illusion vaine d'une chasteté possible : la folie serait donc de ne pas utiliser un corps fait par Dieu selon les fonctions voulues par Dieu. Le mariage est présenté comme une solution à cette folie, qui semble tenir son origine de la « matrice » des femmes.

Un lien étroit s'observe ainsi entre la résistance des religieuses aux nouvelles idées et des épisodes de folie. Cette résistance prend notamment corps dans des réactions qui prennent la forme de moments de démence, manifestant des stress post-traumatiques. Hors du cloître, les religieuses sont en effet confrontées à un environnement si différent du leur que leur ancrage dans le réel serait remis en question.

Mais ce lien entre l'expérience du « dehors » et une déstabilisation émotionnelle forte se lit aussi dans le comportement d'un dernier groupe d'actrices. En effet, certaines religieuses choisissent de quitter le cloître et de passer à la Réforme et, dans leurs trajectoires, malgré un choix plus personnel de départ de l'institution monastique, quelques épisodes semblent indiquer la difficulté psychique d'une adaptation séculière. Parmi ces femmes, Anne de Beaumont, ancienne religieuse du Dauphiné, est en prison à Vienne. Elle réussit à s'échapper en séduisant le fils du geôlier et en lui promettant de l'épouser s'il l'emmène à Genève. Le fiancé

Documents and Images, s. d., p. 6 URL : http://ghdi.ghi-dc.org/sub_document.cfm?document_id=4331 (consulté le 26/02/2021).

45 *Ibid.*, p. 2. Bucer s'emporte contre la prieure en l'insultant : elle est, selon lui et comme toutes ses religieuses, sourde et folle (« You are totally deaf and foolish »).

46 Ma traduction. D'après S. C. Karant-Nunn et M. E. Wiesner-Hanks, *Luther on Women : A Sourcebook*, Cambridge, Cambridge University Press, 2003, p. 140-141, traduction de : *Letter of Luther to three nuns, Wittemberg, 6 août 1524, Martin Luthers Werke : Kritische Gesamtausgabe*, Weimar, H. Böhlhaus, 1883, t. 3. *Briefwechsel*, 1523-1525, *p. 326-328.*

47 *Ibid.*

remplit sa part du contrat mais l'ancienne nonne refuse de l'épouser une fois arrivée à Genève. Pour se défendre devant le Consistoire, où elle comparaît pour expliquer sa rupture de promesse, elle insiste sur sa désorientation momentanée, elle qui était emprisonnée et souhaitait vivre selon sa foi en Suisse :

> desirant sortir de prison, [elle] fist telle frivolle promesse. Et que depuys en a esté advertie, tant pour aulcun de ses amys, que de la part de son pere et mere, ne soy marié. Et que quand elle a eu confessé telle promesse, sest a esté comme fort troblee et folle d'esperit. Et que l'on aye pitié à son ignorance et que led. l'a eu persuader [*sic.*] à son deshonneur[48].

La ligne de défense fonctionne et Anne de Beaumont est autorisée à épouser un autre homme, un an plus tard. Elle n'est pas interrogée par le Consistoire sur son moment de folie et son argumentaire est accepté. Faible femme, sa promesse ne pouvait être faite en toute rationalité, elle en est libérée.

La folie que ces femmes hors du cloître montrent doit alors se lire, c'est notre hypothèse, comme la manifestation concrète, physique et mentale, de l'ampleur des bouleversements qui les affectent. Loin d'être un diagnostic posé, elle désigne en fait, sous leur plume ou celle de leurs observateurs, la nature extrême de ce qu'endurent leurs corps et esprits pris dans les affrontements confessionnels. Ce qui est appelé folie, ici, pourrait donc être l'extériorisation hors norme de traumatismes nés de situations dont la grande nouveauté à une telle échelle ajoute encore à leur spécificité. En effet, ces expériences nouvelles, allant de l'exclusion définitive du cloître au choix radical d'une sécularisation, représentent toutes une rupture avec le foyer qui, même quand elle est volontaire, crée une déstabilisation matérielle et mentale du monde des religieuses.

La folie chez les religieuses désigne ainsi la déviance par rapport à une doctrine « sainte » et s'oppose à l'observance, rigoureuse et catholique, de l'ordre monastique. Elle est donc à la fois hérésie mais aussi possession par divers démons, des plus métaphoriques comme la chair aux plus concrets, comme des diables. Elle est souvent définie grâce à

48 *Registres du Consistoire de Genève au temps de Calvin*, R. M. Kingdon, T. A. Lambert, I. M. Watt, J. R. Watt (éd.), Genève, Droz, 1996, vol. VII (25 février 1552 – 2 février 1553), p. 31.

l'utilisation théorique de la parabole des vierges folles et des vierges sages. Mais l'arrivée de la Réforme semble modifier ces définitions, dans les différents espaces européens dans lesquels les institutions monastiques sont bouleversées par ces nouvelles idées. La folie des nonnes qualifie alors toujours un comportement jugé déviant par des hommes, et surtout des clercs et des théologiens, catholiques et protestants, mais d'un côté, le terme désigne la volonté de sortir du couvent, et de l'autre, le fait d'y être.

Les réformes définissent donc une forme de folie féminine monastique particulière, tant dans les discours que dans certaines manifestations concrètes. Il y aurait alors une folie qu'on pourrait qualifier de circonstancielle, étroitement liée à la pénétration des idées réformées dans les cloîtres, mais qui s'appuie aussi sur un paradigme ancien de la folie féminine avec, par exemple, la parabole des vierges folles et des vierges sages. Ainsi, avant même le XVIIe siècle et ses grandes possessions religieuses, à côté des mystiques et des apparitions, se manifestent, dès les couvents pré-tridentins et sous la forme de « folie », les symptômes d'un malaise monastique vécu par les religieuses, qui rappellent aussi que ces espaces clos intègrent, s'approprient et questionnent les déstabilisations du monde.

Eléna GUILLEMARD
Centre Lucien Febvre
Université de Franche-Comté

DE « POVRES VIEILLES FOLLES »

Les procédés de disculpation et leurs limites dans la caractérisation des sorcières chez Grévin traducteur de J. Wier

La grande période de chasse aux sorcières qui rythma les XVIe et XVIIe siècles a laissé derrière elle plusieurs ouvrages majeurs qui s'inscrivaient dans la lignée du *Malleus maleficarum*[1]. Ces discours, et surtout la *Démonomanie* de Jean Bodin (1580) révèlent l'un des *topoï* de l'imaginaire démoniaque : la sorcellerie est un univers peuplé de femmes[2]. La *Démonomanie* propose un réquisitoire contre le *De Praestigiis daemonum, et incantationibus, ac veneficiis* du médecin protestant Jean Wier (1563), traduit en 1567 par Jacques Grévin[3], médecin « heureux [...] de servir de truchement [...] à Vvier home docte & de saine religion », sous le titre de *Cinq livres de l'imposture et tromperie des diables*[4]. Cette œuvre audacieuse suscita beaucoup de réactions défavorables car, pour combattre une répression jugée déraisonnable, elle plaide la folie des sorcières et conteste ainsi leur responsabilité dans les méfaits qui leur sont reprochés. En effet, elle soutient qu'à la différence des magiciens et des empoisonneurs, ces femmes ne doivent pas être punies, mais soignées par la foi[5].

---

1 H. Institoris et J. Sprenger, *Le Marteau des Sorcières*, Grenoble, Jérôme Millon, 2005.

2 Voir M. Closson, *L'Imaginaire démoniaque en France (1550-1650). Genèse de la littérature fantastique*, Genève, Droz, « Travaux d'Humanisme et Renaissance », n° 341, 2000.

3 Nous utilisons l'édition de 1569 : J. Wier, *Cinq livres de l'imposture et tromperie des diables : des enchantements & sorcelleries. Pris du Latin de Jean Vvier, medecin du Duc de Cleves, & faits François. Par Jaques Grévin de Clermont en Beauvoisis, medecin à Paris*, À Paris, Chez Jaques du Puys libraire Juré, demourant en la Rue Sainct Jean de Latran, à l'enseigne de la Samaritaine, 1569. L'ouvrage traduit connaîtra également une réédition en 1579 sous le titre *Histoires, disputes et discours des illusions et impostures des diables [...]*.

4 J. Grévin, « Epistre », J. Wier, *op. cit.*, n. p.

5 Pour une étude détaillée de cette œuvre, voir N. Jacques-Lefèvre, *Histoire de la sorcellerie démoniaque. Les grands textes de référence*, Paris, Honoré Champion, 2020, p. 135-186.

Nous souhaitons étudier ici les choix stylistiques du traducteur dans cette entreprise de disculpation, et l'effet d'ensemble qui en résulte. En effet, la façon dont il désigne et caractérise les « sorcières » exhibe la folie féminine, décrite à travers un réseau de procédés qui sont autant d'arguments. Les médecins dessinent une figure de femme victime, au sens où sa dégradation mentale permet à Satan de lui faire croire à des pouvoirs surnaturels. Toutefois, si l'argument de la folie invalide les réquisitoires des démonologues, Wier et Grévin ne rejettent pas la « part du diable[6] » : Satan manipule les fragiles créatures que sont les vieilles femmes.

Cette disculpation a donc un prix, et ces arguments ne manquent pas de construire une image ambiguë de la femme. En effet, les termes qui la caractérisent peuvent aussi se lire comme une mise en avant de sa faiblesse. Les caractérisations et les désignations attribuées à ces pseudo-sorcières demandent dès lors à être interrogées. Si la rhétorique de la disculpation ôte toute raison à ces vieilles femmes, elle dessine en même temps stylistiquement un plaidoyer équivoque où, dans le portrait dressé de ces femmes, se retrouve une irresponsabilité qui profite à Satan.

Nous étudierons ainsi comment leur « Advocat[7] » décrit, par diverses caractérisations et désignations qui fracturent leur raison, les femmes accusées de sorcellerie. Par l'étude des adjectifs et des participes passés, nous montrerons que cette représentation ambiguë découle d'un travail sémantique sur les nombreux adjectifs para-synonymes inclus dans des procédés d'amplification, ainsi que de périphrases dans lesquelles des adjectifs aux accents pathétiques jouent un rôle de premier ordre. Nous verrons aussi comment les nombreuses tournures passives et les participes passés concourent à créer le portrait d'une femme instrumentalisée et dépossédée de ses capacités.

6 T. Maus de Rolley, « La part du diable : Jean Wier et la fabrique de l'illusion diabolique », *Tracés. Revue de Sciences humaines*, 8, 2005, p. 29-46. DOI : https://doi.org/10.4000/traces.2143 (consulté le 21 mars 2022).

7 J. Wier, *op. cit.*, p. 464.

L'AMPLIFICATION AU SERVICE D'UNE DÉPOSSESSION DE LA RAISON FÉMININE

Au début de son entreprise de disculpation, Wier ressasse quelques-unes des constructions mentales qui lient, de manière très topique, les femmes à la folie[8]. Depuis toujours, la nature féminine serait surtout prédisposée à la « mélancolie », une humeur qui permet au diable d'imprimer ses figures au cerveau.

Par la place qu'il accorde dans la syntaxe à cette faille exploitée par Satan, le traducteur signale très régulièrement que le sexe féminin en est, par sa nature, la première victime. Dans le chapitre intitulé « De la facile croyance & fragilité du sexe féminin », on lit, par l'effet-miroir instauré entre des adjectifs qui sont tantôt associés au diable (« fin, ruzé & cauteleux »), tantôt associés aux femmes (« legere », « malicieux, impatient & melancolique »), des gradations qui illustrent rhétoriquement le désordre féminin avec lequel Satan entre en écho :

> Le diable, ennemy fin, ruzé & cauteleux, induit volontiers le sexe féminin, lequel est inconstant à raison de sa complexion, de legere croyance, malicieux, impatient & melancolique pour ne pouvoir commander à ses affections : & principallement les vieilles debilles, stupides & d'esprit chancellant[9].

Au fur et à mesure qu'elle mobilise du matériel lexical, la gradation finale (« les vieilles debilles, stupides & d'esprit chancellant », « *effœtas, stupidas, menteque titubantes*[10] » chez Wier) devient le signe textuel d'une dépossession progressive de la raison et dévoile stylistiquement l'infirmité féminine dans laquelle Satan voit une porte d'entrée. Alors que Wier se contente de l'adjectif « *effœtas* » qui signale factuellement que ces femmes ne peuvent plus enfanter[11], chez Grévin, le sème de dégénérescence présent dans l'adjectif « vieille » est corroboré par l'idée

8 Ève et la figure de la Pythie sont évoquées : *ibid.*, p. 3 et 14.

9 *Ibid.*, p. 126.

10 J. Wier, *De Praestigiis daemonum, et incantationibus, ac veneficiis libri V, recogniti et valde auctori, authore Johanne Wiero*, Basilae, per Johannes Oporinum, 1563, p. 224.

11 F. Gaffiot, *Dictionnaire latin-français*, Paris, Hachette, 2000, *s v.* « *Effœtus* ».

d'infirmité qui découle de l'adjectif « debilles[12] ». Ce sème augmente ensuite en intensité avec l'adjectif « stupides », qui suggère, dans son sens premier, un état de paralysie[13]. Si cette représentation permet bien de poser un axiome de la stratégie de défense, elle condamne néanmoins d'emblée ces vieilles femmes à n'exister qu'au sein d'un portrait fracturé par les impacts de la folie.

Ainsi, parce qu'elles sont des femmes en proie à l'illusion, les sorcières ne doivent pas être jugées comme les empoisonneurs, ni comme les magiciens[14]. Le statut à part des folles est explicité dès la préface :

> Je separe en cest endroict les magiciens d'avec les sorcieres, lesquelles à cause de leur sexe estant inconstantes, doubteuses en la foy, non assez rassises de leur esprit à raison de leur aage, sont beaucoup plus subjectes aux tromperies du Diable [...]. Car les magiciens sont souventefois hommes doctes et prudens, mais curieux, lesquels souventesfois font de longs voyages pour apprendre l'art demoniacle [...]. Et celles cy sont femmes ordinairement vieilles, chancelantes de l'esprit, & retirees en leurs maisons, dedans la phantasie desquelles, estant toutes endormies & convenable organe ou siege accommodé à ses actions, ce Diable qui est esprit se coule facilement [...].

Dans ce passage, les adjectifs et les participes sont la pierre de touche d'un style qui, d'emblée, ôte à ces femmes leur capacité mentale. Pour les magiciens, la traduction de Grévin reste très fidèle au texte de Wier : « *viri sunt saepe docti & cordati, sed curiosi*[15] ». Le substantif « magiciens » est ainsi qualifié par deux adjectifs mélioratifs (« doctes et prudens »), ensuite nuancés par une coordination – directement reprise de Wier – qui met en évidence un dangereux penchant de l'âme humaine : « mais curieux ». On sait en effet que la curiosité est une concupiscence : pour la définir, Nicole Jacques-Lefèvre choisit la figure du voyageur qui s'égare hors des limites établies par les présupposés religieux ou moraux[16]. La

12 « Débile », emprunté au latin *debilis*, signifie « faible », « estropié » : voir A. Rey (dir.), *Dictionnaire Historique de la langue française*, Paris, Le Robert, 2010, *s. v.* « Débile ».

13 « Stupide » signifie « engourdi », « paralysé » jusqu'au début du XVIIe siècle : voir A. Rey (dir.), *op. cit.*, *s. v.* « Stupide ».

14 Voir M. Porret, « Différencier les "magiciens infâmes, les sorcières et les empoisonneurs" : l'œil naturaliste de Jean Wier », C. Planté (dir.), *Sorcières et sorcellerie*, Lyon, Presses universitaires de Lyon, 2002, p. 41-64. DOI : https://doi.org/10.4000/books.pul.7172 (consulté le 21 mars 2022).

15 J. Wier, *De Praestigiis daemonum*, *op. cit.*, p. 16.

16 N. Jacques-Chaquin et S. Houdard (éd.), *Curiosité et* Libido sciendi *de la Renaissance aux Lumières*, Fontenay-Saint-Cloud, ENS Éditions, 1998, t. 1, p. 13-31.

déraison des hommes se manifeste en effet par une quête excessive du savoir, associée au mouvement physique et mental (ils « font de longs voyages »).

Il en va tout autrement des sorcières et, cette fois, la traduction de Grévin semble même plus engagée que sa source. Les caractérisations attribuées à ces femmes sont renouvelées : « *& mente titubantes* » est plutôt fidèlement traduit par « chancelantes de l'esprit » et, pour « *vetulae* », Grévin opte pour le sens littéral du mot qui connote couramment, en français, la décrépitude[17]. Le participe présent final « *domique latentes* » est quant à lui traduit par un participe passé, « & retirees en leurs maisons » : parce que les femmes ne sont plus agissantes, et parce que ce terme est renforcé plus loin par le participe « endormies », il associe les pseudo-sorcières à l'isotopie de l'inertie, métaphorisant un esprit féminin anesthésié. Mais selon qu'elle évoque les magiciens ou les sorcières, la coordination participe à la construction de deux portraits contrastés desquels émerge une comparaison qui décrédibilise totalement les folles. Ainsi, pour l'homme magicien, la coordination enfle les contrastes du portrait ; pour la sorcière, elle surenchérit au contraire sur l'incapacité imputée aux femmes que Grévin, par ses choix de traduction, amplifie.

De fait, si les femmes n'ont pas les mêmes facultés de raison que les hommes et que ces vieilles folles, de surcroît, sont des malades, c'est là la justification médicale d'un argument majeur : la folie ôte la responsabilité de l'acte. Pour mieux le montrer, le traducteur

> nomme sorciere, celle, laquelle ayant fait paction abusive ou imaginaire avec le Diable, est estimee faire & destiner toutes choses mauvaises, par pensee, maudisson, ou par choses frivoles & ineptes à l'œuvre qu'elle entreprend, & ce par une propre volonté & election ou par l'instinct & poussement ou ayde du maling esprit : comme de faire ardre des foudres inaccoustumees dedans l'aer [...] & monstrer mille follies monstrueuses[18].

L'amplification textuelle à l'œuvre dans cette définition met en lumière une rhétorique juridique[19]. Les coordinations créent une logique d'accumulation généralisée qui détruit, ici, la réalité d'un pacte entre ces sorcières et Satan. La première alternative, posée entre les adjectifs

17 F. Gaffiot, *op. cit.*, *s. v.* « *Vetula* ».

18 J. Wier, *Cinq livres*, *op. cit.*, p. 113.

19 Sur cette interaction entre amplification et rhétorique juridique, voir G. Cazals, S. Geonget (dir.), *Les recueils de* Plaidoyez *à la Renaissance*, Genève, Droz, 2018.

« abusive ou imaginaire », annule doublement la prétendue conformité de l'alliance. L'argument de la tromperie est d'ailleurs redoublé par la traduction de Grévin. Le syntagme « *Fœdus praestigiosium*[20] » devient « paction abusive » et, parce que l'adjectif « abusive[21] » a trait à la sphère juridique, il met davantage en évidence l'« inégalité des contractants[22] ». Les adjectifs « imaginaire », « frivoles » et « ineptes » caractérisent des modalités d'action fondées sur le vide, et donc illusoires. Implicitement, l'« opinion perverse[23] » des juges est mise à distance par la tournure passive (« est estimée ») : les vieilles femmes trompées par leurs sens sont en effet incapables d'agir « de leur propre gré[24] ». Dans sa *Démonomanie*, Bodin ne manquera pas de détruire cet argument en précisant, au contraire, que « Sorcier est celuy qui par moyens Diaboliques sciemment s'efforce de parvenir à quelque chose[25] ».

Dans la traduction de Grévin, l'amplification textuelle peut donc se lire comme le ressort d'une argumentation qui fragilise, et même nie, les capacités de raison de ces femmes. L'accumulation des adjectifs crée de savants jeux de nuances entre de vrais coupables et des démentes irresponsables qui entretiennent, malgré tout, un rapport trompeur avec Satan. Si les nombreux adjectifs servent d'abord à caractériser un état mental, ils sont également le support d'une redéfinition de ces folles maladroitement appelées « sorcières ». C'est probablement pour cette raison que, pour les désigner, le traducteur opte pour des périphrases qui, en exploitant la richesse de para-synonymes, font appel aux passions d'un lecteur qu'il faut aussi persuader.

20 J. Wier, *De Praestigiis daemonum*, *op. cit.*, p. 206. – « *Praestigiosus* » signifie « trompeur, qui fait illusion » : *cf.* F. Gaffiot, *op. cit.*, *s. v.* « *Praestigiosus* ».

21 « *Abus* » est emprunté au latin « *abusus* », un terme juridique. « *Abusivus* », soit « abusif », terme de grammaire, concerne d'abord l'usage du pouvoir, des lois : voir Alain Rey (dir.), *op. cit.*, *s. v.* « Abusif ».

22 Voir N. Jacques-Lefèvre, « Entre rationalité juridique et fiction : le sorcier "sujet de droit" ? », *Littératures Classiques*, n° 40, 2000, p. 327-345.

23 J. Wier, *Cinq livres*, *op. cit.*, p. 114.

24 « De leur propre gré » est une expression réservée aux magiciens : *ibid.*, p. 392.

25 J. Bodin, *De la démonomanie des sorciers* (1580), V. Krause, C. Martin, É. MacPhail (éd.), Genève, Droz, « Travaux d'Humanisme et Renaissance », n° 559, 2016, p. 89.

LA FOLLE PITOYABLE
Périphrases et redéfinition de la « sorcière »

Pitié, haine ou crainte, les émotions recherchées par les discours démonologiques qui fustigent les sorcières sont souvent démultipliées. Grévin n'ignore pas non plus les potentialités émotionnelles de la langue française, mais, à la différence des démonologues, le traducteur en appelle surtout à la commisération, ce qui ne manque pas de renforcer l'ambiguïté de l'image féminine construite par ce plaidoyer.

En effet, les périphrases qui caractérisent les pseudo-sorcières réitèrent avec insistance le constat d'une irresponsabilité féminine. Lorsqu'elles ne sont pas des empoisonneuses, les « sorcières » ne sont que des êtres faibles et c'est pourquoi Grévin précise qu'« on doit plus tost avoir pitié d'elles que de les punir[26] ». Cette considération au présent gnomique appelle, grâce au pronom indéfini « on », à la clémence généralisée. Mais il apparaît également que les nombreuses périphrases réactivent, tout au long du discours, le *topos* de la folle pathétique qui est surtout, en réalité, pitoyable.

Le terme « sorcière » est en effet mis à distance dès la préface et Grévin lui préfère une structure associant l'adjectif pathétique « pauvre » au terme « folle » (et ses dérivés). La désignation par le nom de « sorcière » serait en effet un abus de langage que Grévin déréalise par l'autonymie (« ces povres vieilles affolies, trompees par le Diable, que vulgairement lon nomme Sorciere[27] »), qu'il reprend de Wier (« *quod vetulas illas dementatas, à daemone illusas, Lamias vulgo dictas*[28] »). Dans ce passage, l'adjectif « pauvre » accroît le pathétique inhérent aux diminutifs employés par Wier[29] et Grévin joue davantage sur les effets de redondance : la périphrase « ces povres vieilles affolies » se retrouve peu après, avec variation, dans la périphrase « ces povres vieilles folles », traduction de « *amentium anicularum* ». De plus, pour guider le lecteur vers la miséricorde, ces

26 J. Wier, *Cinq livres*, *op. cit.*, p. 459.

27 J. Grévin, « préface », Jean Wier, *Cinq livres*, *op. cit.*, n. p.

28 J. Wier, *De Praestigiis daemonum*, *op. cit.*, p. 17.

29 *-ula*, suffixe diminutif féminin présent dans « *vetula* » et « *anicula* » (de « *vetus* » et « *anus* ») que l'on pourrait traduire par « la petite vieille » : voir F. Gaffiot, *op. cit.*, *s. v.* « *Anicula* », « *Vetula* ».

désignations indirectes exploitent les valeurs sémantiques du terme « vieille ». S'il évoque une propriété objective qui établit la classe d'âge de ces femmes, cet adjectif intensifie de surcroît, par le sème de faiblesse physique et mentale qu'il suggère, les connotations pathétiques déjà incluses dans l'adjectif « pauvre ». Il infléchit ainsi l'adjectif substantivé « folle » et le participe « affolie » du côté du domaine médical, tout en investissant aussi le domaine du pathétique. Il se crée de la sorte une opposition implicite entre l'altération mentale féminine et la raison d'un lecteur duquel on a piqué la sensibilité, ce qui renforce, en creux, l'appel ambigu à l'indulgence.

On voit donc déjà que cette tentative de redéfinition se fonde sur une logique de surenchère qui multiplie les effets ambivalents du *movere*. Le goût de Grévin pour les termes dérivés ou composés dans les périphrases peut en témoigner. Visiblement, le traducteur se plaît à raviver le *pathos* de « pauvre » et « miserable » lorsqu'il désigne l'accusée comme une « pauvrette » ou une « miserable femmelette[30] ». Mais si l'on peut repérer dans le suffixe *-ette* une visée hypocoristique qui intensifie l'empathie provoquée par les deux adjectifs, ce suffixe met aussi en évidence la pauvreté d'esprit de ces femmes[31]. De même, les expansions accueillies par les périphrases construites autour d'un noyau nominal suffixé en *-ette* surenchérissent sur l'idée d'imbécillité, notamment lorsque Grévin évoque « une pauvre femmelette chancellante de l'esprit » ou des « pauvres femmelettes deceues & troublees de leur entendement[32] ». Cette tentative de provoquer la mansuétude est donc troublante : en soulignant sans cesse la fragilité des vieilles femmes, le *pathos* mis en place n'est pas sans susciter, *de facto*, une forme de révulsion. En effet, certains préfixes de participes adjectivés fixent morphologiquement un mouvement de dégradation qui condamne les « vieilles séduittes » ou les « femme[s] abestie[s][33] », à n'exister, comme dans les textes démonologiques, que dans un écart par rapport au droit chemin. De même, lorsqu'elles sont désignées comme d'« inconstantes vieilles » et des

30 J. Wier, *Cinq livres*, *op. cit.*, p. 117 et 122.

31 A. Furetière, *Dictionnaire universel contenant generalement tous les mots françois, tant vieux que modernes, & les termes de toutes les sciences et des arts*, La Haye, A. et R. Leers, 1690, art. « Femmelette » URL : http://www.xn--furetire-60a.eu/index.php/non-classifie/1034379547- (consulté le 21 mars 2022).

32 J. Wier, *Cinq livres*, *op. cit.*, p. 411 et 84.

33 *Ibid.*, p. 227 et 195.

« maladvisées[34] », les préfixes *in-* ou *mal-* rappellent, eux aussi, qu'elles s'opposent constitutivement à des comportements qui doivent s'ordonner avec unicité et raison.

Bien qu'ils soient exploités dans une visée qui va à rebours de la *doxa*, ces postulats restent identiques à ceux que posent les textes démonologiques. Mais, chez Wier et Grévin, la femme est si amoindrie qu'elle ne peut être agissante : c'est probablement pour cette raison que, par une nouvelle redéfinition, Wier et son traducteur abandonnent définitivement le substantif « sorcière » au profit de deux participes particulièrement ambivalents, qui ne désignent plus les vieilles femmes que par les charmes démoniaques qui corrompent leur corps et leur esprit : « elles meritent plustot estre nommees ensorcellees, & enherbees, que sorcieres[35] » (« *quó nomine non tam maleficae, quam maleficio affectae effascinataeq́ue appellari merentur*[36] »). Si la passivation en latin comme en français renverse la responsabilité de l'acte pour dessiner une figure de femme « incoulpable[37] », elle rappelle aussi que la disculpation lui fait payer le prix d'être, quoi qu'il arrive, assignée au surnaturel démoniaque.

De fait, cet adjectif « incoulpable » pose, dès la préface, la conclusion de la démonstration. Il établit en outre un lien étroit entre les arguments pathétiques et d'autres adjectifs à valeur juridique, qui légitiment les nombreuses périphrases clamant lexicalement la déresponsabilisation. Par exemple, le groupe nominal « la pauvre femme », lorsqu'il est étendu par le groupe participial « soupconnee comme sorciere » ou « accusee d'être sorciere[38] », met à distance le jugement erroné des juges. Dans le deuxième cas, l'expansion virtualise même, en raison de la forme *in posse* du verbe à l'infinitif[39], le lien entre la réalité et l'état véritable de la femme. Plus loin, le texte met en scène une « pauvre folle » désignée

34 *Ibid.*, p. 411 et 119.

35 *Ibid.*, p. 227.

36 J. Wier, *De Praestigiis daemonum*, *op. cit.*, p. 351-352.

37 J. Grévin, « préface », J. Wier, *Cinq livres*, *op. cit.*

38 *Ibid.*, p. 247 et 430.

39 La grammaire guillaumienne propose une image du temps qui prend en compte « le temps en train de se construire dans la pensée ». Le temps *in posse* (« en puissance ») est « une image que la pensée n'a aucunement réalisée, mais qu'elle est, néanmoins, en puissance de réaliser ». De là, la réalisation du verbe dans le temps *in posse* donne lieu aux modes nominaux dont, notamment, l'infinitif : G. Guillaume, *Temps et verbe. Théorie des aspects, des modes et des temps suivi de L'architectonique du temps dans les langues classiques*, Paris, Honoré Champion, 2021, p. 9-11.

par une périphrase générique qui l'associe aux « pauvres innocentes [...] tirees au suplice come coulpables de sorcellerie[40] ». L'adjectif substantivé « innocentes », synonyme de « incoupable[s] », réaffirme très naturellement dans l'argumentation la déclaration d'irresponsabilité en même temps qu'il met en avant la simplicité de l'esprit féminin[41].

Cette redéfinition se veut donc persuasive : en alliant les arguments médicaux et juridiques, le discours exploite les émotions équivoques du *movere*. Cette redéfinition de la sorcière comme femme incapable ne s'arrête pourtant pas là. Nous évoquions tout à l'heure des cas de passivation faisant basculer les vieilles femmes du côté des victimes : il s'agit donc là d'une nouvelle stratégie rhétorique qui révèle, à nouveau, la complexité de cette construction féminine.

UNE DÉRESPONSABILISATION PAR PASSIVATION
La femme instrumentalisée

Pour corroborer le plaidoyer de la « sorcière », Grévin reprend le profil communicatif particulier que Wier imprime à son texte. L'omniprésence des tournures passives est en effet remarquable : en exhibant les mécanismes du trouble de l'imagination, elles mettent aussi en évidence des compléments qui rappellent l'instrumentalisation dont les femmes sont victimes. La pseudo-sorcière subit. Parce qu'elle est « trompee » ou « affolee » « par le Diable » ou « par les illusions des Diables[42] », elle n'est pas le sujet actant des méfaits exceptionnels[43], même symboliques, qu'on lui attribue. Cette mise en évidence stylistique de la contrainte mentale achève de construire un portrait de femme à qui tout pouvoir – même diabolique – est refusé et qui ne peut exister autrement que par le truchement de la manipulation qu'elle subit.

40 J. Wier, *Cinq livres*, *op. cit.*, p. 209.

41 A. Rey (dir.), *op. cit.*, *s. v.* « Innocent ».

42 J. Wier, *Cinq livres*, *op. cit.*, p. 62 et 122.

43 Voir I. Maclean, « La doctrine de la preuve dans les procès intentés contre les sorciers en Lorraine et en Franche-Comté autour de 1600 », J.-P. Pittion, S. Geonget (dir.), *Droit et justice dans l'Europe de la Renaissance.* Actes du XLIVe colloque international d'études humanistes de Tours (2-7 juillet 2001), Paris, Honoré Champion, 2009.

Pour mieux en appeler à la relaxe, le portrait-type des pseudo-sorcières interroge ainsi, à plusieurs reprises, leur statut juridique :

> L'histoire que Cardan a escrit aura lieu en ce passage : il dit doncques parlant des sorcieres : Elles sont laides, pasles & de couleur plombee, monstrant assez par leur visage qu'elles sont pleines d'un humeur melancholique. Elles sont songeardes, sottes, & peu differentes de celles que lon dit estre possedees du diable[44].

L'infinitif passif « estre possédées », calqué sur Wier (« *teneri*[45] »), et l'analogie permise par l'adjectif modifié en degré « peu differentes de » (« *ac parum [...] differunt* ») transposent le joug démoniaque subi par les possédées – reconnu par certains démonologues – au cas des « sorcières ». Toutefois, si ce rapprochement sert l'entreprise de disculpation, il suppose aussi que la « sorcière » est peut-être la plus grande des manipulées, puisqu'elle est elle-même dans une erreur de jugement sur ses propres capacités.

Cette impuissance féminine est par ailleurs intensifiée par d'autres participes passés qui, employés dans les tournures passives, se font les supports d'autres phénomènes stylistiques. À plusieurs reprises, Grévin est ainsi contraint de revenir sur l'un des arguments largement exploité par les démonologues : l'aveu alimente les preuves permettant de condamner les pseudo-sorcières. Le discours s'évertue donc à mettre à distance ces folles paroles :

> I'ay dit cy-dessus que toutes ces pauvres folles sont tellement, & pour diverses causes, environnees du Diable, que leur esprit est blessé & ensorcellé par telle maniere : que leur cerveau, principal instrument des pensees & des imaginations, est tellement embrouillé & imbu d'estranges & de trompeurs phantosmes et figures, à cause de leur incredulité, [...] que rien elles ne sçavent ny entendent si-non cela : si bien qu'estans sur la torture elles confessent que les meschancetez veritablement procedees du Diable, par la permission de Dieu, sont les leurs propres, encore qu'elles ne le soyent qu'en fantaisie[46].

Dans ce passage, la construction [être + participe passé] mérite d'être interrogée. D'abord, plusieurs structures passives exploitent la valeur opérative des participes passés et soulignent le processus d'aliénation

44 J. Wier, *Cinq livres*, *op. cit.*, p. 416.
45 J. Wier, *De Praestigiis daemonum*, *op. cit.*, p. 600.
46 J. Wier, *Cinq livres*, *op. cit.*, p. 227.

qui s'impose à l'esprit féminin (« sont […] environnees du Diable », « *à demone ita obsidione vallatas*[47] » ; « leur esprit est blessé & ensorcellé », « *earum mentem tam graviter fascino laesam* » ; « leur cerveau est […] embrouillé », « *organum […] implicatum* »). Il est ensuite logique, du fait de sa coordination avec l'adjectif « imbu », d'interpréter le participe « embrouillé » comme un attribut à valeur résultative érigeant en fait établi l'inaptitude à la réflexion. L'adverbe d'intensité « tellement » qui engage plusieurs propositions consécutives imbriquées annonce de même un résultat inéluctable contre lequel les femmes ne peuvent lutter. Le passage s'achève même sur un tour restrictif qui déréalise totalement leurs actes au point de les invalider en les raccrochant à l'imagination (« encore qu'elles ne le soyent qu'en fantaisie »), un fait sur lequel revient le titre du chapitre 20 du livre II en rappelant que « leur paction & accord n'est qu'une imposture, une follie, de nulle puissance ».

L'ensemble de ces procédés de disculpation sature finalement l'esprit du lecteur d'un même constat sans appel. C'est un leurre que d'attribuer un trop grand pouvoir à ces femmes sur lesquelles de multiples forces s'exercent :

> […] ces pauvres vieilles, lesquelles souventefois sont nommees sorcieres, sont tombees temerairement en ceste incredulité estans circonvenues par dol & fraude, contrainctes par force, poussees par crainte, induites par erreur, & deceuës par ignorance […][48].

De Wier, Grévin reprend les participes passés de sens passif : « *dolo circumuentas, ui coactas, metu compulsas, errore inductas, ignorantia deceptas in hanc credulitatis temeritatem incidisse*[49] ». Il met, lui aussi, en évidence des compléments de moyen qui cumulent juridiquement tous les arguments invalidant l'alliance avec le diable. En ôtant à nouveau tout libre-arbitre à la femme, les mécanismes de passivation déréalisent, au fil de l'œuvre, la prétendue égalité de l'alliance. En témoigne également l'infinitif passif, modalisé par un verbe d'imagination : lorsqu'il explique que les sorcières « pensent estre embrassées par le diable[50] », le traducteur laisse nettement le procès-verbal dans sa plus grande virtualité, et le

47 J. Wier, *De Praestigiis daemonum*, *op. cit.*, p. 358.
48 J. Wier, *Cinq livres*, *op. cit.*, p. 455.
49 J. Wier, *De Praestigiis daemonum*, *op. cit.*, p. 658.
50 J. Wier, *Cinq livres*, *op. cit.*, p. 172.

renvoie à l'univers du fantasme. Les vieilles femmes accusées de sorcellerie subissent des forces qui les dépassent et cristallisent ainsi des poncifs qui, inévitablement, les amoindrissent et les relient au joug de Satan, mais aussi de la justice puisque les pseudo-sorcières sont « precipitees & jettees sans aucune pitié dedans des prisons obscures et vilaines[51] ». Le discours conclut néanmoins que les sorcières « doivent estre examinees & mieux instruictes és principaux poincts de nostre foy chrestiene[52] » : même si la passivation prend ici la forme d'une prescription positive, Grévin traducteur ne peut s'empêcher de reprendre à son compte cette rhétorique qui astreint les femmes à l'inertie.

Wier et Grévin, à qui il tient à cœur de dénoncer fidèlement cette répression, construisent donc un solide discours en faveur de la disculpation des pseudo-sorcières. Pour nos regards modernes, le plaidoyer n'en reste pas moins ambivalent à l'égard du sexe féminin. Grévin a bien compris le style de Wier : les désignations et les caractérisations des pseudo-sorcières les condamnent à la déraison, à la commisération, à l'instrumentalisation. L'amplification textuelle – qu'elle enfle le texte par des coordinations ou qu'elle mette sous accent certains adjectifs ou participes qui lient les femmes à Satan –, tout comme les périphrases – où le pathétique semble même, avec Grévin, redoublé – et les phénomènes de passivation – qui accentuent la dépossession des capacités féminines – sont des choix stylistiques révélateurs de l'équivoque de cet étonnant traité. Vivement critiqué par des démonologues qui utilisent, parfois, des poncifs semblables à ceux de ces médecins, les *Cinq livres* continuent d'alimenter, malgré tout, cette construction mentale selon laquelle le féminin est constitutivement corrompu.

Astrée Ruciak
Sorbonne Université, STIH

51 J. Grévin, « préface », J. Wier, *Cinq livres*, *op. cit.*
52 J. Wier, *Cinq livres*, *op. cit.*, p. 405.

MYSTIQUE FÉMININE ET FOLIE AU XVIIe SIÈCLE

Jeanne Guyon et Louise du Néant, entre condamnation et relégation

Jeanne-Marie Bouvier de la Motte Guyon (1648-1707), mystique mondaine célèbre par ses démêlés avec Bossuet et proche de la Cour, et Louise de Bellère du Tronchay, dite Louise du Néant (1639-1694)[1], mystique extravagante, issues toutes deux de la noblesse provinciale, rejoignent les nombreuses femmes – Jeanne de Chantal, Marie de l'Incarnation, Madame Acarie, Marguerite-Marie Alacoque – dont le rôle fut prépondérant dans la reconquête de la foi au XVIIe siècle en France. Cependant, cette effervescence et ce bouillonnement spirituel vont connaître une mise au pas, dès 1650, avec la montée de l'absolutisme royal. Un tournant s'opère, une rigidification se produit. Suspectées, discréditées, Jeanne Guyon et Louise du Néant vivent l'expérience de l'enfermement et subissent de nombreuses pressions. La comparaison entre ces deux figures laïques, semblables dans leur adoration passionnelle du Christ et en même temps dissemblables dans les nuances de leur mysticisme, soucieuses de garder leur indépendance dans leur quête spirituelle, permet une exploration des contours et limites de la folie, telle qu'elle est définie par la monarchie et l'Église et plus précisément dans ses rapports avec la mystique.

---

1 Sur Louise du Néant, voir A. Gimaret, « Louise du Néant, une sainteté problématique », *L'Atelier du Centre de recherches historiques*, 04 (2009), URL : http://journals.openedition.org/acrh/1354 (consulté le 21 mars 2022).

DESTINÉE MYSTIQUE ET ÉTAT LAÏQUE AU XVIIe SIÈCLE

À sept ans, Jeanne Guyon « a déjà changé de domicile, de direction, d'affections une demi-douzaine de fois[2] ». De santé chétive, délaissée par sa mère, elle lit la Bible, la vie des Saints qui alimente ses rêves et prie. Louise du Néant, rejetée par sa mère et ses frères et sœurs, se réfugie dans sa chambre où elle lit des livres de piété, chante et se recueille : « Elle obtint de sa mère la permission de loger dans une petite chambre où elle s'appliquait [...] à offrir ses vœux à Dieu[3] ». Elle n'a de cesse de venir en aide à son prochain. On retrouve ici, quelques-uns des traits qui caractérisent ces deux mystiques, service aux pauvres pour Louise du Néant, optimisme et résistance chez Jeanne Guyon face aux transferts continuels dont elle est victime. Au sortir de l'adolescence, l'une et l'autre cèdent pour un temps aux divertissements du monde mais cet épisode de courte durée se révèle comme le moyen d'entreprendre une réflexion approfondie vis-à-vis de leur avenir. Louise du Néant écrit :

> Hélas Seigneur que faisais-je de ne vous aimer pas, [...] vous me cherchiez [...] ; je vous entendais me dire si souvent, convertis-toi toute à moi[4].

Jeanne Guyon reconnaît :

> Au lieu de me servir, ô mon Dieu de cet extérieur que vous m'aviez donné comme d'un moyen pour vous aimer davantage, il m'en fût un [moyen] de vaine complaisance[5].

Jeanne Guyon se retrouve mariée contre son gré à un homme de vingt ans de plus qu'elle, de santé fragile et de caractère difficile, Jacques Guyon du Chesnoy, avec qui elle a cinq enfants. Louise du Néant, retenue tout particulièrement par sa mère qui a d'autres visées pour elle, ne peut suivre sa vocation religieuse. À vingt-huit ans, désormais veuve, Jeanne Guyon peut enfin obéir à l'appel de Dieu et s'expatrier, et Louise

---

2 F. Mallet-Joris, *Jeanne Guyon*, Flammarion, Paris, 1978, p. 100.

3 J. Maillard, *Louise du Néant ou le Triomphe de la pauvreté et des humiliations*, Grenoble, Jérôme Millon, 2006, p. 29.

4 *Ibid.*, p. 38.

5 Citation par F. Mallet-Joris, *op. cit.*, p. 104-105.

du Néant, âgée de trente-cinq ans, rejoindre l'institution de l'Union Chrétienne de Charonne qui se consacre aux soins des malades, au secours des pauvres et à l'éducation des nouvelles catholiques. Après le doute et le désespoir, durant ces années de mariage éprouvantes, Jeanne Guyon connaît une véritable renaissance spirituelle :

> Il me semblait que mon unique devoir était de faire votre volonté[6].

Louise du Néant discerne la volonté de Dieu, au terme d'un long combat :

> Dieu l'appelait à une vie pénitente et obscure, au service des pauvres et au soin du salut des âmes[7].

C'est ainsi que Jeanne Guyon confie ses fils à sa famille, renonce à sa fortune et part avec sa dernière fille, à Thonon et Gex, et que Louise du Néant quitte sa région, ses amis, sa famille. Pour autant, cette décision ne les conduit pas à prononcer des vœux. Jeanne Guyon ne veut pas embrasser l'état religieux, malgré de nombreuses pressions. Louise du Néant choisit d'intégrer une association libre régulière, fondée par deux laïques. Ce statut est celui qu'elles considèrent comme le plus en adéquation avec leur mission que le Seigneur a décidé pour elles. Jeanne Guyon revendique un état apostolique et missionnaire. Louise du Néant se veut au plus près des indigents dont elle désire partager quotidiennement la vie. En refusant de s'affilier à l'ordre prescrit, Jeanne Guyon et Louise du Néant s'exposent. Jeanne Guyon enfreint les normes. Ses voyages dans la France entière mais également en Suisse et en Italie, la rendent suspecte. Louise du Néant considère que les règles de la vie religieuse sont encore trop douces pour elle : « Dieu la voulait dans un état de vie plus dur[8] ».

Jeanne Guyon et Louise du Néant se trouvent préférées par Dieu et figurent comme des élues. Leur destin bascule et devient extraordinaire. Jeanne Guyon s'exprime en ces termes :

> Mon âme se trouve dans une entière dépendance de tout ce qui n'est point Dieu [...]. Rien d'autre que Dieu ne l'occupe et la remplit[9].

---

6 J. Guyon, *La Vie par elle-même et autres écrits biographiques*, D. Tronc, A. Villard (éd.), Paris, Honoré Champion, « Sources classiques », n° 29, 2001, p. 408.

7 J. Maillard, *op. cit.*, p. 60.

8 *Ibid.* p. 131.

9 J. Guyon, *op. cit.*, p. 735.

Louise écrit à son directeur de conscience :

> Je ne sens d'autre désir que celui d'aimer Dieu et d'accomplir sa très sainte volonté[10].

Déliées de tout, des convenances, de leur rang, de leur famille, de l'ordre social, elles peuvent s'attacher seulement et uniquement à Dieu. Le chemin que leur dévotion emprunte est celui de l'enfance spirituelle et de l'Enfant-Jésus. Le Christ se révèle aux petits, aux humbles. Leur faiblesse et ignorance rendent les femmes plus aptes à recevoir les lumières divines, les placent au premier rang pour être les dépositaires du message divin. Elles bénéficient de grâces que les hommes ne peuvent recevoir. La connaissance qu'elles possèdent ne renvoie pas au savoir mais à l'expérimentation, au vécu, à l'intimité et à la jouissance de Dieu. La mystique valorise l'intériorité, entraîne un examen des mouvements de l'âme et l'exploration du cœur humain. Elle conduit à se pencher sur soi, à s'interroger devant Dieu. Cette position favorise la prise de conscience du moi, l'avènement en tant que sujet d'une expérience spirituelle qui tente d'en rendre compte à travers un discours à la première personne, expression d'un vécu subjectif. Brûlées par l'amour divin, Jeanne Guyon et Louise du Néant relatent leurs extases, grâces et blessures, telle une fable mystique[11], et témoignent de la conception neuve du sujet qui se joue avec le siècle. Pour vivre une telle expérience, elles se livrent à Dieu dans une attitude pleine d'humilité et de confiance comme le recommande le cardinal Pierre de Bérulle dans son *Discours de l'état et des grandeurs de Jésus*[12]. Pour celui-ci, il faut faire siennes les dispositions intérieures du Seigneur enfant. Jeanne Guyon contracte un mariage spirituel avec l'enfant Jésus (le 22 juillet 1669), se trouve réduite à l'état de petit enfant, pendant neuf mois (septembre 1683 à mai 1684), et connaît des moments où elle semble avoir abandonné tout esprit. De son côté, Louise du Néant est toute entière dans cette voie de l'impuissance et de la dépendance propre à l'enfance.

Afin de se rendre dignes de Dieu, Jeanne Guyon et Louise du Néant ne s'épargnent aucune ascèse et recherchent la mortification des sens. Il

---

10 J. Maillard, *op. cit.*, Lettre II, 15 janvier 1680, p. 168.

11 M. de Certeau, *La Fable mystique. 1. XVIe-XVIIe siècles*, Paris, Gallimard, « Tel », 1987.

12 P. de Bérulle, *Œuvres complètes. III. Discours de l'état et des grandeurs de Jésus*, publiées par l'abbé Migne, Paris, Migne, 1856, cité par S. La Rocca, « L'Enfant Jésus et les femmes au XVIIe siècle », *Clio*, n° 15, 2002, p. 18.

faut dompter son corps, ses désirs, se purifier pour se préparer à l'union divine. Jeanne Guyon s'inflige les pénitences les plus absolues :

> Il me fallut, un jour que j'étais seule, et que j'en aperçus un [crachat], le plus vilain que j'ai jamais vu, mettre ma langue dessus. [...] j'eus des soulèvements de cœur si violents que je crus que je rompais en moi quelque veine [...][13].

Louise du Néant n'y met pas de limites :

> [...] elle se déchirait le corps avec une discipline de fer, elle s'enfonçait dans la tête une couronne d'épines, elle se couchait sur une croix de sa longueur armée de clous qui lui entraient bien en avant dans la chair, en sorte qu'elle avait peine à s'en lever[14].

La société catholique d'Ancien Régime est habitée par une névrose de la culpabilité. « La crainte des jugements de Dieu [...], la conviction que les péchés continuent de crucifier Jésus et qu'il faut réparer non seulement ses propres fautes mais aussi celles du monde [...] ont poussé [...] à un héroïsme chrétien dont les prouesses stupéfient[15] ». Louise de Bellère du Tronchay va jusqu'à se démettre de sa propre identité et de son patronyme pour adopter le nom de Louise du Néant.

INDÉPENDANCE, RÉSISTANCE ET FOLIE DE DIEU

Jeanne Guyon et Louise du Néant se veulent comme de simples réceptacles entre les mains du Divin qui agit à travers elles. C'est ce qui justifie leur apostolat : l'enseignement, l'écriture de ses livres pour Jeanne Guyon, de ses Lettres pour Louise du Néant. Toute l'œuvre de Jeanne Guyon, une quarantaine de titres au total[16], lui a été dictée par Dieu. Elle a écrit dans un état second, dans le seul mouvement de l'inspiration, sans se relire. Louise du Néant, sollicitée par son

13 Citation par F. Mallet-Joris, *op. cit.*, p. 118.

14 J. Maillard, *op. cit.*, p. 136.

15 J. Delumeau, *Le Péché et la peur. La culpabilisation en Occident XIIIe-XVIIe siècles*, Paris, Fayard, 1983, p. 341.

16 Notamment, *Le Moyen court, Les Torrents spirituels, La Vie par elle-même.*

confesseur qui désire recueillir son extraordinaire témoignage, en vient à dire :

> Mon divin époux me déclara qu'il voulait se servir de moi comme d'un instrument qu'il manierait lui-même, qu'il me ferait parler [...] écrire, et qu'il serait l'âme de toutes mes actions[17].

Dieu est là qui l'inspire et lui permet de transcrire quasiment mécaniquement ses pensées. Louise du Néant et Jeanne Guyon ne font que servir Dieu. Cette conviction intime les porte et les soutient, leur conférant une grande force d'esprit et indépendance, au risque de dépasser les limites assignées à leur sexe. Seule compte la certitude d'être choisie par Dieu pour transmettre sa parole : Louise du Néant « répandait de grandes lumières dans les esprits, et enflammait les cœurs[18] ». Jeanne Guyon parle avec l'autorité de celle qui a accueilli au plus profond d'elle-même le Divin. À Grenoble, elle rallie les foules, prêche, apporte réconfort et amour maternel. Elle exprime l'indépendance d'une conscience et montre qu'une femme peut transmettre à autrui l'esprit divin et diriger les âmes. Elle va jusqu'à renverser la hiérarchie, en devenant directrice de conscience de Fénelon. À travers leurs échanges, elle l'introduit à « l'état d'enfance ». Fénelon se dépouille de son savoir théologique et a recours à une femme pour toucher au plus près l'inspiration divine. Jeanne Guyon l'initie au total abandon, à la désappropriation de la volonté pour mieux se laisser emplir du divin et figure en ce sens comme sa mère spirituelle. Elle guide le prélat, qui possède le savoir théologique mais ne peut accéder à l'expérience, et le met sur la voie de la « foi nue », s'érigeant en maîtresse de sa vie spirituelle : « Je sens en moi dans le moment où je vous parle un maître infiniment puissant et infiniment petit qui me donne un droit sur vous pour vous rendre petit [...] et disposer de vous[19] ». Le primat de Dieu permet à Jeanne Guyon et Louise du Néant de vivre l'absolu, de s'affranchir des jugements. Elles sont détachées de ce monde et des valeurs qui le régissent. L'intérieur devient pour elles, paradoxalement le lieu de l'infini, par rapport à un monde extérieur qui n'a de cesse de vouloir les limiter : « C'est au

17 J. Maillard, *op. cit.*, Lettre XXVI, 30 septembre 1680, p. 229.

18 *Ibid.*, p. 145.

19 M.-L. Gondal, *Madame Guyon 1648-1717. Un nouveau visage*, Paris, Beauchesne, 1989, p. 92.

souverain du royaume intérieur, à son ordre providentiel, énigmatique, caché que s'en remet le mystique[20] ».

En plaçant Dieu au-dessus de tout, Jeanne et Louise affirment leur liberté, elles ne sont plus régies par les lois du monde terrestre mais par l'ordre céleste. Cette indépendance les mène à l'émancipation. Leur accomplissement réside dans cette extraordinaire aventure divine. Elles jouissent d'une supériorité, celle que leur procure leur proximité avec Jésus et le fait d'être habitées par sa présence. Elles figurent comme des médiatrices privilégiées entre le divin et les hommes et s'imposent comme des actrices de la spiritualité. Elles bénéficient d'une forme d'autorité, d'un pouvoir qu'on ne peut leur contester puisqu'il émane du Divin. Elles sortent de l'ombre, du silence, de la soumission, sont écoutées et accèdent à une reconnaissance. Ainsi, rencontrer Dieu, signifie aussi rencontrer le féminin. L'union mystique est marquée du féminin. L'union que Jeanne Guyon préconise a pour modèle l'enfant nourri par sa mère qui s'endort repu dans ses bras :

> Qu'arrive-t-il à cet enfant qui avale goulument le lait de sa mère sans se mouvoir. Il s'endort sur le sein de sa mère[21].

Comme les femmes allaitent leur enfant, Dieu allaite ses fidèles. Louise du Néant rapporte les exercices d'amour entre son âme et l'époux le Christ :

> [...] je suis si perdue en lui [Jésus] que je ne sais où je suis ; ce n'est que feux et flammes dans mon cœur, que transport d'amour pour mon cher amant[22].

L'expérience mystique relève d'un dépouillement absolu. Pour vivre un tel état, Jeanne Guyon revendique la passivité mais cet état n'est absolument pas le contraire de l'action. Il suppose un dépouillement total de soi. Il s'agit de se vider entièrement. La passivité est l'expression de la désappropriation totale de soi. Elle désigne l'aptitude à recevoir les réalités divines, à s'effacer totalement et à laisser Dieu être :

---

20 D. Salin, « L'invasion mystique en France au XVIIe siècle », H. Laux, D. Salin (dir.), *Dieu au XVIIe siècle : crises et renouvellement du discours, une approche interdisciplinaire, philosophie, esthétique, théologie, mystique*, Paris, Éditions Facultés Jésuites de Paris, 2002, p. 263.

21 J. Guyon, *Le Moyen court et autres récits*, Grenoble, Jérôme Millon, 1995, p. 47.

22 J. Maillard, *op. cit.*, Lettre XI, p. 187.

> Il me prit un frisson depuis la tête jusqu'aux pieds, je ne pus ni parler, ni manger de tout le jour [...] mon âme fut [...] perdue en son divin objet[23].

Louise du Néant se soumet entièrement à l'action de Dieu.

> Je ne fais guère que de m'entretenir dans un profond respect devant la majesté divine, dans un dépouillement et un oubli de tout ne me pouvant remuer dans cet état [...] où Dieu fait tout sans que je ne sache rien de distinct de son opération[24].

Louise du Néant rejoint Jeanne Guyon dans cette passivité et état continuel d'union avec Dieu. Le pur amour et l'état passif sont au cœur de leur spiritualité qui sous cet aspect se trouve proche du quiétisme. Jeanne Guyon rompt avec les conceptions traditionnelles et développe une nouvelle approche : « Le pur amour de madame Guyon fut la tentative de dégager le ciel de la promesse du Paradis ou de la crainte de l'enfer, un au-delà du bien et du mal, comme il fut une protestation contre le pouvoir de Louis XIV et de Bossuet[25] ». Jeanne Guyon montre qu'on peut aimer Dieu au-delà de toute espérance et propose une vision nouvelle, délivrée de toute perspective de récompense et de salut, un amour qui survit à la destruction et demeure au-delà de la crainte et de la rétribution. Louise du Néant et Jeanne Guyon ne mettent aucune limite à leur expérience. Elles sont dans un abandon total, prêtes à vivre tout ce que leur choix implique.

Louise du Néant se retrouve enfermée à la Salpêtrière durant plus d'un an et plongée dans une crise de conscience aiguë qui confine à la folie, après avoir écouté un sermon magistral sur le péché et l'enfer, lors de son entrée à l'Union chrétienne de Charonne. Elle se trouve guérie grâce à l'intervention d'un prêtre qui la comprend, rétablit la paix et discerne la profondeur de son engagement, sous les signes extérieurs du plus grand égarement. Cette attitude souligne combien la vocation mystique peut côtoyer dans son extrémisme et son paroxysme les bords de la folie. Pour témoigner de sa passion et de son repentir, Louise du Néant endosse entièrement le rôle de folle :

> [...] je lui [le Christ] rends mille actions de grâces de ce qu'il a permis que j'ai été folle et abandonnée de tout le monde[26].

23 J. Guyon, *La Vie par elle-même*, *op. cit.*, p. 447.

24 J. Maillard, *op. cit.*, Lettre XL, p. 265.

25 G. Zimra, *Les Pouvoirs de l'excès, éloge de l'infini*, Paris, Berg international, 2016, p. 10.

26 J. Maillard, *op. cit.*, p. 89.

La folie est pour Louise du Néant, instrument de pénitence qui permet de rester dans une humiliation extrême. Après avoir présenté tous les signes du plus grand dérangement mental pendant de longs mois (convulsions, torsions, hurlements), à tel point que sa communauté ne peut que l'envoyer à la Salpêtrière rejoindre le cortège des folles, Louise prolonge de sa propre initiative le martyre que Dieu avait choisi pour elle :

> [...] je me renfermai dans mon cachot à dessein d'y continuer mes extravagances, parce que messieurs les administrateurs vinrent examiner mes compagnes les folles, pour renvoyer celles à qui la raison était revenue. Je me proposai de leur persuader que je suis encore plus folle que les autres[27].

En relatant à son directeur de conscience ses états, Louise se montre très consciente de ce qui advient comme si une sorte de dédoublement s'opérait :

> Il me prit une si grande jalousie contre elle [sainte Madeleine] que je me mis à crier, par un transport qui vous paraitra une vraie folie « Donnez-moi votre place » [...]. Mais est-il nécessaire que je vous écrive toutes ces choses pour vous informer [...] de toutes mes folies[28].

Jeanne Guyon se voit reprocher ses symptômes physiques, qui sont interprétés comme autant de signes pathologiques. Le corps demeure présent dans sa dimension féminine et se ressent de ce qui affecte l'âme. La vocation de Jeanne Guyon est avant tout maternelle ; comme elle a été pleine de ses enfants, elle est pleine de Dieu :

> Une fois que j'étais plus pleine qu'à l'ordinaire, l'on lut [...] un endroit de l'écriture que l'on expliqua d'une manière toute différente [...] et cela fit en moi une telle contrariété, parce que je n'osais parler à cause de certaines personnes [...] qu'on fut obligé de me délacer. [...], je leur dis que je mourrai de plénitude et que cela se répandaient sur mes sens au point de me faire crever[29].

Jeanne Guyon et Louise du Néant se prêtent à la folie de l'enfance et à la folie de l'amour de Dieu. Elles recherchent cette simplicité, cette innocence qui est folie pour les autres mais qui leur permet avant tout de se rapprocher de Dieu. Cette passion vécue à l'extrême est folie, folie de Dieu.

---

27 *Ibid.*, Lettre XVIII, p. 204.
28 *Ibid.*, p. 207-208.
29 J. Guyon, *La vie par elle-même*, *op. cit.*, p. 663-664.

LE REGARD DE L'ÉGLISE ET DU POUVOIR FACE AUX MYSTIQUES

« Leur comportement souvent surprenant, le caractère extraordinaire parfois de certaines manifestations extérieures de leur vie spirituelle [...], la teneur des écrits dans lesquels ils rendent compte de l'expérience de Dieu, et surtout le cortège des manifestations étranges qui les accompagnaient souvent [...] tout cela contribua à rendre la mystique suspecte, non seulement aux yeux de l'État et de la société mais aussi aux yeux de la hiérarchie ecclésiale[30] ». Dès la deuxième moitié du XVIIe siècle, l'irrationnel de la mystique est mis en cause. La réalité de l'illumination divine et la validité de l'expérience mystique sont contestées. Un clivage s'établit entre la mystique, expérience intérieure, et la dévotion, usage civil de la religion, prônée par l'Église et le pouvoir. La mystique se trouve dévaluée car caractérisée comme une expérience typiquement féminine, ou encore comme une maladie d'esprit atteignant les femmes. Dès lors, une confusion peut se créer entre visions et révélation divine et la plus grande prudence s'impose. Dès 1657, le carme Jean Chéron se livre à une attaque sans merci contre le mysticisme dans son *Examen de la théologie mystique*[31]. Il considère que les femmes, bien que par nature humides, peuvent néanmoins être atteintes des effets de la mélancolie ce qui favorise les états mystiques. La mélancolie « excite l'imagination qui produit des visions ou autres hallucinations sensitives[32] ». Les états mystiques ne relèvent pas du surnaturel mais de la maladie pour Chéron. La mystique constitue une forme de folie où interviennent l'imagination, les psychoses hallucinatoires et la mélancolie. Les mystiques sont donc atteintes de troubles psychologiques, pouvant aller jusqu'à la folie.

Ces arguments résonnent comme un coup de massue et entérinent la mise au pas du mysticisme. La recherche en Dieu est abîme où la raison se perd, espace où les lois du monde se trouvent renversées. Emportées dans une aventure intérieure, les mystiques remettent en cause les pratiques

---

30 H. Laux, D. Salin (dir.), *op. cit.*, p. 242.

31 J. Chéron, *Examen de la théologie mystique*, Paris, Edme Couterot, 1657, cité par L. Timmermans, *L'Accès des femmes à la culture sous l'Ancien Régime*, Paris, Honoré Champion, « Classiques Essais », 2005 [1993], p. 642.

32 L. Timmermans, *op. cit.*

religieuses traditionnelles : « Dès lors que la prétention du mystique est une rencontre immédiate avec l'être divin dans l'imprévisibilité absolue de l'évènement et dans un vécu qui défie la possibilité d'un partage, il n'est pas besoin d'Église[33] ». Le choix de l'expérience intérieure n'empêche pas Jeanne Guyon et Louise du Néant d'affirmer leur appartenance à l'Église catholique sans qu'elles y voient une contradiction. Louise du Néant se soumet en tous points à ses confesseurs. Les tentatives pour faire avouer une quelconque hétérodoxie à Jeanne Guyon ont toutes été vouées à l'échec. Elle n'a nullement remis en cause les dogmes et préceptes de la religion catholique malgré les pressions dont elle a été victime de la part de Bossuet qui cherchait à la prendre en défaut. On est allé jusqu'à mettre en cause ses relations avec son confesseur, le Père La Combe, afin de minimiser ses écrits. Il est vrai que la hardiesse de ses positions, le pouvoir de fascination de sa doctrine, son charisme et ses convictions inébranlables irritent la hiérarchie ecclésiastique et le pouvoir politique. Elle ramène à elle les foules et fait des émules, notamment dans les cercles parisiens qu'elle a fréquentés. Elle défie le pouvoir masculin en s'opposant au silence prescrit à la femme et s'arroge des droits qui ne lui reviennent pas. Elle bouleverse les valeurs du monde, les discours, les hiérarchies, et fait preuve d'une liberté inconcevable. Elle incarne une forme de dissidence face à l'Église catholique et défie le pouvoir : « On l'accuse de répandre le quiétisme et la sorcellerie. On la considère comme une extravagante que le désœuvrement et la frigidité ont conduit à se croire sainte là où elle aurait été plus d'usage de servir la soupe aux pauvres[34] ». Les calomnies se multiplient dès 1694, Jeanne Guyon passe pour la personne la plus folle du royaume, notamment aux yeux de Louis XIV[35]. Les expériences mystiques sont chargées de troubles pathologiques. Le discours mystique s'articule sur le désir. Le corps s'exprime par ses symptômes qui sont souvent ceux de l'hystérie : malaises, cataplexie, stigmates. Jeanne Guyon connaît des états d'hébétude aux moments où elle est portée par un souffle exaltant. Aussi, pour les autorités, souffre-t-elle de troubles psychophysiologiques et ses comportements où dominent étrange et bizarre ne peuvent qu'irriter

33 P. Mérot, « L'expérience mystique de Madame Guyon à Freud », *Libres cahiers pour la psychanalyse*, n° 30, 2014, p. 116.

34 G. Zimra, *op. cit.*, p. 23.

35 *Ibid.*, p. 29.

les tenants du bon sens. Cependant, elle n'a pas été traitée comme folle mais arrêtée et emprisonnée pendant dix ans (chez les Visitandines à Paris, au donjon de Vincennes et à la Bastille), sur lettre de cachet du roi et condamnée par un bref d'Innocent XII. Ses écrits sont jugés subversifs, étrangers à la tradition et à l'esprit de la religion chrétienne, allant à l'encontre de la saine doctrine. Bossuet hostile à toute vision mystique, voit un lien entre le *Guide* de Molinos[36] et le *Moyen court* qu'il trouve très ambigu, et distingue les germes d'une hérésie car Jeanne Guyon oublie le combat spirituel et fait prédominer l'individualisme au mépris de la prière et du culte. Le pur amour et l'état passif sont incompatibles avec la pratique des vertus théologales et morales : « [...] l'exaltation d'une morale d'amour sape les fondations d'une morale de contrainte[37] ». Bossuet considère Jeanne Guyon comme une visionnaire fanatique, victime de son imagination exaltée, coupable d'illusions et d'erreurs. Elle est femme, la parole s'accomplit en elle. C'en est trop pour l'Église qui exige soumission, obéissance et s'élève contre toute nouvelle forme d'expérience spirituelle, qui pourrait remettre en cause sa doctrine. Jeanne Guyon veut aller au-delà des limites, en quelque sorte jusqu'au bout de l'insensé. Cette prétention est insupportable. Excessive en tout, elle affiche une pensée et un comportement au-delà de toute raison. Après avoir renoncé à tous ses biens, elle va jusqu'à abandonner toute forme d'esprit et de raison face à Bossuet et cette attitude même est acte de folie comme le souligne avec justesse Georges Zimra[38]. Cette démesure totale ne peut que heurter les mentalités dans un contexte qui tend à tout rationaliser et justifie donc sa mise à l'écart.

De son côté, Louise du Néant illustre un chemin de détresse et d'extase et réunit en elle, tout à la fois, sainteté et folie, ce qui en fait un cas extraordinaire. Elle se livre aux saintes folies de l'ascèse et montre que le triomphe de la misère est triomphe de la grâce divine. Louise n'est pas simplement une illuminée ou une furie comme on a voulu le dire ; elle est habitée par la passion de Dieu et, en ce sens, on peut la rapprocher des

36 Dans son *Guide spirituel* (1675), le prêtre espagnol Molinos développe une doctrine mystique connue sous le nom de quiétisme, suivant laquelle la perfection chrétienne réside dans la quiétude c'est-à-dire l'amour pur et la contemplation de Dieu, en l'absence de toute activité de l'âme. Celle-ci est condamnée en 1687 par le pape Innocent XI et déclarée hérétique.

37 F. Mallet-Joris, *op. cit.*, p. 548.

38 G. Zimra, *op. cit.*, p. 30.

« fous pour le Christ[39] », chez qui « l'amour de Dieu envahit l'être » ce qui « déclenche chez eux, comme l'écrit encore Georges Zimra, un choc psychologique et spirituel tel qu'il trouble leur comportement habituel et les entraîne à des actes, des attitudes, un genre de vie apparemment excentrique[40] ». Louise dans son abnégation extrême, sa recherche, rejoint la figure de l'insensé, du sauvage : « Je ne veux plus qu'imiter la folie, de ce Jésus, qui sur la croix un jour [...] perdit honneur et vie, délaissant tout pour sauver son amour[41] ». Louise est considérée comme folle car elle est justement l'une des dernières représentantes de cette mystique de l'extraordinaire qui n'a plus lieu d'être.

Les mystiques interrogent un au-delà du monde, des frontières de la conscience et du possible. Ils bouleversent les codes, la morale, la raison, la religion pour questionner l'impensé de notre condition. L'impossible limite, l'infinie limite, les rassemble mais se heurte à la marche du temps. Jeanne Guyon et Louise du Néant sont mises au banc de la société et enfermées. Leur discours est jugé déviant et n'a plus droit de cité, leur comportement est considéré comme répréhensible. L'une est accusée d'être hérétique, l'autre taxée de folle. L'excès dont elles font preuve en voulant vivre ce choix de Dieu dans leur vie jusqu'à l'extrême, n'est plus de mise face au pouvoir. Il confine à la déraison car il ne correspond plus aux nouvelles valeurs, à la science, au progrès, à la pensée cartésienne. Les mystiques trahissent l'institution au nom de l'intériorité et représentent un contre ordre absolu. La volonté de mortification de Louise du Néant, sa gestuelle de démence rendent nécessaire son internement car elle se situe dans une marginalité qui l'exclut de la société. Le pur amour de Jeanne Guyon est mise en danger de la religion traditionnelle, affranchissement de la tutelle de l'Église. Jeanne ouvre un chemin à part

---

39 « Fous pour le Christ » : « attitude de ceux qui [...] ont adopté une forme ascétique de piété chrétienne qui s'approche de la folie pour l'amour du Christ. Ceux-là renoncent volontairement [...] aux biens de la vie terrestre [...] et acceptent de prendre l'apparence d'un fou [...]. C'est au Christ bafoué, moqué, traité comme un fou en sa passion que les "fous du Christ" veulent ressembler. » *Dictionnaire de spiritualité ascétique et mystique ;* Tome V, *Faber-Fyot : doctrine et histoire*, A. Rayez et C. Baumgartner (dir.), Paris, Beauchesne, 1964, p. 752.

40 *Ibid.*, p. 770.

41 J.-J. Surin, « De l'abandon intérieur pour se disposer à la perfection de l'Amour Divin », cité par M. Bergamo, *La Science des saints : le discours mystique au XVIIe siècle en France*, Grenoble, Jérôme Millon, 1992, p. 46.

et interpelle. Elle révèle comment goûter Dieu, expérimenter la vérité divine. Elle fait preuve d'une audace absolue. Il faut dissuader quiconque de la suivre et montrer que de telles pratiques sont condamnables. La liberté absolue des mystiques, la transcendance absolue sont folie. Elles sont synonymes de danger pour l'Église et l'État. Il convient de réduire au silence et à l'oubli celles qui dérangent et offrent des voies inédites d'exploration religieuse et d'affirmation féminine.

Bénédicte DE MAUMIGNY-GARBAN
Université d'Angers, CIRPaL

DU TROUBLE À L'EXALTATION

Formes admises et usages intempestifs de la folie dans les couvents féminins, XVIIe-XVIIIe siècles

DÉCONSTRUIRE UN LIEU COMMUN : LE COUVENT, REFUGE POUR LES FOLLES

Le 13 février 1790, la suppression des ordres monastiques et des congrégations régulières par l'Assemblée constituante transpose de manière tangible dans la loi de la Nation un imaginaire, partagé par de nombreux députés, selon lequel les religieuses sont les victimes innocentes de l'honneur des familles : la vocation des moniales est alors couramment assimilée à un enfermement des filles surnuméraires car impossibles à doter, malformées, récalcitrantes à l'autorité paternelle ou perçues comme dérangées[1]. Ce thème de la vocation forcée s'accompagne de la diffusion de nombreuses pièces littéraires, à l'exemple de *La Religieuse* de Diderot entre 1780 et 1782, et d'estampes comme, dans le contexte immédiat de la nouvelle disposition légale, *L'Erreur et la folie nous avoit jetté dans les Cloîtres, mais la raison nous rend au monde*, une eau-forte imprimée en 1790[2]. La folie des religieuses illustrerait donc la ruine d'un Ancien Régime qui aurait assigné à ces filles le rôle de victimes émissaires. À l'obscurité du cloître et à l'inutilité sociale des ordres réguliers était ainsi opposé le retour à l'exercice de la raison naturelle. Ces femmes, débarrassées du manteau d'une religion qui induisait en elles une véritable pathologie sociale et psychique, étaient invitées à

1 G. Murphy, « Destins de religieuses pendant la Révolution française : l'exemple du diocèse de Poitiers », *Clio. Histoire, femmes et sociétés*, 15, 2002, p. 111-122.

2 *L'Erreur et la folie nous avait jetté dans les Cloîtres, mais la raison nous rend au monde*, Paris, s. n., 1790. Estampe : eau-forte; 16x24,5 cm. URL : https://gallica.bnf.fr/ark:/12148/btv1b6944473g. (consulté le 16 septembre 2021).

retrouver leur inclination à vivre selon un ordre de la nature associé à la normalité. Cette comparaison des religieuses avec des femmes en proie à un déséquilibre psychique aggravé par l'enfermement monastique n'est pas une projection propre à la société de la fin du XVIIIe siècle. Elle est présente dès le début du XVIIe siècle, alors que les épidémies de possession, mystique ou diabolique, qui gagnent de nombreux couvents, commencent à être tenues en suspicion et sont perçues comme l'indice d'un état pathologique causé par une forte émotion, à laquelle la nature débile de la femme les prédisposait. Les religieuses vivent alors sous le regard de la communauté et des supérieurs des couvents. Ce regard inquisiteur se focalise sur leur comportement et se montre prompt à les rappeler à l'ordre en cas de dévotions ou de gestes en décalage avec les attentes de la communauté. Le corps de ces femmes concentre alors les regards : il s'agit d'y déceler les stigmates de la sainteté ou de l'hérésie, c'est-à-dire de la folie, sainte dans le premier cas en ce qu'elle serait inspirée par le Christ, diabolique dans le second cas pour ce qu'elle dévoilerait une possession par des démons. Le couvent se transforme alors en prison pour ces femmes et la clôture apparaît, de l'extérieur, comme le remède spirituel approprié à la sanctification ou à l'oubli de femmes qui ne doivent plus être en contact avec la société temporelle[3].

Toutefois, dans le siècle de la Réforme catholique, l'assimilation de la religieuse à une femme atteinte de folie est fréquemment rapportée à l'idéal de l'expérience mystique, lorsque celle-ci est construite par une mimétique des normes véhiculées par les biographies spirituelles, c'est-à-dire à travers une haine du moi qui doit faire l'objet d'un aveu et d'une poursuite incessante de l'extase par la pratique de l'immonde[4]. Néanmoins, passé le temps de l'impulsion réformatrice du premier XVIIe siècle, la quête mystique est associée à des pratiques hétérodoxes, et les maisons de religieuses sont volontiers taxées de lieux de réclusion pour les folles. Pourtant, les couvents sont d'abord des espaces d'application

3 Dans cette perspective, le couvent vaudrait bien l'Hôpital général, puisqu'il concourt à l'inscription des familles dans des réseaux de spiritualité assurant, en milieu urbain, des formes de régulation à l'imaginaire d'une promiscuité des corps susceptible de mettre en péril l'honneur des familles, ou plutôt celui des pères de famille. Pour une présentation synthétique des liens entre l'enfermement, l'hôpital général et la question de la charité en milieu urbain, voir la synthèse de J.-P. Gutton, « Enfermement et charité dans la France de l'Ancien Régime », *Histoire, économie et société*, 10e année, n° 3, 1991. *Prières et charité sous l'Ancien Régime*, p. 353-358.

4 J. Le Brun, *Sœur et amante. Les biographies spirituelles du XVIIe siècle*, Genève, Droz, 2013.

d'une règle qui définit une norme et sanctionne tout écart, toute folie de l'âme, de l'esprit et du corps.

Plutôt que de s'enfermer dans le paradoxe entre la folie des religieuses et la lutte contre cette prétendue folie, l'analyse envisage ici de décrire les discours sur la folie (ou tout autre trouble considéré comme tel par les religieuses) produits à l'intérieur des maisons de religieuses, à des moments de vérité sur le fonctionnement de ces maisons : l'entrée en religion des novices, l'application de la vie en communauté, et le processus de désignation de la supérieure par l'élection ou la nomination.

LA FOLIE, UN AU-DELÀ DE LA POSSESSION ET DE LA CRISE MYSTIQUE AU COUVENT

La complexité de la perception de la folie provient de la difficulté à reconnaître une conduite déraisonnable au regard des normes définies par un groupe social donné. Le travail de reconnaissance de la folie nécessite ainsi de faire porter l'attention sur n'importe quel fait – geste, posture corporelle, discours – qui produit du scandale, c'est-à-dire un obstacle, une pierre d'achoppement qui révèle les failles et le caractère boiteux des normes politiques, sociales et culturelles de la société ou de l'institution sur laquelle l'attention est portée. Ce travail se développe au XVIIe siècle dans les couvents féminins en raison des épidémies de crises de possession, attribuées à une mystique confinant à l'hérésie et, en prolongement, à une invasion diabolique. Opérer la distinction entre les différents troubles et en réguler les manifestations constituent dès lors un enjeu essentiel pour la réputation des maisons de religieuses. Cela se traduit par un renforcement dans la surveillance des religieuses : un regard exercé de l'extérieur de la communauté par une autorité (un supérieur, un directeur de conscience, les parents des religieuses, etc.) est porté sur elles. Ce regard intrusif sur la communauté est doublé par l'intériorisation, au sein de la clôture, de la surveillance des religieuses par d'autres religieuses. Le bon ordre de la communauté repose en effet sur des fonctions de contrôle de la moralité et de la régularité des religieuses, fonctions que remplissent la maîtresse des novices, les discrètes, les zélatrices et même l'abbesse ou la supérieure[5]. Ce contrôle institutionnel est, dès la fin du XVIe siècle, renforcé par l'adoption d'une pédagogie du contrôle de soi par la pratique de l'écrit. Celle-ci devient de plus en plus systématique, avec notamment la rédaction de biographies spirituelles : de simples notices chez les ursulines ou les visitandines ; de véritables sommes sur les mystiques, les réformatrices et les fondatrices chez les bénédictines ; ou encore des recueils de vies mêlant sœurs professes et sœurs converses, comme chez les annonciades célestes. Dans tous les cas, ces écrits ont une valeur didactique essentielle, en fixant les attitudes et les paroles attendues et en décrivant les limites de l'acceptable dans le registre de la mystique et du zèle. Il ne faut pourtant pas oublier les autres écrits qui, partant de ces mêmes maisons de religieuses, apportent un regard différent. Ceux-ci se présentent sous deux aspects bien distincts cependant. D'une part, les écrits colligés au moment de valider ou de récuser l'accès d'une novice à la profession sont des enquêtes sur la conformation de la novice aux règles de la communauté : celle-ci doit y démontrer sa haine du monde et son amour de la règle. D'autre part, des écrits peuvent être réunis par un groupe de religieuses ou par la communauté lors des procédures visant à alerter le supérieur ou des juges sur le comportement irrégulier de religieuses suscitant la dissension par leur incohérence.

Ces écrits se distinguent des récits de crises de possession, fréquents entre la fin du XVIe siècle et le milieu du XVIIe siècle, par leur description plus méthodique du comportement des religieuses, qui ne s'éloigne cependant pas beaucoup des récits hagiographiques destinés à fabriquer des saintes, ou des écrits mystiques ordonnés par des directeurs de conscience soucieux de réguler par l'écrit des pratiques mystiques trop exaltées. Toutefois, dès le milieu du XVIIe siècle, associer une forme de régulation de soi à une pratique de l'écriture mystique devient suspect, y compris à l'intérieur du couvent. Pour les religieuses, écrire devient

5 Pour un exemple de cette régulation interne à la communauté, voir *La Regle de S. Augustin, et les constitutions des religieuses de S. Dominique. Avec les Declarations & les Ordonnances des Chapitres Generaux. Recüeillies & mises en François par le R.P. Jean Mahvet de l'ordre des F.F. Prescheurs*, Avignon, P. Offray, 1674, p. 199-200. – La communauté monastique comprend plusieurs offices, en général électifs et triennaux : la maîtresse des novices supervise les aspirantes à la vie en religion, les discrètes conseillent l'abbesse, les zélatrices dénoncent les fautes commises par les religieuses à l'abbesse ou au visiteur, l'abbesse ou la supérieure dirige la communauté.

progressivement d'abord un acte pédagogique et mémoriel. Écrire, c'est se raisonner, faire acte d'obéissance envers la Règle et, au besoin, désigner la folie pour mieux la faire entrer dans la raison de Dieu ou, à défaut, l'extirper de la communauté.

ENTRER AU COUVENT : UN ACTE DE DÉRAISON ?

L'entrée au couvent constitue un moment de vérité pour la communauté dans la mesure où elle repose sur les interactions entre des familles, des réseaux de spiritualité, la volonté – réelle ou forcée – de la novice, l'assentiment de la communauté, de la supérieure, et l'accord du supérieur (en général l'évêque) de la maison. La mise en branle de l'ensemble de ces protagonistes et des réseaux, matériels, spirituels et humains, n'est pas sans danger pour la future religieuse, sur laquelle se concentre l'ensemble des pressions potentielles. L'examen du recueil de biographies d'annonciades célestes de Lyon, publié à la suite d'une histoire de ce couvent, de sa fondation en 1624 jusqu'en 1698, peut ici servir de point d'appui, car il présente une description des phénomènes – certes très divers – perçus par la communauté[6]. La vocation des jeunes religieuses y est envisagée à partir des lieux communs de la sainte inspiration, du désir de quitter le siècle, décrit comme « ce théâtre des fous[7] », et du fruit d'une piété qui ne tarde pas à mûrir malgré le jeune âge de la plupart des prétendantes. Pourtant, à y regarder de plus près, plusieurs vocations sont le résultat d'un désordre au sein des familles, au terme duquel la famille semble s'accommoder de celle qui fait état de sa propre volonté. La relation mère/fille dépourvue de présence masculine (père, parent ou tuteur) paraît porter en elle les germes de la dissension, du scandale, voire de la folie, tant de la mère (qui refuse une sainte vocation) que de la

6 M.-H. Chausse (Sœur), *Histoire de l'etablissement et du progrès du premier monastere des religieuses Annonciades celestes de la ville de Lyon, fondé par Madame Gabrielle de Gadagne. L. Contenant un abregé de la vie des religieuses qui y sont mortes depuis le commencement de la fondation du monastere jusques à present. Sçavoir depuis l'an M. DC. XXIV. jusques à M. DC. XCVIII. Dedié à monseigneur l'archevéque de Lyon. Divisé en deux parties, et composé par la R. M. Marie Hieronime Chausse religieuse du même monastere*, Lyon, Veuve Chavance, 1699.

7 *Ibid.*, p. 30.

fille (qui se refuse aux devoirs de la piété filiale)[8]. Ainsi la Mère Marie Agnès Sauget a dû s'opposer au refus de sa mère, marquée par la mort de sa fille aînée, religieuse au sein de ce même couvent[9]. Sans doute la recherche d'un désir d'anéantissement en Dieu par la jeune fille peut-il être rapproché de sa volonté d'entrer dans le même couvent que sa sœur aînée décédée. Le trouble est particulièrement prégnant quand la mère exerce une forme de puissance paternelle envers sa fille. Après avoir été éduquée au couvent de l'Annonciade céleste de Lyon, Marie-Élisabeth Guernon, « laissée maîtresse de ses biens » par son père, se retrouve sous la tutelle de sa mère. Elle vit très mal cette situation, au point de se jeter dans les bras du premier venu qu'elle épouse en secret puis rejette « après avoir mangé du fruit défendu ». Elle décide alors de se présenter chez les annonciades mais « À peine y étoit-elle entrée, que Madame sa Mère y parut à la porte comme une furie, pour l'en faire sortir ; on la lui disputa quelque temps, mais enfin on la lui remit[10] ». La jeune femme regagne donc le foyer maternel, avant d'arriver, un peu plus tard, à obtenir à entrer pour de bon au couvent pour y faire profession. Dans ce cas précis, l'entrée est scénarisée tel un acte de folie résultant d'une série d'oppressions. Mais cette folie est une représentation des nécessaires tribulations vers le Christ car à la fin s'opère une réconciliation en Dieu. Ainsi, pour la Mère Marie-Blandine Adrien, « le fils de Dieu mit le couteau de division entre elle & Madame sa mère ». Mais chacune accepte tout de même le sacrifice de l'autre. Sortir de l'autorité paternelle suscite également un acte de folie apparente, qui confine encore à une scène théâtrale. Le scandale social peut en effet être considéré comme une forme de folie dans la mesure où il met en péril l'honneur des familles. Les troubles comportementaux observés chez la mère et la fille ne sont pas acceptables : la mère doit revenir sous l'autorité de son époux et la jeune fille doit être reléguée hors du monde. La sœur Marie-Jeanne Madeleine Scarron entre au couvent après plusieurs fugues. « Monsieur son Père qui l'aimoit extrêmement, regarda cela comme un atentat fait à son authorité, & l'on vint tirer par violence, mais elle echappa une seconde fois de sa maison ». La jeune femme grimpe même par-dessus

8 Ce lieu commun est d'ailleurs exploité par Diderot à partir du cas de Marguerite Delamarre.

9 *Ibid.*, p. 30.

10 *Ibid.*, p. 105-106.

la clôture et tombe dans un roncier ! Le scandale constitue ici la solution acceptable car, pour garder son honneur, le père consent à sa vocation lorsque l'affaire devient publique[11].

Pour ces jeunes femmes, tout se passe comme si l'entrée au couvent devait prendre la forme d'une performance basée sur un acte de folie, c'est-à-dire de nature à provoquer un scandale ne pouvant être résolu que par la prise du voile. Il s'agit donc bien de stratégies utilisées au gré des circonstances afin de négocier l'entrée au couvent : les folles sont en partie des folles de théâtre, mais d'un théâtre social autant que divin !

LES AMBIGUÏTÉS DE LA « FOLIE » AU SEIN DES MAISONS DE RELIGIEUSES
Une voie périlleuse pour la communauté

La réclusion pour cause de folie au sein des couvents est une réalité à l'époque moderne : elle ne concerne pas seulement des religieuses et peut intervenir pour des raisons multiples (atteintes à la règle, dissidence caractérisée, mœurs sexuelles réprouvées, faits de criminalité). Cette situation résulte de la position des évêques, relais de la puissance royale et dispensateurs de la morale sociale déduite de la Réforme catholique. Ceux-ci voient dans l'intériorisation de leur enfermement les conditions du salut de ces religieuses. Cette approche de la vie en religion découle des canons tridentins et de la diffusion des maisons du type de celles des Filles repenties, avec par exemple la création à Nancy en 1624 de l'ordre du Refuge par Élisabeth de Ranfaing, auparavant impliquée dans des scandales de possession, d'exorcisme et connue pour sa fragilité psychologique[12]. L'enfermement n'est cependant pas prévu par toutes les règles. Seuls certains établissements accueillent en leur sein des prisons, pour des femmes comme pour des hommes. Il demeure cependant difficile de percevoir l'origine de la réclusion : plusieurs cas

11 *Ibid.*, p. 77.

12 C. Regina, « Brimer les corps, contraindre les âmes : l'institution du Refuge au XVIIIe siècle », *Genre & Histoire*, 1, Automne 2007, URL : http://journals.openedition.org/genrehistoire/97 (consulté le 23 mars 2021).

de folie (handicap mental, retard intellectuel, mutisme) peuvent être repérés dans les archives du Refuge nancéen, mais d'autres mobiles moins explicites amènent les couvents – pour redresser des religieuses récalcitrantes – et les familles – pour se débarrasser d'une héritière encombrante – à confier des femmes au Refuge, sans qu'il soit possible d'identifier l'origine de la « folie » supposée[13].

À cette perception foucaldienne de la folie, qui associe un trouble défini par l'inadéquation du sujet avec une norme de la société ou de l'Église à une réponse coercitive de ces mêmes institutions à l'égard du sujet, s'oppose une autre catégorie de la folie, dont la valeur est cette fois anthropologique et apparaît, à l'époque moderne, comme une survivance de temps anciens. L'Abbaye-au-Bois, une maison bénédictine accueillant à Paris depuis 1654 de jeunes pensionnaires issues de la noblesse de Cour, de la magistrature et de la finance, en offre un exemple tardif mais significatif. Dans ses cahiers manuscrits, Helena Apolonia Massalska (1763-1815), princesse de Ligne puis comtesse Potocki, raconte ses années d'enfance au pensionnat. Une forme de fête des fous est ainsi organisée pour la Sainte Catherine (25 novembre), et pour les Saints Innocents (28 décembre). La veille, les jeunes filles élisent dans la salle capitulaire une abbesse :

> On nous prêta le chapitre pour faire les élections ; je fus donc élue abbesse, je choisis pour régente mademoiselle de Choiseul ; mademoiselle de Conflans fut porte-crosse, mademoiselle du Vaudreuil chapelaine, mesdemoiselles de Damas, de Montsauge, de Chauvigny, de Mortemart et de Poyanne furent de service près de moi. Le reste des places fut distribué à la pluralité des voix. Quand cela fut fini, nous fûmes chez madame l'abbesse, qui, suivant l'usage, m'embrassa, ôta sa croix, me l'attacha, et me mit l'anneau abbatial au doigt. Dès le lendemain, je commençai mes fonctions, je fus pendant la grand'messe, que nous chantâmes, assise dans le trône abbatial. On l'avait orné du tapis de velours violet à franges d'or, qui ne se met que pour les fêtes. Je reçus l'encens et fus baiser la patène, précédée de la crosse. Toutes les religieuses entendirent la messe et l'office dans les tribunes, et les pensionnaires remplissaient leurs stalles. Je donnai l'eau bénite et reçus la coulpe de toutes les pensionnaires. C'était fort drôle de voir des religieuses de cinq ou six ans[14].

13 H. Say, « Filles abandonnées, perdues ou repenties : le Refuge de Nancy aux XVIIe et XVIIIe siècles », *VST – Vie sociale et traitements*, n° 106, 2010/2, p. 29-37, DOI : https://doi.org/10.3917/vst.106.0029 (consulté le 21 mars 2022).

14 Cité par L. Perey, *Histoire d'une grande dame au XVIIIe siècle*, Paris, Calmann-Lévy, 1888, p. 58-61.

Dans ce cas le désordre produit de l'ordre : les jeunes filles renversent les rôles, introduisent une folie temporaire mais rendent les habits et les ornements le soir venu. Le désordre n'est que le reflet inversé d'un ordre dont les pensionnaires démontrent qu'elles en maîtrisent les codes. Pourtant, cette folie ritualisée s'estompe devant le regard moralisateur de religieuses qui désapprouvent désormais le maintien de cette pratique.

Car la folie est d'abord affaire de morale au sein du couvent : le trouble ressenti par certaines religieuses dans leurs dévotions ne doit pas affecter la communauté. Dans cette perspective, la limite entre des pratiques acceptables et des pratiques hétérodoxes voire déraisonnables demeure ténue. Dans son *Histoire de l'etablissement et du progres du premier monastere des religieuses annonciades celestes de la Ville de Lyon…*, la Mère Marie-Hiéronyme Chausse décrit une scène significative de ce possible glissement de la raison vers la folie :

> On pourroit ici rapporter plusieurs exemples qui confirmeroient que ces cheres Novices n'avoient pas d'autre plaisir que d'humilier leur esprit par un parfait renoncement à elles-mêmes, & de porter sur leur corps la croix de leur divin Maître par une continuelle mortification : Elles s'envioient les unes aux autres les actions les plus humiliantes, & il n'y avoit rien de si bas & de si abject à quoy elles ne se portassent avec plaisir. Leurs mortifications étoient extremes ; on auroit dit à les voir maltraiter leurs corps comme elles faisoient, qu'elles étoient insensibles, ou qu'elles tenoient de l'impassiblité des Bienheureux. Elles affligeoient leur chair tantôt par de rudes cilices, d'autres fois par des disciplines sanglantes ; & pour faire cette derniere sorte de penitences plus en repos & à la seule veüe de leur Epoux, elles se retiroient souvent dans des caves ou cavernes qui étoient dans le vieux bâtiment & qui étoient fort semblables à ces grotes dont on nous parle dans la vie des Peres du desert. Comme elles n'ignoroient pas que la gourmandise avoit perdu nos premiers Peres, elles mortifioient leur goût d'une manière étonnante ; car sans parler de l'absinthe dont l'usage étoit commun à toutes, il y en a qui sont venuës jusques à ce point de mortification que de manger ces petites bêtes qui s'engendrent dans le bois des lits & dont l'odeur toute seule est capable de faire horreur, & quelques autres se traînant par terre faire des croix avec la langue tout le long du Refectoir ou de quelque autre lieu, sans jamais s'écarter des endroits où l'on avoit craché ou qui étoient fort sales[15].

L'autrice prend bien soin de préciser que de telles mortifications interviennent sous le regard de la communauté, et de la maîtresse des novices

15 M.-H. Chausse, *op. cit.*, p. 18.

en particulier. Il n'y est pas question de déviances ou de déraison, mais seulement d'une exacerbation des mortifications propres à l'enthousiasme de la génération réformatrice du premier tiers du XVIIe siècle. Derrière des pratiques en apparence folles se trouvent des actes à la limite du chamanisme : les novices sont décrites comme plongées dans un état quasi cathartique à la suite de l'absorption d'absinthe. La folie est donc dans ce contexte une folie organisée, démonstrative et encadrée. Le désordre signifie le refus de la norme du monde et l'adhésion à une norme divine qui commande l'anéantissement du sujet. D'ailleurs ces pratiques disparaissent ensuite : le récit insiste davantage sur l'obéissance, l'humilité, l'esprit de communauté, la retraite solitaire, et inscrit les quelques manifestations mystiques dans des récits construits de façon raisonnée car les visions interviennent aux moments clés de la vie de la religieuse et du couvent. Enfin, l'autrice semble mettre à distance toute pulsion mystique en réservant une place notable aux sœurs converses, comme pour mieux souligner la valeur du travail et de l'humilité. Il faudrait donc, à la suivre, plutôt travailler son jardin que rechercher les élans mystiques dont la nature demeure difficile à saisir, et qui peuvent toujours être reliés à des troubles psychiques.

DÉNONCER LA FOLIE AU SEIN DU COUVENT
Le « moi » contre le « nous » ?

L'accusation de déraison touchant les religieuses se présente sous trois aspects bien distincts aux XVIIe et XVIIIe siècles : d'abord, la dépression susceptible de toucher des religieuses enfermées sans vocation, et qui peuvent parfois être libérées de leurs vœux ; ensuite, le trouble mental caractérisé, qui entraîne la relégation de la religieuse, incapable de suivre la règle de la communauté ; enfin, l'immoralité, réelle, supposée ou construite, qui entraîne les mesures les plus coercitives. Toutes ces situations résultent d'un jugement porté par les autres religieuses. Toutefois, seul l'ecclésiastique chargé de la visite du couvent peut mener une enquête et, le cas échéant, prononcer une sanction – le plus souvent une peine de relégation. Il s'agit en théorie d'éviter tout désordre susceptible de nuire à la communauté. Mais cette vision est le produit d'un discours présenté par la partie de la communauté des religieuses qui a intérêt à voir la religieuse accusée de déraison reléguée hors du chapitre. D'ailleurs, les accusations de folie interviennent souvent dans un contexte de tension au sein de la communauté, notamment au moment de désigner la supérieure ou de procéder à une action unanime[16]. Dans ce cas, la folie d'une seule est décrite comme la source et l'origine de tous les maux, selon la logique victimaire du bouc-émissaire. Exclure la récalcitrante apparaît alors comme la seule solution pour retrouver le souffle de l'Esprit Saint.

La faiblesse naturelle de la femme, débile dans son corps et par son corps selon l'imaginaire de domination sociale et genrée présent dans les œuvres morales et les traités de médecine de l'Ancien Régime, serait ainsi si bien intériorisée par les religieuses qu'elles y trouveraient matière à identifier parmi elles celles qui pourraient introduire la folie et le scandale au sein du couvent. Mais l'identification de la folie ne s'effectue le plus souvent qu'à un moment bien précis. L'élection conventuelle est l'un de ces moments car elle susciterait chez les religieuses des passions irrépressibles. Or cette accusation, certes parfois portée par des hommes[17], se retrouve souvent sous la plume des religieuses. Ainsi, les bénédictines de l'abbaye de Notre-Dame de la Brelle à Biaches en Picardie se réunissent en chapitre, rédigent une délibération pour justifier leur volonté de destituer l'abbesse Blanche d'Estournel, alors que la communauté échoue à mener à bien sa réforme. Elles y dénoncent la brutalité et l'immoralité de cette abbesse, qui s'adonne aux passions de la chair avec une religieuse étrangère à la communauté, et qui agit sans aucune raison, livrant sa coadjutorerie – c'est-à-dire sa capacité légale à succéder dans la charge de l'abbatiat à l'abbesse en titre – à celle qui lui en offrirait la meilleure somme :

---

16 Pour de plus amples développements, voir G. Tranié, « "Pour servir d'éclaircissement à ceux qui pourroient estre abusez par les artifices, cabales et colligations" : négocier l'autorité au sein des communautés de religieuses à l'époque moderne », *Chrétiens & sociétés*, 27, 2020, p. 61-86.

17 Nombreux sont les hommes à fustiger des élections favorisant l'expression de l'orgueil et de l'ambition contraires à la Règle. Mais l'argument est souvent biaisé, comme dans le cas du *Tableau historique de l'Abbaye royale de Saint-Pierre* du magistrat grenoblois Gaspard-François Berger de Moydieu, rédigé vers 1783. En effet, l'abbaye lyonnaise ne connaît plus d'élections abbatiales depuis le début du XVIe siècle.

> Tout le monde sçait, que Dame Blanche d'Estourmel cy-devant notre Abbesse, [avait] aussi bien dans le retour de son âge, que dans sa Jeunesse, mené une vie effroyable dans ce Lieu saint [...]. Mais cette Abbesse attira icy Sœur Marguerite de Vilechole de Vilosne, dite de S. Bernard, Religieuse professe de l'Abbaye-au-Bois, pour estre sa confidente, à l'occasion de ce que après une de ses couches, ayant esté reléguée en ce Lieu-là par Sentence d'un Commissaire de l'Ordre, pour y vivre certain temps comme simple Religieuse [...], elle forma une habitude singulière avec la Vilosne, qu'elle trouva propre à ses inclinations [...][18].

Autre exemple, au couvent de Tartas, dans les Landes de Gascogne, une clarisse (son nom n'est pas indiqué) agit sans aucune mesure envers les autres religieuses et plus particulièrement envers son abbesse, la Mère Saint-François de Mellet : elle se répand en insultes et se montre même violente. L'origine du problème réside dans les conditions de l'élévation de cette dernière à la direction de la communauté. Ayant obtenu le même nombre de suffrages qu'une autre religieuse lors de l'élection triennale, elle a été nommée par le supérieur, tenu par la Règle de choisir entre les deux religieuses. Les insultes d'abord, les coups ensuite pleuvent sur la malheureuse abbesse :

> La Cour comprend que cette fille si entreprenante ne bornoit pas toute son activité à inquiéter son abbesse, en lui suscitant mille affaires au dehors ; que son caractère devoit encore se manifester davantage dans l'intérieur du monastère, parce qu'il se présentoit de plus fréquentes occasions pour le développer : Et en effet il ne s'est passé presque aucun jour, où elle n'ait montré qu'elle avoit absolument perdu l'esprit de son état ; elle s'est fait un devoir dans toutes les occasions, d'accabler de mépris, d'injures, de menaces, la Dame de St. François ; elle lui a imposé silence par un flux de paroles outrageantes, & par un air de fureur, qu'elle ne quitte presque jamais, toutes les fois que l'Abbesse a voulu la rappeller à ses devoirs[19].
>
> La Sœur St. André Dupin n'ayant pas sonné le dernier coup de l'Office aussi promptement qu'elle le lui avoit ordonné, elle courut sur elle avec furie, & la retenant par sa robe en mettant les pieds dessus, elle saisit la corde, lui en donna cent coups, tout en appellant ses Sœurs à la réconciliation & à la prière. Une autre fois elle l'attaqua dans la cuisine, & lui coupa la lèvre avec la pelle

18 *Délibération capitulaire des religieuses, prieure et convent de l'abbaye de Notre-Dame de La Brelle de Biaches-lez-Péronne,... diocèse de Noyon,... contenant l'histoire abrégée des troubles de leur maison,... avec la défense du droit et privilège d'élection qui leur appartient, même au cas de destitution de leur abbesse...* (6 décembre 1668), s. l. n. d., p. 6 (Bibliothèque nationale de France, 4-FM-23212).

19 *Ibid.*, p. 9.

> du foyer ; deux Servantes & une autre Religieuse, qui accoururent aux cris de la Sœur Dupin, lui arrachèrent des mains cet instrument meurtrier, mais elles ne purent empêcher qu'elle ne prît un torchon, & ne l'en battît, avec tant de violence qu'elle tomba évanouie, & resta dans cet état pendant une heure[20].

Au-delà de leur diversité, quelques points communs peuvent être mis en lumière. La course aux dignités constitue un moment de vérité pour la maison de religieuses : les tensions s'y dévoilent et y sont repérées, voire même mises en fiction afin de construire un scandale reposant sur l'existence supposée de religieuses immorales, dépourvues de raison, adonnées à la chair et aux passions, finalement incapables de suivre une vie régulière et d'exercer un pouvoir sur la communauté. La folie qui s'empare des couvents à l'occasion de ces crises se rapporte surtout à la morale sexuelle, à la représentation du corps, aux tourments qui lui sont infligés et à l'impudicité en général, qui sont attribués à la perte d'esprit, au trouble psychique. Or de tels arguments sont considérés comme recevables par la justice civile et ecclésiastique, et justifient, du point de vue des autorités – masculines – l'enfermement. Ce n'est qu'au terme de ce processus que la communauté peut espérer retrouver un semblant de sérénité (comme dans les cas de l'abbaye Notre-Dame de la Brelle) ou, au contraire, voit révéler sa crise, accélérant la suppression de la communauté (effective en 1774 à Tartas). Toutefois, chaque scandale, parce qu'il est mis en écriture par des religieuses issues du couvent concerné ou espérant y jouer un rôle majeur, démontre combien les normes de la folie sont intériorisées par les actrices d'un jeu certes cruel mais qui démontre leur agentivité puisque ces normes sont manipulées en fonction des intérêts en jeu, du contexte spécifique à chaque crise, et de l'espérance de voir découler du scandale une forme de remédiation, par le retour à un ordre raisonnable, une fois la déraison extirpée de la clôture. La folie des religieuses vient donc dévoiler des enjeux de pouvoir qui ne devraient pas exister au sein de couvents dont les fondations juridiques et spirituelles insistent sur la communauté et l'unanimité. Pourtant, les religieuses n'échappent pas aux tensions sociales et politiques du siècle. Les cas de folie liés à des crises de gouvernance de couvents féminins transposent ainsi dans ces mêmes couvents des relations de pouvoir d'autant plus inacceptables pour les religieuses qu'elles rendent tangible

20 *Ibid.*, p. 9-10.

l'impossible oubli des normes politiques et sociales dans un espace qui se voudrait hors du temps et hors du genre.

Ce bref parcours parmi les usages de la folie chez les religieuses de l'époque moderne permet d'en identifier trois représentations. La folie se présente d'abord comme un lieu commun du discours hagiographique qui met en scène et moralise la rupture de l'aspirante religieuse avec le monde et, surtout, avec les normes sociales du monde. Elle désigne ensuite toute attitude ou discours qui bouscule ou renverse les normes admises au sein d'un ordre religieux, le plus souvent en exprimant une ipséité insupportable pour la communauté, et parfois en donnant un exemple pédagogique de la limite entre le normal et l'anormal au sein de la communauté. Enfin, la folie de la religieuse peut s'avérer représenter la folie – c'est-à-dire la crise – qui gagne l'ensemble de la communauté, et qui ne peut être résolue que par la désignation d'une folle faisant office de bouc-émissaire, sans quoi la communauté court à sa perte. Dans tous les cas, la folie est une construction qui s'appuie sur un imaginaire culturel, des représentations sociales et des tensions politiques qui permettent d'analyser non seulement la trajectoire de religieuses et de communautés de religieuses en tant que femmes, mais qui permet d'interroger, à travers la question du genre, le fonctionnement social.

Ghislain TRANIÉ
Centre Roland Mousnier
Sorbonne Université et SIÉFAR

LES FEMMES EN CONVULSION AU XVIIIe SIÈCLE, ENTRE MIRACLE ET FOLIE
ou la polémique médico-religieuse autour des Convulsionnaires de Saint-Médard

Hystériques, obscènes et érotiques, sujettes aux convulsions et au délire, les convulsionnaires de Saint-Médard ont fait l'objet de polémiques dans la première moitié du XVIIIe siècle à Paris. J'analyserai comment le corps de la femme a été instrumentalisé autant par les défenseurs que par les détracteurs de ce mouvement janséniste, afin d'expliquer les convulsions spectaculaires qui ont eu lieu au tombeau du diacre janséniste François de Pâris, après sa mort en 1727. Non seulement le corps de la femme acquiert la *virtus* propre à une relique, mais elle adopte elle-même le statut de guérisseuse surnaturelle. Comme j'essaierai de le montrer, les opposants de ce mouvement chercheront à discréditer les convulsionnaires en réduisant le phénomène à une affaire de femmes, à la fois délirantes et immorales.

Le petit cimetière de Saint-Médard et la tombe de Pâris deviennent un lieu de rassemblement, souvent décrit à l'époque comme spectaculaire, voire théâtral, attirant une foule de malades, hommes et femmes, des spectateurs de toutes les couches sociales[1], des ecclésiastiques, mais aussi des espions de la police. Au contact du tombeau ou d'autres reliques, les malades ressentent des étirements, des émotions, des mouvements dans le corps, interprétés par eux-mêmes comme autant de signes de guérison miraculeuse, et qui deviennent de véritables crises de convulsions, surtout en 1731 lors des répressions violentes contre ce rassemblement qui trouble l'ordre public, et lors de la fermeture du petit cimetière de l'église de Saint-Médard le 27 janvier 1732. Ces convulsions deviennent

1 Sur les classes sociales et les professions des acteurs du mouvement convulsionnaire, voir N. Lyon-Caen, *La Boîte à Perrette. Le jansénisme parisien au XVIIIe siècle*, Paris, Albin Michel, 2010.

alors non seulement un signe de guérison miraculeuse[2], mais aussi l'instrument par lequel le miracle doit s'opérer. Ces convulsions « guérissantes », par contact avec le tombeau de Pâris ou d'autres reliques, divisent le public. Pour certains, ces manifestations hystériques sont d'origine naturelle, pour d'autres[3], elles sont simulées. Les malades, quant à eux, considèrent ces convulsions comme surnaturelles et divines, représentant l'étape nécessaire pour obtenir un miracle de guérison.

Dans cette étude, j'examinerai comment certaines femmes convulsionnaires parviennent à déclencher ces convulsions surnaturelles et les utilisent pour guérir d'autres malades, participant ainsi activement au pouvoir thaumaturgique de Pâris. Cette participation des femmes en tant que guérisseuses et le caractère spectaculaire de ces miracles par convulsion ont conduit de nombreux opposants aux convulsionnaires de l'époque à « féminiser » ce mouvement, et par là à le réduire à un pur phénomène psychopathologique. Comme on le verra dans les démonstrations médicales du janséniste Philippe Hecquet, le délire et l'hystérie des femmes convulsionnaires se fondent sur la perversion et l'indécence de leurs désirs et de leurs comportements. Autrement dit, la psychopathologisation des femmes convulsionnaires s'opère par une argumentation morale, ce qui permet aux adversaires de ce mouvement de le discréditer, en effaçant le rôle des hommes. C'est un schéma que l'on retrouve aussi bien dans les cas de possessions diaboliques au XVIIe siècle, que dans le regard aliéniste du XIXe siècle sur les démonomaniaques et les extatiques, perçues comme autant de folles ou d'hystériques[4].

Bien qu'ils n'aient jamais été reconnus par l'Église, les miracles opérés par l'intercession de Pâris ont produit une grande quantité de documents autour de ces cas médico-religieux : plusieurs centaines de relations de miraculés, de nombreux témoignages, ou encore des « défenses » pour et contre la légitimité de ces miracles. Parmi les sources principales, on peut mentionner les 116 cas réunis dans les *Recueils des miracles*[5],

2 Voir C. Maire, *De la cause de Dieu à la cause de la Nation. Le jansénisme au XVIIIe siècle*, Paris, Gallimard, « Bibliothèque des Histoires », 1998, spécialement p. 283-285.

3 Voir les *Procès-verbaux de plusieurs médecins et chirurgiens, dressés par ordre de sa majesté au sujet de quelques personnes soi-disantes agitées de Convulsions*, Paris, Veuve Mazieres & Jean-Baptiste Garnier, 1732.

4 Voir S. Maury, *Une secte janséniste convulsionnaire sous la Révolution française. Les Fareinistes (1783-1805)*, Paris, L'Harmattan, 2019.

5 Je renvoie aux dix recueils en trois volumes, réunissant 116 cas de miracles, survenus entre 1727 et 1736 et rassemblés dans le *Recueil des miracles opérés au tombeau de M. de*

les 18 cas présentés par le magistrat janséniste Louis Basile Carré de Montgeron (1686-1754) dans son ouvrage *La Vérité des miracles*[6], et surtout les 183 dossiers manuscrits des *Archives convulsionnaires*, conservés à la Bibliothèque de la Société de Port-Royal[7].

Énoncées par les malades eux-mêmes, ces relations contiennent des descriptions détaillées du processus thérapeutique naturel, qui s'est avéré inefficace, puis de l'ultime guérison miraculeuse, représentant ainsi une source importante pour l'histoire de la médecine. Elles permettent également d'interroger cette « féminisation » du mouvement convulsionnaire, puisqu'une partie importante des cas – environ un quart – concerne des hommes, et que les maladies nerveuses ne constituent qu'une partie des maladies guéries par Pâris, tandis que la folie n'y paraît jamais.

En analysant les relations de la convulsionnaire nommée Charlotte Delaporte et les textes médicaux de Philippe Hecquet sur son cas, j'aimerais interroger les argumentations par lesquelles les critiques des convulsionnaires ont pu discréditer les miracles et réduire les convulsionnaires à n'être que des folles, des hystériques et des perverses. En effet, la folie de ces femmes va de pair avec leur immoralité. À la fin du XVIIIe siècle, ce rapport étroit entre *la* morale et *le* moral, ou le psychisme, représente le fondement théorique de la médecine mentale, telle qu'elle est conçue par les aliénistes français comme Philippe Pinel (1745-1826) et Jean-Étienne Dominique Esquirol (1772-1840). Selon mon hypothèse, cette féminisation des convulsionnaires repose non pas sur la prédominance des troubles nerveux des acteurs – ce que les sources infirment –, mais sur l'instrumentalisation des convulsions

---

Paris diacre, publié d'abord entre 1732 et 1735 (s. l.), puis à Utrecht, en 1733 (vol. 1), en 1734 (vol. 2) et en 1736 (vol. 3). Sur la constitution de ces recueils, voir M. Bokobza Kahan, *Témoigner des miracles au siècle des Lumières. Récits et discours de Saint-Médard*, Paris, Classiques Garnier, « Littérature, histoire, politique », n° 19, 2015.

6 L. B. Carré de Montgeron, *La Vérité des miracles opérés par l'intercession de M. de Pâris et autres appellans*, 1er volume paru à Utrecht, chez les Libraires de la Compagnie, en 1737, suivi d'une nouvelle édition en 3 vol., publiée à Cologne en 1745 et 1747.

7 *Archives du mouvement convulsionnaire*, Paris, Bibliothèque de la Société de Port-Royal (désormais BSPR). Ces dossiers contiennent des récits autographes de maladies et de guérisons miraculeuses, des procès-verbaux passés devant les notaires, des attestations de médecins et de chirurgiens, ainsi que des témoignages de famille, de voisins et d'ecclésiastiques. Voir l'inventaire de C. Berger et de J.-S. Rey, *Archives du mouvement convulsionnaire (1727-1816). Répertoire numérique détaillé*, juillet 2007, qui se trouve sur le site internet de cette bibliothèque.

« guérissantes », manifestées autant par les hommes que par les femmes, afin de réduire tout le mouvement à un délire hystérique.

Néanmoins, si une proportion non-négligeable des convulsionnaires sont des hommes, les femmes ont bel et bien joué un rôle actif dans ce mouvement. Elles participent au processus de guérison surnaturelle, en distribuant des reliques ; elles défendent publiquement et fortement la cause des miracles, souvent au prix de leur liberté ; certaines incarnent elles-mêmes le pouvoir de guérison miraculeuse en servant physiquement de « relais-relique[8] » pour d'autres malades ; et enfin, certaines autres participent, en privé, à ce qu'on appelait les « secours meurtriers », par lesquels elles se laissent meurtrir le corps par des gestes violents, tels que le tiraillement des membres, des coups de bûche, jusqu'au crucifiement des femmes convulsionnaires par les partisans du mouvement. Les femmes jouent surtout un rôle déterminant dans le processus thérapeutique, qu'il soit naturel ou surnaturel. Il faut remarquer que la guérison miraculeuse à Saint-Médard est en effet un processus, qui peut durer jusqu'à plusieurs mois, au cours duquel on constate une amélioration progressive de l'état de santé du futur miraculé. Bien que cette réalité s'oppose aux critères de l'Église, selon lesquels la guérison miraculeuse doit être immédiate et complète, elle fait de ces miracles un phénomène observable dans son évolution. Si les soins médicaux dans ces relations sont décrits comme un long processus de déclin et d'aggravation de l'état, la guérison miraculeuse, quant à elle, suit le cours inverse du processus « thérapeutique » vers la guérison. La guérison surnaturelle se développe comme un processus par « degrés », que Dieu opère, selon certains ecclésiastiques jansénistes comme les abbés d'Étemare et Jacques Fouillou, en suivant le cours de la nature[9]. On peut noter justement que dans le cas des convulsionnaires, ce processus se déroule selon des critères rigoureux : la neuvaine sert alors de mesure et, dans certains cas, elles s'enchaînent l'une après l'autre jusqu'à la

8 É. Gabert-Boche, « Les miraculés du cimetière Saint-Médard », J. Gélis et O. Redon (dir.), *Les Miracles miroirs des corps*, Vincennes, Presses Universitaires de Vincennes, « Hors Collection », 1983, p. 125-157 (p. 144-145).

9 Voir le pamphlet anonyme *Réflexions sur les miracles que Dieu opère au tombeau de M.ᵉ Pâris ; & en particulier sur la manière étonnante & extraordinaire, dont il les opère depuis six mois ou environ*, s. l. n. d. (env. 1729) ; ainsi que le pamphlet, anonyme lui aussi (attribué à Jacques Fouillou), *Dissertation où l'on montre que des miracles operez par degrez, ou accompagnez de douleurs, n'en sont pas moins de vrays miracles, et ont été regardés comme tels dans l'antiquité*, s. l. n. d. (25 octobre 1731).

guérison, tandis que les *Ave* et les *Pater* permettent de mesurer la durée des convulsions guérissantes.

À l'époque même des convulsionnaires, Prospero Lambertini, devenu le pape Benoît XIV, publie son *De servorum Dei beatificatione, et beatorum canonizatione*[10], un livre consacré aux miracles dans lequel il codifie le processus d'évaluation des potentiels miracles, impliquant plus que jamais les médecins dans ce processus. Il écarte presque entièrement les miracles liés aux maladies des nerfs et à la folie, soulignant la difficulté de discerner le rôle pathologique ou thérapeutique de l'imagination[11].

Selon mon hypothèse, le rôle actif des femmes dans la guérison surnaturelle devient l'objet privilégié de la critique des convulsionnaires. Cette critique porte principalement sur trois actions des femmes convulsionnaires. Elles disséminent des informations concernant l'efficacité des miracles par l'intercession de Pâris, elles distribuent des reliques, mais surtout elles prétendent avoir la capacité de guérir elles-mêmes miraculeusement. Un de leurs moyens guérissants consiste à servir, par leur corps même, d'objet intermédiaire de guérison miraculeuse. Certaines femmes convulsionnaires jouent le rôle de corps-relique, qui acquiert sa puissance guérissante en déployant ses propres convulsions. D'autres assument la fonction de psylle[12] ou de suceuse miraculeuse, en combinant des procédés médicaux, comme des techniques chirurgicales de pansement et de baumes, et des procédés religieux, comme des reliques et des prières. En assumant par là une forte autorité sur le processus thérapeutique, certaines femmes convulsionnaires, comme Charlotte justement, jouent un rôle déterminant dans ce mouvement, un rôle actif qu'elles revendiquent et assument volontairement, scandalisant ainsi les opposants aux convulsionnaires. Devenues célèbres et estimées,

10 Publié à Bologne, 1734-1738.

11 F. Vidal, « Modernizing the Miraculous Body in Prospero Lambertini's *De servorum Dei* » (Chapitre 6), R. Messbarger, C. Johns et P. Gavitt (dir.), *Benedict XIV and the Enlightenment. Art, Science, and Spirituality*, Toronto-Buffalo-Londres, University of Toronto Press, 2016, p. 151-176.

12 Ce terme est utilisé par Philippe Hecquet pour dénommer certaines prétendues guérisseuses convulsionnaires. Voir son ouvrage intitulé : *La Suceuse convulsionnaire, ou la psylle miraculeuse*, s. l. s. n., 1736. Il se réfère à une figure antique, issue d'une tribu berbère qui vivait à l'est de la Lybie. Les membres de celle-ci étaient réputés pour leur invulnérabilité aux morsures de serpents, ainsi que pour leurs dons guérisseurs. À la différence des psylles antiques, exclusivement masculins, on constate que parmi les convulsionnaires de Saint-Médard, les psylles mentionnées dans les sources sont toutes des femmes.

les convulsionnaires guérissantes, ou les psylles, agissent comme des intermédiaires de Pâris, lui-même intermédiaire de Dieu, propageant ainsi les miracles de guérison au-delà de Saint-Médard. Si l'emprunt de la terminologie médicale dans les relations, par les malades eux-mêmes, apporte une certaine légitimé et autorité à ces récits[13], les procédés médico-religieux mis en œuvre par les convulsionnaires guérisseuses transforment le sens même des miracles et des reliques.

Qu'elles soient psylles, ou qu'elles disséminent les informations et des reliques, ce sont surtout les femmes qui interviennent de manière active au moment où le malade perd tout espoir de guérir par les moyens naturels des médecins et des chirurgiens. On peut citer le cas de Marie Giroust[14], une enfant de quatre ans, guérie miraculeusement le 24 octobre 1733, des tumeurs sous les oreilles et autour du cou, ou des écrouelles selon l'un de ses chirurgiens. Elle consulte plusieurs chirurgiens qui prescrivent des traitements – des tisanes, des poudres, des cataplasmes et des emplâtres, l'application de la « pierre infernale[15] », des incisions, des baumes, la « rue verte[16] », des purgations, des bols fondants –, tous sans effets. Les chirurgiens ont peur de la contagion et conseillent l'isolement et des traitements de longue durée, dont les parents craignent la violence. Sans espoir de trouver des remèdes naturels efficaces, les parents se tournent vers le « souverain médecin des corps et des âmes », « qui nous avait déjà consolés plus d'une fois par des guérisons miraculeuses [...], accordées l'une à notre sœur au mois de janvier [1732], après dix-sept années de maladie, l'autre à notre fille aînée en la même année au mois d'août[17] ». On retrouve ici le *topos* dans les miracles de guérison, qui consiste en l'épuisement des moyens thérapeutiques naturels, avant la décision de se tourner vers Dieu. Ayant

13 Sur ce point voir M. Bokobza Kahan, *op. cit.*, p. 237-248.

14 BSPR, AC 134, relation signée par les deux parents le 15 mai 1734.

15 Nitrate d'argent, ou *lapis infernalis* en latin. Il s'agit d'un caustique puissant employé par les chirurgiens de cette époque pour soigner les ulcères, les verrues ou encore les chancres vénériens.

16 *Peganum harmala*, aussi nommé rue sauvage ou rue de Syrie, cette plante est connue, au moins depuis le Ier siècle après J.-C., pour ses propriétés emménagogues, anthelminthiques, antispasmodiques et hallucinogènes.

17 BSPR, AC 134, *op. cit.* Il s'agit de Marguerite Giroust (BSPR, AC 113), guérie le 1er janvier 1732, et de Marie-Élisabeth Giroust (BSPR, AC 112), guérie le 26 août 1732. Sur les miraculées de la famille Giroust, voir l'article de N. Lyon-Caen, « Un "saint de nouvelle fabrique". Le diacre Paris (1690-1727), le jansénisme et la bonneterie parisienne », *Annales. Histoire, Sciences Sociales*, 65e année, 2010, no 3, p. 613-642.

commencé une neuvaine le 10 juillet 1733 pour leur fille malade, les parents, qui en font le récit, renvoient les chirurgiens et rencontrent un homme inconnu, qui leur parle d'une « convulsionnaire assez connue », qui, dans une crise de convulsions, dit avoir voulu « aller chez M. Louis Giroust [...] portée par un mouvement singulier[18] ». Motivés par des « exemples récents que Dieu s'était servi des convulsionnaires pour opérer plusieurs guérisons[19] », les parents de Marie Giroust amènent leur fille chez la convulsionnaire, comme ils l'ont fait d'ailleurs avec leur fille aînée Marie-Élisabeth, guérie miraculeusement en août 1732[20]. La convulsionnaire qui a guéri Marie avait des convulsions surnaturelles, mais a également mis en pratique le « procédé thérapeutique » de psylle, ou de sucement des plaies, accompagné d'un usage de reliques.

La relation dictée par les parents de Marie décrit en détails ce processus thérapeutique, entre le naturel et le surnaturel. En effet, la convulsionnaire-psylle emprunte des gestes chirurgicaux et des procédés pharmacologiques, qu'elle combine avec des procédés de guérison miraculeuse, notamment avec l'usage des reliques et de la prière. Plusieurs personnes sont présentes et observent la scène de la jeune convulsionnaire guérisseuse, qui prend Marie par la main et tombe en convulsions. Elle tombe en convulsion :

> [Elle] prit de la terre du tombeau du saint diacre, la mit dans un gobelet, versa pardessus de l'eau du puits du Bienheureux, et portant respectueusement le vase, s'approcha de l'enfant [...] puis elle prit sa tête avec ses deux mains, lava et bassina la superficie de la playe avec l'eau du puits ; mit après cela sa bouche sur la playe qui était au dessous de l'oreille droite, lécha le pus qui en sortoit, le succa à cinq reprises différentes et l'espace d'une minute à chaque fois, avala à chaque succement la matière qu'elle avait attirée du fond de la playe sans en rien cracher, enfin elle bassina avec la même eau l'oreille gauche, les glandes qui commençoient à se former au dessous de cette même oreille, et celles qui étaient autour du col. Cette première opération faite, la convulsionnaire mesla quelques goutes de l'eau avec le plus fin de la poussiere du tombeau ; l'étendit, ainsi qu'on fait un onguent, sur un linge qu'elle venait de couper en rond de la largeur d'une écu de trois livres, et l'appliqua en forme de cataplasme sur la playe qu'elle avait succée, ayant precedemment froté toutes les parties affligées avec cette même terre. Les pançemens furent accompagnés par intervalles de réflexions fort touchantes contre la délicatesse

18 BSPR, AC 134.

19 *Ibid.*

20 BSPR, AC 112.

> des sens, et sur la résignation que nous devons avoir à la volonté de Dieu, et enfin quand tout fût fini, la convulsionnaire lava tous les linges qui avoient servi, les tordit, et en fit dégouter la matière dans un gobelet ou il y avoit de l'eau [en marge : « du puits »] : elle lava pareillement, et fit dégouter dans le même gobelet la compresse qui avoit été sur la playe de l'oreille droite, puis après avoir été un moment dans le recueillement comme toute occupée de Dieu, et avoir fait le signe de la croix, elle avala toute l'eau du pançement avec une délectation surprenante, et parût y trouver un goût excellent[21].

Ce traitement continue pendant trois mois et demi, jusqu'au 24 octobre 1733, jour de la guérison miraculeuse : « La convulsionnaire flaira l'enfant aux endroits qui avaient été affligés, et dit [en marge : "après avoir bu l'eau du pansement"] *cela n'a plus de goût. Elle est guérie, et nous irons demain à St. Médard en rendre grâces à Dieu*[22] ». Avec ses gestes de sucement, la prière et l'usage des reliques, la convulsionnaire guérisseuse prête son corps comme intermédiaire qui absorbe le mal et purifie la malade. En effet, il ne s'agit pas seulement d'extraire le mal du corps de la malade, mais aussi d'absorber elle-même le pus des tumeurs. Ainsi, en l'ingurgitant, son corps parvient à transformer et neutraliser le mal. De plus, ce pouvoir thérapeutique lui permet de discerner les signes par ses sens oculaire, gustatif et olfactif. Le récit souligne, voire amplifie le caractère dégoûtant de ses gestes, mais aussi son autorité dans ce procédé extraordinaire.

Alors que la plupart des convulsionnaires guérisseuses ou psylles restent anonymes dans les sources, malgré la reconnaissance explicite de leur renommée, Charlotte Delaporte fait exception. Son cas, en effet, est exemplaire des polémiques autour des convulsionnaires. Miraculée et guérisseuse elle-même selon certains, hystérique, folle et indécente selon d'autres, Charlotte polarise les acteurs de ce mouvement et devient le modèle de ce phénomène. Ce cas de guérison, qui dure cinq ans, de 1731 à 1735, rassemble à lui seul tous les éléments constitutifs de ce mouvement : le miracle de guérison, les convulsions surnaturelles guérissantes, mais aussi les secours meurtriers et la capacité de Charlotte de guérir miraculeusement d'autres malades convulsionnaires en suçant leurs plaies à la manière des psylles[23]. Ce cas est au cœur de la plupart des textes du médecin janséniste Philippe Hecquet et de l'ouvrage de

21 BSPR, AC 134. Je reproduis ici l'orthographe du manuscrit.

22 *Ibid.*

23 P. Hecquet, *La Suceuse convulsionnaire, ou la psylle miraculeuse*, s. l. s. n., 1736.

Carré de Montgeron, qui le convoquent tous les deux dans des argumentations opposées autour des miracles « convulsifs » de Saint-Médard. Le cas de Charlotte est connu surtout au travers des deux requêtes, qu'elle a déposées au Parlement, contre accusations et diffamations, et qui contiennent des descriptions détaillées de sa maladie et de sa guérison miraculeuse, ainsi que des rapports de médecins et de chirurgiens.

Comme toutes les relations de miraculés de Saint-Médard, Charlotte Delaporte commence sa relation par une « autobiographie médicale », dès le commencement de ses malheurs. Or, à la différence de la plupart des autres relations des miraculés de Saint-Médard, ce texte est une requête juridique, qui a pour but de défendre la vérité de ses miracles, « par le mouvement & l'opération même de ses convulsions » qui furent considérées comme l'objet d'une imposture, justifiant, par conséquent, l'emprisonnement de Charlotte dans la maison de force de la Salpêtrière[24]. La *Requête* décrit les infirmités de Charlotte, qui est « très-contrefaite [...], ayant l'épine du dos de travers, et les pieds si renversés, que la plante en était entièrement tournée en dedans[25] ». Ses pieds et ses jambes, que les médecins décrivent comme « un morceau de chair mollasse », ne croissent plus depuis l'âge de cinq ans[26]. Ayant entendu parler[27] des miracles opérés à Saint-Médard, Charlotte s'y fait porter le 11 août 1731[28]. Si la guérison fait l'objet d'un processus qui dure plusieurs années, l'effet du contact avec le tombeau de Pâris fut immédiat : « À peine fut-elle posée sur le marbre de ce tombeau, que ses jambes qui avaient toujours été inanimées, se remuèrent d'elles-mêmes, et qu'elle y sentit pour la première fois de ses jours un frémissement intérieur[29] ».

24 *Requeste présentée au Parlement par Charlotte de la Porte, dont les jambes et les pieds ont grandi et se sont formés après l'âge de cinquante ans, dans le cours de ses Convulsions ; accusée d'imposture, décrétée de Prise de Corps, & renfermée à la Salpêtrière*, Paris, Lottin, 1735, p. 3. Lui-même emprisonné pour la publication de son ouvrage en défense des miracles et des convulsions, Carré de Montgeron remarque qu'en 1741 Charlotte Delaporte est encore en prison (*La Vérité des miracles opérés par l'intercession de M. de Pâris et autres appellans, avec des Observations sur le phénomène des convulsions*, t. 3, Cologne, Libraires de la Compagnie, 1747, p. 582). Voir encore J.-R. Armogathe, « À propos des miracles de Saint-Médard : les preuves de Carré de Montgeron et le positivisme des Lumières », *Revue de l'histoire des religions*, 180, 1971, p. 135-160.

25 *Requeste présentée au Parlement par Charlotte de la Porte*, *op. cit.*, p. 3.

26 *Ibid.*

27 Dans beaucoup de cas, les miracles à Saint-Médard sont découverts par ouï-dire.

28 *Requeste présentée au Parlement par Charlotte de la Porte*, *op. cit.*, p. 3-4.

29 *Ibid.*, p. 4. Comme ce « frémissement intérieur » ressenti par Charlotte, l'action surnaturelle sur l'infirmité des malades à Saint-Médard se manifeste, selon les relations, par un

Au cours des années, et au travers des convulsions, le corps contorsionné de Charlotte se redresse, se rallonge, et retrouve sa « droiture », telle qu'elle est dictée par la nature[30].

Dans ses nombreux écrits sur les convulsionnaires de Saint-Médard[31], Hecquet se donne pour objectif principal de prouver le « naturalisme » des convulsions, pour les séparer des véritables miracles. Dans presque tous ses textes, Charlotte Delaporte représente le modèle ou la « corriphée[32] » [*sic*] des femmes convulsionnaires. C'est le modèle d'un comportement hystérique et délirant, aux symptômes pervers, obscènes, érotiques et immoraux. L'entière démonstration naturalisante de Hecquet consiste à relier le comportement immoral et indécent des femmes convulsionnaires à la physiologie et au fonctionnement somatique de l'hystérie et du délire :

> C'est donc un naturalisme bien marqué, et qui se retrouve partout dans les convulsions des filles convulsionnaires, parce qu'ayant en elle un principe inimaginable de force naturelle dans les fibres qui composent leurs corps, ces fibres deviennent susceptibles d'autant de différents mouvements, d'attitudes, de gestes, de grimaces, de minauderies, dont elles font des spectacles puérils, indécents et lascifs, plus scandaleux certainement que miraculeux[33].

Le délire hystérique de ces femmes convulsionnaires est inséparable de la sexualité, d'un certain érotisme, que Hecquet note de manière obsessionnelle dans tous ces textes. Lorsqu'elles sont en état de convulsions, le médecin les accuse d'être honteuses au point de faire « rougir les filles du monde », en exposant « les nudités, les indécences et les immodesties [...] sous les yeux des hommes, souvent de jeunes Ecclésiastiques[34] ». L'indécence des femmes convulsionnaires est remarquée à plusieurs reprises dans les rapports de « mouches », qui espionnent et rapportent les événements de Saint-Médard :

« mouvement », physique ou émotionnel. On constate tout un vocabulaire pour décrire ces mouvements, comme le tremblement, le tressaillement, les élancements, les secousses, les agitations, ou encore les émotions. Ainsi, au moment du contact avec les reliques de Pâris, Élisabeth Bonneau (BSPR, AC 3) dit : « je ressentis une émotion universelle en tout mon corps », ce qui produira sa guérison miraculeuse.

30 *Requeste présentée au Parlement par Charlotte de la Porte*, *op. cit.*, p. 5-6.

31 *Le Naturalisme des convulsions* (1733) ; *La Suceuse convulsionnaire, ou la psylle miraculeuse* (1736) ; *Lettre sur la convulsionnaire en extase, ou la vaporeuse en rêve* (1736).

32 P. Hecquet, *op. cit.*, p. 7.

33 Id., *Le Naturalisme des convulsions, démontré par la physique, par l'histoire naturelle, & par les événemens de cette Œuvre*, 2de partie, Soleure, A. Gymnicus, 1733, p. 49.

34 *Ibid.*, p. 85.

> Ce qu'il y a de plus scandaleux c'est d'y voir des jeunes filles asses jollies et bien faites entre les bras des hommes qui en les secourant peuvent contenter certaines passions, car elles sont des deux et trois heures la gorge et le sein découvert, les jupes basses, les jambes en l'air qui laisse aux spectateurs tout le loisir de les examiner, quelques soins que prennent d'autres femmes d'empescher de voir ce qu'une fille ou femme doit cacher[35].

Ces convulsions contagieuses et épidémiques, selon Hecquet, contaminent « les personnes de l'autre sexe, dont les imaginations se seront troublées, affaiblies ou efféminées à l'aspect des folles grimaces et postures indécentes que ces jeunes créatures leur ont montrées[36] ». Ainsi, il s'agit d'une affaire de femmes, qui peut aller jusqu'à féminiser les hommes à la vue de ce spectacle convulsif, et qui pose la question des genres sous un double enjeu. D'un côté, Hecquet féminise les hommes convulsionnaires, en minimisant, voire en effaçant la présence masculine dans ce mouvement. D'un autre côté, par leur indécence et leur comportement pervers, les convulsionnaires sont décrites comme l'hyperbole de la féminité. Comme le dirait le physiologiste français Charles Richet, en 1880, à propos des hystériques, dont l'analogie avec les convulsionnaires, mais aussi avec les possédées et les sorcières des siècles précédents, est flagrante : « les hystériques sont femmes plus que les femmes : elles ont des sentimens passagers et vifs, des imaginations mobiles et brillantes, et parmi tout cela l'impuissance de dominer par la raison et le jugement ces sentimens et ces imaginations[37] ».

La conclusion de Hecquet est toujours la même : les convulsionnaires sont des hystériques, ou des vaporeuses, qui « ont toujours eu pour cause une secrète tendance à de honteuses passions[38] ». L'explication naturaliste que propose Hecquet se fonde à la fois sur des théories médicales de son époque et des générations précédentes, notamment les écrits du médecin anglais Thomas Willis sur les théories des nerfs[39], ainsi que sur des textes bibliques, articulant par là des explications physiologiques avec

35 *Rapports de police sur ce qui se passe chaque jour dans l'église et le cimetière de Saint-Médard, miracles, affluence des fidèles, désordres et scandales, etc.*, Bibliothèque de l'Arsenal, Archives de la Bastille, Ms. 10196, 1720-1732, après le 6 novembre 1730 (date du miracle d'Anne Le Franc).

36 P. Hecquet, *op. cit.*, p. 16.

37 C. Richet, « Les Démoniaques d'aujourd'hui – étude de psychologie pathologique », *Revue des Deux Mondes*, t. 37, 3e période, 1880, p. 340-372, (p. 346).

38 P. Hecquet, *op. cit.*, p. 94.

39 Voir T. Willis (1621-1675), *Cerebri anatome*, Londres, J. Flesher, J. Martyn, J. Allestry, 1664 et *De anima brutorum*, Oxford, E Theatro Sheldoniano, 1672.

des arguments moraux. Cela lui permet d'assimiler par le même geste la folie et la morale dans le cadre médical, une articulation que l'on constate déjà au XVIe siècle chez Jean Wier à propos des sorcières[40], puis chez certains médecins du XVIIe siècle concernant les possédées, notamment Marc Duncan (Loudun, 1664) et François Bayle (Toulouse, 1682).

Hecquet parle d'épidémie convulsionnaire, de vapeurs hystériques qui tiennent de la nature des « mélancoliques, *utérines* ou *érotiques* », et qui produisent des délires[41]. Il mélange ici plusieurs modèles explicatifs, comme les maladies utérines, les troubles nerveux et cérébraux, et le système galénique des humeurs, tout en les soumettant à des jugements moraux sur les passions et les désirs érotiques[42]. Or, quelle que soit l'explication de ces délires, les femmes sont les plus prédisposées aux passions hystériques et aux convulsions[43]. Selon Hecquet :

> La plupart des vapeurs viennent, généralement parlant, de quelque dérangement dans l'ordre et la régularité de la circulation du sang dans les personnes du sexe, parce qu'elles ont le genre nerveux trop sensible à la gêne que souffrent les vaisseaux, quand le trop de sang les surcharge[44].

Il existe de plus une autre sorte de vapeurs, auxquelles les femmes convulsionnaires sont tout particulièrement prédisposées :

> [...] celles qui sont causées par quelques passions honteuses, et celles-là arrivent lorsque la *partie blanche* du sang trop abondamment *spermatisée*, se met en rut, parce qu'elle prend plus d'élasticité jusqu'à *explosion*, et par là, comme par un aiguillon, elle soulève le genre nerveux, et remue en conséquence dans l'imagination des idées et des mouvements obscènes, répondants, et conformes à la nature des parties d'où part cette humeur, et qui en sont aiguillonnées : et ce sont ces vapeurs qui font les affections *érotiques*[45].

Sur le cas de Charlotte, Hecquet reste clair : il ne s'agit ni d'extase, ni de convulsions surnaturelles, mais d'un « délire des vapeurs hystériques[46] ».

---

40 Voir J. Wier, *Cinq livres de l'imposture et tromperie des diables, des enchantements et sorcelleries*, S. Margel (éd.), Grenoble, Jérôme Millon, 2021.

41 P. Hecquet, *Le Naturalisme des convulsions*, *op. cit.*, 1re partie, p. 16.

42 *Ibid.*, p. 17.

43 *Ibid.*, p. 165-166.

44 *Ibid.*, p. 167.

45 *Ibid.*, p. 168.

46 P. Hecquet, *Lettre sur la Convulsionnaire en extase, ou la Vaporeuse en rêve*, s. n. s. l., 1736, p. 41.

Ayant tous les traits de l'extase, ce type de délire, chez Charlotte comme « dans la plupart des convulsionnaires », tient « à une sorte d'*érotomanie*[47] ». Le problème est tout naturel, il est dans le cerveau de Charlotte et de « ses amis » qui, dans leurs accès, est « bien plus troublé qu'illuminé ; et bien plus en ces vapeurs hystériques, qui rabaissent l'âme vers le corps, et l'esprit vers la chair, qu'un ravissement de l'âme qui la spiritualise dans ces moments[48] ». Mais son origine, sa cause principale tient aux passions érotiques, honteuses et indécentes, qui ébranlent tout le système physiologique, cérébral, mais aussi psychique et moral des femmes convulsionnaires. Elles sont ivres, comme il l'écrit, non pas par le vin, mais par :

> l'abondance des sucs *crotiques* [corrigé dans les errata par *érotiques*], qui s'échauffant dans leurs entrailles ; troublent leurs cerveaux en les offusquant de vapeurs hystériques. Ce sont les ébranlements des nerfs et les ordulations [sans doute : ondulations] des esprits, qui se subliment des parties basses, et portent l'érotisme dans toutes les parties. C'est ce qui paraît par le mouvement des yeux, l'accent des paroles, l'affection de certains gestes, les spasmes de toutes ces parties, tous effets de la chaleur, ou l'échauffement de l'imagination qui se trouble, s'enflamme et s'égare dans les filles malades de vapeurs hystériques érotiques[49].

Hecquet érige ainsi tout un système médical complexe, documenté et soutenu par des références scientifiques, qui tente d'expliquer de façon globale les éléments qui représentent le mouvement convulsionnaire. Les erreurs et les coquilles trahissent ici la rigueur affichée de son argumentation médicale. Son outrage et son dégoût devant le comportement « immoral » de ces femmes influencent, voire surdéterminent ses observations, ses descriptions et son jugement, jusqu'à produire une certaine confusion entre la morale et la médecine. Hecquet engage ce travail au nom du « naturalisme » et du savoir médical, mais aussi au nom du jansénisme et des dogmes religieux, qu'il veut protéger des dérives provoquées par une population socialement modeste. Ce sont surtout des dérives de femmes, qui concurrencent et le pouvoir surnaturel, et le pouvoir masculin, sur les malades. Malgré tout, le corps de la femme a pu devenir lui-même une relique et un outil de guérison miraculeuse,

47 *Ibid.*, p. 22.
48 *Ibid.*, p. 26.
49 *Ibid.*, p. 28.

sa parole a mobilisé les malades, et ses convictions n'ont pas été ébranlées malgré les violentes répressions de l'État, de l'Église et de l'ordre patriarcal.

Eva YAMPOLSKY
Institut des humanités en médecine
Centre hospitalier universitaire
vaudois & Université de Lausanne

DEUXIÈME PARTIE

FOLLES DE LITTÉRATURE, FOLLES EN LITTÉRATURE

ROSE OU LA FABRIQUE DE LA FOLIE DANS *LA SOLTANE* DE GABRIEL BOUNIN (1561)

Entre fureur, mélancolie et sorcellerie

La tragédie *La Soltane* de Gabriel Bounin, parue en 1561, est une tragédie humaniste historique qui dramatise le complot de Roxelane pour évincer le prince Mustafa[1] de la succession de Soliman le Magnifique au profit de ses propres fils, aboutissant à la mort du prince en 1553[2]. Roxelane[3], ou Rose, est la Sultane éponyme, favorite de Soliman ; elle a tout particulièrement inspiré les dramaturges des XVIe et XVIIe siècles, tant par son ascension politique fulgurante et inégalée, puisqu'elle est la seule favorite à épouser un sultan ottoman, que par sa place centrale dans l'intrigue contre Mustafa qui défraya la chronique. *La Soltane* est la première pièce du « cycle des Soliman », et à ce titre elle reflète la fascination de l'Occident moderne pour l'exotisme et le stéréotype du Turc lascif et cruel, tout en permettant un commentaire voilé sur la place des femmes dans la politique française contemporaine[4]. La tragédie de Bounin est moins fidèle à l'histoire qu'elle n'est inspirée

1 Appelé Moustapha dans la pièce.

2 Pour les sources historiques utilisées par Bounin, voir G. Le Thiec, « Le complot de Roxelane. *La Soltane* de Gabriel Bounin (1561) et *Il Solimano* de Prospero Bonarelli (1619) : deux tragédies politiques à la cour de France et dans la Florence des Médicis » et Y.-M. Bercé, E. Fasano Guarini, *Complots et conjurations dans l'Europe moderne*, Rome, École Française de Rome, 1996, p. 137-161.

3 Sur les représentations de Roxelane, voir G. I. Yermolenko (dir.), *Roxolana in European Literature, History and Culture*, Farnham, Ashgate, 2010 ; pour sa représentation en France, voir D. Chataignier, « Roxelane on the French Tragic stage 1561-1681 », *Fortune and Fatality : Performing the Tragic in Early Modern France*, D. Hosford et C. Wrightington (dir.), Newcastle upon Tyne, Cambridge Scholars Publishing, 2008, p. 95-117.

4 Pour l'allégorie des troubles à la cour de France dans la pièce, et l'adresse à Catherine de Médicis, voir A. Szabari, « The Crescent Moon and the Orb : Political Allegory and Cosmographie Detour in Gabriel Bounin's *La Soltane* », *French Forum*, vol. 40, nº 1-16, Spring/Fall 2015 ; pour les pièces à sujet turc, voir S. Requemora, « Les "turqueries" :

de la *Médée* de Sénèque, la couleur orientale étant mineure par rapport aux turqueries postérieures. Dans la dramaturgie des passions caractéristique du théâtre humaniste d'inspiration sénéquienne, Rose est dominée par sa folie furieuse autant que par son ambition politique, et l'action tragique est structurée par l'expression des émotions. C'est sur la construction dramatique de la folie protéiforme de Rose, porteuse d'ambiguïtés interprétatives plurielles pour le public français du XVIe siècle, que notre étude va se concentrer. Le spectateur est en effet d'abord sollicité par l'étiologie équivoque du personnage qui le met en garde de manière topique contre le danger de la fureur, tout le poussant à questionner l'efficacité de la sorcellerie de Rose. L'acte III est à cet égard le pivot de la pièce, puisque le spectacle de Rose, qui joue la folie devant Soliman, renvoie le public contemporain à sa propre réaction face aux affects de la tragédie. Enfin, la pièce instaure un dernier doute interprétatif pour celui-ci, concernant le mécanisme de propagation de la folie de Rose, qu'il peut croire physique, rhétorique, ou magique. Ces multiples réceptions possibles du texte permettent de concilier les postures contradictoires des différents théoriciens avec l'héritage littéraire, au service de la construction d'un personnage complexe.

DIAGNOSTIQUER LA FOLIE DE ROSE
Une étiologie ambiguë

La description du personnage furieux, faite par la dame d'honneur de Rose, Sirène, puis par le Grand Vizir Rüstem Pacha[5], son beau-fils, est un lieu commun de la tragédie humaniste, issu de l'intertexte médéen. La constatation de la déconnexion entre les émotions de Rose et toute raison permet d'affirmer dès lors son aliénation. Sirène, qui vient d'entendre la tirade de Rose contre Mustapha, lui demande ainsi : « Pour Moustapha hautain & brave voir / Est-il raison d'ainsi vous

problèmes de définition d'une vogue théâtrale en mode mineur », *Littératures classiques*, n° 51, été 2004, p. 133-151.

5 Appelé Rustan dans la pièce.

émouvoir[6] ? ». Si le spectacle de Moustapha génère la colère irrépressible de Rose, il y a un rapport asymétrique, souligné par la question rhétorique, entre cette cause première et la démesure de l'émotion ressentie. La dame d'honneur l'enjoint ensuite à penser, comme si le recours à la raison pouvait la soigner :

> [...] Pensez pensez Madame
> À vous venger du tranchant de leur [les enfants de Rose] lame,
> Non par ces plaints & ces cris si hideux,
> Ces hurlements & ces sorts stygieux[7].

La répétition de l'impératif permet à Sirène de développer une opposition entre la folie qui touche Rose et la vengeance, honorable et passive, incarnée par ses enfants. S'y ajoute un contraste entre la parole et le cri qui marque l'animalisation du personnage. Cette aliénation est associée à des émotions extrêmes et variées ; au cours de la pièce, la Sultane passe de la « marrisson si extrême[8] » à la joie intense : « Las ! Rustan, cette joi', cet aise, & le plaisir / [...] Me maîtrisent si bien que presque je me sens / Déjetée hors de moi & veuve de mes sens[9] ». Les affects démesurés et fluctuants du personnage sont liés explicitement à son aliénation.

La folie de Rose se diagnostique aussi via l'observation de son corps : à la Renaissance, le prisme humoraliste fait de la folie un déséquilibre des fluides qui a des effets psychophysiologiques[10]. Ainsi, la folie de Rose est définie par Sirène comme : « Ce deuil poignant, ce courroux & ce feu, / Qui vos beaux yeux, tous vos os & votre âme / D'un chaud brasier félonnement enflamme[11] ». L'émotion est immédiatement associée au feu des humeurs brûlées, littéral ici, qui se propage dans le corps, passant symboliquement des yeux, aux os, puis à l'âme. La folie se reconnaît donc grâce à des signes physiques, ainsi Rustan commente « cette brillante face, / Ce sourcil hérissé, & cette tresse éparse / Ainsi négligemment

6 G. Bounin, *La Sultane*, éd. M. Dassonville, *La Tragédie à l'époque d'Henri II et de Charles IX. Première série. Vol. 1, 1550-1561*, Paris, PUF, 1986, p. 316, v. 165-166.

7 *Ibid.*, p. 316, v. 187-190. « Stygieux » : issu du Styx.

8 *Ibid.*, p. 315, v. 151. « Marrisson » : tristesse, affliction, douleur.

9 *Ibid.*, p. 329-330, v. 619-624.

10 T. Laqueur, *Making sex : body and gender from the Greeks to Freud*, Cambridge, Harvard University Press, 1992, p. 112.

11 G. Bounin, *op. cit.*, p. 317, v. 198-200.

autour de votre chef[12] ». Les cheveux dénoués sont en particulier un signe révélateur de la folie féminine à la Renaissance, comme le sourcil hérissé et la face brillante, qui fait référence à la fièvre du personnage. La folie de Rose est ainsi rendue immédiatement visible pour le spectateur grâce au discours des personnages sur son corps aliéné.

La pièce s'inspire des traités médicaux pour diagnostiquer la furie de Rose, reprenant un vocabulaire bien connu du spectateur de l'époque. Ainsi Du Laurens distingue dans son *Discours des maladies mélancoliques* deux types de mélancolies pathologiques, l'une froide dite *asinine*, et l'autre chaude dite *atrabile* ou mélancolie *aduste*[13]. Cette seconde n'est autre que la furie. Dans le cas précis de Rose, la folie est d'abord associée à la colère, l'émotion principale du tempérament bilieux et une des émotions les plus convoquées dans le théâtre humaniste. Dans celui-ci, la colère amène le héros à perdre le contrôle de lui-même et à s'aliéner, ce qui le détourne de l'acceptation de son destin[14]. On notera l'omniprésence du feu et des images de destruction corporelle associés à la rage. Les dialogues mettent en avant l'« ire bouillonnante » et le « chaud brasier » qui enflamment le corps et l'esprit de Rose, avec une insistance sur sa « rongeante furie[15] » à prendre littéralement : l'intertexte médéen est évident[16], mais il est traduit en des termes propres au discours médical contemporain. Ce modèle atteint son paroxysme avec la référence aux Furies romaines, et les diverses comparaisons qu'opère Rustan : « De quell' cruelle Erinne estes vous détenue ? / [...] Quell' guerrière Enyon ou bachique furie, / Quel Erebe béant, quelle orquale manie[17] ? ». Cet usage est caractéristique de la nouvelle représentation des Furies à la Renaissance : elles permettent d'incarner les passions de l'âme portées à leur paroxysme[18], et sont ainsi caractéristiques de la tragédie huma-

12 *Ibid.*, p. 318, v. 223-225.

13 A. Du Laurens, *Discours des maladies mélancoliques*, R. Suciu éd., Paris, Klincksieck, 2012, p. 20. « Aduste » : brûlée.

14 B. Méniel, « La colère dans la tragédie humaniste », *Cahiers de recherches médiévales et humanistes*, 21, 2011, p. 372.

15 G. Bounin, *op. cit.*, v. 48, 163 et 200.

16 Sur la furie de la *Médée* de Sénèque, voir F. Dupont, *Le Théâtre latin*, Paris, Armand Colin, 1988.

17 G. Bounin, *op. cit.*, p. 319, v. 259-263.

18 J.-P. Grosperrin, « Furies de théâtre. Mythologie et dramaturgie des fureurs dans la tragédie classique », *Littératures classiques*, hors-série *Mythe et histoire dans le théâtre classique. Hommage à Christian Delmas*, 2002, p. 261-281.

niste. L'accumulation des références aux figures mythologiques permet de créer une lignée des folles où Rose vient s'insérer, exemplifiant un phénomène de glissement d'une folie à l'autre.

Pour autant, la colère n'est pas la seule passion qui organise l'écriture dramatique du personnage. Ainsi la tristesse joue aussi un rôle majeur, relevé par Sirène qui note « le deuil poignant & pleureuse détresse[19] » de Rose. Celle-ci, dressant son autoportrait, insiste sur sa souffrance, se disant « dolente & triste[20] ». Elle semble récuser le diagnostic porté sur elle pour en proposer un autre : « Quell' fureur, dites-vous, ains plutôt quelle Parque / Ou quel hideux Charon en sa nef ne m'embarque[21] ». Le refus de la fureur permet de construire une image de soi plus positive, avec une identification à la mélancolie noire, caractérisée par une obsession de la mort. À cet égard, la reprise de l'image de la nef psychopompe qui vient réactiver celle de la nef des fous est particulièrement riche de sens. La tristesse vient compléter la colère : non seulement mélancolie et manie ont une forte affinité à l'âge classique[22], mais la mélancolie aduste pouvait se caractériser par une alternance de phases froides, avec des symptômes de mélancolie passive, et de phases chaudes, avec furie et joie exacerbée[23]. Chez Sénèque également, Médée est victime d'une progression où le chagrin amène à la colère qui amène à la fureur, qui n'est que la polarisation extrême de ces émotions. L'alternance chez Rose de la colère et de la tristesse est donc autant issue des modèles médicaux humoralistes de la Renaissance que des impératifs dramaturgiques du théâtre humaniste qui repose sur le spectacle de toutes les passions extrêmes.

Un dernier élément essentiel du diagnostic posé sur Rose est sa sorcellerie, issue à la fois des sources françaises utilisées par Bounin[24] et de l'intertexte médéen, d'où sa tirade d'introduction :

> Et puis, dieu infernal, n'ai-je pas le pouvoir
> Par charmes & par sorts, par magique savoir,
> De faire revenir une ombre ténébreuse,

19 G. Bounin, *op. cit.*, p. 319, v. 255.

20 *Ibid.*, p. 319, v. 284.

21 *Ibid.*, p. 319, v. 267-268.

22 M. Foucault, *Histoire de la folie à l'âge classique*, Paris, Gallimard, 1976 [1972], p. 281-296.

23 L. Babb, *The Elizabethan Malady : A Study of Melancholia in English Literature from 1580 to 1642*, East Lansing, Michigan State College Press, 1951, p. 34.

24 N. de Moffan présente Rose en sorcière ; voir G. I. Yermolenko, *op. cit.*, p. 24.

Grommelant quelques vers sur sa tombe oublieuse[25] ?

La référence à la nécromancie, associée à la terre, à la mort et à Saturne, opère le lien symbolique entre mélancolie et magie. Pour les contemporains de Bounin, sorcellerie et mélancolie sont liées : si les *Cinq livres de l'imposture et tromperie des diables* de Jean Wier[26], qui voit dans les sorcières de vieilles femmes mélancoliques, publié en 1563 en latin, n'est traduit en français qu'en 1567, divers auteurs l'ayant précédé ont pu associer sorcellerie et visions hallucinées[27]. Par ailleurs, la bile noire est qualifiée de *balneum diaboli*[28], le bain du diable, puisque celui-ci peut influencer les mélancoliques. Or les dieux infernaux auxquels l'invocation de Rose est adressée, malgré le référentiel gréco-romain, ne sont pas dénués de connotations démoniaques pour un spectateur chrétien de l'époque moderne. Si la diégèse ne semble pas trancher fermement pour ou contre l'efficacité de l'invocation, l'association entre sorcellerie et mélancolie est clairement faite par Sirène, immédiatement après la seconde invocation de Rose : « Ne cess'rez-vous d'ainsi vous gaimanter / Voulez-vous point votre deuil alanter[29] ». La dame de compagnie semble ainsi suggérer que l'invocation entretient la folie qui afflige Rose. Ainsi la pièce propose plusieurs modèles de folies possibles pour un seul personnage, procédant par l'accumulation des diverses formes de dérèglement pour montrer les conséquences délétères des passions exacerbées.

25 G. Bounin, *op. cit.*, p. 312, v. 29-32.

26 Voir S. Anglo, « Melancholia and Witchcraft : The Debate between Wier, Bodin, and Scot », *Folie et déraison à la Renaissance*, Bruxelles, Éditions de l'Université de Bruxelles, 1976, p. 209-228 et S. Migliore, « The Doctor, the Lawyer, and the Melancholy Witch », *Anthropologica* 25, n° 2, 1983, p. 163-192.

27 S. Anglo, *op. cit.*, p. 209.

28 A. Gowland, *The Worlds of Renaissance Melancholy : Robert Burton in Context*, Cambridge, Cambridge University Press, 2006, p. 86.

29 G. Bounin, *op. cit.*, p. 315, v. 145-146. « Gaimanter » : se lamenter. « Alanter » : différer, retenir.

JOUER LA PERTE DE RAISON

La pièce se démarque également par la représentation paradoxale de la folie de Rose à l'acte III. Pour convaincre Soliman que la lettre falsifiée, qui atteste de la tromperie de Moustapha, est vraie, elle décide de jouer la perte de raison devant lui. La performance est préparée en amont durant l'acte II par Rustan et Rose qui s'accordent pour offrir au Sultan un spectacle commun : « Nos yeux d'humide pleur allons-nous-en farder / Pour mieux dissimuler les cris & les larmes feintes, / Dolents que nous irons répandant à foison[30] ». Les marques corporelles de la douleur sont multipliées, ce qui met en exergue l'artifice de la performance d'acteur des personnages, l'effet de théâtre dans le théâtre. La douleur représentée permettrait ainsi d'attester de la véracité de la parole qui l'accompagne. La scène souligne alors le danger du *pathos*, puisqu'il dissimule un mensonge. Mais si les deux conspirateurs partagent le même but, ils n'ont pas la même approche du théâtre : les instructions de Rustan à Rose l'incitent à une forme de performance contrôlée accompagnée d'un discours raisonnable : « Modestement tenant le frein de votre langue / De peur que Soliman ne vous veuille écouter / Vous voyant affectée en votre raconter[31] ». L'injonction au contrôle appuyée de l'adverbe permet à Rustan de critiquer le manque de modération de Rose, défaut genré, la modestie étant attendue plus particulièrement des femmes. Il souligne alors le risque de décrédibilisation à cause d'une folie trop apparente. Or Rose refuse ce modèle de contrôle, et au contraire, propose une stratégie opposée, choquer le Sultan par le spectacle extrême de sa folie :

> J'avol'rai vers Sultan épointé' de fureur,
> Là, de mon seul regard je lui ferai horreur,
> Là, tant je l'epur'rai, moi fine, caute et feinte,
> Me voyant, que le cœur lui tremblot'ra de crainte[32].

Non seulement Rose refuse le conseil de modération de Rustan puisqu'elle considère dans son discours la rage comme l'émotion la plus efficace

30 *Ibid.*, p. 330, v. 648-651.
31 *Ibid.*, p. 331, v. 662-664.
32 *Ibid.*, p. 330, v. 731-734. « Epurerai » : ferai peur.

rhétoriquement parlant, mais son approche est moins celle d'une *mimesis* des passions entre l'acteur et son spectateur, que celle d'une dramaturgie qui suscite une émotion négative précise chez le spectateur – ici l'effroi – par son spectacle extrême. La performance de la folie est incarnée dans le corps, et le regard y joue un rôle central, suffisant pour provoquer la peur à lui seul. Les hyperboles abondent et soulignent l'absence totale de retenue de la Sultane.

La fureur n'est pas systématiquement prise en mauvaise part à la Renaissance, puisqu'elle est valorisée par certains philosophes comme Marsile Ficin ou Pontus de Tyard. Dans ces textes théoriques, elle peut être définie comme poétique et prophétique : elle est alors d'origine divine et élève l'âme du furieux jusqu'aux cieux. Cette conception irrigue le théâtre humaniste, où le personnage tragique peut aussi bien être pris de furie destructrice que de furie créatrice[33]. Il n'est donc pas anodin que Rose justifie son choix de la fureur comme aliment de la performance dans un parallèle avec la Pythie de Delphes : « Voire, et quand furieuse, en la ville sacrée, / De Delphe, à Apollon, la prêtresse érythrée / Sainte veut ministrer, pour dire à l'avenir[34] ». Elle revendique sa fureur comme positive grâce à l'adjectif *sainte*, qui semble contredire l'apparence négative de la transe prophétique. Rose se représente comme animée d'une manie positive, inspiratrice, comme si ce qu'elle allait annoncer au Sultan résultait non de son choix personnel mais d'un destin tracé, légitimant ainsi sa parole. Cependant, le spectateur qui n'a pas oublié l'adresse aux divinités infernales ne peut que mettre en doute l'origine divine de la fureur de Rose :

> Vous, démons empennés & mânes souterrains,
> Toi Belphégor issu des creux du plus bas être,
> Qui me fis la vertu des sept herbes connaître,
> Toi, charmeur Thanagan, avançant son trépas[35] [...].

L'origine diabolique de la fureur de Rose, associée aux démons, aux mânes, au monde souterrain en général, n'appartient pas simplement au monde gréco-romain, mais bien aux enfers chrétiens avec la double

33 L. Frappier, « La topique de la fureur dans la tragédie française du XVIe siècle », *Études françaises*, 36, n° 1, 2000, p. 34.

34 G. Bounin, *op. cit.*, p. 333, v. 745-747.

35 *Ibid.*, p. 315, v. 130-133.

référence à Belphégor et Thanagan[36]. La pièce permet d'identifier un risque essentiel de la sorcellerie, à savoir son pouvoir trompeur qui permet à la fureur démoniaque de prendre l'apparence d'une fureur divine, et d'ainsi leurrer son spectateur.

Une fois devant le Sultan, Rose réalise une performance excessive afin d'attester la véracité de ses propos, mettant en scène l'horreur de la révélation à venir :

> Le lamentable son de ma frêle parole,
> Et sur le champ, Sultan, là ainsi comme folle
> Muette je me tais, lors sans pouvoir parler,
> Par l'horrible frayeur, qui tant me vient troubler :
> Muette je me tais pour la fureur mutine
> Qui me va bouillonnant au creux de ma poitrine.
> Mais or'vois-tu, Sultan, en cuidant commencer,
> Mes gemissants discours soudain se devancer ?
> Par les aigrets soupirs, & plaintes douloureuses,
> Par les sanglots cuisants, & les larmes moiteuses,
> Qui issent de mes yeux ? ois tu mon cœur gémir,
> Et en morne pâleur ma face s'ablêmir[37] ?

La Sultane répète à l'envi sa furie, l'hyperbolise, et retarde l'aveu. La folie est ainsi explicitement reliée à l'impossibilité de parler, avec la rime clef parole/folle qui est suivie immédiatement de l'affirmation répétée de son mutisme. De plus, elle est associée à des gestes qui viennent souligner la performance d'actrice de Rose, dans une scène méta-théâtrale qui propose une mise à distance réflexive des effets de l'éloquence sur le spectateur. Le Sultan est pris directement à partie par les impératifs, forcé de constater les affects prétendument ressentis par sa favorite, affects qui sont incarnés dans le corps de l'actrice et soulignés par sa parole. Le discours est structuré pour mettre en scène la folie de Rose tout en attirant l'attention sur la véracité de sa parole dans une rhétorique paradoxalement très maîtrisée. Or cette performance est justement efficace parce qu'elle est ancrée dans un état physiologique concret, étant donné que Rose est bien furieuse, et que son corps l'atteste. Ici, la facilité à confondre les types de folie joue en faveur de Rose, qui

36 Le premier, déformation de Baal-Péor, est un dieu moabite (*Livre des Nombres*, 25, 1-3). L'autre, Tervagant, prétendue divinité sarrasine, figure dans les chansons de geste françaises à partir de la *Chanson de Roland*.

37 G. Bounin, *op. cit.*, p. 339-340, v. 941-952.

utilise les symptômes de sa furie démoniaque pour feindre la peur et l'inspiration divine. Alors que l'accusation de folie à l'encontre d'une femme est normalement un moyen de réaffirmer l'ordre patriarcal, et de décrédibiliser l'aliénée, ici Rose retourne le stigmate à son propre avantage. Son éloquence, comme celle de Médée, illustre l'ambivalence du pouvoir de la parole dans la tragédie humaniste : elle est à la fois positive lorsqu'elle est d'origine divine, et négative lorsqu'elle détruit[38]. Cependant celle de Rose nous paraît singulière par rapport à celle de sa consœur, au sens où elle corrompt l'éloquence positive en revendiquant son apparence justement pour détruire. Enfin, sa performance introduit une ambiguïté sur le statut même de la folie dans la pièce, puisque la Sultane tantôt joue la folie, tantôt en souffre véritablement.

À cause de cette scène, certains critiques n'identifient pas Rose comme une folle, préférant gloser sur sa manipulation[39]. Pour autant, il nous semble que les deux interprétations ne sont pas contradictoires. Rose est montrée comme en partie responsable de sa folie, qu'elle excite plus ou moins constamment par la verbalisation de ses affects. Paradoxalement, le début de l'époque moderne perçoit les humeurs et les passions comme quasiment toutes-puissantes, doutant de la capacité de la raison à les brider efficacement[40]. Rose est prise dans des injonctions contradictoires qui en font une victime autant qu'une actrice de sa folie.

LA CONTAGION DE LA FOLIE FÉMININE

La pièce permet d'exemplifier trois mécanismes différents de propagation de la folie à la période moderne : par la proximité corporelle (avec le souffle), par la représentation des passions (*mimesis*), et par la sorcellerie. À bien des égards, la folie féminine semble se propager

38 L. Frappier, *op. cit.*, p. 42-43.

39 Par exemple « Monstre d'ambition, calculatrice, la Sultane n'a pas pour elle l'excuse de la folie, qui exonère Agavé ou Déjanire de leur responsabilité » explique F. Dobby-Poirson, « La figure de la Bacchante dans la tragédie humaniste française », *Seizième Siècle*, n° 6, 2010, p. 63-76 (p. 72).

40 G. K. Paster, *Humoring the Body Emotions and the Shakespearean Stage*, Chicago, The University of Chicago Press, 2004, p. 19.

davantage comme une maladie physique que mentale, pour toucher les trois personnages masculins – seule Sirène est immunisée. La folie est conçue à la Renaissance comme une maladie physiquement transmissible : les humeurs et les fluides corporels sont, comme le dit Laqueur, « fongibles[41] », et peuvent se transmettre d'un souffle ou d'un regard. Ainsi, Rose est reliée symboliquement par le Chœur à la fin de l'acte II à l'image allégorique de l'Envie, qualifiée de venin. Le choix de l'Envie, « fille de la nuit[42] », comme vice particulièrement ciblé n'est pas anodin : c'est celui le plus fréquemment associé aux sorcières et au diable[43], tout en étant une passion récurrente du théâtre humaniste. Ainsi l'iconographie de l'Envie tend à la représenter comme une femme au teint pâle, avec un serpent dans la bouche, ce qui la rapproche étroitement des représentations imagées des Furies. Le chant du Chœur sur l'Envie convoque des images de pestilence, qui font référence à la fois à l'autodestruction de Rose, mais aussi au danger qu'elle représente pour les autres personnages, puisqu'elle peut les infecter. À cela s'ajoute la seconde menace de la sorcellerie de Rose. Selon certains théoriciens, les sorcières peuvent également causer la mélancolie par leurs sortilèges. De fait, l'ambiguïté persiste tout au long de la pièce : les démons invoqués durant l'acte I ne seraient-ils pas responsables de la folie qui touche les trois hommes que la Sultane cible ?

Le premier est son beau-fils Rustan, qu'elle réussit à convaincre de l'aider à se débarrasser de Moustapha, et qui s'inscrit dans le *topos* du Turc fourbe et menteur. Dès son arrivée en scène, le contact avec une Rose en souffrance est vécu par Rustan comme un choc : « En mes poumons saigneux ressouffle-moi l'haleine / D'un présage meilleur remets-moi mes esprits / Forcènement d'effroi & tristesse surpris[44] ». Ici la référence au souffle indique plutôt une contamination par le contact physique avec Rose. Il s'agirait plus précisément des humeurs brûlées transformées en vapeurs qui entrent dans le corps de Rustan par la respiration du même air que celle qui lui parle. De fait, si cela semble relever

41 T. Laqueur, *op. cit.*, p. 35 et p. 42. Le terme renvoie chez Laqueur à la porosité des différents fluides corporels, conçus comme indistincts et de même nature à la Renaissance.

42 G. Bounin, *op. cit.*, p. 334, v. 785.

43 H. P. Broedel, *The "Malleus Maleficarum" and the Construction of Witchcraft : Theology and Popular Belief*, Manchester, Manchester University Press, 2003, p. 141. Voir aussi p. 23 sur le mauvais œil.

44 G. Bounin, *op. cit.*, p. 318, v. 248-250.

d'une transmission par proximité, associée à l'efficacité de la parole de Rose, l'hypothèse démoniaque est présente par la question de Rustan : « O Sultane, quiers-tu quels célestes Démons / D'un ventelet si gai m'haleine les poumons[45] ». Le souffle de Rose et sa magie fonctionnent donc conjointement pour transmettre la folie à sa première victime. La folie féminine est ainsi montrée comme extrêmement volatile, et par conséquent contagieuse.

La seconde victime de Rose est le Sultan, qu'elle contamine par la performance de la folie, avec une combinaison d'effets comme nous l'avons vu plus haut. Ainsi, le Sultan semble d'abord touché par la mélancolie la plus extrême :

> O dieux, dieux, qu'est ceci ? quel encombre aigrissant
> Me vient de froide peur ma face apâlissant ?
> [...] Quel Cerbère aux trois chefs ou Harpye infernale,
> Plus vite qu'Aquilon me vient ciller les yeux [...][46] ?

La peur, le froid, et la pâleur sont symptomatiques de sa mélancolie[47]. Si le Sultan ne fait pas référence à des démons, son discours est contaminé par des références au domaine des morts et aux enfers. Les similitudes avec les invocations démoniaques de Rose montrent l'efficacité de celles-ci comme outil de propagation de la folie. La tristesse froide du Sultan se transforme en colère chaude, commentée par Rose qui le conseille de la sorte : « Donc, ô Roi tout-pouvant refroidissez cet'ire[48] ». La furie du Sultan, suscitée et contrôlée par la parole de Rose, le transforme en une figure topique de Turc cruel et sanguinaire, puisqu'elle le pousse à l'infanticide de l'acte V, exemplifiant pour le spectateur le danger de la folie féminine, qui provoque la fin tragique.

Moustapha est la troisième victime de l'épidémie de folie provoquée par Rose. Il est identifié comme fou dès son entrée en scène avec la quadruple interrogation : « Las ! suis-j'hors de chez moi ? encor' suis-je insensé ? / Suis-je fol hors du sens, suis-je quintessencié[49] ? ». La folie est réitérée avec insistance, grâce au polyptote autour de « sens » couplé à l'anaphore. Moustapha identifie très précisément sa folie comme une

45 *Ibid.*, p. 327, v. 539-540.
46 *Ibid.*, p. 341, v. 987-995.
47 L. Babb, *op. cit.*, p. 43.
48 G. Bounin, *op. cit.*, p. 344, v. 1089.
49 *Ibid.*, p. 349, v. 1237-1238.

forme de mélancolie froide, telle qu'elle est décrite par Du Laurens : « Mais encor', ô bons dieux, quelle sinistre humeur / Dégoutte dans mes os sa bilieuse liqueur ? / Mais, bons dieux quell'humeur triste, & mélancolique[50] ». Enfin, il établit son autoportrait : « Quoi ! je me vois honteux, du tout acouardi, / Mes deux yeux tous cavés, mon visage alaidi / En plombeuse pâleur[51] ». En sus des éléments typiques du diagnostic du mélancolique que sont la peur et la tristesse sans cause identifiable, on peut également observer une série de signes physiques, avec le teint blême (le plomb est le métal associé à Saturne par excellence) et les yeux enfoncés[52]. L'intensité de la mélancolie qui touche le prince, hyperbolisée par le texte, permet de souligner à quel point la folie de Rose corrompt ses victimes : la contagion est immédiate, et délétère pour le corps autant que pour l'esprit de sa victime.

L'absence de contact physique avec Rose invalide la possibilité d'une contagion des humeurs naturelle ou par la rhétorique. Si d'abord le prince ne semble pas trouver de cause à son état, il finit par envisager la possibilité d'une contagion à distance : « Las ! mais je vois que c'est, c'est c'est quelque ennemi, / D'un visage masqué qui sur moi a vomi / [...] Qui sur moi a vomi le damnable venin[53] ». L'image de la langue qui vomit le venin, associée au visage masqué, vient réactiver pour le spectateur l'association à l'allégorie de l'Envie développée par le Chœur et convoque immédiatement la présence en creux de la Sultane. L'envie est alors douée d'un pouvoir surnaturel de contamination qui agit même de loin. Moustapha finit par identifier Rose à qui il s'adresse ainsi : « Par tes subtils aguets, & par magiques sorts / M'as-tu assez gêné[54] ». Significative est ici la référence à ses pouvoirs magiques, tenus pour directement responsables de la souffrance du prince. Ainsi les sorts et charmes sont directement associés au verbe « gêner » à prendre au sens fort. La parole est le vecteur de cette contagion, programmée dès l'acte I, où Rose maudissait Moustapha en ces termes : « Il mourra, il mourra, ou n'aurai le pouvoir / De l'Hécate aux trois chefs la poitrine émouvoir[55] ». L'utilisation du futur, prophétique, annonce l'efficacité de la

50 *Ibid.*, p. 349, v. 1229-1231.
51 *Ibid.*, p. 350, v. 1271-1275.
52 L. Babb, *op. cit.*, p. 19.
53 G. Bounin, *op. cit.*, p. 350, v. 1281-1285.
54 *Ibid.*, p. 351, v. 1310-1311.
55 *Ibid.*, p. 315, v. 125-126.

malédiction de Rose qui va s'accomplir. La Sultane semble donc capable d'influencer à distance la santé physique du prince, et de l'empoisonner par sa folie surnaturelle.

Un dernier élément troublant demande élucidation : quel rôle attribuer au songe de Moustapha entre les actes IV et V, qui sert à annoncer le destin fatal du jeune prince ? Il attribue ce rêve, dans lequel il contemple l'au-delà, au « grand dieu Mahommet[56] ». Pour le Sophe, confident de Moustapha, il est « présage futur de quelque maléfice[57] », mais pour ce dernier « les songes / Ne sont à mon endroit que frivoles mensonges[58] ». Si le songe peut provenir de Dieu, la mélancolie, comme on l'a vu, n'est jamais très loin du diable qui peut feindre un pouvoir prophétique[59]. À cela il faut ajouter les constants rappels du pouvoir d'illusion des démons. Il n'est pas anodin qu'une partie du songe soit une catabase[60] et qu'en s'éveillant, Moustapha s'exclame : « O démons nuit-vagants, qui sous vos idé's feintes / Des humains ici-bas feintement vous jouez[61] ». L'interprétation démoniaque est fortement appuyée par la référence à l'invocation initiale de Rose dont elle est le miroir : « Sus démons nuit-vagants que l'on courre à ces charmes, / Car vers ce Moustapha, c'est hui que je veux voir / Si vos sorts murmurés auront quelque pouvoir[62] ». L'exacte reprise de l'expression suggère qu'il s'agit des mêmes démons, envoyés par Rose, qui ont envahi le songe de Moustapha. Or ce dernier, en héros de tragédie humaniste et musulman fataliste typique, va à la mort malgré l'annonce de son destin funeste. On peut ainsi penser que le prince a été poussé au suicide par Rose, qui l'a infecté de mélancolie à dessein, grâce à ses démons, exemplifiant le danger de la folie féminine dévastatrice, même à distance.

Si le théâtre humaniste repose sur une dramaturgie des passions, *La Soltane* de Bounin semble concentrer ces passions à leur extrême, montrer leur triomphe absolu, et les confondre dans une même folie, entre fureur et mélancolie. Rose présente une figure de folle féminine remarquable

56 *Ibid.*, p. 361, v. 1609.
57 *Ibid.*, p. 365, v. 1748.
58 *Ibid.*, p. 365, v. 1755-1756.
59 J. Starobinski, *L'Encre de la mélancolie*, Paris, Seuil, « La librairie du XXIe siècle », 2012, p. 35.
60 G. Bounin, *op. cit.*, p. 363, v. 1683.
61 *Ibid.*, p. 361, v. 1600-1601.
62 *Ibid.*, p. 315, v. 140-142. « Hui » : aujourd'hui.

par sa réussite. Grâce à sa sorcellerie et à la maîtrise de sa parole de folle, elle réussit à utiliser la perception que les autres personnages ont d'elle pour obtenir ce qu'elle souhaite. Plus encore, elle semble à l'origine d'une épidémie de folie qui vient frapper les personnages masculins principaux, ce qui rend sa folie féminine particulièrement dangereuse. Par-delà cette contamination, la folie sert de moteur dramaturgique à la pièce, puisqu'on suit sa circulation progressive entre les personnages, et que ceux qui la maîtrisent à leur profit réussissent à manipuler ceux qui sont maîtrisés par elle. Les ambiguïtés sont ainsi mises au service de la construction d'un personnage complexe, dont la folie est retournée comme outil au service de sa puissance politique. Mais la pièce soulève un problème plus particulièrement théâtral concernant la *mimesis* des affects. Regarder la folie, nous dit la diégèse, c'est courir le risque de devenir soi-même fou, en particulier lorsque le personnage fou exerce une fascination sur l'audience : le spectateur ne peut alors ignorer le risque que lui-même court devant le spectacle de ces affects extrêmes.

Élisabeth LACOMBE
Université de Picardie Jules Verne

DE LA FOLIE DES PASSIONS AUX RAISONS DE LA FOLIE DANS LES *HISTORIETTES*

> Les uns fous, les autres sages ;
> De telle sorte pourtant
> Que les fous vont l'emportant
> La Fontaine, *Fables*, « Le dépositaire infidèle » (IX, 1)

Œuvre extravagante à bien des égards, les *Historiettes* de Tallemant des Réaux nous entraînent, au gré des anecdotes, contes, portraits et petites nouvelles dans les coulisses du Grand Siècle, dévoilant ainsi une époque truculente et turbulente. À cet égard, les *Historiettes* regorgent de « visionnaires », « bizarres » et « extravagantes » : quelle vision de la folie des femmes l'œuvre offre-t-elle ? Habitué des salons les plus en vogue, en particulier de la célèbre chambre bleue où Mme de Rambouillet règne en magicienne du savoir-vivre[1], Tallemant est un adepte de la belle galanterie, qui place la femme au cœur du processus de raffinement des hommes[2] ; or l'accusation de folie amplifie la prétendue infériorité des femmes et assoit la domination masculine. Quelle place Tallemant, galant homme, occupe-t-il dans les représentations de la folie féminine ? La discontinuité de l'œuvre présente un écueil de taille pour classer, ordonner, et analyser les chimériques, maniaques et autres obsessionnelles rencontrées au gré des anecdotes. Quelques tesselles de cette grande mosaïque rassemblées permettront d'en dégager les traits

1 N. Aronson, *Madame de Rambouillet ou la magicienne de la chambre bleue*, Paris, Fayard, 1988.

2 Pour Tallemant, « Rien ne peut mieux polir les mœurs des hommes, qu'un commerce suivi avec les dames […] », M. Magendie, *La Politesse mondaine et les théories de l'honnêteté en France au XVIIe siècle, de 1600 à 1660* [1925], Genève, Slatkine, 1993 [1925], t. 1, p. 88.

les plus saillants. Pour illustrer cette analyse, des cas emblématiques, parmi les plus fameux, serviront de jalons. On commencera par traiter la question de la plus ancienne conception de la folie féminine, celle de l'hystérie. Tallemant, grand lecteur de l'Antiquité à l'image de ses contemporains, en a une approche somme toute relativement traditionnelle, mais il y ajoute un sel bien singulier, celui du ton facétieux. C'est que Tallemant a la manie de recueillir tous les petits faits qui marquent, choquent, scandalisent, bref, tout ce qui « fait du bruit[3] », se murmure, se chuchote, et se répète de bouche en bouche et court dans tous les cercles de sociabilité où on s'en délecte. Cette passion pour les folies, les lubies et autres extravagances des êtres, permet-elle de dégager un jugement univoque du collectionneur sur les liens entre femme et folie ? Nous verrons que la démarche de dévoilement de la vérité, affirmée dès le Préambule par des Réaux, le conduit plus souvent à chercher des raisons à la folie qu'à la condamner.

LA FOLIE DES PASSIONS

Pour qui souhaite avoir un aperçu de la folie au XVIIe siècle, les *Historiettes* représentent une mine généreuse, abondante, débordante. Parmi les historiettes exemplaires, deux vont retenir notre attention, dans la mesure où elles rendent compte de l'adéquation de la pensée de Tallemant avec la nomenclature des maladies mentales proposée par l'Antiquité, et sa non moins fameuse hystérie – qui a désormais disparu de la nosographie moderne. La première hystérique[4], Mme de Saintot[5], voit son mal se traduire par une indécision à choisir entre M. de la Hunaudaye qu'elle « eust voulu pour mari et Voiture pour galant[6] ». Soucieuse de se délivrer de cet « embarras[7] », elle part à confesse pour

3 G. Tallemant des Réaux, *Historiettes*, éd. A. Adam et G. Delassault, Paris, Gallimard, « Bibliothèque de la Pléiade », 1960-1961, t. 1, p. 292. Toutes les références aux *Historiettes* renverront à cette édition.

4 *Ibid.*, t. 2, p. 107.

5 *Ibid.*, t. 1, p. 486.

6 *Ibid.*

7 *Ibid.*

« prier Dieu après de luy inspirer ce qu'elle avoit à faire[8] ». En lieu et place d'une épiphanie amoureuse, Mme de Saintot est prise de « folie dans les Carmes deschaussez ». Être saisie de « folie » dans un couvent, voilà une situation bien cocasse[9]. Puis par un effet de réduplication de la folie, la première fantaisie est suivie d'une seconde, « celle de vouloir que Voiture l'espousast[10] ». Cette folie galante est assortie d'une explication additionnelle : « (On croit que ce fut un mal de mère causé par le desplaisir de n'avoir pas pu attraper la Hunaudaye)[11] ». On peut se souvenir que le terme hystérie provient du grec *hystera* signifiant matrice, utérus, d'où la dénomination de « mal de mère ». Furetière indique que « mère se dit aussi de la partie de la femme où se forme le fœtus, et on dit en ce sens qu'une femme a des maux de mère pour dire qu'elle est tourmentée des fumées de matrice[12] ». Les premières descriptions des troubles, attribués à la migration de l'utérus vers le haut du corps, apparaissent toutefois environ deux millénaires av. J.-C., en Égypte ancienne[13]. Hippocrate a repris cette idée, à savoir que l'utérus est un organisme vivant analogue à un animal doué d'une certaine autonomie. « Suffocation utérine subite : cette affection survient surtout chez les femmes qui n'ont pas de rapports sexuels : [...] la matrice, desséchée par la fatigue, se déplace [...][14] ». L'interprétation de Tallemant dans le trouble de Mme de Saintot est à cet égard conforme à la tradition antique qui associe folie féminine et frustration sexuelle, « suffocation de la matrice[15] ». Le désordre de Mme de Saintot est ainsi causé par la douleur, l'amertume de ne pas avoir pu « attraper » un homme. Ce

8 *Ibid.*

9 Il y aurait, bien entendu, matière à commenter la posture de Tallemant, écrivain de confession calviniste nécessairement critique vis-à-vis du monachisme.

10 G. Tallemant des Réaux, *op. cit.*, t. 1, p. 486.

11 *Ibid.*

12 A. Furetière, *Dictionnaire universel contenant généralement tous les mots françois tant vieux que modernes et les termes de toutes les sciences et des arts*, La Haye et Rotterdam, Arnout et Reinier Leers, 1690.

13 N. Brémaud, « Panorama historique des définitions de l'hystérie », *L'Information psychiatrique*, vol. 91, n° 6, 2015, p. 485-498. Ces troubles sont évoqués dans le papyrus Kahoun vers 1900 av. J.-C.

14 Hippocrate, *Œuvres complètes*, trad. É. Littré, t. 8, *Des Maladies des femmes*, livre I, § 7, Paris, Jean-Baptiste Baillière, 1873, p. 33.

15 Rufus d'Éphèse affirme aussi que les rapports sexuels « dissipent les idées fixes, calment la colère, guérissent la mélancolie, diminuent les accès de délire, sont très efficaces contre les affections causées par la pituite » (*Œuvres de Rufus d'Éphèse*, éd. par C. Daremberg et par C.-É. Ruelle, Paris, Imprimerie nationale, 1879, p. 306).

qui change ici, c'est le ton amusé, suggéré par le verbe « attraper », qui donne lieu à une syllepse de sens signifiant tout à la fois le mariage et la nuit de noces.

Avec Mme de Vervins, le lecteur rencontre un nouveau cas de « fureur utérine », qui semble incarner l'animalité pure associée à la matrice par Platon[16]. Cette « extravagante[17] », « enragée[18] », telle que la définit Tallemant, « estoit si lubrique », affirme-t-il,

> que j'ay oüy dire que, quand il y avait quelqu'un qui luy plaisoit, à soupper chez eux, [...] elle deffendoit de luy ouvrir la porte, et il falloit qu'il couchast dans un petit lict qui estoit dans la mesme chambre où son mary et elle couchoient en deux differents licts. Le lendemain, son mary sortoit, mais son galant ne sortoit pas ; on tiroit la porte sur la dame et sur luy, et si quelqu'un eust été assez hardy pour entrer sans qu'elle eust appelé, elle l'eust fait assommer[19].

Exagérée ou véridique, l'anecdote est éloquente : elle offre l'image d'une femme insatisfaite dont la *libido sentiendi* se manifeste de manière farouche, désordonnée et incontrôlable. Le mal d'amour cherche furieusement son remède, à tel point que sa démesure rappelle la fureur de Médée évoquée par J. Pigeaud[20]. L'historiette se plaît en effet à montrer Mme de Vervins comme une mégère loin d'être apprivoisée, ou à tout le moins, dont les mœurs n'ont pas été polies par la belle galanterie. Une autre des manières les plus anciennes d'expliquer et de représenter la folie a été de la considérer comme le résultat d'une possession du sujet rendu fou par des forces surnaturelles[21]. Notre nouvelliste se fait l'écho de ce tapage démoniaque en rapportant la fameuse affaire de la possession de Loudun[22], qui débute en 1632, et a défrayé la chronique de l'époque. Pour mémoire, des religieuses sont sujettes à des crises, certaines hurlent, d'autres blasphèment et profèrent des obscénités. Le père Urbain Grandier est accusé d'être le sorcier à l'origine de ce

16 Platon, *Œuvres complètes*. Tome X. *Timée. Critias*. A. Rivaud (éd. et trad.), Paris, Les Belles Lettres, 1925.

17 G. Tallemant des Réaux, *op. cit.*, t. 2, p. 509.

18 *Ibid.*, t. 2, p. 508.

19 *Ibid.*

20 J. Pigeaud, *La Maladie de l'âme. Étude sur la relation de l'âme et du corps dans la tradition médico-philosophique antique*, Paris, Les Belles Lettres, « Études anciennes », 1981.

21 Voir aussi J. Céard, « Démonologie et démonopathies au temps de Charcot », *Histoire des sciences médicales*, vol. 28, 1994, p. 337-343.

22 G. Tallemant des Réaux, *op. cit.*, t. 1, p. 295.

phénomène maléfique, il est condamné et brûlé vif, mais les possessions perdurent et une pléthore d'exorcistes interviennent.

Pour compléter ce tour d'horizon rapide des folles et des bizarres, il convient d'évoquer l'historiette thématique « Bizarrerie ou vision de quelques femmes[23] » qui compile les cas de huit femmes dont le comportement semble dénué de bon sens : à titre d'exemple, il y a celle qui refuse le mariage à celui qui l'a mise enceinte lors d'une galanterie, ou encore celle qui devient « si folle d'un cavalier » qu'elle dépossède son mari pour fuir avec son amant ; mais elle est reprise « et depuis fut aussi folle de son mary qu'elle l'avoit esté du cavalier[24] ». Dans cette compilation d'anecdotes, c'est principalement la topique du caractère changeant, inconstant, capricieux des femmes qui est mise en relief et en fait des insensées. Elles sont prêtes à suivre leur vision, leur lubie, leur mouvement intérieur, au détriment des normes sociales imposées, et à cet égard elles incarnent la folie des passions.

LA PASSION DE LA FOLIE

Si cette incursion hâtive dans ce qui peut apparaître comme une nef des folles[25] révèle que le choix d'Hercule n'a plus lieu d'être tant la Volupté prévaut sur la Vertu[26], elle paraît aussi mettre en évidence la passion de Tallemant pour la folie, pour tout ce qui fait du bruit, déraisonne, extravague, et s'écarte du point fixé par la norme. Avec lui la folie prend un aspect profondément divertissant. Les péripéties de

---

23 *Ibid.*, t. 1, p. 207.

24 *Ibid.*, t. 1, p. 208.

25 J. Bade, *La Nef des folles. Adaptation de Jean Drouyn et alii.* O. A. Duhl (éd.), Paris, Classiques Garnier, 2013. L'ouvrage s'inspire de *La Nef des fous (Das Narrenschiff)* de l'humaniste Sébastien Brant publiée à Bâle en 1494 et illustrée par des gravures montrant des barques chargées de fous dérivant vers le paradis des déments, appelé « Narragonia ». L'œuvre éponyme de Bosch (Musée du Louvre) est très certainement inspiré du texte de Sébastien Brant, car on situe généralement vers 1500 l'achèvement de ce tableau destiné à une confrérie de moines franciscains. Voir aussi l'article de B. Renner.

26 A.-M. de Gendt, « "Virtus et voluptas". Représentations ambivalentes des cinq sens dans les *Stultiferae naves* de Josse Bade (1501) », *Bibliothèque d'Humanisme et Renaissance*, vol. 73, n° 2, 2011, p. 303-332.

Mme de Saintot racontées dans l'historiette de Voiture sont à cet égard exemplaires ; emportée par sa fantaisie d'épouser Voiture, elle néglige ses affaires, prend l'idée de partir et

> s'en va chez Mme des Fenestreaux, son amie, entre les Sables-d'Olonne et Nantes. Là il luy vint dans l'esprit que cette dame, qui donne un peu dans le bel esprit, pourroit aussi estre amoureuse de Voiture, parce qu'elle louoit trop ses vers. Elle la quitte, sans dire gare, et s'en va en charrette jusqu'à Nantes, d'où elle remonte la rivière de Loire jusqu'à Orléans. De là, sans passer ou du moins sans s'arrester à Paris, elle va en Flandres[27].

L'extravagance rejoint ici son sens étymologique : le micro-récit prend des allures d'errance picaresque. Le rythme resserré de la narration permet de mettre en évidence la rapidité et la soudaineté des changements de lieux. Le substantif « charrette » parachève le tableau par une évocation burlesque qui relève davantage du *Roman comique* que de *L'Astrée*. Mme de Saintot n'a ni la dignité douloureuse de Céladon éconduit, ni la grandeur d'une héroïne tragique, et son périple réjouit le lecteur autant qu'il paraît amuser l'auteur.

Les frasques de Mlle Boistel illustrent elles aussi de manière exemplaire la superposition de la folie et de l'écriture plaisante de la farce : « Un beau jour la mère s'aperceût qu'elle estoit grosse (on a cru que c'estoit du fait d'un conseiller, nommé Saint-Germain-le-Roy). Mme Boistel ne fut pas mal habile ; elle trouva à qui donner la vache et le veau[28] ». Sa fille, mariée à « un jeune innocent[29] », trouve à lui faire « une malice terrible » : elle lui fait arracher « quatre ou cinq bonnes dents[30] », lui faisant croire qu'elles sont toutes gâtées ! Cette séquence garde le ton farcesque (« la vache et le veau », « la malice »), tout en décrivant les lubies que l'aliéniéniste Marc Trénel appelle un « type complet de perversions instinctives[31] ». Faut-il alors conclure à un discours qui renforce la « valence différentielle des sexes[32] » chez Tallemant ? Son rire

27 G. Tallemant des Réaux, t. 1, p. 486-487.

28 *Ibid.*, t. 2, p. 591.

29 *Ibid.*

30 *Ibid.*

31 M. Trénel, « La Galerie des portraits de demi-fous et d'aliénés de Tallemant des Réaux », *Bulletin de la société française d'histoire de la médecine*, n° 23, 1929, p. 205-236, p. 225.

32 L'expression se retrouve chez F. Héritier, *Hommes, femmes : la construction de la différence*, Paris, Le Pommier, 2010.

galant[33] relève-t-il du badinage, du ridicule, de la satire des femmes ? Il est incontestablement inspiré par la tradition renaissante des facéties et leur lot de bons mots et de railleries gauloises, ferment d'un discours misogyne. Néanmoins, cette impression s'estompe lorsqu'on observe le versant masculin de la folie, puisque Tallemant ne manque pas de railler la folie des hommes.

L'historiette du chevalier de Roquelaure, « une espèce de fou, qui est avec cela le plus grand blasphémateur[34] », offre une perspective d'analyse intéressante ; le chevalier « commet toutes les impietez imaginables[35] » et ses extravagances ostentatoires illustrent de manière exemplaire le fait qu'il n'est pas de folie sans culture, sans société et sans écart avec la norme, ainsi que l'affirmait Foucault[36]. La caractérisation, « espèce de fou », repose en effet en grande partie sur le non-respect affiché des contraintes établies par le dogme chrétien, qui est indissociable du fonctionnement de la société d'Ancien Régime. Là où d'autres choisissent l'hypocrisie – on pense à Don Juan – par pusillanimité, le geste impie de Roquelaure connote, selon Sophie Houdard, « la force d'âme et le refus de la crainte comme de la culpabilité qui sous-tendent la croyance religieuse[37] ». Son emprisonnement, c'est-à-dire le processus d'exclusion de la société, est toutefois jugé comme sévère à la Cour, particulièrement pour les dames : « [elles] disoient tout haut qu'on n'avait jamais veü arrester un homme de condition pour des bagatelles comme cela[38] ». Il en va de la déraison comme du reste : « selon que vous serez puissant ou misérable / Les jugements de Cour vous rendront blanc ou noir[39] ».

On doit aussi se demander comment les critères de la folie varient en fonction du genre. Sur cette question, une historiette apporte une information particulièrement intéressante : il s'agit de l'historiette intitulée

33 N. Grande, *Le Rire galant. Usages du comique dans les fictions narratives de la seconde moitié du XVIIe siècle*, Paris, Honoré Champion, 2011.

34 G. Tallemant des Réaux, *op. cit.*, t. 2, p. 385.

35 *Ibid.*

36 M. Foucault, *Histoire de la folie à l'âge classique*, Paris, Gallimard, « Tel », 1976 [1961].

37 S. Houdard, « Vie de scandale et écriture de l'obscène : hypothèses sur le libertinage de mœurs au XVIIe siècle », *Les Écritures de la morale au XVIIe siècle*, *Tangence*, n° 66, 2001, p. 48-66, p. 60. URL : https://doi.org/10.7202/008240ar (consulté le 27 janvier 2021).

38 G. Tallemant des Réaux, *op. cit.*, t. 2, p. 386.

39 La Fontaine, *Fables*, J.-Ch. Darmon et S. Gruffat (éd.), Paris, le Livre de Poche, « classiques », 2002, p. 72.

« Extravagants, visionnaires, fantasques, bizarres[40] ». Elle répertorie les hommes qui ont agi de manière déraisonnable ou absurde ; or on s'aperçoit que dans le domaine de la folie, le nombre d'hommes, vingt-neuf, excède largement celui des femmes qui sont seulement trois, nombre auquel il faut ajouter un couple. On ne saurait ainsi conclure que la désignation de « folle » soit, chez Tallemant, une accusation misogyne.

À cet égard, il n'est pas possible d'achever cette trop brève analyse sans évoquer les folies mémorables fomentées par Voiture dans le cercle restreint de l'hôtel de Rambouillet. L'introduction d'ours muselés dans la chambre de la Marquise pour jouir de sa terreur[41] est mémorable, mais il faut aussi évoquer ses visites nocturnes chez M. de Guiche, « par le conseil de Mme de Rambouillet », sous prétexte de répondre à une question que le comte lui avait posée la veille[42]. Tous les jours Voiture et M. de Pisani faisaient quelques malices et « c'estoit un tintamarre perpétuel à l'hostel de Rambouillet[43] ». Les extravagances autour de la chambre bleue, on le voit, relèvent davantage d'une esthétique de la surprise, propre à transformer l'ennui quotidien en folle journée. Ces malices, bien connues de tous, démontrent le caractère souvent drôle, plaisant et non-genré de la folie, considérée comme le *grano salis* d'une vie sociale fondée sur cette urbanité fine et délicate, dont Norbert Elias[44] a montré qu'elle constituait l'élément central du processus de civilisation, tenant en bride les passions, les pulsions, le corps et partant l'âme, mais affadissant terriblement le quotidien à force de mesure et de retenue[45]. N'est-ce pas le fol discours de la folie qui aurait raison lorsqu'Érasme lui fait affirmer que : « Toute heure de la vie serait triste, ennuyeuse, insipide, assommante, s'il ne s'y joignait le plaisir, c'est-à-dire si la Folie n'y mettait son piquant[46] ».

Qui sont dès lors les vrais fous ? Tallemant ne prend rien au sérieux et s'amuse de la folie des hommes : « il se présente simplement comme

40 G. Tallemant des Réaux, *op. cit.*, t. 2, p. 720.
41 *Ibid.*, t. 1, p. 491.
42 *Ibid.*
43 *Ibid.*, t. 1, p. 492.
44 N. Elias, *La Société de Cour*, préface de R. Chartier, Paris, Flammarion, « Champs », 1985 [1974].
45 L. Desjardins, D. Dumouchel (dir.), *Penser les passions à l'âge classique*, Paris, Hermann, « Les collections de la République des Lettres », 2012.
46 Érasme, *Éloge de la folie*, Paris, Garnier Flammarion, 1964, p. 23.

un joueur, un de ces mondains qui se divertit de tout, ne se laisse impressionner par rien, et ne dédaigne pas d'assaisonner ses propos d'une pointe de cynisme[47] ». Suivons-le. À égalité avec le sexe masculin, les extravagantes, fantasques et autres bizarres jouent, pour celles et ceux qui préfèrent « pécher en silence[48] » et s'efforcent de vivre en honnête homme ou femme, un rôle cathartique essentiel.

LES RAISONS DE LA FOLIE

Cette passion pour la folie sous toutes ses formes et dans toutes ses expressions, féminines ou masculines, amène Tallemant à s'interroger sur les raisons de la folie. Chez ce conteur et collectionneur effréné, point d'explications superstitieuses faisant des folles des possédées du diable, mais un projet affirmé et revendiqué dans le préambule de « dire le bien et le mal sans dissimuler la vérité[49] ». Ce dévoilement de la vérité s'opère chez lui grâce aux lumières de la raison qui dissipent les ombres de l'incompréhension, de la superstition, qui aveuglent bien souvent l'opinion commune. Ce recours à la raison se manifeste tantôt par des analyses à teneur physiologique, notamment lorsque des Réaux aborde les « incommoditez[50] » de Mme de Rambouillet, dont il lui paraît nécessaire de « dire l'histoire », « car cela a fait croire à ceux qui ne voyent les choses que de loing, qu'il y avoit de la vision[51] ». L'optique revêt dans ce passage une dimension particulière : elle reflète l'erreur et la vérité en une même phrase. L'optique des voyeurs lointains est biaisée par la distance, leur vision est trouble parce que sans netteté et sans précision. Ils font alors intervenir leur imagination, cette « folle du logis[52] » pour combler ce défaut de jugement, et réfléchissent *in fine*

47 M. Jeanneret, « Préface », G. Tallemant des Réaux, *Historiettes*. M. Jeanneret (éd.), Paris, Gallimard, « Folio classique », 2013, p. 40.

48 Molière, *Le Tartuffe*, IV, 5, v. 1504-1505.

49 G. Tallemant des Réaux, *op. cit.*, t. 1, p. 1.

50 *Ibid.*, t. 1, p. 451.

51 *Ibid.*

52 Cette métaphore est souvent attribuée, de manière erronée, à Malebranche, alors qu'elle naît sous la plume de Voltaire. V. Wiel, « Du bon usage de l'imagination selon Malebranche »,

leur propre extravagance sur l'autre, dans un jeu d'optique trompeur. Tallemant superpose à cette vision la sienne, nette, précise, télescopique pourrait-on dire, qui dissipe les ombres troublées de l'imagination pour offrir une causalité simple, vraie, sensible : « Le feu luy eschauffoit estrangement le sang, et luy causoit des faiblesses[53] ».

Ce qu'il décrit ici sera diagnostiqué plus tard comme une thermo-anaphylaxie, non comme une bizarrerie[54]. Tantôt il démasque des phénomènes surnaturels telle la possession de Loudun. Rebaptisé « diablerie de Loudun », l'événement se colore aussitôt d'une connotation facétieuse qui instaure une distance amusée avec le drame. « Diablerie » signifie en effet autant « artifice du diable, chose dont le diable se mêle », que « quelque chose de secret qu'on ne peut pénétrer[55] ». De là à dire que « la possession de Loudun » n'est que mascarade et performance[56], il n'y a pas loin. Les soubassements de cette affaire évoqués par Tallemant sont fort intéressants : « Il pouvoit y en avoir qui ne sçavoient pas le secret, et qui, par melancholie ou parce qu'on le leur disoit, croyaient être possédées[57] ».

Dans le débat sur la maladie mentale, Tallemant adhère à la causalité mélancolique, et à la théorie antique des humeurs, mais il écarte la possibilité d'une intervention du démon, qui repose, pour lui, sur des croyances superstitieuses. Il lui préfère la possibilité d'une autosuggestion[58] fondée sur la faiblesse ontologique traditionnelle de la femme qui la rend vulnérable aux manipulations. Mais Tallemant dépasse la simple alternative « mélancoliques ou possédées ? ». Il ouvre la voie à des explications plus matérialistes : « Les Capucins, se voyant appuyez du père

---

L'Information littéraire, vol. 58, n° 4, 2006, p. 20-27, (p. 20).

53 G. Tallemant des Réaux, *op. cit.*, t. 1, p. 452.

54 Dans son édition des *Historiettes* (*ibid.*, t. 1, p. 1092, note 4), Antoine Adam note que « des médecins se sont attachés à établir le diagnostic de l'étrange maladie dont Tallemant rapporte les symptômes. Dans la *Chronique médicale* du 1er février 1930, les docteurs Sardou et Crouzel diagnostiquent un type de vaso-dilatation périphérique et dans le *Bulletin de la Société française de la médecine* (XXIII), 1929, n° 7-8, le Dr Trénel diagnostique un cas de thermo-anaphylaxie. »

55 URL : http://www.xn--furetire-60a.eu/index.php/non-classifie/917229864- (consulté le 9 mars 2022).

56 S. Houdard, « La possession de Loudun (1632-1637). Un drame social à l'épreuve de la performance », *Communications*, vol. 92, n° 1, 2013, p. 37-49.

57 G. Tallemant des Réaux, *op. cit.*, t. 1, p. 296.

58 Sur le pouvoir de l'autosuggestion et de la croyance, lire l'article incontournable de C. Lévi Strauss, « Le sorcier et sa magie », *Les Temps modernes*, 4e année, n° 41, 1949, p. 385-406.

Joseph, pousserent Grandier, et comme ces religieuses étaient pauvres, ils leur persuaderent que bientost elles deviendroient toutes d'or[59] ».

Loin de la mélancolie favorisée par l'*acedia*, maladie de langueur et de prostration des communautés religieuses, cette convoitise vénale ressortit de la *libido dominandi*. Ainsi, le mal, le diable, ne loge-t-il pas à l'extérieur de l'individu, mais prend-il racine au sein même de l'être par le truchement des passions. L'historiette du maréchal d'Ancre[60], consacrée pour moitié à son épouse, Léonora Galigaï, fournit un autre exemple significatif de la quête de vérité de Tallemant, qui, contrairement à l'opinion souvent admise, ne s'en tient pas à la rumeur. Pour preuve, il souligne l'absurdité de l'accusation de sorcellerie invoquée fallacieusement alors pour justifier son procès[61]. En outre, le portrait de la Galigaï brossé par des Réaux correspond en tout point à celui d'une atrabilaire au féminin : « En Italie, elle ne voyoit personne, et dez qu'elle fut en France, elle s'enferma, car elle estoit fort bizarre[62] ». Furetière indique que l'adjectif « bizarre » désigne une personne « fantasque, qui a des mœurs inégales, des opinions extraordinaires et particulières[63] ». Le sentiment d'étrangeté domine ainsi le portait de la maréchale, paradoxalement favorite de la reine alors « qu'elle ne sçavoit point vivre à la mode de la Cour[64] ». S'esquisse alors l'image du bouc émissaire[65], dont l'exécution purge toute la folle violence alors présente dans la société[66].

Le nouvelliste ne manque pas d'évoquer non plus le rôle joué par l'hérédité dans la folie, dépassant ainsi la simple dichotomie homme/femme. Ainsi la famille Pujet[67], dont l'un d'eux avouait : « Tous les Pugets et les Pugettes avoient quelque endroit dans la tête qui n'allait

59 G. Tallemant des Réaux, *op. cit.*, t. 1, p. 296.

60 *Ibid.*, t. 1, p. 70.

61 *Ibid.*, t. 1, p. 79 : « Le Parlement, qui ne croit point de sorciers, condamna la Mareschale comme sorciere ». Sur les Concini et leur éviction du pouvoir par Louis XIII, voir la thèse de D. Amstutz, *La Fable du favori dans la littérature française du premier* XVIIe *siècle*, thèse de doctorat sous la direction de P. Dandrey, Université Paris-Sorbonne, 2013.

62 *Ibid.*, t. 1, p. 78.

63 URL : http://www.xn--furetire-60a.eu/index.php/non-classifie/757550333- (consulté le 9 mars 2022).

64 G. Tallemant des Réaux, *op. cit.*, t. 1, p. 78.

65 R. Girard, *Le Bouc émissaire*, Paris, Le Livre de Poche, « Biblio essais », 1986.

66 Y. Rodier, « Les libelles et la fabrique de l'odieux (1615-1617) : l'imaginaire de la haine publique et le coup d'État de Louis XIII », *Dix-septième siècle*, vol. 276, n° 3, 2017, p. 441-454.

67 G. Tallemant des Réaux, *op. cit.*, t. 2, p. 530.

pas bien[68] ». Tallemant n'épargne pas sa propre famille, à commencer par son père qui adopte un langage particulier truffé de néologismes, son fils, l'abbé Tallemant, « le plus grand inquiet de France et qui se chagrine le plus[69] », ou encore La Leu[70], le beau-frère de son père, orgueilleux aux délires impératifs et mystiques, qui se fait « une religion particulière[71] » en expliquant « tous les mysteres[72] » de la Sainte Écriture « à sa mode[73] » ou qui, « pour faire le *Socrate*[74] », s'avise de dire « qu'il avoit un esprit familier[75] ».

Enfin, l'exploration de Tallemant l'amène à rencontrer des folles, des fous et des lunatiques de toutes sortes à tel point que les « anormaux[76] » semblent même dominer cette collection de cas particuliers. Michel Foucault soutient la thèse du « grand renfermement » des fous au XVIIe siècle, mais dans l'œuvre de Tallemant, ils courent les rues et la société les tolère. Au début du XXe siècle, le Dr Trénel a même affirmé que les *Historiettes* ne sont souvent que les portraits des déséquilibrés et des fous de son temps[77], des états et empires de la folie en somme. Sans réduire les *Historiettes* à un manuel de psychiatrie, il est certain que Tallemant s'intéresse à tous ceux qui s'écartent de la norme parce qu'ils se démarquent et se font remarquer[78] ; leur comportement, étrange aux yeux des autres, étonne, amuse, choque, suscite des on-dit[79], des

68 *Ibid.*, t. 2, p. 533.
69 *Ibid.*, t. 2, p. 568.
70 *Ibid.*, t. 2, p. 554.
71 *Ibid.*
72 *Ibid.*
73 *Ibid.*
74 *Ibid.*, t. 2, p. 555.
75 *Ibid.* Il affirme aussi à M. de Marca, (qui deviendra par la suite archevêque de Toulouse) : « Je suis le *Messie*; mais il me faut un précurseur, et c'est vous qui l'estes » (*ibid.*, t. 2, p. 556).
76 M. Foucault, *Les Anormaux : Cours au collège de France 1974-1975*, Paris, EHESS, Gallimard et Seuil, « Hautes Études », 1999.
77 M. Trénel, *op. cit.*, p. 205.
78 Tallemant note souvent d'un comportement, d'une liaison, qu'ils font « du bruit » ou scandalisent : « celuy dont les folies ont le plus esclaté » (*op. cit.*, t. 2, p. 534).
79 L'expression « on-dit » est omniprésente dans les *Historiettes*, et V. Maigne affirme qu'elles constituent un « immense discours rapporté ». Voir V. Maigne, « Les *Historiettes* de Tallemant des Réaux : un immense discours rapporté », *Tristan L'Hermite. Tallemant des Réaux : Les Historiettes* (F. Assaf dir.), Actes du XXXIVe Colloque de la North American Society for Seventeenth Century French Literature, Athens, Georgia (1-3 octobre, 1992), Paris-Seattle-Tübingen, *Papers on French Seventeenth Century Literature*, vol. 20,

rumeurs, des potins, du scandale. Or, qu'est-ce que le scandale ? D'abord d'origine théologique, le mot désigne avant tout « dans l'Écriture [...] tout ce qui nous peut porter au péché, ou qui nous y sollicite », et plus couramment, il est aussi « une action, ou une doctrine qui choque les mœurs, ou la commune opinion d'une nation[80] » : en tant que manifestation publique du décalage entre ce qui est et ce qui devrait être, entre la règle et la déraison, la notion accompagne la folie. À ce titre, la folie, l'excès et la bizarrerie des portraits de femmes sont éminemment liés au projet d'écriture des *Historiettes* : dévoiler la vérité et collectionner tout ce qui attire la curiosité.

Que la folie ait son versant proprement féminin, il n'est que de lire les *Historiettes* de Mme de Vervins ou de Mme de Saintot pour s'en convaincre, mais Tallemant agrémente la traditionnelle frustration amoureuse et son « mal de mère » du sel de la facétie, conférant une délicieuse saveur mondaine et littéraire aux égarements et aux excès de ces deux extravagantes. Cette position, nourrie de représentations misogynes, tend à cliver les rapports entre les sexes, même si des Réaux ne manque pas de brocarder les fous et les maniaques au masculin. Cette collection de cas particuliers, véritable asile de papier, construit ainsi une mosaïque du Grand Siècle où l'anormalité s'érige en norme anthropologique ; mais dans le même temps elle dessine en creux le portrait de la normalité triomphante qui s'ancre à cette période, comme l'atteste la vogue des manuels de civilité. Mais ces codes de civilité, s'ils permettent de juguler les pulsions, affadissent considérablement le quotidien. Les déraisonnables et leurs excès, quel que soit leur genre, jouent ainsi le rôle du *pharmakon*[81], à la fois poison de la stabilité sociale, et remède à l'ennui pour ceux qui se conforment aux normes et assistent, en toute impunité, à ce délirant spectacle du monde. Enfin, l'œuvre de Tallemant, qui répond à une véritable manie de la collection[82], n'est-elle pas, par

---

1993, p. 135-141. À ce titre, la question de la voix doit être posée. Qui parle dans les *Historiettes* ? Tallemant, Mme de Rambouillet, qui s'avère être sa source principale, les amies de celle-ci, les connaissances de Tallemant ?

80 URL : http://www.xn--furetire-60a.eu/index.php/non-classifie/801404327- (consulté le 9 mars 2022).

81 R. Girard, *La Violence et le sacré*, Paris, Éditions Bernard Grasset, 1972.

82 Outre les *Historiettes*, Tallemant a aussi compilé les pièces en vers de nombreux auteurs de son époque, comme en témoigne le manuscrit français 1942 de la Bibliothèque nationale de France.

son joyeux désordre et sa foule de personnages déjantés, une audacieuse thérapeutique qui dissout l'encre de la mélancolie[83] ?

Aurélie BONNEFOY-LUCHERI
IRCL, Montpellier III

83 J. Starobinsky, *L'Encre de la mélancolie*, Paris, Éditions du Seuil, « La librairie du XXIe siècle » 2012.

LES « FOLLES » D'AMOUR ET DE LETTRES

« O Ciel ! qu'elle est sçavante ! – Ah ! dites qu'elle est folle[1] ! ». Cet extrait significatif de la comédie de Samuel Chappuzeau intitulée *L'Académie des femmes* rend bien compte d'une opinion assez répandue au XVIIe siècle : une femme savante, c'est une folle, susceptible de ne faire « qu'un saut » du « Marais aux Incurables[2] ». On peut en trouver une autre illustration dans la gravure d'Abraham Bosse intitulée *Les Vierges folles*, réinterprétation d'une parabole de l'*Évangile* selon Matthieu (XXV, 1-13), qui a donné lieu à beaucoup d'exégèses et à de multiples représentations picturales. Abraham Bosse la met au goût du jour, pour évoquer ces femmes qui font du loisir profane leurs occupations quotidiennes, et « donnent dans » les défauts à la mode, si l'on peut dire : coquetterie (la femme au miroir), jeu (les deux femmes assises au centre jouent aux cartes), musique, lectures (les deux femmes à droite et à gauche tenant un livre, les livres entassés sur le pliant). Lectures de « livres d'amour », comme le précisent les vers de la légende, mais aussi lectures savantes : sur la table trône un globe terrestre, auquel on peut ajouter le gros in-folio sur la chaise à droite. Mais pas d'homme à l'horizon… Pourtant, il est assez frappant de constater qu'il y a le plus souvent conjonction, dans les comédies et les romans, entre la figure de la mondaine frivole et coquette, adonnée aux livres d'amour et aux conversations galantes, et celle de la « savante », et une certaine propension, voire une propension certaine, à relier non *eros* et *thanatos*, mais *eros* et *biblion.* Le père, dans la comédie de Chappuzeau, souhaite délivrer sa fille « De tous ces chiens d'Autheurs, dont sa chambre fourmille », tout en craignant « […] de la voir enfin à lire trop / Aux petites Maisons aller au grand galop[3] ».

1 S. Chappuzeau, *L'Académie des femmes, comédie. Représentée au Theatre du Marais*, Paris, A. Courbé et L. Billaine, 1661, p. 6 (I, 3).

2 A. Baudeau de Somaize, *Le Procez des pretieuses en vers burlesques, comedie*, Paris, Estienne Loyson, 1660, p. 44 (s. 12).

3 S. Chappuzeau, *op. cit.*, p. 18 (II, 2). Les Petites Maisons sont un asile d'aliénés parisien créé en 1557.

FIG. 1 – Abraham Bosse (1602-1676), *Les Vierges folles* (1635).
© BnF (IFN 8428892).

Ce lien, dénoncé ou suggéré, entre l'amour des hommes et l'amour des livres est susceptible de conduire à trois perversions, trois sortes de « folies » – au sens de conduites contraires aux bienséances, qui rendent les femmes déraisonnables et extravagantes, voire « dénaturées ». Soit elles se passent de la figure, et de la présence, masculines (comme sur cette gravure), ce qui est en soi transgressif, la vierge étant censée veiller assez rapidement à ne plus l'être par mariage, et la femme s'occuper de son mari, de son ménage et de ses enfants ; la femme savante, qui ne trouve plaisir que dans les activités intellectuelles ou artistiques, délaissant pour cela les devoirs et fonctions traditionnellement dévolus à la femme, risque de devenir vieille fille, ou mauvaise ménagère, voire « hermaphrodite[4] », comme le craint le valet Roguespine dans *Le Procès*

4 A. Baudeau de Somaize, *op. cit.*, p. 7 (s. 2) : « Sont-elles point hermaphrodites ? ».

des précieuses de Somaize. Soit elle confond ce que lui disent les livres d'amour avec la réalité des choses de la vie, telles les précieuses ridicules de Molière, rejoignant ainsi Don Quichotte et Lysis, le berger extravagant de Sorel[5], ce qui pervertit son rapport « normal » avec les hommes, et donc son « destin » de jeune fille, puis de femme : la soumission et le respect, fût-ce envers un butor ou un ennuyeux. Soit enfin elle confond dans une même « folie » désir des livres/désir de savoir et désir sexuel. Les trois « filles à marier » de la comédie de Desmarets de Saint-Sorlin, *Les Visionnaires*, incarnent chacune l'une de ces folies[6], selon un schéma que reprendra trente ans plus tard Molière.

LE DÉSIR DES LIVRES CONTRE LA « VIE NORMALE DES FEMMES »

Chez Desmarets, Sestiane est « amoureuse de la Comédie[7] ». Aux fleurettes que lui conte Amidor, possible prétendant, et pas si repoussant pour elle puisqu'il est lui-même poète (extravagant certes), elle répond :

> Ô Dieux ! qu'il a d'esprit ! Mais il faut que je die
> Que nous parlions aussi touchant la comédie ;
> Car c'est ma passion [...][8].

Et, si elle se retire avec lui seule à seul, au scandale de sa sœur, c'est par pur amour... de la comédie : « [...] Ce sera sans scandale. / Nous ne sommes qu'esprit, et pour être à l'écart / Le corps en nos amours ne prend aucune part[9] ». On pourrait penser que, malgré tout... Mais en fait, Sestiane ne songe qu'à utiliser Amidor pour mettre en vers un

---

5 C. Sorel, *Le Berger extravagant où, parmi des fantaisies amoureuses, on voit les impertinences des Romans et de la Poésie*. À Paris, Chez Toussainct du Bray, ruë S. Jacques aux Epics meurs, 1627 (rééd. sous le titre *L'Anti-Roman ou l'histoire du berger Lysis, accompagnée de ses remarques* en 1633 et en 1634 par le même libraire).

6 J. Desmarets de Saint-Sorlin, *Les Visionnaires* [1637], *Théâtre du XVIIe siècle*, t. 2, J. Scherer et J. Truchet (éd.), Paris, Gallimard, « Bibliothèque de la Pléiade », 1986, p. 405-492.

7 *Ibid.*, liste des personnages, p. 408. « Comédie » est ici employé au sens général de théâtre.

8 *Ibid.*, p. 428 (II, 4, v. 541-543).

9 *Ibid.*, p. 468 (IV, 4, v. 1444-1446).

(extravagant) sujet de tragi-comédie, sur lequel elle revient longuement à deux reprises[10] : elle se rêve donc quelque peu en dramaturge, projet particulièrement extravagant pour une femme à cette époque[11]. Sestiane finit par déclarer hautement : « Je ne veux de ma vie entrer en mariage / Ne pouvant pas porter les soucis d'un ménage[12] ».

Improbable extravagance, dans la France du XVIIe siècle ? Peut-être a-t-elle pour modèle Marie de Gournay, fille d'alliance de Montaigne, « fille[13] docte » selon l'expression du temps… ce qui fit faire les gorges chaudes à nombre de satiristes, qui n'hésitent pas à la traiter, comme un certain Antoine Gaillard, de « Pucelle de mille ans, vieille Muse authentique / Savante jusqu'aux dents, sage Métaphysique[14] ». On retrouve Marie de Gournay dans *La Comédie des Académistes pour la réformation de la langue française, pièce comique* de Saint-Évremond, écrite vers 1638, et qui circula en manuscrit jusqu'à sa première édition en 1650. C'est, sous forme théâtrale, un pamphlet contre les désirs de réformation de la langue française qui agitent les académiciens. Chez le libraire-éditeur Camusat se retrouvent divers membres de l'Académie ; cela donne lieu à une galerie de portraits en action, les uns relativement raisonnables, les autres ridicules, voire un peu fous. Au moment où il est question d'accepter ou pas la conjonction « or », voici qu'arrive « la sibylle Gournay[15] », que Chérisy qualifie élégamment de « vieille biche » et à qui il promet de « faire niche[16] ». Elle leur reproche de se railler d'une « docte vieillesse[17] », et les reprend, assez vigoureusement, sur leurs vaines tentatives de réformer la langue ; certes, elle encourt quelque ridicule à défendre bec et ongles certains archaïsmes, ainsi que la morale un peu plus rigoureuse (selon elle) de ce temps-là, mais elle

10 *Ibid.*, p. 431-432 (II, 4) et p. 468 (IV, 5).

11 Voir A. Evain, P. Gethner, H. Goldwyn (éd.), *Théâtre de femmes de l'Ancien Régime. XVIIe siècle*, Saint-Étienne, Publications de l'Université de Saint-Étienne, 2008, « Introduction », p. 7-28.

12 J. Desmarets de Saint-Sorlin, *op. cit.*, p. 485 (V, 5, v. 1845-1846).

13 « se dit absolument de l'état de celle qui n'a point été mariée » (Furetière). URL : http://www.xn--furetire-60a.eu/index.php/non-classifie/3375054- (consulté le 22 mars 2022).

14 A. Gaillard, *Œuvres du sieur Gaillard*, À Paris, Chez Jacques Dugast dans la Cour du Palais, Place du Change, 1634, *Comédie*, p. 40 (IV, 2). Deux poètes grotesques, Gaillard et Bracquemart, la convoquent pour juger de leur valeur respective.

15 C. de Saint-Évremond, *La Comédie des Académistes* [1650], dans *Théâtre du XVIIe siècle*, t. 2, *op. cit.*, p. 493-530, p. 511 (III, 1, v. 371).

16 *Ibid.*, p. 511 (III, 1, v. 373-374).

17 *Ibid.*, p. 511 (III, 2, v. 382).

ne s'en laisse pas conter par ces « savanteaux[18] », qu'elle accuse d'être fourbes et flatteurs, ce qui conduit Boisrobert à la traiter de « vieille folle »... Mais Silhon lui rétorque : « Chacun a sa folie, et tel pense être sage / Qui blâme dans autrui les traits de son visage[19] ». Ainsi Saint-Évremond, qui est en train de passer de sa carrière militaire à une carrière mondaine, maintient-il une certaine ambiguïté : vieille folle, mais qui ne manque pas de bon sens dans sa critique des prétentions de quelques académiciens à réformer la langue.

L'Armande de *L'École des femmes* ressemble à Sestiane, mais elle va nettement plus loin dans le refus, qu'elle exprime comme un véritable dégoût, quasi obsessionnel effectivement, du corps et des relations physiques, cette « [...] partie animale / Dont l'appétit grossier aux bêtes nous ravale[20] ». C'est sans doute parce qu'entretemps le mouvement qualifié de précieux a valorisé une dissociation de l'amour et du sexe, la possibilité pour les femmes d'être « galantes sans aimer les galants », et de demander à leurs soupirants une amour « Du commerce des sens nette et débarrassée », une « [...] union des cœurs, où les corps n'entrent pas », loin des « sales désirs[21] » des amours grossières. Mais « Cet empire que tient la Raison sur les sens, / Ne fait pas renoncer aux douceurs des encens[22] » : le « naturel » ne se laisse pas refouler si facilement. Les haut-le-cœur d'Armande devant ce que le mot de mariage « offre de dégoûtant[23] » ne l'empêchent pas de prendre fort mal la défection de son amant, tout en restant incapable de dépasser les apories de sa position : comme le lui fait remarquer Clitandre, prétendre dissocier mariage et sexualité, aussi bien qu'amour et sexualité, est littéralement impossible, insensé ; à l'exigence d'Armande de n'adresser ses transports qu'à l'esprit, et d'oublier « qu'on ait un corps », il réplique :

> Pour moi par un malheur, je m'aperçois, Madame,
> Que j'ai, ne vous déplaise, un corps tout comme une âme :

18 *Ibid.*, p. 513 (III, 2, v. 421).

19 *Ibid.*, p. 514 (III, 2, v. 425 et v. 429-430).

20 Molière, *Les Femmes savantes* [1672], dans *Œuvres complètes*, C. Bourqui *et alii* (éd.), Paris, Gallimard, « Bibliothèque de la Pléiade », t. 2, 2010, p. 539 (I, 1, v. 47-48).

21 *Ibid.*, p. 599 (IV, 2, v. 1194, 1196 et 1208). Voir M. Dufour-Maître, « Trouble dans la galanterie ? Préciosité et questions de genre », *Littératures classiques*, n° 90, 2016/2, p. 107-118.

22 *Ibid.*, p. 540 (I, 1, v. 101-102).

23 *Ibid.*, p. 538 (I, 1, v. 10).

> Je sens qu'il y tient trop, pour le laisser à part ;
> De ces détachements je ne connais point l'art ;
> Le Ciel m'a dénié cette Philosophie,
> Et mon âme et mon corps marchent de compagnie[24].

AIMER DES ÊTRES DE PAPIER

Parmi les filles à marier mises en scène par Desmarets, il y a aussi Mélisse, « amoureuse d'Alexandre le Grand[25] » :

> Après ce que j'ai lu de ce grand Alexandre, […]
> Beau, courtois, libéral, adroit, savant et sage, […]
> Je ne puis rien trouver digne de mon amour.
> C'est lui dont le mérite a captivé mon âme,
> C'est lui pour qui je sens une amoureuse flamme […][26].

Elle est ainsi une des premières à inaugurer la galerie des « folles par identification romanesque », sur le modèle de Don Quichotte et du berger Lysis, dont le « coupable » désigné en France est en général *L'Astrée.* Ainsi, dans *Le Roman bourgeois* de Furetière, Javotte dévie de la trajectoire bourgeoise qui lui était tracée pour avoir été initiée à la lecture de *L'Astrée* par le gentilhomme Pancrace : elle voudrait désormais « qu'on lui fît l'amour dans les formes et à la manière du livre qui l'avait charmée[27] ». Il est à noter que Furetière souligne que ce livre lui est d'autant plus dangereux qu'elle a été élevée « avec une trop grande retenue[28] », qu'on ne lui a pas « formé l'esprit[29] », ce qui la laisse totalement à la merci de la séduction des romans, et de ceux qui

24 *Ibid.*, p. 599 (IV, 2, v. 1212-1218).

25 J. Desmarets de Saint-Sorlin, *op. cit.*, liste des personnages, p. 408.

26 *Ibid.*, p. 420-421 (II, 1, v. 354, 357, 360-362).

27 A. Furetière, *Le Roman bourgeois* [1666], M. Roy-Garibal (éd.), Paris, GF, « Littérature et civilisation », n° 1073, 2001, p. 201. Voir mon article « Les Parisiennes selon Furetière dans *Le Roman bourgeois* », J. Chiron, N. Grande, R. Herz-Gazeau, J. Pilorget et J. Piront (dir.), *Les Parisiennes : des femmes dans la ville (Moyen Âge-XVIIIe siècle)*, Arras, Artois Presses Université, 2020, p. 155-166. Sur une autre victime de la « folie romanesque », voir la contribution de Nathalie Grande dans ce volume.

28 A. Furetière, *op. cit.*, p. 200.

29 *Ibid.*, p. 201.

en imitent les formes. Comme Pancrace n'y manque pas, elle devient « éperdument amoureuse de lui[30] », contre toute raison, familiale et sociale. Elle se retrouve en rupture de ban : le gentilhomme l'enlève et l'emmène « dans un château sur la frontière, où il avait une garnison qu'il commandait[31] ». La voilà bien loin des salons parisiens, bien loin de la liberté dont elle rêvait, et guère en sûreté, car rien ne dit que Pancrace va l'épouser, d'autant qu'il y a mésalliance d'une part, et rapt de l'autre – tous deux punissables en justice : socialement, sa conduite est bel et bien « folle ». On retrouve le thème dans *Les Opéra* de Saint-Évremond : le père a vu tourner autour de sa fille un certain Tirsolet qui lui « faisoit lire les *Astrées* », ce qui lui avait fait craindre « qu'il ne lui mît dans la tête la fantaisie d'étre Bergere, & qu'il ne la menât un beau jour au Pays de Forêts[32] » (un sous-entendu sexuel n'est pas impossible). En fait, elle est devenue folle des opéras, et ne parle plus qu'en chantant…

Mais il y a quelque chose de plus chez Mélisse : c'est bien d'Alexandre « en personne » dont elle est « follement » amoureuse, au point de rêver qu'il soit resté vivant en quelque palais enchanté, qu'elle puisse un jour le rejoindre « en habit d'Amazone[33] », et… qu'il lui fasse un enfant ! Il lui suffit de croire, à la suite d'un quiproquo, qu'Artabaze, le matamore de la pièce, est bel et bien Alexandre en personne, pour lui adresser une déclaration enflammée, et lui faire une poursuite acharnée[34], mais elle le rejette violemment dès qu'elle est détrompée. De plus, lorsque Mélisse se lance dans un monologue encomiastique à celui qu'elle « adore[35] », elle prouve qu'elle a suffisamment de lettres pour connaître tout de la vie de son héros. C'est donc bien l'amour dévoyé d'une fille docte, qui ne manque pas d'art pour affronter les difficultés de la poésie épique, et qui se fait elle aussi autrice en un genre auquel son genre n'est guère habilité.

Son autre prétendant, Phalante (lui-même riche imaginaire), y renonce : « Je perds ici le temps ; elle est préoccupée / Par cette folle amour dont

30 *Ibid.*, p. 200.

31 *Ibid.*, p. 215.

32 C. de Saint-Évremond, *Les Opéra, comédie* [1676], *Œuvres meslées*, t. 2, Londres, Jacob Tonson, 1705, p. 116 (I, 3).

33 J. Desmarets de Saint-Sorlin, *op. cit.*, p. 459 (IV, 1, v. 1248).

34 *Ibid.*, p. 469 (IV, 2 ; IV, 5 ; IV, 7 ; V, 3).

35 *Ibid.*, p. 457 (IV, 1, v. 1188). Le monologue compte 69 vers.

sa tête est frappée[36] ». Ainsi, la tentative de son père de la marier échoue-t-elle sur cette triste constatation : « Hélas ! ma fille est folle[37] ».

Selon Desmarets, « il y a beaucoup de filles qui, par la lecture des histoires et des romans, se sont éprises de certains héros, dont elles rebattaient les oreilles à tout le monde, et pour l'amour desquels elles méprisaient tous les vivants[38] » : on est là dans la caricature ; mais on est sur la voie des précieuses ridicules de Molière, qui rêvent d'amants (et même de maris, folie suprême !) semblables aux héros des romans d'amour, et qui de ce fait ne peuvent plus se contenter des hommes réels, avec leurs manques et leurs imperfections. À moins d'accepter son sort : Émilie, la femme savante de Chappuzeau, qui se réjouissait de la (fausse) mort de son mari pour pouvoir « épouser [...] une Bibliotheque[39] » se résigne lors de son retour inopiné : « Rentrons puis qu'il le faut, rentrons dans l'esclavage[40] » ; mais il n'est pas sûr que le mari, qui exige qu'elle abandonne ses livres, y trouve son compte, lui qui avait fui « cette femme incommode à lire incessamment / Qui raisonne à table, au lit, même en dormant[41] ». Elle avait d'ailleurs fait renoncer Hortense, pourtant savant lui-même, devant la perspective d'épouser « Une femme qui lit Des Cartes [Descartes], Casaubon » :

> Lorsque ce Sexe croit en sçavoir plus que nous,
> De nostre authorité d'abord il est jaloux.
> Une femme qui lit, & qui lit Campanelle[42] !
> Que c'est un beau moyen de gaster sa cervelle ! [...]
> Si nous n'y donnons ordre, apres cette equipée,
> Bien-tost avec un livre elle prendra l'épée[43].

Le risque est bien de remettre en cause l'ordre patriarcal que dénonce Émilie auprès de ses amies[44]. Ce sont les structures hiérarchiques

36 *Ibid.*, p. 423 (II, 1, v. 409-410).

37 *Ibid.*, p. 482 (V, 4, v. 1775).

38 *Ibid.*, « Argument », p. 406.

39 S. Chappuzeau, *op. cit.*, p. 54 (III, 7).

40 *Ibid.*

41 *Ibid.*, p. 34 (III, 1).

42 Isaac Casaubon (1559-1614), érudit et humaniste protestant ; Tommaso Campanella (1568-1639), philosophe utopiste (*La Cité du soleil*), poursuivi par l'Inquisition pour hérésie. Comme les femmes savantes, Émilie goûte avant tout la philosophie, et la plus moderne : le *Discours de la méthode* date de l'année même de la pièce (1637).

43 *Ibid.*, p. 13 et 14 (I, 5).

44 *Ibid.*, p. 38 (III, 3).

« normales » entre les sexes que le désir de connaissance met en danger, faisant courir le risque de voir s'instaurer un monde renversé, « fou ». Mais on peut aussi noter que les lectures mentionnées laissent soupçonner chez cette savante une certaine propension à apprécier les pensées modernes hétérodoxes, ce que l'on retrouve chez les femmes savantes de Molière : est-ce dénoncer une autre forme de folie, comme si la pensée féminine, marginalisée, était d'autant plus portée à apprécier les pensées marginales – à moins qu'elle ne soit accusée d'être incapable de raison et de mesure ?

LE RETOUR DU REFOULÉ
Confondre désir des livres et désirs physiques

Est-ce que les livres sont, comme le dit Émilie, « [...] de ces amis que sans honte & sans blâme, / Peut bien entretenir la plus honneste femme[45] » ? Ce n'est pas si sûr. Déjà Hespérie trouvait bien condamnable la conduite de ses sœurs :

> L'une faisant semblant de conférer de vers
> Court après un poète, et dans des lieux couverts,
> Éloignés de mes yeux, tâche à gagner son âme.
> L'autre se voit réduite à cette honte infâme
> De suivre un capitaine, à toute heure, en tous lieux,
> Au vu de tout le monde[46].

« Osent-elles, bons Dieux, témoigner leur ardeur ? / À ce compte vos sœurs ont perdu la pudeur[47] ? » s'inquiète le père. Mais Hespérie ne parle ni au nom de la raison, ni au nom de la bienséance : elle s'offusque que ses sœurs prennent pour elle des hommages dont elle considère qu'ils lui sont en fait destinés. En effet, la troisième fille à marier de Desmarets est une nymphomane, qui croit que tout homme risque la mort à seulement l'entrevoir : « Je ne puis ouvrir l'œil sans faire une blessure, / Ni faire

45 *Ibid.*, p. 54 (III, 7).
46 J. Desmarets de Saint-Sorlin, *op. cit.*, p. 471 (IV, 6, v. 1509-1514).
47 *Ibid.*, p. 472 (IV, 6, v. 1525-1526).

un pas sans voir une âme à la torture[48] ». C'est la conséquence directe de ses lectures, puisque les poésies amoureuses abondent en amants à qui la vue de leur belle est fatale… Par exemple, elle dit craindre « […] que quelque amant n'ait avant son trépas / Ordonné que son cœur servît à [ses] repas[49] » : manifestement, cette idée lui vient du vieux mythe du « cœur mangé ». Par peur de provoquer une hécatombe, elle déclare alors renoncer au mariage : « Bons dieux ! quelle folie[50] ! » s'écrie le père – mais n'écoutera-t-elle pas un jour les discours séducteurs d'un de ces savants qui ne renoncent pas pour autant aux plaisirs de la chair, et qui peuvent faire de leur savoir (lettré ou érudit) un moyen de piéger ces femmes avides de belles lectures et de belles pensées, tel l'Hortense de Chappuzeau ?

> Mais au fond, sans rougir, quand un Physicien,
> Discourt de la matiere, aspirant au lien,
> Qui l'unit à la forme, il ajouste comme
> Tres-naturellement la femme appete l'homme[51].

Ou encore le Trissotin de Molière, qui trouve fort à son goût Henriette, et n'entend pas renoncer à ses « célestes appâts[52] ». Il est vrai qu'il est également amoureux de sa dot.

L'Arnolphe de *L'École des femmes* prétend quant à lui savoir à quoi s'en tenir : les femmes savantes sont aussi des femmes galantes, et les salons qu'elles tiennent ne peuvent être que des lieux de séduction, sous couvert d'être des lieux de savoir :

> Héroïnes du temps, Mesdames les Savantes,
> Pousseuses de tendresse et de beaux sentiments,
> Je défie à la fois tous vos Vers, vos Romans,
> Vos Lettres, Billets doux, toute votre Science,
> De valoir cette honnête et pudique ignorance[53].

On trouvait déjà la même antienne chez Desmarets, quand Sestiane dénonce la méfiance des maris envers les « assemblées », c'est-à-dire les

---

48 *Ibid.*, p. 416 (I, 6, v. 241-242).
49 *Ibid.*, p. 416 (I, 6, v. 255-256).
50 *Ibid.*, p. 484 (V, 4, v. 1823).
51 S. Chappuzeau, *op. cit.*, p. 12 (I, 4).
52 Molière, *Les Femmes savantes*, *op. cit.*, p. 612 (V, 1, v. 1519).
53 Molière, *L'École des femmes* [1663], dans *Œuvres complètes*, *op. cit.*, t. 1, 2010, p. 411 (I, 4, v. 244-248).

salons mondains en voie de développement, où l'on parle littérature et spectacles : « Ils pensent que c'est là que se voit le galant, / Que se donne l'œillade et le poulet coulant[54] ». Chez Furetière, non seulement Javotte fait la rencontre de son galant dans une « compagnie d'illustres et de précieuses[55] » de ce genre, mais elle y croise aussi une certaine Phylippote. Jeune bourgeoise, elle se fait appeler Hyppolite « en son nom de roman » : « Un de ses amants lui enseignait le latin, un autre l'italien, un autre la chiromancie, un autre à faire des vers, de sorte qu'elle avait presque autant de maîtres que de serviteurs[56] ». Maîtres à tout faire ?… Libéraliser l'accès aux livres, disent ces textes, c'est libéraliser l'accès à la sexualité : un des textes érotiques majeurs du siècle ne s'appelle-t-il pas *L'École des filles*, sous-titré « la philosophie des dames », et ne cherche-t-il pas à enseigner un savoir (à la fois linguistique et physique) sur la vie sexuelle[57] ?

L'acte III des *Femmes savantes* s'ouvre sur la représentation d'un salon tout à la fois galant et savant. En effet, Trissotin est d'abord instamment prié de dire les vers, galants il va de soi, qu'il vient de composer : « Ne faites point languir de si pressants désirs. / – Dépêchez. – Faites tôt, et hâtez nos plaisirs[58] ». Et chacune à l'envi de se pâmer sur ces vers de mirliton : « On n'en peut plus ! – On pâme. – On se meurt de plaisir. / – De mille doux frissons vous vous sentez saisir[59] », et même : « Ah tout doux, laissez-moi, de grâce, respirer. […] / – On se sent à ces Vers, jusques aux fond de l'âme, / Couler je ne sais quoi qui fait que l'on se pâme[60] ». On s'extasie en particulier sur un certain « quoi qu'on die »… répété 14 fois ! Or il contient une de ces syllabes sales que Philaminte voudrait proscrire :

> Mais le plus beau projet de notre Académie […]

---

54 J. Desmarets de Saint-Sorlin, *op. cit.*, p. 485 (V, 5, v. 1855-1856).

55 A. Furetière, *op. cit.*, p. 156.

56 *Ibid.*, p. 157. Furetière s'inspire là du personnage de Damophile dans *Artamène, ou le grand Cyrus* de Madeleine de Scudéry (X[e] partie, livre 2, « Histoire de Sapho », Paris, Augustin Courbé, 1653). Mais il n'y a pas de perversion sexuelle dans ce personnage.

57 Première impression en 1655 ; les exemplaires sont rapidement saisis et détruits, mais l'un d'entre eux parvient en Hollande, et le texte est réimprimé en 1668 (Fribourg, Roger bon temps), sous le titre *L'École des filles, ou la philosophie des dames.*

58 Molière, *Les Femmes savantes*, *op. cit.*, p. 572 (III, 1, v. 717-718).

59 *Ibid.*, p. 579 (III, 2, v. 810-811).

60 *Ibid.*, p. 576 (II, 2, v. 776 et 778-779).

> C'est le retranchement de ces syllabes sales,
> Qui dans les plus beaux mots produisent des scandales ;
> Ces jouets éternels des Sots de tous les temps ;
> Ces fades lieux communs de nos méchants Plaisants ;
> Ces sources d'un amas d'équivoques infâmes,
> Dont on vient faire insulte à la pudeur des Femmes[61].

Comment ne s'est-elle pas rendu compte que la scène avec Trissotin était justement fort équivoque ? L'aveuglement fait partie de la folie, et le refoulé ressurgit sournoisement. On passe ensuite aux questions de physique dont devrait s'occuper l'académie qu'envisage de fonder Philaminte, mais Bélise révèle ses obsessions en déclarant : « Je m'accommode assez pour moi des petits Corps ; / Mais le vide à souffrir me semble difficile, / Et je goûte bien mieux la matière subtile[62] »...

Au fond, Molière, après d'autres, dénonce non tant le désir de savoir[63], mais la confusion, largement inconsciente, chez ces femmes savantes, du désir de savoir et du désir de jouir, que la Bible représentait déjà dans la figure de l'arbre de la connaissance, et de la « connaissance » qui s'ensuivit entre Adam et Ève. Il en présente lui aussi trois incarnations : l'une, Bélise, dans la lignée de l'Hespérie de Desmarets, voit partout des amants : « Notre sœur est folle, oui[64] » conclut Chrysale – folie sexuée (par privation) envahissant le monde de la connaissance. L'autre, Philaminte, déçue par son « bon bourgeois » réactionnaire de mari, déception fort probablement aussi physique, délaisse son ménage, et fait de la connaissance livresque le substitut non tant de son désir de jouir que de son désir de dominer, lui aussi insatisfait[65]. Quant à Armande, elle vit son désir de connaissance comme un véritable amour : elle parle

61 *Ibid.*, p. 584-585 (III, 3, v. 909 et 913-918). Sur ce point, voir M. Jeanneret, *Éros rebelle. Littérature et dissidence à l'âge classique*, Paris, Seuil, 2003 : « Molière : "Le moyen de chasser ce qui fait du plaisir ?" » (p. 277-301).

62 Molière, *Les Femmes savantes*, *op. cit.*, p. 583 (III, 2, v. 880-881).

63 Rappelons ce que dit Clitandre : « Je consens qu'une Femme ait des clartés de tout » (*ibid.*, p. 545, I, 3, v. 218); on peut trouver qu'il est bien bon, mais cela rejoint la position que Mlle de Scudéry exprime dans *Artamène ou le Grand Cyrus* (voir la notice des *Femmes savantes*, *ibid.*, p. 1514). Au demeurant, la principale erreur de Philaminte est de se tromper de « grand homme » (voir ce qu'en dit Clitandre, I, 3, v. 228-236), erreur qui vient sans doute, aux yeux du temps, d'un défaut de formation aux humanités (que les garçons acquièrent au collège).

64 *Ibid.*, p. 554 (II, 4, v. 397).

65 Voir l'autorité qu'elle veut voir conférer à l'académie qu'elle entend mettre en place (*ibid.*, p. 583, III, 3, v. 922-926).

de « nobles plaisirs », de « beaux feux », de « doux attachements », et dit à sa sœur : « Mariez-vous, ma Sœur, à la Philosophie[66] ». Parallèlement, son obsessionnel mépris du corps finit par lui coûter la perte de son amant, et courir le risque de demeurer vieille fille. Il est intéressant de noter qu'aux haut-le-cœur d'Armande devant le simple mot de mariage (pourtant fort convenable celui-là), Henriette répond très simplement :

> Ne concevez-vous point ce que, dès qu'on l'entend,
> Un tel mot à l'Esprit offre de dégoûtant ?
> De quelle étrange image on est par lui blessée ?
> Sur quelle sale vue il traîne la pensée ?
> N'en frissonnez-vous point ? et pouvez-vous, ma Sœur,
> Aux suites de ce mot résoudre votre cœur ?
> – Les suites de ce mot, quand je les envisage,
> Me font voir un Mari, des Enfants, un Ménage ;
> Et je ne vois rien là, si j'en puis raisonner,
> Qui blesse la pensée, et fasse frissonner[67].

C'est exactement ce que Molière fait dire, dans *La Critique de L'École des femmes*, à Uranie, répondant à Climène, qui dit être tombée malade de dégoût à la représentation de *L'École*, « pièce qui tient sans cesse la pudeur en alarme, et salit à tous moments l'imagination », tant on y découvre « d'ordures, et de saletés » : « Il faut donc que pour les ordures, vous ayez des lumières, que les autres n'ont pas[68] », et elle ajoute cette anecdote : lors d'une représentation, « quelqu'un même des Laquais cria tout haut, qu'elles étaient plus chastes des oreilles que de tout le reste du corps[69] ». D'un côté, sexualité « normale », et normalement assumée, sans pudibonderie excessive, ce qui implique tout de même une forme de connaissance (*L'École des femmes* montre ce qui arrive quand l'homme refuse aux femmes aussi ce savoir-là) ; de l'autre, refus de l'impur qui n'empêche pas le retour du refoulé. « L'appui de la philosophie[70] », auquel Philaminte, en prenant la décision d'autoriser le mariage de sa sœur, renvoie Armande, ne lui servira pas à grand-chose, dans un univers social qui ridiculise, voire ostracise, les « femmes savantes ».

66 *Ibid.*, p. 538-539 (I, 1, v. 34, v. 49, v. 44).
67 *Ibid.*, p. 538 (I, 1, v. 9-18).
68 Molière, *La Critique de L'École des femmes* [1663], dans *Œuvres complètes*, *op. cit.*, t. 1, p. 491 (s. 3).
69 *Ibid.*, p. 493 (s. 3).
70 Molière, *Les Femmes savantes*, *op. cit.*, p. 626 (V, 4, v. 1772).

Marie de Gournay avait sans aucun doute raison de se plaindre : « Parmy nostre vulgaire, on fagotte à fantasie en general & sans exception l'image d'une femme lettrée : c'est-à-dire, on compose d'elle une fricassée d'extravagances & de chimères », car on ne la voit « qu'avec des presomptions injurieuses, & soubs la forme de cét epouvantail ». Aux yeux de tous, « les sçavantes sont des escervelées », et le « descry » est général contre les « femmes studieuses[71] ». Malgré tout, il faut remarquer que les auteurs de comédie savent apporter des nuances. Soit, chez Desmarets, les prétendants (voire le père) sont tout aussi « visionnaires » que les femmes auxquelles ils sont confrontés, tout comme les poètes caricaturaux qui fréquentent le salon de Philaminte (et l'on se souviendra qu'ils ont des modèles réels). Soit représenter des « femmes savantes », c'est leur donner la parole, dans des discours qui contiennent des revendications qui ne sont pas toutes si « folles » que cela.

Cependant, peut-être n'y a-t-il pas seulement, dans ces représentations de folies féminines confondant l'amour et les livres, l'exploitation au service du comique et de la satire de la crainte de l'ordre patriarcal devant un désir de libération tant sexuelle qu'intellectuelle qui s'affirme au cours du XVIIe siècle – dans les classes favorisées, s'entend. Peut-être y a-t-il aussi cette intuition que « la sexualité et la connaissance sont deux sœurs jumelles qui, tel un sphinx à double visage, nous exposent à de redoutables défis[72] ». Ou, plus précisément : exposent les femmes à de redoutables défis en un temps où l'accès à l'une comme à l'autre est pour elles à la fois redoutablement difficile, et de plus en plus obtenu, donc décrié. D'où des conflits externes, mais aussi internes, car il n'est pas simple de s'opposer à l'idéologie dominante, et de demander une double libéralisation, conflits qui prennent la figure de la folie pour celles qui en sont victimes.

Claudine NÉDELEC
Textes et Cultures
Université d'Artois et SIÉFAR

71 M. de Gournay, *L'Ombre de la Damoiselle de Gournay. Œuvre composé de meslanges*, À Paris, Chez Jean Libert, ruë S. Jean de Latran, pres le College Royal, 1626, « Apologie de celle qui escrit. A un Prelat », p. 748, 749 et 744 (pagination erratique).

72 L. Naccache, *Nous sommes tous des femmes savantes*, Paris, Odile Jacob, 2019.

MADELEINE DE SCUDÉRY AU PÉRIL DE LA FOLIE

Comment un argument poétique devient une critique misogyne (Molière, Boileau, Subligny)

Qu'une lecture non distanciée des romans puisse causer un délire de l'imagination, on le sait au moins depuis *Don Quichotte* (1605). Rentré chez lui au terme de son périple, le héros de Cervantès confesse sur son lit de mort que « maintenant les histoires profanes de la chevalerie errante [lui] sont odieuses » : « Je reconnais ma folie, et le péril où m'a mis leur lecture [...] aujourd'hui, par la miséricorde de Dieu, ayant été fait sage à mes propres dépens[1] ».

En effet, toutes les aventures et mésaventures du héros reposent sur la confusion entre une réalité banale et le monde merveilleux des romans. Le paradigme mis en évidence par Cervantès, sur lequel on pourrait poser le diagnostic de « folie romanesque », consiste à observer les effets désastreux que provoque le développement désordonné de l'imagination chez les esprits faibles, les conduisant à perdre le sens du réel qui est le gage de la sagesse. Quand Charles Sorel dans *Le Berger extravagant* (1627) reprend le modèle de Cervantès, ce n'est pas seulement en déclinant dans l'univers pastoral la dénonciation burlesque entreprise par Cervantès pour le monde chevaleresque ; il poursuit lui aussi un discours critique : « Loin de ne constituer qu'un catalogue de fantaisies plus ou moins amusantes, [Sorel] érige l'extravagant en point de mire grâce auquel [il] démontre les apories d'une fiction entièrement conçue en fonction d'une immersion bien trop complaisante du lecteur[2] ». Comme on peut le remarquer,

1 M. de Cervantès, *Don Quichotte*, J. Canavaggio (éd.), Paris, Gallimard, 1988, « Folio », t. 2, p. 596.

2 Voir A.-É. Spica, « L'extravagance du berger extravagant de Charles Sorel (1627-1634) : un concept heuristique de la création fictionnelle au XVIIe siècle », *Carnets*, Première Série – 4, 2012. URL : http://journals.openedition.org/carnets/6586 (consulté le 13 janvier 2021).

dans cette configuration, le sujet d'observation et d'expérimentation poétique reste masculin (Don Quichotte et Lysis) tandis que l'objet de la critique reste anonyme (le roman de chevalerie, le roman pastoral) et général (la question d'une lecture trop identificatoire, non critique).

Or, aux alentours des années 1660, on observe que ce sujet se féminise dans différentes fictions en même temps que l'objet critique se focalise sur une autrice précisément. *Les Précieuses ridicules* d'abord en 1659, le *Dialogue des héros de roman* de Boileau, composé vers 1664-1665 mais publié des décennies plus tard, enfin *La Fausse Clélie* de Subligny parue en 1671, tous ces textes, de nature différente, ciblent une unique romancière, Madeleine de Scudéry. Comment la dénonciation de la « folie romanesque », partant d'un contexte général, et finalement assez convenu, de mise en cause de la fiction romanesque[3] en vient-elle à cibler précisément une autrice, et comment interpréter cette dérive ?

CATHOS ET MAGDELON LECTRICES DE MADELEINE DE SCUDÉRY

Que les Précieuses ridicules soient folles, on ne peut en douter à plus d'un titre. D'abord parce qu'une des sources de Molière serait *Les Visionnaires* de Desmarets de Saint-Sorlin (1637) où on retrouve la même intrigue de « jeunes folles à marier[4] » par un père soucieux de s'en débarrasser rapidement. Mais, à la différence de Desmarets qui propose plusieurs modèles de délire, leur folie de Précieuses tient à une source unique : elles ont trop lu de romans, et spécifiquement les romans de Madeleine de Scudéry. Quand Gorgibus tente de les convaincre que leurs relations avec leurs prétendants doivent commencer par le mariage, Magdelon s'écrie : « Mon Dieu, que si tout le monde vous ressemblait

3 Pour rappel, le roman est un genre en gestation au XVIIe siècle, objet de polémique aussi bien que de tentatives de régulation. Voir à ce sujet C. Esmein, *L'Essor du roman. Discours théorique et constitution d'un genre littéraire au XVIIe siècle*, Paris, Honoré Champion, 2008.

4 Molière, *Œuvres complètes*, C. Bourqui et G. Forestier (éd.), Paris, Gallimard, 2010, « Bibliothèque de la Pléiade », t. 1, p. 1199. Pour l'analyse des *Visionnaires* de Desmarets de Saint-Sorlin, je renvoie à la contribution de Claudine Nédelec dans ce volume.

un Roman serait bientôt fini : la belle chose, que ce serait, si d'abord Cyrus épousait Mandane, et qu'Aronce de plain-pied fût marié à Clélie[5] ».

Ce sont les couples principaux des deux longs romans de Madeleine de Scudéry, *Artamène ou le Grand Cyrus* (1649-1653) et *Clélie, histoire romaine* (1654-1660) que cite la jeune femme, avant de se lancer dans une tirade qui décrit en détail les codes et les étapes qui doivent selon elle rythmer la relation amoureuse, tous éléments qui rappellent le déroulement des intrigues des romans héroïques. Et Cathos renchérit ensuite en faisant une série de références à la Carte de Tendre, qui figurait dans le premier volume de *Clélie* : « Je m'en vais gager qu'ils [les deux prétendants envoyés par Gorgibus] n'ont jamais vu la carte de Tendre, et que billets doux, petits soins, billets galants, et jolis vers, sont des terres inconnues pour eux » (*op. cit.*, p. 11).

La folie de ces filles, comme on l'aura compris, s'apparente à une folie romanesque : elles ont tellement aimé les romans de Madeleine de Scudéry qu'elles veulent vivre, comme ses héroïnes, des histoires d'amour galantes, où des soupirants amoureux jusqu'à la mélancolie, soumis jusqu'à la dévotion, tout en étant braves jusqu'à l'héroïsme, viendraient les solliciter dans les formes[6]. L'autre terme de l'alternative étant le mariage arrangé selon le bon vouloir du père, on ne peut cependant s'empêcher de remarquer que leur folie contient aussi une dimension raisonnable, parce qu'elle signale leur désir d'une prise en compte de leur avis et de leur intérêt personnels. La folie romanesque qui les saisit les rend folles aux yeux du monde (« Je pense qu'elles sont folles toutes deux, et je ne puis rien comprendre à ce baragouin » déclare le père[7]). Mais si leur excessive fascination pour l'univers scudérien est condamnable, est-il bien raisonnable de considérer comme folie ce désir d'une relation amoureuse, voire conjugale, fondée sur la liberté individuelle et le choix sentimental ? Il paraît ainsi que la « folie romanesque » qui affecte les deux filles n'est pas de même nature que celle qui touchait Don Quichotte ou Lysis :

5 *Ibid.*, t. 1, p. 10.

6 Elles s'apparentent en cela à la Javotte du *Roman bourgeois* de Furetière (1666) : la jeune bourgeoise ignorante se laisse corrompre par les lectures romanesques que lui fournit Pancrace, au point de finir par consentir à un enlèvement. Voir A. Furetière, *Le Roman bourgeois*, éd. M. Roy-Garibal, Paris, Flammarion, « GF », 2001, p. 198-202. Cependant, à la différence des Précieuses, Javotte est parisienne et s'entiche en particulier de *L'Astrée*, roman pastoral, moins susceptible peut-être de plaire à des provinciales comme Cathos et Magdelon ?

7 Molière, *Les Précieuses ridicules*, *op. cit.*, t. 1, p. 11.

leur folie était purement littéraire, socialement gratuite, pure déviance de l'imaginaire hors du réel, alors que la folie des Précieuses porte une part critique qui ramène à la réalité sociale.

Par ailleurs, les ouvrages auxquels renvoie Molière sont précis et limités, et une seule autrice est en cause. À l'inverse, pour mémoire, Don Quichotte lit tant de livres de chevalerie qu'il vend des terres pour pouvoir en acheter plus[8] et dans le chapitre 6, où le curé et le barbier visitent sa bibliothèque, ils trouvent « plus de cent volumes », une trentaine de titres d'auteurs variés étant cités. À l'opposé, dans *Les Précieuses ridicules*, toutes les allusions des jeunes filles concernent les romans de Madeleine de Scudéry. Quand Mascarille paraît, Magdelon a tôt fait de comprendre son « caractère enjoué », et Cathos le désigne par une antonomase qui renvoie à un des principaux personnages de *Clélie* : « Je vois bien c'est un Amilcar » (*op. cit.*, p. 16) ; et il en va de même des autres protagonistes de la farce : la servante Marotte répond à Magdelon qu'elle n'a pas « appris, comme [elle] la Filosofie dans le *Grand Cyre* » (*op. cit.*, p. 13). Cette focalisation exclusive sur les romans de Madeleine de Scudéry, alors que d'autres auteurs auraient pu être convoqués, invite à lire une intention satirique précise que ne portait pas une folie romanesque comme celle de Don Quichotte[9]. Et cette intention apparaît d'autant plus clairement que les deux diminutifs portés par les jeunes femmes peuvent bien renvoyer pour l'une, Cathos, à Catherine de Vivonne, marquise de Rambouillet, et pour l'autre, Magdelon, à Madeleine de Scudéry elle-même[10]. Ces prénoms, par leur forme populaire et triviale, dégraderaient ainsi la référence aux deux grands salons qui ont animé la vie intellectuelle du XVIIe siècle et qui ont permis l'avènement de la galanterie. L'intention satirique de Molière

---

8 M. de Cervantès, *op. cit.*, t. 1, p. 68.

9 Tel n'est cependant pas le point de vue de C. Bourqui et G. Forestier, qui insistent dans leur notice sur l'idée que Molière ne cherchait pas à « tourner en ridicule les salons galants », n'avait « aucune perspective satirique », et que « les intéressés [...] ne se sont jamais sentis visés », *op. cit.*, t. 1, p. 1203. Il faut dire que ces critiques ont du mal à donner une « réalité sociale et linguistique aux précieuses » (*ibid.*) ; ils tendent à penser le mouvement de la Préciosité comme une enveloppe vide.

10 *Ibid.*, t. 1, p. 1211. Ces prénoms renvoient aussi aux actrices qui les premières incarnèrent ces rôles, Catherine de Brie et Madeleine Béjart. Molière jouait ainsi sur un double tableau, l'un le disculpant de toute intention malveillante à l'égard des deux grandes figures féminines influentes de la vie littéraire et culturelle, qu'il lui fallait ménager, l'autre lui permettant de faire rire à leurs dépens.

ne visait peut-être pas les « véritables Précieuses », comme il l'écrit dans sa préface (*op. cit.*, p. 4), mais il n'empêche que tout était fait pour que le spectateur identifie sa cible comme étant la romancière.

LE DIALOGUE DES HÉROS DE ROMAN Madeleine de Scudéry en enfer

Un autre texte, postérieur de quelques années, où les romans de Madeleine de Scudéry sont satirisés comme des textes qui rendent fous (et folles), c'est le *Dialogue des héros de roman* de Nicolas Boileau. Si l'on se réfère au sous-titre de ce texte d'une trentaine de pages, c'est un « dialogue à la manière de Lucien » que Boileau a écrit. Il s'y inspire en effet du genre du dialogue des morts, bien avant que Fontenelle ne s'empare à son tour de ce genre[11]. Cependant, à la différence de son modèle Lucien, c'est à une vivante que s'en prend Boileau[12]. Comme il l'explique en effet dans le « discours » qui introduit le dialogue, ce texte aurait été « composé à l'occasion de cette prodigieuse multitude de romans qui parurent vers le milieu du siècle », et les critiques s'accordent donc pour le dater des années 1660[13]. Boileau était alors en train d'écrire ses *Satires*, et c'est de 1664 que date en particulier la satire IV, qui constate que « Tous les hommes sont fous, et, malgré tous leurs soins, / Ne différent entre eux que du plus ou du moins[14] ». Conjuguant haine du roman et

---

11 Les *Nouveaux Dialogues des morts* paraissent en 1683.

12 D'autres auteurs que Madeleine de Scudéry sont cependant visés : Boileau cite une tragédie de Quinault, *Astrate*, une autre tragédie de l'abbé de Pure, *Ostorius*, l'épopée de Chapelain, *La Pucelle*, ainsi que *Pharamond*, roman de La Calprenède (N. Boileau, *Dialogue des héros de roman*, dans *Œuvres*, J. Vercruysse (éd.), Paris, Garnier-Flammarion, 1969, t. 2, p. 212-216). Mais c'est Madeleine de Scudéry qui est ciblée en premier et qui occupe l'essentiel du texte (*ibid.*, p. 199-211) : treize pages pour elle, une seule pour chacun des autres auteurs.

13 Sur la datation du texte, voir la notice des *Œuvres complètes* de Boileau, A. Adam et F. Escal (éd.), Paris, Gallimard, « Bibliothèque de la Pléiade », 1966, p. 1089-1090. Sur ce texte, voir N. Freidel et J. Leclerc, « Le *Dialogue des Héros de roman* de Boileau : de la galanterie des anciens aux simulacres des jeux mondains », *Littératures classiques*, n° 77, 2012, p. 297-310.

14 N. Boileau, *Satires*, dans *Œuvres*, *op. cit.*, t. I, p. 68. Toutes nos citations se réfèrent à cette édition des œuvres de Boileau.

satire de la folie humaine, c'est donc à travers le prisme de la folie que Boileau entend régler son compte à l'écriture romanesque en attaquant Madeleine de Scudéry[15].

Le dialogue se déroule entre Minos, juge des enfers, et Pluton, le roi de ces lieux. Une révolte menace de renverser le trône infernal et Pluton décide d'en appeler aux héros morts pour l'aider à soutenir son pouvoir. Diogène, venu lui apporter son aide, le prévient que ces héros sont devenus « une troupe de fous[16] ». Commence alors un défilé où tour à tour paraissent les héros antiques dans des postures et avec des propos qui cadrent mal avec les stéréotypes héroïques qui les caractérisent traditionnellement : Cyrus, « ce grand roi qui transféra l'empire des Mèdes aux Perses, qui a gagné tant de batailles », paraît « nonchalamment appuyé sur son écuyer » (*op. cit.*, p. 199). Il se fait désormais appeler Artamène et tient des discours si confus et si enamourés que Pluton doit convenir de sa folie[17]. Tomyris le suit, et cette reine amazone, qui aurait fait décapiter Cyrus pour plonger sa tête dans un vase de sang selon Hérodote[18], une incarnation de la férocité féminine donc, devient « doucereuse » et passe, sous les yeux médusés de Pluton, à la recherche d'un madrigal écrit par elle « pour le charmant ennemi [qu'elle] aime » (*op. cit.*, p. 201). Horatius Coclès, le grand héros romain dont la bravoure lui fit tenir tête seul à une armée entière, survient, entonnant la chanson galante qu'il chante dans *Clélie*[19]. Pluton, qui n'en peut plus, demande

---

15 Ce texte ne figure pas dans les anthologies sur la poétique du roman au XVIIe siècle. On ne le trouve ni chez G. Berger (*Pour et contre le roman*, Paris-Seattle-Tübingen, Papers on French Seventeenth Century Literature, « Biblio 17 », 1996), ni chez C. Esmein (*op. cit.*).

16 N. Boileau, *Dialogue des héros de roman*, *Œuvres*, *op. cit.*, t. 2, p. 198.

17 Même si *Artamène ou le Grand Cyrus* tourne autour de « l'action d'un seul homme », le héros éponyme (M.-G. Lallemand, *Les Longs Romans du XVIIe siècle*, Paris, Classiques Garnier, 2013, p. 67), on peut plus particulièrement découvrir le héros dans les deux récits insérés qui lui sont consacrés au début du roman, dans le deuxième livre de la première partie et dans le premier livre de la deuxième partie.

18 Hérodote, *L'Enquête*, A. Barguet (éd.), Paris, Gallimard, « Folio classique », 2020, Livre I-214, p. 155. Le personnage de Tomyris apparaît dès le premier livre de la deuxième partie d'*Artamène* ; l'épisode du vase de sang est rapporté par Madeleine de Scudéry à la fin du livre II de la dixième et dernière partie.

19 Horace (Horatius Coclès), amoureux de Clélie, apparaît dès les premières pages du roman de Madeleine de Scudéry. C'est dans l'« Histoire d'Aronce et de Clélie », dans la première partie du livre I, qu'on l'entend chanter la chanson que cite Boileau (*Clélie, histoire romaine, première partie* (1654), C. Morlet-Chantalat (éd.), Paris, Honoré Champion, 2001, p. 153). C'est à la fin du livre III de la quatrième partie qu'il accomplit son exploit légendaire au pont Sublicius (*Clélie, histoire romaine, quatrième partie* (1658), *op. cit.*, 2004, p. 528).

alors « qui est le fou ou la folle qui [lui] a appris à chanter », et le lecteur devine la réponse qu'il doit apporter : c'est une folle. Clélie enfin paraît, qui s'inquiète d'une contagion possible de la révolte au royaume de Tendre, ce « pays de galanterie » dont elle détaille les villages pour Pluton. La réponse est sarcastique :

> Je vois bien, la belle fille, que vous savez parfaitement la géographie du royaume de Tendre, et qu'à un homme qui vous aimera, vous ferez voir du pays dans ce royaume. Mais pour moi, qui ne le connais point, et qui ne le veux point connaître, je vous dirai franchement que je ne sais si ces villages et ces trois fleuves mènent à Tendre, mais qu'il me paraît que c'est le grand chemin des Petites-Maisons (*op. cit.*, p. 204-205).

Les Petites-Maisons désignent l'hôpital parisien, situé près du Faubourg Saint-Germain, où étaient enfermées les personnes réputées insensées. Pluton répète donc l'accusation de folie, en ajoutant qu'il a « pour toutes les folles une aversion inexplicable » (*op. cit.*, p. 205) : c'est visiblement la folie au féminin qui le met particulièrement hors de lui. Le défilé se poursuit avec une Lucrèce devenue galante, échangeant des billets cryptés avec Brutus. « Est-il possible que des personnes du mérite de Brutus et de Lucrèce en soient venues à cet excès d'extravagance, de composer de semblables bagatelles ? » se scandalise Pluton (*op. cit.*, p. 207)[20]. On retrouve dans ce défilé de « Caton[s] galant[s] et Brutus dameret[s][21] » le reproche que Gorgibus adressait à Cathos et Magdelon : les héros, comme les jeunes femmes de Molière, ne se soucient pas des devoirs que leur impose la vertu et veulent profiter d'une vie intime et sentimentale à la manière galante. La folie des héros de roman, leur refus d'incarner les vertus traditionnelles pour leur préférer la douceur sentimentale, a donc contaminé la vie réelle, et plus personne ne s'en tient à son devoir, lui préférant le principe de plaisir. Telle est la folie

20 Dans l'« Histoire de Lucius Junius Brutus » rapportée dans *Clélie, histoire romaine, deuxième partie* (1655), on peut effectivement lire les billets qu'échangent Brutus et Lucrèce, des « assignations d'esprit », joute spirituelle et galante (*op. cit.*, 2002, p. 149, 151, 152, 183, 194, 202…).

21 Le *Dialogue des héros de roman* anticipe ainsi sur les recommandations de Boileau au livre III de l'*Art poétique* (1674), *Œuvres*, *op. cit.*, t. 2, p. 101 : « N'allez pas d'un Cyrus nous faire un Artamène ; / Et que l'amour, souvent de remords combattu, / Paraisse une faiblesse et non une vertu. […] / Gardez-vous de donner, ainsi que dans *Clélie*, / L'air, ni l'esprit français à l'antique Italie ; / Et, sous des noms romains faisant votre portrait, / Peindre Caton galant et Brutus dameret ».

que dénonce Boileau, une folie qui consiste à refuser le monde tel qu'il va pour tenter de lui substituer de nouveaux codes, de nouvelles valeurs, de nouveaux comportements.

C'est alors que paraît Sapho, la fameuse poétesse, ce qui est légitime puisqu'elle apparaît comme protagoniste romanesque dans la dernière partie d'*Artamène ou le Grand Cyrus*. Mais, à travers le personnage fictif, il est évident que Boileau vise sa créatrice, Madeleine de Scudéry elle-même, puisque ses talents poétiques lui avaient valu ce nom parmi les cercles galants. Les coups bas sont permis : non seulement elle est « la plus folle de toutes », mais Pluton la trouve « bien laide » (*op. cit.*, p. 208). La satire ne se contente donc pas de ridiculiser les textes mais devient incidemment *ad feminam*. Cependant, c'est sur l'écriture que portent les principales attaques. Sapho commence par une « question d'amour », un de ces débats qui animent les conversations des romans scudériens :

> De grâce, oubliez donc pour quelque temps le soin de votre personne et de votre état ; et au lieu de cela, songez à me bien définir ce que c'est que cœur tendre, tendresse d'amitié, tendresse d'amour, tendresse d'inclination et tendresse de passion. (*op. cit.*, p. 208).

On retrouve là, poussé jusqu'à un raffinement qui semble confus et absurde, l'art de l'analyse qui caractérise les réflexions scudériennes. Puis Sapho est invitée à lire un portrait qu'elle a préparé, nouvelle manière de tourner en dérision un des genres insérés qui ont fait le succès de son écriture. Il s'agit du portrait de Tisiphone, une des trois Mégères :

> Elle a les yeux petits, mais pleins de feu, vifs, perçants et bordés d'un certain vermillon qui en relève prodigieusement l'éclat. Ses cheveux sont naturellement bouclés et annelés, et l'on peut dire que ce sont autant de serpents qui s'entortillent les uns les autres et se jouent nonchalamment à l'entour de son visage. [...] Son sein est composé de deux demi-globes brûlés par le bout comme ceux des Amazones, et qui, s'éloignant le plus qu'ils peuvent de sa gorge, se vont négligemment et languissamment perdre sous ses deux bras. (*op. cit.*, p. 210-211).

On ne saurait dire plus élégamment que Tisiphone a les yeux rouges, les seins pendants et des serpents en guise de coiffure ! Le lecteur averti reconnaît pourtant le style des portraits scudériens, dans l'usage abondant des adverbes qualificatifs, dans le choix du vocabulaire, mais surtout dans la volonté de ne jamais blesser, de toujours trouver quelque chose de positif et de flatteur à dire, même quand il s'agit comme ici de décrire un monstre hideux. Boileau ne pratique visiblement pas une telle retenue.

Le critique s'est expliqué dans son « discours » de la publication tardive de ce texte :

> Cependant, comme Mlle de Scudéri [*sic*] était alors vivante, je me contentai de composer ce dialogue dans ma tête ; et, bien loin de le faire imprimer, je gagnai même sur moi de ne point l'écrire et de ne point le laisser voir sur le papier, ne voulant pas donner ce chagrin à une fille qui, après tout, avait beaucoup de mérite, et qui, s'il faut croire tous ceux qui l'ont connue, nonobstant la mauvaise morale enseignée dans ses romans, avait encore plus de probité et d'honneur que d'esprit. (*op. cit.*, p. 192).

Une telle explication, si elle semble faire honneur à Boileau, paraît moyennement crédible : cela repousse la publication après 1701, année de la mort de Madeleine de Scudéry et, effectivement, la première édition officielle, posthume, date de 1713. Cependant une version apocryphe a été publiée dès 1688[22], moment où la romancière était certes âgée mais bien vivante, et toujours active, et même remise au goût du jour par la publication entre 1680 et 1692 de dix volumes de conversations, dont certaines furent données comme lecture aux élèves de Saint-Cyr[23]. Nul doute donc que, contrairement aux affirmations soi-disant indulgentes de Boileau, le texte n'était pas resté seulement « dans [sa] tête ».

De plus, comme le montre le livre III de l'*Art poétique* que nous citions plus haut, Boileau n'a pas non plus attendu la mort de Madeleine de Scudéry pour s'en prendre à l'esthétique galante. Or, traiter de « folle » la romancière, et de fous tous ceux qui suivent son modèle, c'est empêcher le débat en les reléguant dans la catégorie des personnes avec lesquelles il ne sert à rien de discuter. C'est donc manifester un mépris tel qu'il empêche toute remise en cause de son point de vue, le point de vue adverse étant voué aux territoires obscurs de l'irrationnel et de l'insensé. Cette orgueilleuse posture s'appuie sur la conscience d'une légitimité irréfragable, tandis que le parti de l'adversaire est

22 Elle figure dans un recueil composite intitulé *Retour des pièces choisies, ou bigarrures curieuses*, Emmerick, Veuve de Renouard Varius, 1688, t. 2.

23 Voir A. Boiron, *Mme de Maintenon dans ses lettres : de l'éducation des filles à la découverte de soi*, thèse de doctorat sous la direction de N. Grande, Université de Nantes, 2020, p. 142-144.

démonétisé sans retour. Or, on peut observer que si Boileau ne prend pas la peine avec Madeleine de Scudéry de défendre ses positions éthiques et esthétiques, la vouant à l'insulte et au silence, il saura changer de tactique quand il aura affaire aux hommes qui mèneront le parti des modernes dans la querelle des anciens et des modernes. Face à des adversaires masculins, de milieu, de formation et d'érudition comparables aux siens, il se donnera la peine d'argumenter, ce qu'il n'a pas fait avec la romancière, usant du comique, parodique et ridicule, pour la décrédibiliser[24]. Traiter une femme de « folle », c'est le plus sûr moyen pour ne pas avoir à lui répondre ; c'est le signe que Boileau ne se pense pas à égalité avec Madeleine de Scudéry. De ce point de vue, l'indulgente pitié qu'il affiche dans son discours de présentation ne fait que confirmer ses positions misogynes.

LA FAUSSE CLÉLIE DE SUBLIGNY
Quand la folie romanesque devient critique

La troisième attaque portée contre Madeleine de Scudéry est la plus explicite. Quand Adrien-Thomas Perdou de Subligny (1636-1696) publie ce roman, il affiche clairement par son titre une intention satirique : *La Fausse Clélie, histoire française, comique et galante*[25]. Journaliste et dramaturge, il est également connu pour une comédie, jouée par la troupe de Molière en mai 1668, qui s'en prenait à Racine : *La Folle Querelle ou la critique d'Andromaque*[26]. Cependant, comme l'avait démontré Roger Lathuillère, Madeleine de Scudéry faisait déjà partie de ses cibles, en particulier à travers le personnage du galant et un peu sot Éraste, qui considère les romans de Madeleine de Scudéry comme des sources

24 À vrai dire, il ne renoncera pas à l'insulte (voir par exemple ses épigrammes contre Perrault, *op. cit.*, t. 2, p. 153-154).

25 Amsterdam, J. Wagenaar, 1671. – On ne sait pourquoi Subligny publie ce titre en Hollande, ce qui n'était pas le cas de ses textes précédents. Le succès de ce roman est attesté par de nombreuses rééditions (selon le catalogue de la BnF : Nimègue, 1680 ; Paris, Pierre Witter, 1712 et 1716 ; Rouen, Claude Jore, 1718 ; Amsterdam, Étienne Roger, 1712 et 1718).

26 Paris, T. Jolly, 1668.

historiques ultimes[27]. Avec *La Fausse Clélie*, la cible secondaire devient principale, puisque tout le roman se présente comme une réécriture décalée du modèle romanesque de référence[28].

Comme la poétique du roman héroïque l'impose, l'intrigue commence *in medias res* et raconte comment le marquis de Riberville, se promenant dans le parc de Vaux-le-Vicomte, rencontre une jeune femme mélancolique qui lui explique qu'elle est poursuivie par un ravisseur. Le galant marquis, charmé de cette rencontre, se met à son service et tente de la sauver de personnes qui semblent en effet vouloir l'enlever. C'est seulement quelques pages plus tard que le marquis comprend le problème, quand il interroge la belle sur son identité :

> « Apprenez, généreux Étranger, que je suis la Fille de ce courageux Clélius, qui fut contraint de se retirer à Carthage pour éviter la fureur des derniers Tarquins, et qui à son retour contribua beaucoup à mettre Rome en liberté. Mon nom est Clélie, et mes actions sont si connues, qu'il faut être des pays les plus reculés pour les ignorer ». Le marquis, comme tombé des nues, à cette extravagance, reconnut aussitôt la nature de la maladie qu'elle avait[29].

Son sauveur éberlué se vexe alors de s'être donné tant de mal pour une « Visionnaire » ; puis il décide de s'en amuser en lui faisant raconter son histoire : « Il la remit en train de conter, et elle n'oublia rien de toutes les intrigues ingénieuses qui sont dans le roman de Clélie, dans l'Histoire d'Aronce et de cette Romaine » (*op. cit.*, p. 11).

Logiquement, elle prend le marquis son « sauveur » pour le prince de Numidie, personnage qui sauve Clélie dans le roman scudérien, et elle voit dans le canal du parc de Vaux le lac de Pérouse. Le marquis finit par s'émouvoir d'une « si pitoyable maladie » et tente de retrouver sa famille. De fait, un gentilhomme parti à la recherche de la jeune

27 R. Lathuillère, « La Préciosité en question : Subligny, *La Fausse Clélie* », *Cahiers de la littérature du XVIIe siècle*, n° 6, 1984, p. 301-315. Sur la pièce plus précisément, voir L. Forment, « *La Folle Querelle ou la critique d'*Andromaque : quand la comédie de spectateurs extravague », D. Abrecht, L. Michel et C. Piot (dir.), *Faire œuvre d'une réception. Portraits de spectateurs de théâtre (spectacles, textes, films, images)*, Max Milo et L'Entretemps éditions, « Champ théâtral », 2019, p. 31-45.

28 Nous développons dans ce qui suit des éléments de notre étude *Le Rire galant, usages du comique dans les fictions narratives de la seconde moitié du XVIIe siècle*, Paris, Honoré Champion, 2011, p. 106-108.

29 A.-T. Perdou de Subligny, *La Fausse Clélie, histoire française, galante et comique* (1670 ?), Amsterdam, Jacques Wagenaar, 1671, p. 10.

fille lui confirme « cette prodigieuse aliénation d'esprit » et lui explique comment on essaye de la guérir de sa maladie en lui évitant les crises, que provoque systématiquement toute allusion à Rome. Pour répondre à la curiosité du marquis qui se demande comment elle a pu tomber dans cette folie, le gentilhomme lui raconte l'« Histoire de Mademoiselle Juliette d'Arviane » (*op. cit.*, p. 16-21). Fille d'un comte gascon, elle s'identifie à l'héroïne scudérienne pour avoir lu *Clélie* « jour et nuit deux ans durant ». Il faut dire qu'elle n'a pas complètement tort de considérer que ce roman « a prédit les aventures [qu'elle] devai[t] avoir » (*op. cit.*, p. 20), puisque de nombreux rapprochements sont possibles, comme le souligne le narrateur qui constate une « étrange sympathie[30] » entre sa vie et les mésaventures romanesques de Clélie. Ainsi, son père a recueilli un enfant, seul rescapé d'un naufrage, qui a été élevé avec elle comme son frère, dont elle tombe amoureuse, et qu'on éloigne d'elle avant qu'il finisse par être reconnu comme le fils d'un grand seigneur. Quand enfin leur union est décidée, après bien des obstacles, un tremblement de terre secoue Bordeaux le jour des noces, et un rival en embuscade profite de la confusion pour l'enlever à son fiancé. Comme le constate donc Jean Serroy, sa « folie ne manque pas de raison[31] ». La confusion entre réel et imaginaire romanesque caractérise l'héroïne, comme c'était le cas pour Lysis dans *Le Berger extravagant* ou pour Don Quichotte ; cependant dans son cas, cette confusion d'esprit ne tient pas d'une faiblesse intrinsèque mais repose sur une surinterprétation d'événements avérés : les contraintes subies par la jeune fille ont leur part de responsabilité dans ce mal qui dure depuis six ans (*op. cit.*, p. 22). La médicalisation du cas l'emporte donc sur la parodie, comme l'atteste un entourage plus inquiet que moqueur.

On pourrait alors croire que *La Fausse Clélie*, en rendant pitoyable la victime de la confusion, épargnerait la romancière parodiée, disculpée en

30 Subligny joue ici sur les différentes acceptions de *sympathie* au XVIIe siècle. Furetière signale un premier sens général, pour désigner la « convenance ou conformité […] qui font que deux choses s'aiment, se cherchent, et demeurent en repos ensemble », mais aussi un second sens médical : « indisposition qui arrive à une partie du corps par le vice d'une autre ». L'« étrange sympathie » pourrait donc bien encore faire allusion à la folie de l'héroïne. URL : http://www.xn--furetire-60a.eu/index.php/non-classifie/971367375- (consulté le 15 mars 2022).

31 J. Serroy, « Madeleine de Scudéry travestie : *La Fausse Clélie* de Subligny », dans *Les Trois Scudéry*, Actes du colloque du Havre, octobre 1991, Paris, Klincksieck, 1993, p. 465. Sur le roman de Subligny, voir aussi J. Serroy, *Roman et réalité, les histoires comiques au XVIIe siècle*, Paris, Minard, 1981, p. 670-679.

quelque sorte puisqu'elle n'est pas à l'origine des rapprochements qui ont semé la confusion dans l'esprit de Juliette d'Arviane. Il n'en est rien, et bien au contraire, la remise en cause se révèle plus précise et plus critique encore. Tout d'abord, on peut observer que *La Fausse Clélie* se distingue aussi des folies de Don Quichotte ou de Lysis dans la mesure où le modèle romanesque qui fonde le délire est, chez Subligny, chronologiquement très proche et presque contemporain de sa réécriture critique. Les romans de chevalerie dont raffolait Don Quichotte dataient d'au moins un demi-siècle, et étaient donc très éloignés historiquement du moment de la publication du roman par Cervantès[32]. En revanche, quand *La Fausse Clélie* paraît en 1670, c'est seulement dix ans après le dernier volume du modèle critiqué, puisque *Clélie* est parue entre 1654 et 1660, et à un moment où Madeleine de Scudéry est toujours en activité – elle vient de faire paraître *La Promenade de Versailles* en 1669. Par cette proximité chronologique entre modèle et réécriture, la critique renforce sa virulence envers l'écrivaine, produisant un effet satirique *ad feminam* parce que visant une autrice toujours vivante et toujours productive, alors que tel n'était pas le cas pour les cibles visées par Cervantès ou, dans une moindre mesure, par Sorel[33].

De plus, le roman de Subligny comporte aussi une dimension politique. Tout d'abord, ce n'est sans doute pas par hasard que tout commence à Vaux, le château du Surintendant Fouquet, château auquel Madeleine de Scudéry a consacré une longue et louangeuse description dans le cinquième volume de *Clélie*[34]. Certes Fouquet est toujours resté fidèle au roi et à Mazarin pendant la Fronde, mais on sait combien la splendeur de son éclat a offusqué le soleil levant du jeune Louis XIV[35]. De plus,

32 Quand le barbier et le curé visitent secrètement la bibliothèque du héros, ils font la liste de leurs découvertes : l'*Amadis de Gaule* – et toute sa famille – dont la première édition connue remonte à 1508, *Les Travaux d'Esplandian* (1510), *Le Chevalier de la Croix* (1521), *Le Chevalier Platir* (1533), *Florismart d'Hyrcanie* (1556), *Palmerin d'Olive* (1526) et *Palmerin d'Angleterre* (1548), etc. La première partie de *Don Quichotte* ayant été publiée en 1605, les cibles auxquelles s'attaque Cervantès sont donc plutôt lointaines, témoignant d'ailleurs du goût quelque peu dépravé du héros. De plus, barbier et curé tombent d'accord pendant leur inventaire sur les beautés de certains ouvrages, et ont quelques regrets de les confier au « bras séculier de la gouvernante », qui finit par les brûler nuitamment.

33 1627, année du *Berger extravagant*, coïncide avec l'année de parution du dernier volume de *L'Astrée* ; cependant son auteur est mort deux ans auparavant, en 1625. Autre exemple qui va dans le même sens, Du Verdier, auteur d'un *Chevalier hypocondriaque* (1632), parodie les romans de chevalerie longtemps après leur temps.

34 M. de Scudéry, *Clélie, histoire romaine, cinquième et dernière partie* (1660), *op. cit.*, 2005, p. 387-407.

35 P. Morand, *Fouquet ou le soleil offusqué*, Paris, Gallimard, « Folio Histoire », 1985 [1961].

comme l'a fait remarquer Jean Serroy, l'« idéalisme aristocratique dont est porteur un roman comme *Clélie* sent, en quelque sorte, sa Fronde[36] ». Les aventures romanesques qui rendent les filles folles sont celles d'une France dont les seigneurs se prenaient pour des héros, une France où une romancière s'arrogeait le droit de réécrire l'histoire – et pas n'importe quelle histoire, la plus légitime, l'histoire romaine. Par ces deux allusions à des conduites qui affectent la majesté royale (l'enrichissement dévoyé d'un grand bourgeois qui ose se construire sa propre cour ; les prétentions politiques d'aristocrates soucieux de maintenir leur puissance face à un État monarchique de plus en plus centralisateur), Subligny, qui situe son intrigue dans l'espace-temps de la France contemporaine, met en accusation l'attrait pour ces délires de l'imagination qui mènent à des postures politiquement hétérodoxes. Il substitue à l'audace transgressive de tels imaginaires des récits plus platement vraisemblables.

En effet, et c'est le troisième élément critique, l'intrigue centrale, construite autour de Juliette d'Arviane, n'occupe qu'une étroite partie du roman, environ 12 %, tandis que se succèdent les petites histoires, au point qu'une réédition gommera le titre principal pour ne plus conserver que le sous-titre, mis au pluriel : *Histoires françaises, galantes et comiques*[37]. Ainsi la réécriture parodique annoncée dans le titre est finalement escamotée au profit d'un dénigrement récurrent des pratiques narratives de l'illustre romancière aussi bien que d'une ridiculisation de l'idéalisme sentimental précieux. Les récits qui s'enchaînent voient la transformation de l'univers romanesque héroïque en un monde contemporain vraisemblable, sans idéal ni illusion, où les protagonistes-narrateurs mettent en pratique un cynisme désabusé et passablement libertin[38].

En conséquence, on pourrait dire que *La Fausse Clélie* accuse la fausseté de la romancière, dont les agréables mensonges sont ramenés à de pieuses illusions. Celle qui rêve, et qui a voulu entraîner les lecteurs dans sa folie, ce n'est pas Juliette d'Arviane mais Madeleine de Scudéry elle-même. *La Fausse Clélie* se distingue ainsi des réécritures parodiques qu'autorisait la folie romanesque de héros devenus fous à force de lecture. Par sa date comme par sa poétique d'une narration brève, vraisemblable et déniaisée,

36 Voir J. Serroy, « Madeleine de Scudéry travestie : *La Fausse Clélie* de Subligny », *op. cit.*, p. 466.

37 Amsterdam, É. Roger, 1716. Le catalogue de la BnF attribue par erreur l'ouvrage à Robert Chasles.

38 C'est sur quoi les analyses des articles de Roger Lathuillère et Jean Serroy convergent.

ce n'est plus tant un comportement – confondre la vie et le roman – mais surtout une écriture et une écrivaine que dénonce la folie de l'héroïne[39].

En définitive, on constate que les trois textes rassemblés par cette étude, tous trois parus en l'espace d'une décennie, ciblent une unique autrice, Madeleine de Scudéry. Cette constellation hétérogène, qui n'avait rien de concerté (même si des liens entre leurs auteurs sont avérés : Boileau appréciait et fréquentait Molière, lequel a mis en scène *La Folle Querelle* de Subligny), s'organise autour de celle qui est accusée d'avoir provoqué le délire des Précieuses ridicules, d'avoir entraîné les héros de roman dans l'indignité, d'avoir rendu folles celles qui avaient si bien lu ses romans qu'elles les tenaient pour véridiques. À la différence de Cervantès ou de Sorel, qui se moquaient de textes sans viser leurs auteurs, Molière, Boileau et Subligny s'en prennent explicitement à la romancière. La folie romanesque, à l'origine mise en accusation poétique des excès de l'imagination, prend donc un sens différent et devient un argument péremptoire pour réduire au silence une autrice et vouer ses œuvres à l'absurde et à l'oubli. Comment interpréter cette convergence ? En partant de l'analyse de *La Fausse Clélie*, on est tentée de souligner la dimension politique que les attaques anti-Scudéry sont susceptibles de prendre dans une France où un jeune roi vient de s'imposer. Certes, Madeleine de Scudéry n'a jamais été une opposante de Louis XIV, mais il n'empêche que ses romans portent un idéalisme aristocratique qui ne cadre pas avec les exigences d'une monarchie absolue. C'est peut-être cette dimension qui explique la convergence critique dont elle fait l'objet au tournant des années 1660. Dans cette configuration, la folie, *ultima ratio virorum*, permet d'accuser sans avoir à instruire de procès, sans discuter, sans argumenter, le rire étant censé réaffirmer l'ordre universel du bon sens, l'ordre établi et légitime, l'ordre patriarcal, qui est aussi l'ordre royal. On mesure la force de cette interprétation, puisqu'elle l'a largement emporté sur le plan historiographique.

Nathalie GRANDE
Université de Nantes –
LAMo EA 4276 et SIÉFAR

39 Ce qui explique d'ailleurs pourquoi cette héroïne, loin de susciter le sarcasme et la moquerie, provoque l'apitoiement et la sympathie : elle est une victime de la folie scudérienne.

LA FOLIE SUR SCÈNE

L'« angoisse de l'auctorialité » chez les femmes dramaturges

Dans une tentative pour affirmer leur liberté de création, les premières femmes dramaturges de l'Ancien Régime ont montré des symptômes de ce que Sandra M. Gilbert et Susan Gubar ont défini dans *The Madwoman in the Attic* comme une « angoisse de l'auctorialité » – ce que les autrices ressentaient lorsque les auteurs masculins les privaient de la parole[1]. Cette angoisse de la voix auctoriale se situe, selon Gilbert et Gubar, à deux niveaux distincts. En termes de stratégies d'autorisation, l'angoisse suscitée par la tradition masculine incite l'autrice à rechercher des prédécesseures féminines ou une nouvelle tradition qui pourrait offrir une autorisation. Au niveau de la thématique littéraire, cette anxiété ou « schizophrénie » se traduit par la création de personnages féminins essentiellement doubles, où la femme monstrueuse, qui piétine les contraintes de son sexe, est l'avatar de l'autrice elle-même. En projetant leurs impulsions rebelles non pas dans leurs héroïnes mais dans des femmes folles (qui sont punies comme il convient au cours de l'action), les autrices dramatisent leur propre division – leur tentative à la fois d'accepter les restrictions de la société patriarcale et de les rejeter. La folle sur scène est le double de l'autrice, une image de sa propre anxiété et de sa rage.

Dans son livre sur Marie-Anne Barbier, femme dramaturge qui a eu du mal à revendiquer la « paternité » de ses propres pièces, Alicia Montoya prétend que Mme Barbier a créé sa propre « folle dans le grenier » – une héroïne qui rejette les sources masculines de l'Antiquité[2]. Cette étude vise à développer le travail d'A. Montoya pour montrer comment cette

1 S. M. Gilbert, S. Gubar, *The Madwoman in the Attic : The Woman Writer and the Nineteenth-Century Literary Imagination*, New Haven, Yale University Press, 2000 [1979], p. 78.

2 A. Montoya, *Marie-Anne Barbier et la Tragédie post-classique*, Paris, Honoré Champion, 2007, p. 387.

« folie » émerge dans d'autres pièces de théâtre écrites par des femmes dramaturges. Alors qu'A. Montoya soutient à juste titre que la Tomyris de Mme Barbier (1707) rejette les sources de l'Antiquité, je soutiens que les « doubles déviants » des femmes dramaturges remettaient également en question les modèles théâtraux contemporains et les idéaux féminins construits par les hommes. Comme Tomyris, ces folles doivent être punies pour leur mépris des conventions afin d'apaiser un public qui n'était pas encore prêt à reconsidérer les normes patriarcales – et les normes théâtrales associées à une tradition masculine. Alors que son double (jouée par une héroïne rivale) renforce les normes patriarcales, l'héroïne « déviante » sert de catalyseur autorisé à répondre à ses désirs les plus illicites. Les folles incarnent la réponse des premières femmes dramaturges modernes à l'oppression à laquelle elles ont été confrontées. Bien que ces folles sur scène soient critiquées, elles remettent en question l'idée que les femmes ne peuvent pas faire de choix actifs. Elles incarnent non seulement les efforts de leurs créatrices pour se tailler une place dans un monde dominé par les hommes, mais aussi les traits caractéristiques d'un nouveau prototype d'héroïne, dont les actions remettent en cause l'autorité littéraire patriarcale. Dans cette étude, j'explore ce phénomène dans les œuvres de trois femmes dramaturges : *Genséric* (1680), tragédie d'Antoinette Deshoulières, *Les Amazones* (1749), tragédie d'Anne-Marie du Boccage, et *La Rivale Confidente* (1752), comédie de Françoise Thérèse Aumerle de Saint-Phalier.

ANTOINETTE DESHOULIÈRES, *GENSÉRIC* (1680)

Antoinette Deshoulières, critiquée lorsqu'elle a tenté d'écrire pour la scène, invente dans sa tragédie *Genséric* (1680) une héroïne qui s'écarte du modèle racinien. Genséric, publié en 1690, fut sa première et sa dernière tentative dans le domaine théâtral. Il est notable qu'elle ait caché son nom, mais pas son sexe quand elle a publié sa pièce[3]. Il va sans dire que cela a donné aux critiques plus de raisons pour l'attaquer. De toute évidence, la pièce n'a pas réussi. Un sonnet satirique, que les éditeurs du

3 *Femmes dramaturges en France (1650-1750). Pièces choisies*, Tome 2. Textes établis, présentés et annotés par P. Gethner, Tübingen, Gunter Narr Verlag, « Biblio 17 », 2002, p. 160.

XVIIIe siècle ont attribué sans argument à Racine[4], ridiculisait *Genséric* lors de la première de la pièce :

> La jeune Eudoxe est une bonne enfant,
> La vieille Eudoxe une franche diablesse,
> Et Genséric un roi fourbe et méchant,
> Digne héros d'une méchante pièce.
>
> Pour Trasimond, c'est un pauvre innocent.
> Et Sophronie en vain pour lui s'empresse ;
> Hunéric est un homme indifférent,
> Qui comme on veut et la prend et la laisse.
>
> Et sur le tout le sujet est traité
> Dieu sait comment ! Auteur de qualité,
> Vous vous cachez en donnant cet ouvrage.
>
> C'est fort bien fait de se cacher ainsi ;
> Mais pour agir en personne bien sage,
> Il nous fallait cacher la pièce aussi[5].

Ce n'est pas exagérer de dire qu'il n'y avait pas un grand amour entre Racine et Mme Deshoulières. Elle avait écrit un sonnet en 1677 pour se moquer de la *Phèdre* de Racine pendant la cabale qui opposait cette pièce à la tragédie rivale de Pradon[6].

Il n'est pas étonnant que *Genséric* n'ait pas réussi. D'abord, Mme Deshoulières refuse d'imiter Corneille ou Racine[7]. L'admiration pour Corneille et pour Racine mettait la barre très haut pour les nouveaux dramaturges, mais cette pression était encore plus prononcée pour les écrivaines qui n'étaient pas tout à fait acceptées dans le monde des lettres, et encore moins dans le monde du théâtre[8]. Pour une écrivaine,

---

4 J. Racine, *Théâtre – Poésie*, G. Forestier (éd.), Paris, Gallimard, 1999, p. 1768.

5 J. Racine, *Œuvres complètes*, R. Picard (éd.), Paris, Gallimard, 1950, t. 1, p. 981-982.

6 Selon V. Schröder, « C'est dommage qu'elle soit l'auteur du mauvais sonnet contre l'admirable *Phèdre* de Racine. Ce sonnet ne fut bien reçu du public que parce qu'il était satirique ». Voir « Madame Deshoulières, ou la satire au féminin », *Dix-Septième Siècle*, vol. 65, n° 1 [258], 2013, p. 95.

7 Selon P. Gethner, Mme Deshoulières « présente un monde où tous les modèles consacrés de l'héroïsme littéraire ne fonctionnent plus. Aucun de ses personnages n'est pleinement sympathique ni admirable ». Voir *Femmes dramaturges en France (1650-1750)*, *op. cit.*, t. 2, p. 163.

8 En 1639, Jean Chapelain exprime son dégoût pour « les femmes autrices » dans une lettre à Guez de Balzac : « Tout affectation m'est insupportable et en une femme il me semble qu'il n'y a rien de si dégoûtant que de s'ériger en écrivaine et entretenir pour cela

écrire une pièce était un acte de folie en soi, car cela invitait à la critique – surtout sans le patronage d'un homme en mesure de faire accepter sa pièce. Le théâtre exigeait un degré d'auto-promotion et d'activité de gestion que les femmes ne pouvaient pas facilement fournir[9]. De plus, la tragédie était le genre « le plus masculin » et « le plus prestigieux[10] ». En écrivant une tragédie, Mme Deshoulières usurpe le pouvoir littéraire masculin[11]. Comme son ami Dehénault le lui aurait dit : « Savez-vous bien que pour faire des tragédies il faut avoir ce qui manque à votre chat [il était coupé][12] ». La création de deux rôles féminins contradictoires reflète la situation précaire de l'autrice. Mme Deshoulières accepte les restrictions de la société patriarcale tout en s'y opposant : la jeune Eudoxe, la « bonne enfant » dans la pièce, s'oppose à Sophronie, cette « ardente Africaine[13] » qui détruit tout sans regret.

Sophronie, le seul personnage inventé par la dramaturge, reflète certains aspects du modèle racinien. Elle ressemble à certaines des héroïnes raciniennes dans le sens où elle éprouve une passion frustrée pour un prince qui aime une autre femme, puis devient jalouse et fait des projets pour se venger[14]. Son désir de vengeance a pour objet sa rivale, la jeune princesse Eudoxe, amante du prince Trasimond et prisonnière de Genséric, roi des Vandales[15]. Mais en essayant de tuer Eudoxe, elle tue

seulement commerce avec les beaux esprits. » Voir J. Chapelain, *Lettres*, P. Tamizey de Larroque (éd.), Paris, Imprimerie Nationale, 1968, t. 1, p. 504, cité sur le site de la Siéfar, rubrique « La guerre des mots » (Chapelain, Lettre à M. de Balzac, 9 oct 1639). URL : http://siefar.org/la-guerre-des-mots-dictionnaire/les-mots-de-a-a-z-lettre-e/ (consulté le 4 septembre 2021). Selon François de Grenaille, « La bienséance ne permettait pas à une honnête fille de réduire en pratique les connaissances qu'elle pouvait avoir en matière de poésie » (*L'Honnête Fille, où dans le premier livre il est traité de l'esprit des filles*, A. Vizier (éd.), Paris, Honoré Champion, « Textes de la Renaissance », 2003, p. 223).

9 E. Showalter Jr., « Writing off the Stage : Women Authors and Eighteenth-Century Theater », *Yale French Studies*, 75, 1988, p. 111.

10 L. Timmermans, *L'Accès des femmes à la culture sous l'Ancien Régime*, Paris, Honoré Champion, « Champion classiques. Essais », 2005, p. 186.

11 S. M. Gilbert, S. Gubar, *op. cit.*, p. 4. La sexualité masculine est l'essence même du pouvoir littéraire.

12 Cite dans L. Timmermans, *op. cit.*, p. 186.

13 F. Parfaict et C. Parfaict, *Histoire du théâtre françois*, Paris, Pierre Gilles Le Mercier & Saillant, 1747, t. 12, p. 164.

14 P. Gethner compare Sophronie à Hermione, Ériphile et Phèdre (*Femmes dramaturges en France (1650-1750)*, *op. cit.*, t. 2, p. 164).

15 *Théâtre de femmes de l'Ancien Régime*, t. 2, XVIIe *siècle*, A. Evain, P. Gethner, et H. Goldwyn (éd.), Saint-Étienne, Publications de l'Université de Saint-Étienne, 2008, p. 539. Genséric envahit Rome en 455. Il pilla la ville et emmena prisonnières l'impératrice Eudoxie et ses

Trasimond, l'objet de son amour, par accident. Enfin, elle se suicide quand elle découvre qu'elle l'a perdu.

Cependant, au bout du compte, Sophronie s'écarte du modèle racinien à bien des égards – en particulier dans sa conduite délibérative. D'abord, par rapport à ses devancières, elle brandit le poignard elle-même. Ensuite, elle fait preuve d'une compétence politique. Comme le note Perry Gethner, c'est elle qui organise une révolte populaire pour sauver la vie à son bien-aimé, et le projet réussit. De plus, elle est plus lucide, par comparaison avec ses devancières raciniennes[16]. Par exemple, elle comprend que sa haine n'est chez elle que « l'amour déguisé » (v. 362)[17]. Enfin, la conscience des lois morales et le sentiment de culpabilité qui suscitent notre pitié à la fin de *Phèdre*, par exemple, sont absents chez Sophronie[18]. Il n'y a aucun sentiment de culpabilité ou de regret dans ses derniers mots prononcés à la fin de la pièce.

La « bonne enfant » Eudoxe, en revanche, renforce l'idéal féminin[19]. Dans une scène, elle tient tête au tyran, Genséric, qui la retient prisonnière, mais finalement, elle accepte son devoir et décourage Trasimond de lutter contre l'autorité paternelle :

EUDOXE

> Eh ! contre Genséric qu'est-ce qu'il pourra faire ?
> Il est toujours, Seigneur, votre roi, votre père.
> En vain d'un tendre amour vous m'offrez le secours :
> Le devoir sur l'amour l'emportera toujours. (v. 1111-1114)

Fille obéissante, elle ne fait rien pour faciliter sa délivrance. Elle renforce le patriarcat en tant qu'autorité suprême tandis que sa rivale, Sophronie, détruit tout sur son passage.

---

filles, Eudoxe et Placidie. Cette dernière fut libérée avec sa mère en 462, mais la jeune Eudoxe, forcée d'épouser Hunéric (fils de Genséric), ne put s'évader que dix ans plus tard.

16 *Femmes dramaturges en France (1650-1750)*, *op. cit.*, t. 2, p. 165.

17 Toutes les citations sont tirées de *Théâtre de femmes de l'Ancien Régime*…, *op. cit.*, p. 537-611.

18 *Femmes dramaturges en France (1650-1750)*, *op. cit.*, t. 2, p. 165.

19 *Ibid.*, p. 164. Selon P. Gethner, « son rôle se limite essentiellement à pleurer et gémir » (p. 164).

ANNE-MARIE DU BOCCAGE, *LES AMAZONES* (1749)

Dramaturge du XVIIIe siècle, Anne-Marie du Boccage – critiquée lorsqu'elle tente d'écrire une tragédie – revitalise l'amazone, type de femme qui s'oppose aux normes sociales. Mme du Boccage a probablement fondé sa pièce, au moins en partie, sur la *Vie de Thésée* par Plutarque. Mais Henry Carrington Lancaster indique que l'intrigue menant au mariage de Thésée et d'Antiope est cependant entièrement de la propre invention de Mme du Boccage[20].

La Comédie-Française a joué *Les Amazones* pour la première fois le 24 juillet 1749. Les trois premières représentations ont été bien suivies, mais la fréquentation a chuté peu après. L'abbé Trublet, qui a assisté à la première représentation, a déclaré que le parterre était respectueux, mais que les comédiens (à l'exception de la Dumesnil) jouaient terriblement mal leurs rôles dans l'intention de saboter la pièce. Il rapporte que la Clairon, qui n'aimait pas son rôle, se moquait ouvertement de la pièce avec les autres comédiens[21]. N'oublions pas que les acteurs et les actrices à la Comédie-Française étaient « connus pour leur opiniâtreté et la sévérité de leurs jugements[22] ». De plus, les critiques ont accusé Mme du Boccage d'avoir plagié des pièces écrites par les dramaturges masculins[23]. Lancaster, cependant, fait valoir que les similitudes dans l'intrigue ne sont pas assez fortes pour justifier de telles accusations[24]. Bref, les critiques que Mme du Boccage a reçues étaient injustes, et la mauvaise réception de sa pièce était sans doute due au fait que la

20 H. Carrington Lancaster, *French Tragedy in the Time of Louis XV and Voltaire 1715-1774*, Baltimore, Johns Hopkins University Press, 1950, t. 1, p. 295.

21 *Un journal de la vie littéraire au XVIIIe siècle. La Correspondance de l'abbé Trublet, documents inédits sur Voltaire, La Beaumelle, Malesherbes, Fontenelle, Mme Geoffrin, La Condamine, etc. Avec une introduction et des notes explicatives* par *J. Jacquart*, Paris, Rennes, L'Ouest-Éclair ; Paris, A. Picard, 1926, p. 8-9.

22 L. R. Clay, « L'étrange carrière de Voltaire, le dramaturge le plus rentable du XVIIIe siècle », *Données, recettes, & répertoire. La scène en ligne (1680-1793)*, Boston, MIT Press, 2020, URL : https://cfrp.mitpress.mit.edu/pub/letrange-carriere-de-voltaire/release/1 (consulté le 20 mai 2021).

23 *Bajazet* de Racine, *Le Comte d'Essex* et *Ariane* de Thomas Corneille, et *Sémiramis* de Crébillon.

24 H. Carrington Lancaster, *Sunset : A History of Parisian Drama (1701-1715)*, Baltimore, Johns Hopkins University Press, 1945, p. 297.

tragédie – genre noble par excellence – avait rarement été tentée par une autrice. Voltaire a écrit dans une lettre à M. le comte d'Argental datant du 29 juillet 1749 que Mme du Boccage « prenait la chose fort à cœur » : à tel point qu'elle n'a jamais écrit une autre tragédie[25].

Dans sa pièce, Mme du Boccage tente de réhabiliter la figure de l'amazone, femme caractérisée par une indépendance et un courage farouches. Inspirée des modèles réels, la femme forte avait été très en vogue dans la première moitié du XVIIe siècle[26]. Cependant, cette figure, déjà transgressive au XVIIe siècle, défiait les attentes de la société du XVIIIe siècle qui valorisait les qualités domestiques de la femme[27]. Les amazones, femmes qui refusent le mariage, remettent en question le fondement de l'ordre social. De plus, elles se gouvernent elles-mêmes avec succès et remportent des batailles. Ce sont des traits héroïques, voire masculins. Par son refus de céder à la défaite et son suicide à la fin de la pièce, Orithie soutient le code des amazones. Antiope, en revanche, qui accepte d'épouser Thésée pour sauver son peuple, intègre le rôle traditionnel de la femme. Bref, à travers Orithie et Antiope, Mme du Boccage dépeint des rôles antagonistes pour les femmes – des personnages féminins essentiellement doubles. La fureur et la résistance d'Orithie s'opposent à l'obéissance d'Antiope.

Dès le début de la pièce, Orithie est présentée comme folle ou irrationnelle ; elle suit ses instincts sans égard aux codes de conduite. Orithie tombe amoureuse de Thésée – un sentiment censé être interdit à une amazone. Elle assimile ce sentiment à la « honte » et à la « terreur » (v. 200) car cela signifie la perte de contrôle sur soi[28]. Lorsqu'Orithie révèle que Thésée est l'objet de son affection, elle décrit sa passion comme « un poison » dangereux qui s'est infiltré dans les profondeurs de son âme, la séparant de son côté rationnel (v. 213-216). Dans l'acte III, scène 2, Orithie apprend que Thésée, après s'être entretenu avec Antiope qu'elle avait envoyée pour lui exprimer ses sentiments, ne les partage pas. Sa « honte » et sa « fierté

---

25 Voltaire, *Correspondance*, T. Besterman (éd.), Paris, Gallimard, « Bibliothèque de la Pléiade », 1975, t. 3, p. 72.

26 I. Maclean, *Woman Triumphant*, Oxford, Oxford University Press, 1977.

27 Dans *Émile* (1762), la Sophie de Rousseau a été créée « pour répondre aux besoins d'Émile et de ses enfants », et elle « était confinée à la maison, sans prétention au monde extérieur. » Voir B. Arden Robb, *Félicité de Genlis : Motherhood in the Margins*, Newark, University of Delaware Press, 2008, p. 14.

28 Toutes les citations sont tirées de *Femmes dramaturges en France (1650–1750)*, t. 2, *op. cit.*, p. 371-445.

se changent en fureur » (v. 708). En révélant ses sentiments à Thésée, Orithie compromet sa réputation de reine et prêtresse. Mais le rejet de Thésée la plonge dans la peur et le dégoût de soi. Comme Phèdre, sa honte l'incite à se détourner de « l'éclat du jour » (v. 716).

Contrairement à sa devancière racinienne, Orithie poursuit sans relâche l'objet de son affection. Elle met davantage en péril son royaume lorsqu'elle ne tient pas compte des ordres des dieux. Après avoir capturé Thésée comme prisonnier de guerre, elle manipule les commandes des oracles, et lui propose de régner à ses côtés. Amoureux d'Antiope, Thésée refuse sa proposition, ne laissant à Orithie d'autre choix que de permettre son exécution. Mais au combat, peu de temps après, les Amazones confondent Idas, le compagnon de Thésée, avec Thésée lui-même. Idas est tué, et cette mort injustifiée donne à Thésée une raison pour exiger Antiope comme prix de consolation. Thésée permettra à Orithie de continuer à régner à condition qu'Antiope se marie avec lui.

Par opposition à Orithie, qui se laisse diriger par sa passion, Antiope cède à son devoir :

ANTIOPE

L'amour vous l'a donné [son cœur] ;
Seigneur, il se joignit à la reconnaissance ;
Tout m'invite à vous suivre, et nos lois que j'offense
Se tairont, si ma main seul prix de vos exploits
À notre liberté conserve tous ses droits,
Qu'aucun tribut enfin n'outrage ma patrie. (v. 1401-1405)

Son union avec Thésée permet un retour à l'ordre « normal » des choses.

Orithie, de son côté, ne peut restaurer son honneur et sa vertu que par le suicide. Sa passion écrasante l'a rendue inapte à gouverner, mais la mort lui rend sa gloire. Elle jette une dernière malédiction à Thésée en lui annonçant qu'il pourrait un jour être victime d'une passion illicite – préfiguration inquiétante de sa future relation avec Phèdre[29]. Le mariage d'Antiope avec Thésée doit être vu non pas comme une fin heureuse, mais comme un sacrifice – une vierge offerte pour apaiser le monstre[30]. Le choix d'une amazone comme Orithie comme sujet central de la pièce signifie l'intérêt de l'autrice pour le pouvoir féminin

29 Sa malédiction se concrétise lorsque sa future épouse Phèdre tombe amoureuse de son beau-fils Hippolyte, le fils que Thésée aura avec Antiope.

30 E. Showalter, Jr., *op. cit.*, p. 105.

et pour des solutions radicales aux problèmes des relations de genre, même si la fin conventionnelle lui permet d'apaiser son public. Dans ce sens, le dénouement témoigne de la distance entre ses intérêts et les attentes du public.

FRANÇOISE THÉRÈSE AUMERLE DE SAINT-PHALIER, *LA RIVALE CONFIDENTE* (1752)

Françoise Thérèse Aumerle de Saint-Phalier est également critiquée lorsqu'elle invente une héroïne qui s'écarte de l'idéal féminin – une veuve qui agit par impulsion sans égard aux normes sociales. Moins connue que les autres femmes dramaturges, Mme de Saint-Phalier, née à Paris, a publié deux romans, un recueil de poésies, et *La Rivale confidente*, comédie en 3 actes et en prose[31]. Cette dernière, sa seule pièce de théâtre, est mise en scène pour la première fois par les Comédiens Italiens Ordinaires du Roi le 12 décembre 1752[32]. La production des Italiens au cours de cette période (entre 1752 et 1762) s'orienta vers trois genres distincts : les parodies musicales, les ballets pantomimes et de nouvelles comédies écrites entièrement en français par des auteurs peu connus – telle *La Rivale confidente* de Mme de Saint-Phalier[33]. Malheureusement, la comédie de Mme de Saint-Phalier fut en grande partie un échec. Selon Fortunée Briquet, les acteurs n'ont pas pris le scénario au sérieux[34]. Sans doute, la dramaturge est tombée victime de

31 F. Briquet, *Dictionnaire historique, biographique et littéraire des Françaises et étrangères naturalisées en France*, Paris, Treuttel et Würtz, 1804, p. 103-104. URL : http://siefar.org/dictionnaire/fr/Françoise-Thérèse_Aumerle_Saint-Phalier/Fortunée_Briquet (consulté le 4 septembre 2021).

32 En 1723, Louis XV devient le nouveau mécène de la troupe, que l'on pouvait désormais nommer les Comédiens Ordinaires du Roi. Voir C. D. Brenner, *The Théâtre-Italien : Its Repertory, 1716-1793*, Berkeley, University of California Press ; Londres, Cambridge University Press, 1961, p. 6.

33 D. Trott, « Migration, naturalisation et transformation : les dernières années de la Comédie-Italienne en France (1752-1779) », *À Paris sous la Révolution : Nouvelles approches de la ville*, Paris, Éditions de la Sorbonne, 2008. URL : http://books.openedition.org/psorbonne/1518 (consulté le 20 mai 2021).

34 Voir *Histoire littéraire des femmes françaises, ou lettres historiques et critiques, contenant un précis de la vie, et une analyse raisonnée des ouvrages de femmes qui se distinguent dans la*

leurs normes rigoureuses. Dans l'avertissement de la version publiée en 1752, Mme de Saint-Phalier déclare que la pièce n'a eu que quatre représentations. Les critiques n'ont pas mieux répondu à la pièce. Selon l'un d'eux, ce « sont la plupart de ces vers de société, qui, hors de l'à-propos, n'ont plus de sel, et qui, dans l'à-propos même, en manquaient le plus souvent[35] ». Mais il paraît que la majorité des critiques ont été injustes. Malgré son échec sur scène, la pièce est imprimée l'année suivante avec l'approbation du romancier Crébillon fils.

Il est clair que les éléments dramatiques non-traditionnels de la pièce ont invité à la critique. La pièce a suscité trois cabales dont Mme de Saint-Phalier prétend être sortie indemne : « J'ai vu avec bien de la satisfaction les efforts des trois furieuses cabales être impuissants, et le sentiment général décider en ma faveur[36] ». Dans l'avertissement, Mme de Saint-Phalier note qu'il fallait s'attendre à la critique, puisque sa pièce est son « premier ouvrage dans le genre[37] ». Le fait que les domestiques jouent des rôles importants dans l'intrigue, s'expriment dans le dialecte local et se conduisent plus rationnellement que leurs maîtres, n'a rien d'original. Molière, par exemple, faisait déjà jargonner paysans et serviteurs. Le fait qu'elle intègre de la musique dans l'action n'a rien d'original non plus. La fusion théâtre et musique a déjà été réalisée par Molière et Lully (et les Comédiens Italiens encore avant eux).

En revanche, le personnage d'Orphise est sans doute une nouveauté. Elle est liée au type d'héroïne qui a dominé les théâtres de société, mais Orphise est psychologiquement plus complexe. Sa nature vengeresse renforce un stéréotype féminin négatif, mais son ingéniosité et ses tactiques de manipulation mettent en évidence son intelligence et sa capacité à faire avancer l'action.

Dès le début de la pièce – à partir du moment où elle apprend que l'objet de son désir, Valère, courtise son amie Julie – Orphise se laisse diriger par une folle vengeance. L'amitié d'Orphise avec Julie la fait hésiter momentanément, mais elle décide finalement que les sentiments de Valère sont impardonnables et qu'il doit être puni. Orphise explique que

---

littérature française, J. de La Porte et J.-F. de Lacroix (éd.), Paris, Lacombe, 1769, t. 5, p. 257.

35 *Ibid.*, p. 257.

36 Toutes les références sont faites par rapport à l'édition suivante : F.-T. Aumerle de Saint-Phalier, *La Rivale confidente*, Paris, Mérigot, 1753, p. Aij.

37 *Ibid.*, p. Aij.

Valère l'avait courtisée après la mort de son mari et qu'il l'avait amenée à croire qu'il l'épouserait. Puis, sans aucun avertissement, il aurait cessé de lui rendre visite. Elle attribue son brusque changement d'avis à sa nouvelle flamme, Julie. Quand Finette, sa femme de chambre, suggère qu'Orphise a peut-être mal interprété ses signaux, Orphise insiste sur le fait qu'elle est néanmoins justifiée à se venger. Orphise imagine de manière délirante que Valère (qui, selon Finette, ne s'est jamais vraiment intéressé à Orphise), pourrait encore vouloir l'épouser une fois Julie mariée à Dorante (p. 16-17). C'est pourquoi Orphise, en metteuse-en-scène de la folie, se lance dans une opération pour réaliser le mariage de Julie et Dorante en jouant la fausse confidente d'un certain nombre de personnages pour gagner leur confiance. Par exemple, Orphise rappelle à Orgon, le père de Julie, qu'il est le « maître du sort de Julie » (p. 22) et que Julie doit accepter le mariage qu'Orgon organise pour elle. Dans une autre scène, Orphise raconte à Dorante que Julie l'a évité simplement parce que, jeune femme inexpérimentée, Julie ne sait pas comment exprimer ses sentiments. Orphise convainc ainsi Dorante de continuer à courtiser Julie. Et enfin, Orphise gagne la confiance de Julie et l'exploite pour retourner Julie contre Valère quand elle convainc Julie que Valère les courtise toutes les deux en même temps. Orphise va jusqu'à intercepter un portrait que Julie a destiné à Valère. Orphise convainc Julie que Valère le lui a envoyé comme preuve de son indifférence envers Julie. Cette ruse attire non seulement la colère d'Orgon contre Valère, mais renouvelle également les espoirs de Dorante de séduire Julie.

Son double Julie, en revanche, joue un rôle passif. Julie est une fille obéissante qui respecte l'autorité de son père. Tout tourne en sa faveur à la fin de la pièce, mais ce n'est pas dû à des efforts de sa part. Elle est trop faible pour faire face à son père. Elle se reproche « d'avoir disposé de son cœur sans l'aveu de son père » (p. 38). Elle devient alors dépendante d'Orphise pour l'aider à obtenir le consentement de son père. En effet, tout au long de la pièce, sa seule préoccupation semble être son père : comment rester dans ses bonnes grâces ? La pureté de ses intentions fait d'elle une cible facile.

Orphise, par opposition, est une manipulatrice maligne. Elle est pleinement consciente de sa jalousie et de sa méchanceté envers Julie. À la fin de l'acte 2, elle décrit « le plaisir » (p. 77) qu'apporte la promesse de vengeance. Aveuglée par sa passion folle, Orphise estime que son amour méprisé l'autorise à faire des ravages dans la vie de tous ceux qui interfèrent avec sa vengeance. Finalement, Orphise reconnaît ses propres défauts et en assume la responsabilité à la fin de la pièce. En fin de compte, après que Dorante a révélé la vérité – c'est-à-dire qu'Orphise avait noirci la réputation de Valère en déformant ses intentions – Orphise admet qu'elle a agi par jalousie :

> ORPHISE
> Une fureur jalouse m'a fait tout oser pour traverser vos desseins. L'aveuglement de la passion peut bien nous égarer quelques instants, la vertu seule a le droit de dissiper le prestige, et de nous faire rougir d'avoir pu la méconnaître. (p. 99)

À la suite à son aveu, Orphise, ayant été dénoncée, se retire et s'éloigne de ceux qu'elle a blessés.

Il est important de noter que Mme de Saint-Phalier admet avoir changé la fin de la pièce pour plaire à « Messieurs les comédiens », qui pensaient qu'elle devait atténuer la nature perfide d'Orphise pour plaire au public :

> Si je le changeai [le dénouement], ce fut par condescendance pour Messieurs les Comédiens qui pensèrent que le Public se révolterait contre ce caractère méchant, quoiqu'il soit, à ce qu'il me semble, assez pris dans la nature [...]. Voici ce qu'elle aurait dû dire, tel qu'il était d'abord.
>
> Il n'en est pas besoin, Arlequin n'est pas coupable. Julie, voilà votre portrait ; pour punir un ingrat, j'ai tout osé, vous partagiez son crime, et mon ressentiment. (À Valère.) Pour toi reconnais à ces traits une femme animée du désir de se venger, et apprends que notre amour-propre blessé ne pardonne jamais. Oui, le malheureux succès de mes desseins peut seul exciter ma douleur, jouis-en malgré moi ; mais celle que je t'ai causée me dédommage au moins en partie de n'avoir pu t'en faire ressentir davantage. (p. 104-105)

Les mots qu'Orphise devait prononcer à la fin de la pièce correspondent mieux à sa nature vengeresse. Dans la réponse originale, elle n'avait aucun regret. Mais l'intentionnalité de ses actions aurait trop défié les attentes du public du XVIIIe siècle, et l'autrice a préféré édulcorer sa déclaration finale. Les limites imposées à Orphise reflètent ainsi la situation précaire des femmes dramaturges qui ont eu du mal à exercer leur liberté créative dans le monde du théâtre.

Les obsessions de ces femmes, qui les font passer pour folles, marquent une nette rupture avec les notions de conduite féminine convenable selon le public. Il n'est pas étonnant que ces pièces n'aient pas été couronnées de succès. Sophronie, Orithie et Orphise présentent un comportement motivé par les passions, que ce soit désir ou vengeance. De plus, leur comportement délibératif est troublant pour le public. Il est notable que le patriarcat est rétabli à la fin de chacune de ces pièces écrites par des dramaturges féminines, qui se conforment à la tradition de punir les femmes non-conventionnelles : tandis que leurs doubles sont récompensées pour leur soumission au patriarcat, Orphise est bannie, Sophronie et Orithie se suicident. Comme le note Derval Conroy, l'acte de faire taire les femmes apporte un soutien au *statu quo ante*, même si on pouvait s'y attendre en raison du paradigme patriarcal dominant à l'époque[38]. Tout comme leurs créatrices, qui n'écriront jamais plus pour le théâtre, ces « folles » sont réduites au silence.

Bien qu'elles ne soient pas admirées par leur public, les folles jouent un rôle important dans le développement de la caractérisation féminine et dans l'histoire des femmes dramaturges[39]. Tout comme leurs créatrices, elles représentent une prise de pouvoir et une prise de parole dans un monde du théâtre dominé par les hommes. Le rôle central qu'elles jouent aide à surmonter la passivité associée à l'héroïne qui incarne toutes les caractéristiques de « la bonne fille ». Ces folles remettaient en question la tradition littéraire patriarcale en ouvrant la voie à des héroïnes plus complexes, et en assurant une éventuelle liberté d'expression aux femmes dramaturges.

Theresa VARNEY KENNEDY
Baylor University

38 D. Conroy, *Ruling Women : Configuring the French Prince in Seventeenth-Century French Drama*, New York, Palgrave Macmillan, 2016, t. 2, p. 53.

39 T. V. Kennedy, *Women's Deliberation : The Heroine in Early Modern French Women's Theater (1650-1750)*, Londres-New York, Routledge, 2018, p. 45.

FOLLES D'OPÉRA ET FOLLES AMOUREUSES DANS LE THÉÂTRE MUSICAL DE L'ANCIEN RÉGIME

> Voyez la Delbar [...] dans une loge d'Opéra ; pâle et rouge tour à tour, elle bat la mesure avec Rebel ; s'attendrit avec Iphigénie, entre en fureur avec Roland, etc. Toutes les impressions de l'orchestre passent sur son visage, comme sur une toile. Ses yeux s'adoucissent, se pâment, rient, ou s'arment d'un courage guerrier. On la prend pour folle. Elle ne l'est point, à moins qu'il n'y ait de la folie à sentir le plaisir[1].

C'est ainsi que La Mettrie décrit l'épouse du dramaturge et chansonnier Alexis Piron, réputée folle, en proie au plaisir de l'opéra. Si les femmes et la folie entretiennent des rapports privilégiés, la folie et la musique sont également liées par des affinités électives, d'abord parce que la musique et *a fortiori* l'opéra « [rendent] fou[2] ». Les liens de prédilection qui unissent les femmes et la folie dans le théâtre musical des XVIIe et XVIIIe siècles se déploient à travers les rôles de folles d'opéra et les scènes musicales de « folies amoureuses ». Dès la fondation de l'Académie royale de musique (1672), la comédie mêlée de musique exploite la mode de l'opéra et met en scène un nouveau type comique : celui de la fanatique d'opéra. C'est donc par la fenêtre de la folie que l'opéra entre en comédie[3].

1 J. Offray de La Mettrie, *L'Homme machine*, Leyde, Luzac, 1748, « Dédicace », n. p.

2 M. Couvreur, « *La Folie à l'opéra-comique : des grelots de Momus aux larmes de Nina* », *Grétry et l'Europe de l'opéra-comique*, P. Vendrix (éd.), Liège, Mardaga, 1992, p. 214.

3 L'article de L. Sieuzac dans ce même volume complète le présent article.

CRISOTINE, « DEVENUE FOLLE PAR LA LECTURE DES OPÉRAS »

Crisotine dans *Les Opéra* de Saint-Évremond (1676), inaugure la grande galerie des folles d'opéra : elle refuse de parler comme le vulgaire et ne s'exprime qu'en chantant. Elle se fait l'écho de l'engouement prodigieux provoqué par l'opéra et ne fait que systématiser outre mesure une pratique commune de l'époque :

> Je vous apprens, mon Père, que depuis le dernier Opera, il n'y a pas un homme de condition qui ne s'exprime autrement qu'en chantant. Quand on se rencontre le matin ce seroit une incivilité grossière que de ne se pas saluer avec du chant[4].

Voici comment son père, M. Crisard, présente au médecin Guillaut la folie de sa fille :

> Les Opera, Monsieur Guillaut, lui ont tourné la cervelle. Ce chant, ces Dances, ces Machines, ces Dragons, ces Dieux, ces Démons, l'ont démontée ; sa pauvre Tête n'a pu résister à tant de Chimères à la fois. Elle ne vous saluera qu'en chantant et je pense qu'elle aimeroit mieux se laisser mourir de faim et de soif, que de demander à manger et à boire sans Musique[5].

En déplorant la « corruption de mœurs[6] » de sa fille, Crisard anticipe d'une vingtaine d'années sur la critique de l'opéra que fera Bossuet :

> Cessez et Songez encore, si vous jugez digne du nom de chrétien ou de prêtre, de trouver honnête la corruption réduite en maximes dans les opéras de Lully, avec toutes les fausses tendresses, et toutes ces trompeuses invitations à jouir du beau temps de la jeunesse, qui retentissent partout dans ses poésies. Ses airs, tant répétés dans le monde, ne servent qu'à insinuer les passions les plus décevantes, en les rendant les plus agréables et les plus vives qu'on peut par les charmes d'une musique, qui ne demeure si facilement imprimée dans la mémoire, qu'à cause qu'elle prend d'abord l'oreille et le cœur[7].

---

4 C. de Saint-Évremond, *Les Opéra*, R. Finch et E. Joliat (éd.), Genève, Droz, 1979, I, IV, p. 5.

5 *Ibid.*, II, III, p. 59.

6 *Ibid.*, I, IV, p. 44.

7 J.-B. Bossuet, *Maximes et Réflexions sur la Comédie*, Paris, Jean Anisson, 1694, p. 6-8.

Le désir féminin est perçu comme une menace pour l'ordre social et moral :

> MR CRISARD. – Il faut autre chose qu'un Crucifix pour époux à Crisotine. Voyez-vous, ma femme, tous ces Opera-là aboutissent à une grande envie d'operer.
>
> ME CRISARD. – J'entens ce que vous voulez dire par operer : mais jamais Fille qui ait appartenu à la Race des Montifas au dixième degré, n'a eu de penchant à de telles Opérations. Ah ! Monsieur, cela est trop désobligeant[8].

Crisard souhaite que Crisotine épouse le baron de Pourgeolette pour satisfaire l'obsession de noblesse de sa femme. Dans sa folie, Crisotine entremêle le plan mythologique de la fiction avec la réalité et appelle à son secours sa « mère des Amours », c'est-à-dire Vénus. Mais, chantant le prologue de *Psyché*, elle fait preuve d'une certaine logique, puisque Hermione, à laquelle elle s'identifie, est bien la fille de Vénus. Sa folie est donc pour le moins ambiguë. La servante Perrette est la première à jeter le doute sur la folie de sa petite maîtresse : « Votre fille ne parle, et ne répond qu'en chantant. Elle est folle, ou pour le moins elle se moque de vous et de moi[9] ». Crisotine, prosélyte, substitue à la religion chrétienne la religion des opéras dont elle idolâtre les dieux, et aspire à rétablir les sacrifices, ce qui compromet son entrée au couvent :

> Quand les Religieuses chanteront Matines, elle chantera l'Opera ; quand elles prieront la Vierge, elle invoquera Venus ; et quand le Chapelain dira la messe pour les bonnes Sœurs, elle ne parlera que de la beauté des Sacrifices[10].

Perrette espère la ramener sur la voie de la raison en substituant la religion chrétienne à celle de l'opéra : « Je ne lui ai rien laissé qu'un petit OFFICE DE LA VIERGE, qu'elle disoit autrefois avant qu'elle eût l'Entêtement de ses Déesses, et de ses Dieux[11] ». Dans la typologie établie par Foucault, la folie de Crisotine relève de « la folie par identification romanesque » dont les traits ont été « fixés par Cervantès[12] », modèle auquel Saint-Évremond se réfère explicitement :

8 C. de Saint-Évremond, *op. cit.*, II, I, p. 4-55.

9 *Ibid.*, I, IV, p. 43.

10 *Ibid.*, II, I, p. 55.

11 *Ibid.*, II, IV, p. 61.

12 M. Foucault, *Histoire de la folie à l'âge classique*, Paris, Gallimard, 2001 [1972], p. 57.

> Comme la folie de Mademoiselle votre Fille approche fort de celle de Don Quichotte, Perrette a eu raison de faire la même chose des Opera, que firent la bonne Nièce, et la Servante, des Livres de Chevalerie ; et en attendant que Mademoiselle se réveille, nous en ferons l'examen, s'il vous plaît, à l'exemple du Curé et de Maître Nicolas[13].

La folie de Crisotine s'inscrit aussi dans le sillage de celle de Mélisse dans *Les Visionnaires* de Desmarets de Saint-Sorlin[14]. Elle chante, avec un remarquable génie parodique impromptu, dans sa scène de face à face avec le Baron de Pourgeolette, lorsqu'elle retourne l'« aimable jeunesse » de Psyché en « honteuse vieillesse[15] ». Rien ne nous empêche de croire qu'elle feint la folie, tout comme Lucile feint la maladie dans *Le Médecin volant* ou Lucinde le mutisme dans *L'Amour médecin*, pour parvenir à ses fins et épouser celui qu'elle aime. Finalement, Guillaut et Millaut, dans l'ultime solution qu'ils proposent à sa folie, empruntent aux dénouements moliéresques, achevant de faire des *Opéra* une sorte de pastiche « à la manière de Molière ». De même que dans *Le Malade imaginaire*, Béralde conseille à sa nièce de « s'accommoder [aux] fantaisies[16] » d'Argan en l'intronisant médecin, Guillaut prétend qu'il faut en quelque sorte soigner le mal par le mal et céder à Crisotine en l'envoyant à l'Opéra :

> Les Opera ont fait naître leur maladie ; les Opera la finiront. Il est de ces sortes de fantaisies, comme des Amours et des désirs. Laissez jouïr ; les desirs finissent : empêchez la jouissance ; ils durent toujours. De même, Monsieur, opposez-vous à ces imaginations ; c'est leur donner plus de force : laissez-leur un libre cours ; c'est le moyen de les faire évanouir [...]. Quand Mademoiselle Crisotine, et Monsieur Tirsolet, auront été six mois au Théâtre ; lassés de Répétitions, ennuyés de chanter toujours, fatigués de s'habiller avec soin, de se déshabiller avec peine, et de faire éternellement la même chose : vous les verrez revenir avec autant de sagesse, qu'ils ont de Folie présentement[17].

13 C. de Saint-Évremond, *op. cit.*, II, IV, p. 61.

14 Saint-Évremond connaît *Les Visionnaires* et compare la duchesse de Mazarin à Mélisse : « c'est être amoureuse de votre idée, et l'Amante d'Alexandre est aussi excusable dans sa vision, que vous dans la vôtre, puisqu'un Homme mort aujourd'hui n'a pas plus de part au Monde que ce conquérant », Lettre n° 69 à Madame la duchesse de Mazarin, décembre 1684, *Lettres*, R. Ternois (éd.), Paris, Didier, 1968, t. 2, p. 36.

15 C. de Saint-Évremond, *Les Opéra*, *op. cit.*, V, 1, p. 95.

16 Molière, *Le Malade imaginaire*, III, sc. dernière, J. le Blanc (éd.), Paris, GF, « Littérature et civilisation », n° 1621, 2020, p. 225.

17 C. de Saint-Évremond, *op. cit.*, V, III, p. 104.

Millaut renchérit ainsi sur la proposition de son double Guillaut :

> il n'y a que l'Opera qui lui puisse faire perdre l'extravagance de son opinion. Quand elle verra que les Machines les plus merveilleuses ne sont rien que des toiles peintes ; que les Dieux et les Déesses qui descendent sur le Théâtre, ne sont que des Chanteurs et des Chanteuses de l'Opera ; quand elle touchera les Cordes, par le moyen desquelles se font les vols les plus surprenants, Adieu Jupiter et Apollon, Adieu Minerve et Venus. Elle perdra ces imaginations-là ; et comme dit Monsieur Guillaut, vous la verrez revenir avec autant de sagesse qu'elle a de folie présentement[18].

Ici ce sont les idées du libertin qui sont sous-jacentes. Saint-Évremond vise la religion à travers le voile de l'opéra. La croyance religieuse, comme celle de l'opéra, relève de l'illusion. L'opéra sert de prétexte pour un réquisitoire plus général contre toute forme de dogmatisme ou de fanatisme. Saint-Évremond conçoit la scène comme une école de démystification pour combattre l'illusion par la représentation. Dans « De la tragédie ancienne et moderne », il feint de prôner le bannissement du religieux de la scène des théâtres. En réalité, représenter la religion serait le meilleur moyen pour se débarrasser des illusions, et c'est en ce sens que le théâtre possède une puissante vertu de démystification.

> D'ailleurs, ce seroit donner un grand avantage aux libertins, qui pourroient tourner en ridicule à la comédie les mêmes choses qu'ils reçoivent dans les Temples avec une apparente soumission [...]. Et à parler sainement, le passage de la mer rouge, si miraculeux ; le Soleil arrêté dans sa course, à la prière de Josué ; les Armées défaites par Samson avec une mâchoire d'âne ; toutes ces merveilles, dis-je ne seroient pas crues à la Comédie, parce qu'on y ajoute foi dans la Bible ; mais on en douteroit bien-tôt dans la Bible, parce qu'on n'en croiroit rien à la comédie[19].

Cette folie n'a qu'à pousser son illusion jusqu'à son comble pour s'annuler d'elle-même. C'est ce que Foucault appelle une « initiation à ce qui apparaîtra comme la réconciliation avec la raison et la vérité ». La technique de cure à laquelle Guillaut recourt rejoint l'opération thérapeutique de la « réalisation théâtrale » : « Dans l'impossibilité de le convaincre par des arguments raisonnables [...] on accepte son délire ». Il s'agit en

---

18 *Ibid.*, V, III, p. 104-105.

19 C. de Saint-Évremond, « De la tragédie ancienne et moderne », *Œuvres en prose*, René Ternois (éd.), Paris, Didier, 1969, t. IV, p. 173-175.

continuant le délire de « tendre à l'accomplir. Il faut le conduire vers un état de paroxysme et de crise, [...] il sera confronté à lui-même et mis en débat avec les exigences de sa propre vérité ». C'est en effet « à l'intérieur d'un discours continu que les éléments du délire entrant en contradiction, déclenchent la crise, [...] crise qui marque le point où l'illusion retournée contre elle-même, va s'ouvrir sur l'éblouissement de la vérité[20] ». Finalement, la folie de Crisotine trouve son accomplissement sur le théâtre, un théâtre subversif qui possède une puissante dimension démystificatrice. En cela, le geste d'arrachement de la perruque du Baron par Crisotine est un geste hautement symbolique : à travers cet épisode de la perruque, emblème de Louis XIV, c'est peut-être, mais en creux, le roi, ultime arbitre du bon goût et des modes de la Cour, que celles-ci soient vestimentaires ou musicales, que Saint-Évremond vise indirectement[21] :

Crisotine lui ôte sa perruque.

C'est trop écouter tes raisons,
Je veux désabuser le monde,
Et t'ôter la Perruque blonde
Qui cache des Cheveux grisons[22].

Saint-Évremond cherche aussi à « désabuser le monde » par la représentation des ridicules attachés à l'opéra, comme celui des machines volantes finales, vision hallucinatoire censée emporter les amants dans les airs. Le Baron, grand perdant de l'intrigue, est renvoyé à une folie purement négative, alors que la folie de Crisotine est salutaire et permet de se débarrasser du véritable fou. La folie féminine a la même vertu corrosive et démystificatrice que la comédie : folie et musique servent *in fine* de philtre aux idées du libertin qui avance masqué.

20 M. Foucault, *op. cit.*, p. 418.

21 Cela peut-il expliquer que la pièce n'ait jamais été représentée si l'on considère que Saint-Évremond espérait revenir en grâce auprès de Louis XIV ? L'ambassadeur Barillon offre par exemple 400 écus à Saint-Évremond si celui-ci permet qu'il monte sa pièce à Paris, « pourvû qu'il y fit quelques petits changements », mais Saint-Évremond refuse. Papiers de Desmaizeaux, British Museum, Fond Birch, MS 4470, f. 386, cité par Robert Finch et Eugène Joliat dans leur édition de Charles de Saint-Évremond, *Les Opéra*, *op. cit.*, p. 32. Le Baron dit aussi qu'il est « noble comme le roi et vaillant comme son épée ».

22 *Ibid.*, IV, 2, p. 82.

Sur les scènes parisiennes, de l'autre côté de la Manche, c'est *Armide* de Lully et Quinault, surnommé à l'époque l'« opéra des femmes[23] », qui, dès sa création en 1686, suscite ce genre de folie d'identification à travers une série de comédies parodiques qui exploitent la passion irraisonnée, à la limite de l'hystérie, de femmes mûres pour l'opéra.

LES FOLLES D'ARMIDE

Dans *Renaud et Armide* de Dancourt en 1686[24], Clitandre est amoureux d'Angélique. Pour arriver à ses fins, il fait la cour à sa tante Madame Jaquinet en flattant son goût pour *Armide*. Madame Jaquinet appartient à la famille des folles d'opéras tandis que Clitandre, dans le sillage du Léandre des *Fous divertissants*[25], feint la folie pour obtenir Angélique. Madame Jaquinet se prend littéralement pour Armide et affuble Clitandre du seul nom de Renaud. Finalement, grâce à la mise en abyme de l'opéra, les amants s'enfuient pendant que Mme Jaquinet, abandonnée et en proie à une radicalisation du processus d'identification, chante le désespoir d'Armide. Les protagonistes se servent du rôle qu'ils interprètent dans la fiction enchâssée pour parvenir à leurs fins.

Tout comme leurs concurrents Français, les Italiens se font l'écho de la « manie chantante » d'une partie du public féminin qui a « le démon

---

23 J.-L. Le Cerf de la Viéville, *Comparaison de la Musique italienne et de la Musique française*, première partie, troisième dialogue, dans F. Raguenet, J.-L. Le Cerf de la Viéville, *La Première Querelle de la musique italienne, 1702-1706*, L. Naudeix (éd.), Paris, Classiques Garnier, « Bibliothèque du XVIIe siècle », n° 30, 2018, p. 240. Voir aussi J. le Blanc, « *Armide* de Lully et Quinault : tensions au cœur de *l'opéra des femmes* (XVIIe-XXIe siècles) », B. Bolduc et H. Goldwyn (éd.), *Concordia Discors. Selected Papers from the 41st Annual Conference of the North-American Society for Seventeenth-Century French Literature*, Tübingen, Narr, 2011, t. 1, p. 243-252.

24 *Renaud et Armide, comédie de M. Dancourt*, Paris, Guillain, 1697 [comédie en un acte et en prose de Dancourt, avec des parodies d'*Armide* de Quinault et Lully, créée le 15 février 1686, et représentée le 31 juillet 1686 à la Comédie-Française].

25 *Les Fous divertissants*, Paris, Ribou, 1681 [comédie en 3 actes en vers de Raymond Poisson avec la musique de M.-A. Charpentier, créée le 14 novembre 1680 à la Comédie-Française].

de l'opéra dans le ventre[26] ». L'intrigue de *L'Opéra de campagne* (1692)[27] imite celle de *Renaud et Armide* de Dancourt. Madame Prenelle rêve de mettre sa fille Thérèse au couvent et de passer tout son temps à l'Opéra : « J'ai résolu d'aller voir l'opéra tout mon saoul. J'y serai jour et nuit : j'y boirai ; j'y mangerai ; j'y coucherai ; j'y... Ah ! l'opéra c'est la source de tous les plaisirs, il n'y a que cela de parfait au monde[28] ». Arlequin, le valet d'Octave (lequel est amoureux de Thérèse) engage une troupe d'opéra pour se jouer de Madame Prenelle, laquelle a une liaison avec son serviteur Pierrot. Pendant l'opéra qui parodie *Armide*, Pierrot est enlevé, tandis que les amants s'échappent. Madame Prenelle, furieuse, renonce à l'opéra et détruit toutes les décorations du théâtre, à l'image d'Armide qui mettait en pièces son palais enchanté : « puisque cet opéra m'a causé tant de chagrin, je m'en vais l'envoyer au diable, avec tous les opérateurs. (*Elle jette toutes les décorations à bas, et la comédie finit*)[29] ».

Le monologue « Enfin il est en ma puissance », interprété par Mme Prenelle, rôle joué par Mezzetin (Angelo Costantini, chanteur principal de la troupe) travesti, est véritablement le clou de la représentation et devient sous la plume de Dufresny une charge satirique teintée de misogynie :

MME PRENELLE, *en Armide, contrefaisant mademoiselle Rochois, très excellente actrice de l'opéra, et qu'on regrettera éternellement.*

Enfin il est en ma puissance
Ce mépriseur d'appas, ce glacé jouvenceau
Il me vit sans m'aimer, j'enrage quand j'y pense
Cruel, j'aurais moins pitié de ta peau
Que notre chat à jeun n'en aurait d'un fromage.
Qu'il éprouve toute ma rage.
[...]
Suis-je donc femme, ô ciel ! Oui, je la suis vraiment.
Je passe en un moment, de l'excès de la haine

26 C.-I. Brugière de Barante, C. Rivière Dufresny, *Pasquin et Marforio, médecins des mœurs, Suite du Théâtre Italien ou Nouveau recueil de plusieurs Comédies Françaises, qui ont été jouées sur le Théâtre Italien de l'Hôtel de Bourgogne*, s. l. n. d., 1697, p. 15.

27 *L'Opéra de campagne*, comédie en 3 actes en prose avec un prologue de C. Dufresny, créée le 4 juin 1692 au Théâtre Italien. Le texte figure dans E. Gherardi, *Théâtre Italien de Gherardi. Ou le recueil général de toutes les Comedies & Scènes françoises jouées par les Comédiens Italiens du Roi, pendant tout le temps qu'ils ont été au service*, Paris, Briasson, 1741, t. IV.

28 *Ibid.*, p. 30.

29 *Ibid.*, p. 73.

À celui de l'amour[30].

Le public qui va admirer la cantatrice Marie Le Rochois à l'Opéra (active de 1680 à 1698), loin de s'offusquer de ce qu'on ose toucher à son idole, prend au contraire un plaisir certain à venir admirer les talents d'imitateurs des acteurs italiens qui parviennent à saisir – par le biais même du travestissement – quelque chose de la quintessence du talent de la chanteuse à laquelle ils vouent un véritable culte[31]. C'est l'humanisation de la magicienne qui « ouvre la voie au processus d'identification au personnage d'Armide[32] », notamment pour le public féminin.

Armide est en outre le plus érotique des opéras de Quinault. En effet, même si le prologue s'efforce de délivrer une morale du renoncement aux plaisirs terrestres, nombreux sont les moments de divertissements qui invitent à profiter de la vie, comme la passacaille du cinquième acte :

> Si l'amour ne causait que des peines
> Les oiseaux amoureux ne chanteraient pas tant.
> Jeunes cœurs, tout vous est favorable.
> Profitez d'un bonheur peu durable.
> Dans l'hiver de nos ans, l'Amour ne règne plus.

---

30 *Ibid.*, p. 71-72.

31 « Dans quel ravissement n'était-on pas dans la cinquième scène du second acte du même opéra [*Armide*] de la voir le poignard à la main, prête à percer le sein de Renaud endormi sur un lit de verdure ? La fureur l'animait à son aspect, l'amour venait s'emparer de son cœur ; l'une et l'autre l'agitaient tour à tour ; la pitié et la tendresse leur succédaient à la fin, et l'amour restait le vainqueur. Que de belles attitudes, et vraies ! Que de mouvements et d'expressions différentes dans ses yeux et sur son visage pendant ce monologue de 29 vers, qui commence par ces deux-ci : – "Enfin il est en ma puissance / Ce fatal ennemi, ce superbe vainqueur". Lorsque Armide s'anime à poignarder Renaud, dit l'auteur de la vie de Quinault, p. 56 : "On a vu vingt fois tout le monde saisi de frayeur ne soufflant pas, demeurer immobile, l'âme tout entière dans les oreilles et dans les yeux, jusqu'à ce que l'air de violon qui finit la scène, donna [*sic*] permission de respirer ; puis les spectateurs reprenant haleine avec un bourdonnement de joie et d'admiration, se sentaient transportés par ce mouvement unanime qui marquait assez la beauté de la scène, et leur ravissement". On peut dire que c'est le plus beau morceau de tous nos opéras, et le plus difficile à bien rendre ; et c'était un de ceux où Mademoiselle Rochois brillait le plus », J-B. Durey de Noinville, *Histoire du Théâtre de l'Académie Royale de Musique en France depuis son établissement jusqu'à présent*, 2e éd., Paris, Duchesne, 1757, 2e partie, p. 61-62.

32 G. Vickermann-Ribémont, « Nouvelles images de la séduction féminine : *Armide* de Lully et Quinault et ses reprises en peinture », *Littératures classiques*, n° 69, 2009/2, p. 211.

Les beaux jours que l'on perd sont pour jamais perdus[33].

ou le chœur de démons sous la figure de nymphes, de bergers et de bergères qui « *enchantent Renaud et l'enchaînent durant son sommeil avec des guirlandes de fleurs* » et l'exhortent au *carpe diem* :

Ah ! quelle erreur ! quelle folie !
De ne pas jouir de la vie !
C'est aux Jeux, c'est aux Amours
Qu'il faut donner les beaux jours[34].

La volupté qui se dégage de ces petits bijoux d'épicurisme concurrence la morale chevaleresque chrétienne et procure un plaisir que d'aucuns jugent coupable. En témoigne la *Satire X* de Boileau, « Contre les femmes », où il met en scène la spectatrice d'opéra face aux dangers de « tous ces lieux communs de morale lubrique, / Que Lully réchauffa des sons de sa musique[35] » ; les Comédiens du Théâtre Italien en donnent une paraphrase parodique dans *Arlequin, défenseur du beau sexe* de Brugière de Barante en 1694[36].

La folie de toutes ces folles d'opéra trouve finalement son accomplissement dans le théâtre, par une sorte de récupération de la folie par l'art. Si la musique rend fou, il convient d'intégrer la folie, et donc la musique, dans une autre forme de spectacle, autrement dit de la mettre en abyme dans la comédie.

33 P. Quinault, *Armide*, V, 2, *Livrets d'opéra*, B. Norman (éd.), Paris, Hermann, « Bibliothèque des Littératures Classiques », 2016 [1999], p. 786.

34 *Ibid.*, II, 4, p. 765.

35 N. Boileau, *Satires*, *Œuvres complètes*, A. Adam et F. Escal (éd.), Paris, Gallimard, 1966, p. 66. Voir J. le Blanc, *Avatars d'opéras. Parodies et circulation des airs chantés sur les scènes parisiennes*, Paris, Classiques Garnier, 2014, p. 135.

36 É. Gherardi, *Le Théâtre Italien. Ou le recueil général de toutes les Comedies & Scènes françoises jouées par les Comédiens Italiens du Roi, pendant tout le temps qu'ils ont été au service*, Paris, Pierre Vitte, 1717, t. V, III, sc. dernière, p. 222.

LA FOLIE SALVATRICE D'AGATHE

Le thème de la folie féminine associée à la folie amoureuse est une constante sur la scène de l'opéra depuis la représentation de *La Finta Pazza* (*La Folle supposée*) de Francesco Sacrati et Giulio Strozzi (livret), premier opéra représenté en France le 14 décembre 1645, qui connaîtra de multiples avatars, dont les célèbres *Folies amoureuses* de Regnard, créées en 1704 à la Comédie-Française. Le thème de la folie amoureuse est un *topos* qui se décline sur toutes les scènes lyriques françaises. Dans *Les Folies amoureuses* de Regnard, la folie feinte sert à Agathe de stratagème pour s'échapper avec Éraste. Agathe, héroïne féministe avant la lettre, est retenue prisonnière par son vieux tuteur, Albert, avatar de l'Arnolphe de *L'École des femmes*, qui veut l'épouser :

> Ce n'est point par douceur qu'on rend sages les filles ;
> Je veux du haut en bas faire attacher des grilles,
> Et que de bons barreaux, larges comme la main,
> Puissent servir d'obstacle à tout effort humain[37].

Pour échapper à Albert, Agathe simule une crise de folie, au cours d'un numéro virtuose dans lequel elle se déguise successivement en musicien vêtu d'un habit de Scaramouche, en vieille femme et enfin en soldat. Dans la scène 5 de l'acte II, Lisette, servante d'Albert et complice d'Agathe, déclare qu'elle est devenue « folle » à la vue du « forgeron » venu construire la grille destinée à l'emprisonner :

> Elle tient des discours remplis d'extravagance.
> Elle court, elle grimpe, elle chante, elle danse,
> Elle prend un habit, puis le change soudain
> Avec ce qu'elle peut rencontrer sous sa main.
> Tout à l'heure elle a mis, dans votre garde-robe,
> Votre large calotte, et votre grande robe ;
> Puis prenant sa guitare, elle a de sa façon

37 J.-F. Regnard, *Théâtre français. Tome 2. Démocrite, Le Retour imprévu, Les Folies amoureuses suivies du Mariage de la Folie, Les Ménechmes*, S. Chaouche (éd.), Paris, Classiques Garnier, « Bibliothèque du théâtre français », n° 26, 2015, p. 264.

Chanté différents airs en différent jargon[38].

Le délire musical d'Agathe s'apparente à une transe frénétique de *furor* poétique :

AGATHE

Attendez, doucement, mon démon de musique
M'agite, me saisit ; je tiens du Chromatique.
Les cheveux à la tête en dresseront d'horreur.
Ne troublez pas le dieu qui me met en fureur.
Je sens qu'en tons heureux ma verve se dégorge.
Elle tousse beaucoup, et crache au nez d'Albert.
Pouah ! C'est un diésis que j'avais dans la gorge.
[...]
Quelle rauque grenouille, au milieu de ses joncs,
T'a donné de ton art les premières leçons ?
Sais-tu dans un concert ou croasser, ou braire[39] ?

Sa folie feinte se traduit par une grande virtuosité dans l'art d'improviser toujours très à propos, comme en témoignent ses chansons sur le « vieux vilain matou » ou sur « l'*ucelletto* » qui mettent en abyme sa situation et illustrent le génie de l'art de l'actrice *all'improvviso.* La pièce se termine sur le succès d'Agathe et le désespoir d'Albert, avatar comique du *Roland furieux* de Lully et Quinault, déjà parodié par Dancourt dans *Angélique et Médor* (1685)[40].

NINA FOLLE PAR AMOUR

Dans la seconde moitié du siècle, la folie amoureuse se teinte d'une nouvelle couleur, celle du pathétique, et fait jaillir les larmes du public. *Nina folle par amour* de Marsollier et Dalayrac est créée en 1786, année qui marque selon Michel Delon « l'apogée de la mode littéraire de la folie ». Les scènes de folie par amour « deviennent un stéréotype » et

38 *Ibid.*, p. 299.
39 *Ibid.*, p. 302-304.
40 *Angélique et Médor*, Bruxelles, Foppens, 1698 [comédie en 1 acte en prose de Dancourt avec une musique de Charpentier, représentée le 1er août 1685 à la Comédie-Française].

> constituent un signe de la sensibilité de l'époque. Elles concentrent l'image de la passion la plus intense et celle de la société la plus coercitive. Elles incarnent la confrontation de deux violences, celle de l'individu et celle de la communauté[41].

Nina a perdu la raison parce que son père a tenté de lui faire épouser un homme qu'elle déteste alors qu'elle aime Germeuil. Au cours d'un duel entre les rivaux, Germeuil blessé est cru mort. Nina sombre dans la folie et l'amnésie. Chaque jour, à la même heure, elle va attendre son bien-aimé sur un banc, un petit bouquet à la main. Germeuil revient, mais Nina ne le reconnaît pas et c'est au prix d'une longue scène de remémoration qui s'apparente à une sorte d'anamnèse qu'elle retrouve progressivement la mémoire. Son existence évolue en boucle autour d'un événement unique, dans un temps arrêté, creusé par l'absence et hanté par l'espoir du retour de Germeuil. Dans la première scène, Élise, gouvernante de Nina, relate ainsi le moment où la jeune femme perd la raison :

> [E]lle veut parler, et les expressions se refusent à sa douleur ! Elle veut pleurer, et les larmes se sèchent dans ses yeux ! Ses traits s'altèrent, sa raison est troublée, une fièvre dévorante, un délire affreux s'emparent de tous ses sens [...]. On ne peut rétablir sa raison[42].

Arthur Pougin évoque, à propos de Mme Dugazon, « l'effet extraordinaire qu'elle produisait dans le rôle de Nina ; on ne pouvait porter plus loin le délire de la passion. L'actrice y était délirante, et des femmes, en la voyant, avaient des attaques de nerfs[43] ». Dès son entrée en scène, son apparence physique et sa pantomime évoquent la figure d'Ophélie[44], autre figure d'artiste chantante : « *Nina entre ; ses cheveux sont sans poudre, bouclés au hasard ; elle est vêtue d'une robe blanche, elle tient un bouquet à la main ; sa marche est inégale, elle s'arrête, elle soupire, et va s'asseoir, en silence, sur le banc, le visage tourné vers la grille*[45] ». Nina rejoue tous les jours

41 M. Delon, *L'Idée d'énergie au tournant des Lumières, 1770-1820*, Paris, PUF, 1988, p. 394-395.

42 B.-J. Marsollier des Vivetières, *Nina ou la Folle par amour, comédie en 1 acte, en prose, mêlée d'ariettes, par M. M. D. V., musique de M. Dal[ayrac]*, Paris, Brunet, 1786, p. 5-6.

43 A. Pougin, *Figures d'opéra-comique*, Lyon, Symétrie, 2012, p. 45-46. A. Pougin dit citer ici l'auteur de la notice insérée sur Mme Dugazon dans la *Biographie Michaud.*

44 M. Couvreur, *op. cit.*, p. 208-211. La traduction de Shakespeare par Le Tourneur paraît en France entre 1776 et 1782.

45 B.-J. Marsollier des Vivetières, *op. cit.*, sc. 6, p. 12.

à travers sa romance la scène hallucinatoire du retour de Germeuil. Comme l'écrit Marie-Cécile Schang, « le chant est pour elle un moyen d'échapper à sa souffrance présente [...] en se projetant dans un avenir heureux[46] ». Mais si la musique a une vertu consolatrice pour Nina, la forme circulaire de sa romance symbolise aussi son enfermement dans la folie. Ce n'est pas un hasard si Élisabeth Vigée Le Brun choisit de représenter Mme Dugazon dans le rôle de Nina[47] au moment où, dans sa romance, elle chante les mots : « Paix !... il appelle[48]... ». Il s'agit d'un moment d'hallucination auditive : l'appel que Nina entend n'existe que pour elle, et sa folie la transporte dans une autre dimension, où Germeuil est toujours vivant. La peintre a voulu saisir l'instant sublime où la folie entraîne Nina hors de toute réalité. Ce décrochage par rapport au réel peut aller chez elle jusqu'au « délire » : dans la scène 8, un des airs qu'elle chante est ainsi précédé de la mention « DÉLIRE » et introduit par la didascalie « *Sa tête se monte et elle continue sans suite*[49] ». Elle est alors en proie à une hallucination où elle croit voir Germeuil : « Mais je le vois ». Dans son « délire » elle s'adresse directement à lui, puis passe du « tu » au « il », et du « je » à la perte de soi :

> Que je le voie un jour, une heure !
> Que je lui dise, te voilà,
> Toujours Germeuil a régné là. (*Montrant son cœur.*)
> Et puis après que Nina meure[50].

Manuel Couvreur remarque que « le contraste entre les phases d'exaltation et de dépression autour duquel s'articulent les vers, suscite une mise en musique qui joue sur les changements de mesures et sur des oppositions modales entre majeur et mineur[51] ». Sa folie, manifestation d'une incapacité à s'accommoder d'une société qui l'oppresse et à en employer le langage, justifie en ce sens le recours au chant. Mais cette folie, provoquée

46 M.-C. Schang, « Pour une dramaturgie de la comédie mêlée d'ariettes (1750-1810) », thèse sous la direction de R. Legrand et P. Frantz, soutenue à l'Université de Paris Sorbonne le 4 décembre 2017, p. 624, à paraître chez Hermann.

47 Sur ce tableau exposé au salon de 1787, voir A. Pougin, *op. cit.*, p. 45. URL : https://www.metmuseum.org/art/collection/search/656957 (consulté le 21 mars 2022).

48 B.-J. Marsollier des Vivetières, *op. cit.*, sc. 6, p. 12.

49 *Ibid.*, p. 13.

50 *Ibid.*, p. 15.

51 M. Couvreur, *op. cit.*, p. 216.

par l'abus du pouvoir patriarcal, aliénant et tyrannique, apparaît aussi comme une forme de résistance poétique en tant qu'elle est elle-même autrice et compositrice de ses chansons (elle apprend même ses chansons aux petites filles qui l'accompagnent). Ainsi, ce qui intéresse, au sens fort que revêt ce verbe au XVIIIe siècle, les spectateurs de *Nina*, va bien au-delà du jeu saisissant de Mme Dugazon : la folie lui permet de donner une voix et un corps à une réalité indicible, celle du désir féminin réprimé par une société patriarcale incarnée par son propre père – d'où l'importance du « fil familial » ajouté par Marsollier à l'anecdote dont son livret est l'adaptation[52]. Dans sa folie, Nina évolue dans un rapport poétique au monde qui lui confère un refuge, lui permet de s'affranchir du patriarcat et d'accéder au sublime.

Crisotine, Agathe et Nina sont finalement sœurs dans leur opposition farouche au pouvoir patriarcal et au mariage forcé. Elles le sont aussi par leur génie artistique de compositrices, d'actrices et d'improvisatrices. Et d'une certaine manière c'est en ce point ou ce clou du génie poétique qu'elles rejoignent également la Folie allégorique et méta-théâtrale de *Platée* de Rameau et Valois d'Orville[53]. La folie féminine fait souffler

52 *Ibid.*, p. 210-211 sur les sources de *Nina*. – Le livret de Marsollier reprend une anecdote rapportée ainsi par la *Correspondance littéraire* : « Une jeune fille, d'un village situé à quelques lieues de Rouen, était promise à un jeune homme qu'elle adorait et qu'elle devait épouser au retour d'un voyage assez long. Ce jeune homme l'instruisit du jour de son arrivée, et l'engagea à venir à sa rencontre dans une auberge, à une ou deux lieues de son village. Elle s'y rendit ; après une longue attente, elle voit paraître enfin les camarades de voyage de son amant ; elle s'élance au-devant d'eux, et c'est au moment où elle croit le revoir et l'embrasser qu'elle apprend qu'un accident malheureux, une chute de cheval l'a fait périr la veille. À cette nouvelle, la jeune fille tombe morte, et ne revient à la vie que pour perdre la raison. Depuis cette époque funeste, l'infortunée se rend tous les jours à la même auberge, ordonne d'y mettre le couvert pour deux personnes, va jusqu'à l'endroit où elle avait espéré de retrouver son amant, s'assied par terre, répand une ou deux larmes, revient dire à l'auberge : Il n'arrivera pas encore aujourd'hui, je reviendrai demain, et regagne son village sans proférer une autre parole », F. M. von Grimm, D. Diderot, *Correspondance littéraire, philosophique et critique*, Paris, François Buisson, 1813, t. 3, p. 551, cité par M.-C. Schang, *op. cit.*, p. 150.

53 « LA FOLIE. – Je veux finir / Par un coup de génie ; / Secondez-moi, je sens que je puis parvenir / Au chef-d'œuvre de l'harmonie », J.-P. Rameau, A.-J. le Valois d'Orville, *Platée*, aux dépens de l'Académie, rue S. Nicaise, 1749, transcription du Centre de musique baroque de Versailles, *Platée*, comédie-ballet, mise en musique par M. Rameau et donnée par l'Académie Royale de musique par le carnaval de 1749, le 4 février de la même année, Paris, Veuve Boivin, Jean-Marie Leclair, 1749, II, 5, p. 73. Voir J. le Blanc, *Avatars d'opéras*, *op. cit.*, p. 668.

un vent de liberté et de « chaos » sur la scène musicale de l'Ancien Régime. En tant que force décapante qui échappe au carcan des règles morales, poétiques et sociales, elle renouvelle l'esthétique de la comédie mêlée et de l'opéra-comique, mais aussi de l'opéra ou du ballet : « [...] et *vivat* la Folie[54] ! »

Judith LE BLANC
CNRS – CESR | Centre de musique baroque de Versailles
Université de Rouen
CÉRÉdI, Centre d'Études et de Recherche Éditer Interpréter

54 Lisette dans J.-F. Regnard, *op. cit.*, III, 9, p. 332.

LA SARABANDE DES FOLLES

Variations autour de *La Folle de Paris*[1] (1788) de Jean-Baptiste Nougaret

Le 15 mai 1786, *Nina ou la folle par amour*[2], drame lyrique de Nicolas Dalayrac (pour la musique) et de Benoît-Joseph Marsollier (pour le livret), est représentée à guichets fermés à l'Opéra-Comique. Précédemment, la *Bibliothèque universelle des Romans* avait relancé le *topos* des « folles par amour[3] » avec trois récits : *La Folle du château de Riant* (mai 1783), *Le Braconnier du Bois Belle-fée* (1783) et *La Folle respectable* (octobre 1785). En 1786, le *topos* est devenu un véritable filon éditorial[4]. Le libraire parisien Royez fait ainsi paraître deux recueils de récits brefs, *Les Folies sentimentales ou l'Égarement de l'esprit par le cœur*[5] et les *Nouvelles Folies sentimentales ou folies par amour*[6]. Madame de Staël de son côté publie *La Folle de la forêt de Sénart* dans la *Correspondance littéraire* en juin

1 J.-B. Nougaret, *La Folle de Paris ou les extravagances de l'amour et de la crédulité, Par l'Auteur des Mille et une Folies*, Paris, Chez Bastien, Libraire, rue des Mathurins, 1788. Désormais abrégé en *FP*.

2 B.-J. Marsollier, *Nina ou la folle par amour*, Paris, Brunet, 1786.

3 « Voilà les folies par amour bien à la mode, Monsieur. Depuis *Le roi Lear*, surtout depuis *Nina*, on n'entend parler que de fous et de folles ; tout Paris en raffole lui-même. Comme si nous n'avions pas assez de fous véritables, on en imagine, on en crée de nouveaux », *L'Année littéraire* de 1786, cité par D. Masseau, « Les Folles par amour dans le roman français à la veille de la Révolution », R. Démoris et H. Lafon (dir.), *Folies romanesques au siècle des Lumières*, Paris, Desjonquères, 1998, p. 214-224, p. 215.

4 C. Dornier, s'interrogeant sur les raisons d'un tel succès, pointe l'influence du courant sensible et de son discours moralisateur, dans son article « Raconter la folie : les recueils de *Folies sentimentales* (1786) », *Folies romanesques au siècle des Lumières*, *op. cit.*, p. 165-184.

5 *Les Folies sentimentales ou l'égarement de l'esprit par le cœur. Recueil d'Anecdotes nouvelles contenant Lucile et Lindamore, La Folle de Saint-Joseph, Bedlam, tiré de L'Homme sensible, La Démence d'Ellinor, Le Fou par amour, La Folle du Pont-Neuf et une anecdote flamande*, Paris, Royez, 1786. Abrégé en *FS*.

6 *Nouvelles Folies sentimentales ou Folies par amour précédées de La Folle par haine, avec la Bague d'Hébé, Conte érotique ; pour faire suite à la Bibliothèque choisie de Contes*, Paris, Royez, 1786. Abrégé en *NFS*.

1786[7] et en 1787, Jean-Baptiste Nougaret écrit *La Folle de Paris ou les extravagances de l'amour et de la crédulité* dont le personnage de Clélie la lunatique sera au centre de notre réflexion et de notre sarabande de folles. Clélie est partagée entre sa marotte[8], son idée fixe ou manie pour le chevalier de Saint-Albin, et les chimères qui s'enracinent dans sa crédulité. Le roman rhapsodique apparaît aussi comme une caisse de résonance des engouements de l'époque et témoigne de la courbure illuministe[9] du siècle et de ses prémisses gothiques[10]. Clélie entraîne à sa suite une farandole de « folles » dans une sarabande sérielle sous l'égide d'Éros, de Thanatos et de Momus, maîtres de ballet. En fait, la folie est prise elle-même de folie, tour à tour clinique, théâtrale et foncièrement littéraire[11].

CLÉLIE, LA FOLLE DE PARIS

Conformément aux stratégies péri-textuelles de nombreux romans du XVIIIe siècle, *La Folle de Paris ou les extravagances de l'amour* de Jean-Baptiste Nougaret, auteur des six volumes des *Mille et une folies* (1785), s'ouvre sur une préface où le narrateur premier confie avoir récupéré des papiers issus d'une cassette, abandonnée par deux manœuvres lors de la démolition du pont Notre-Dame. Une partie est imprimée, l'autre manuscrite. Le tout a pour titre : *Le Fourbe puni*. Le narrateur explique qu'il a cru pouvoir en faire un ouvrage suivi en dépit des lacunes. L'esthétique fragmentaire concordera avec le régime rhapsodique des folies ou extravagances du personnage principal dont il donne quelques clefs programmatiques : la passion amoureuse,

7 *Correspondance littéraire, par le baron de Grimm*, 1786, rééd. Paris, Buisson, 1813, t. 3, p. 519-524. Voir dans ce volume l'article de S. Genand.

8 Voir, pour la terminologie, P. Dandrey dans *Molière ou l'esthétique du ridicule*, Paris, Klincksieck, 2002. Le motif de la marotte est représenté dans les deux frontispices des *Folies sentimentales*.

9 P.-G. Castex, *Le Conte fantastique en France*, Paris, Corti, 1987, « Renaissance de l'irrationnel », p. 13-24.

10 Voir M. Lévy, *Le Roman « gothique » anglais (1764-1824)*, Paris, Albin Michel, 1995.

11 Voir S. Felman, *La Folie et la chose littéraire*, Paris, Seuil, 1978.

« cause immédiate[12] » de sa folie ; en deuxième cause, la « lecture trop continuelle des mauvais romans » et « des livres qui traitent de la magie, des démons, des esprits » (*FP*, t. 1, p. IV-V) et en « cause lointaine », l'extrême crédulité du personnage qui expliquerait son engouement pour les modes du temps.

Le récit peut commencer quasi *in medias res* : le narrateur second, intra-diégétique, se rendant à la Cour, à Saint-Cloud, passe devant le Bois de Boulogne. Le postillon arrête les chevaux à la vue de deux femmes combattant à l'épée. Le narrateur arrive au moment où l'une porte à l'autre un coup qui aurait pu être fatal sans l'heureuse protection d'un corset. L'héroïne qui vient de faire irruption dans le roman et dans l'existence du narrateur dissuade celui-ci de défier l'objet du litige qui justement vient d'arriver sur les lieux. Il s'agit du Chevalier de Saint-Albin sur lequel l'imagination effervescente de la jeune fille s'est fixée. Cette dernière, personnage cyclothymique, passe d'un état à un autre sans transition, et se prend elle-même pour objet en un procédé métaleptique : « J'ai tout l'air d'une beauté qu'un téméraire vient d'enlever, ou d'une héroïne de roman qui court par monts et vaux » (*FP*, t. 1, p. 5).

Le narrateur, un libertin, personnage type des romans de l'époque, tombe sous le charme de Clélie, pseudonyme que l'héroïne s'est choisi eu égard à ses lectures héroïco-galantes, une « femme extraordinaire » (*FP*, t. 1, p. 7). Clélie est « une brune fort blanche avec des traits réguliers » et de « beaux yeux », « très bien faite » mais d'une « taille presque gigantesque » (*FP*, t. 1, p. 7). Notre roué n'a rien d'un Valmont ou d'un Lovelace et il a maille à partir avec l'héroïne.

Le cas de Clélie est clairement diagnosticable : elle est lunatique. Les définitions croisées de *lunatique* dans les dictionnaires de Furetière (1727), de l'*Académie française* (1694), de Féraud, et dans l'*Encyclopédie* pointent l'étymologie du substantif : la personne lunatique, soumise aux variations de la lune, est d'humeur changeante et capricieuse. Michel Foucault[13] note que le lunatisme, thème constant au XVIe siècle, encore fréquent au XVIIe, avait disparu peu à peu et que la lune était rarement citée parmi les causes adjuvantes de la folie au cours du XVIIIe siècle. Le

12 M. Foucault distingue à la suite des cliniciens de la fin du XVIIIe siècle les causes proches ou immédiates de la folie et les causes lointaines. Voir son *Histoire de la folie à l'âge classique*, « chapitre II. La transcendance du délire », Paris, Gallimard, « Tel », 1972, p. 268-318.

13 *Ibid.*, p. 286-288.

lunatisme réapparut à la fin du siècle sous l'influence de la médecine anglaise[14] et de Joseph Daquin (*La Philosophie de la folie*, 1792) qui admettait l'influence de la lune sur l'agitation des malades. La lune agissant sur l'atmosphère et le système nerveux étant très sensible aux moindres variations atmosphériques, les personnes dont la fibre nerveuse est particulièrement délicate sont d'autant plus enclines au lunatisme. La personne frappée de lunatisme peut aussi être sujette à des accès de mélancolie ; elle est enfin sujette à des manies.

Le cas de Clélie répond bien à cette fiche nosologique du lunatisme ; « tout à la fois sévère, galante, réservée, peu circonspecte, enjouée et sérieuse » (*FP*, t. 1, p. 8), la jeune fille passe dans la même scène des larmes aux rires, de la prostration à l'exaltation, « du désespoir à la tranquillité » (*FP*, t. 1, p. 35). Le régime narratif oscille entre des phases d'accalmie, de stase, et des phases de crise en concordance esthétique avec la cyclothymie du personnage dont la folie est exponentielle au fur et à mesure de ses expériences occultes et au gré de ses bouffées de plus en plus délirantes. Au tiers du récit, la ligne de fuite est telle que le lecteur se demande si la folie de Clélie est téléologique ou autotélique : la liste des extravagances de Clélie aura-t-elle une fin ? A-t-elle une finalité ? La folie du personnage semble répondre à une progression spiralaire, associant la rotation cyclique des crises et des phases d'accalmie et une aggravation clinique. La frénésie de Clélie semble s'auto-engendrer. La lunatique, sujette à des hallucinations de plus en plus nombreuses, est quasi absentée de la réalité extérieure et son fantasme occupe toute la scène du dedans et du dehors. À la fin du récit, le personnage, au bord de l'implosion, se détraque et sa fragmentation répond à la définition donnée par Michel Foucault[15].

À l'origine de sa manie amoureuse pour le chevalier de Saint-Albin, il y a une « chimère » (*FP*, t. 1, p. 16), une illusion amoureuse née de ses lectures et rêveries au couvent où elle s'était forgé un « sylphe » d'amour (*FP*, t. 1, p. 16). Quand elle rencontre pour la première fois le Chevalier, elle le trouve d'autant plus passable qu'il lui bat froid. Au cours de la nuit, la première cristallisation se fait, par dépit, et la deuxième par

14 R. Mead, *A Treatise Concerning The Influence of the Sun and the Moon upon Human Bodies, and the Diseases thereby produced*, Londres, John Brindley, 1748.

15 M. Foucault, *op. cit.*, p. 296.

« rivalité mimétique[16] ». Clélie est en effet jalouse de madame Bourdin, la seconde escrimeuse, à laquelle elle prête une liaison avec le Chevalier.

Clélie est ensuite victime de sa crédulité. Le récit relate ses expériences cabalistiques ou magnétiques, fait état de sa croyance à l'astrologie, à la numérologie, à la chiromancie, à l'oniromancie et à la nécromancie. Elle croit aux rêves prémonitoires, à la pierre philosophale, à la conversion alchimique, au Diable qu'elle affirme voir. Clélie lit l'avenir dans les cartes. Elle prétend aussi connaître par avance les numéros gagnants à la loterie, à partir du numéro du fiacre, ou en faisant tirer à un enfant un numéro. Ne s'arrêtant pas à ses échecs, Clélie consulte une devineresse qui la dépouille de ses effets. L'anecdote, qui fait le tour de Paris, est à l'origine de la fable de Clélie. La voici chez Mesmer, l'Esculape à la mode, en compagnie d'autres crédules plongés dans la fameuse cuve, traversés par le non moins fameux fluide magnétique. La liste se clôt avec le Comte Fénixio, auteur d'une liqueur de *vitam eternam*[17] ; on reconnaît sans peine la figure de Cagliostro. Clélie n'est finalement que le miroir concave reflétant en creux les crédulités de son siècle glissant dans l'illuminisme. Le roman de Nougaret apparaît en effet comme une caisse de résonance des folies ou engouements de l'époque, qu'il s'agisse des extravagances de la mode, du succès de *Nina ou la folle par amour* ou de *La Folle Journée, ou le mariage de Figaro*, de la curiosité pour l'aérostat, de la fureur pour l'occultisme. Clélie s'adonne ainsi à la chiromancie ou à l'hydromancie, cherchant à lire l'avenir dans des cartes, un miroir ou dans une jatte d'eau. Elle s'essaie aussi aux pratiques cabalistiques, suivant en cela les leçons du *Comte de Gabalis* de Montfaucon de Villars (1670) et de sa théorie des sylphes et sylphides[18]. Comme le signale René Jasinski, dans son *Histoire de la littérature française*, le siècle des Lumières est aussi celui des « illuminés[19] ».

16 R. Girard, *Mensonge romantique et vérité romanesque*, Paris, Arthème Fayard / Pluriel, 2010 [1961], p. 15-68.

17 « Je compose la liqueur de *vitam eternam*, dont ouna goutta souffit pour aller jusqu'à la finition d'un siècle [...] », Lettre du comte Fénixio, à Clélie, *FP*, t. 2, p. 87.

18 H. de Montfaucon de Villars, *Le Comte de Gabalis ou Entretiens sur les sciences secrètes. Avec l'adaptation du Liber de nymphis de Paracelse par Blaise de Vigenère*, D. Kahn (éd.), Paris, Honoré Champion, 2010. Voir l'anthologie éditée par M. Delon, *Sylphes et Sylphides*, Paris, Desjonquères, 1999.

19 R. Jasinski, *Histoire de la littérature française*, Paris, Boivin, 1947, t. 2, p. 124. Vers 1770, explique P.-G. Castex, si la philosophie des Lumières triomphe, son succès draine par réaction la faveur des Illuministes Swedenborg, Martines de Pasqually, Saint-Martin et Cazotte (P.-G. Castex, *op. cit.*).

La folie de Clélie se diffracte, la carte mentale de la lunatique s'étoile en une arborescence de sous-types féminins de l'époque. Le personnage au pseudonyme précieux puise en effet au *topos* de la « folle par amour » mais aussi aux « folies romanesques », forme de donquichottisme ou de bovarysme avant l'heure. Au couvent, les religieuses lui ont appris « mille histoire charmantes de revenants, de sorciers, de loups-garous » (*FP*, t. 1, p. 15). Clélie y dévore comédies, historiettes, contes, vers, romans : le tout a de quoi façonner ces « petites cervelles » (*FP*, t. 1, p. 15). Entichée du chevalier, elle s'apparente aussi aux figures de « visionnaires » (telle Bélise dans *Les Femmes savantes*) et, en adepte d'occultisme, aux « anges du bizarre » du roman fin-de-siècle, héroïnes du roman noir français et du roman gothique anglais. Dans une scène sidérante, Clélie est dans sa chambre, les volets fermés. L'antichambre est éclairée d'une lumière sépulcrale. On distingue un réchaud plein de charbons ardents. Clélie est vêtue d'une robe blanche, les bras nus, les cheveux épars, le front ceint d'un ruban, elle a une baguette noire à la main et invoque le Diable (*FP*, t. 2, p. 4-5).

Comme chez la majorité des folles par amour, la folie de Clélie est heureusement accidentelle et donc curable. Sa guérison est cependant sans cesse repoussée par la série de ses expériences de plus en plus farfelues. Le schéma curatif à l'époque consiste à réparer le trauma initial en faisant apparaître l'objet de l'obsession ou en introduisant une ruse. On peut se référer à une certaine pratique médicale du temps décrite par Michel Foucault comme technique de la « réalisation théâtrale[20] ». L'expérience tend à réaliser le scénario délirant du malade. La guérison de Clélie procède ainsi en cinq temps ou cinq actes. Le chevalier de Saint-Albin invente d'abord un stratagème qui consiste à faire croire à Clélie qu'il est mort et qu'il peut revenir d'entre les morts. Saint-Albin, avec ses complices, le narrateur et le père de Clélie, entre dans le jeu de la folle, son goût pour la nécromancie. Le chevalier apparaît en revenant devant Clélie. Puis elle le voit, enseveli dans son tombeau, par le biais de son miroir magique. Ensuite, Clélie assiste à une représentation de

20 M. Foucault, *op. cit.*, p. 416-421. P. Pinel consacre à ce sujet tout un chapitre dans son *Traité médico philosophique sur l'aliénation mentale*, Paris, an IX, II, XXII. Voir C. Ramond, *Les Éléments théâtraux dans le roman et l'évolution du genre romanesque en France au* XVIII*e siècle*, thèse de doctorat sous la direction du professeur R. Démoris, Université de la Sorbonne Nouvelle, 1993, p. 174-180.

Nina. L'expérience théâtrale accélère le processus cathartique et thérapeutique. La séquence est un grand moment d'autoscopie et une grande scène d'illusion théâtrale. Le quatrième mur s'efface : Clélie *est* Nina. Enfin, au dernier acte de la cure, Saint-Albin, bien vivant, fait irruption chez elle. Il l'embrasse avant de vouloir se donner la mort. Clélie arrête le geste du chevalier et recouvre donc la raison.

LA FARANDOLE DES FOLLES

Nées à l'ombre de Prévost[21] et de Sterne[22], Nina et Clélie donnent le branle à une farandole de folles. Dans *La Folle par amour ou Lucile et Lindamore*[23], Lucile et Lindamore s'aiment mais le père de Lucile s'opposant à leur mariage, les deux amants s'enfuient et se retrouvent prisonniers de brigands puis séparés. Lucile contrefait la folle pour échapper au terrible Stroutbagard. Travestie en homme, elle est enfermée aux Petites-Maisons où Lindamore, lui aussi feignant la folie, la retrouve. Dans *La Folle pythagoricienne*[24], l'héroïne échevelée parcourt la plaine en quête de son amant réincarné en lièvre. L'héroïne de *La Folle de Beaune*[25] est figée dans le temps depuis que son amant Blanfort l'a abandonnée. La jeune fille avait bien accepté d'épouser le parti proposé par son père. Mais au moment d'aller à l'autel, tout lui rappelle son amour défunt et elle sombre dans une mélancolie profonde. *La Folle de Paris* raconte l'histoire de Jovienne de Sanerville qui a perdu la raison à la suite d'un duel qui aurait coûté la vie à son amant. Elle ne sort de son anéantissement que pour confectionner des poupées : « Elle en dessin[e] une enfin qu'elle habill[e] comme le Comte son amant ; elle le couch[e], se m[e]t à son chevet ». Jovienne passe ses jours et ses nuits « à côté du simulacre de son amant : elle lui di[t] les choses les plus

21 Voir Fanny atteinte de mélancolie dans *Cleveland* (1731-1739) et la parricide Mademoiselle Fidert dans *Campagnes philosophiques* (1741).

22 Le modèle de Maria dans *Tristam Shandy* (1776) et le *Voyage sentimental* (1769) de L. Sterne domine les recueils des *Folies sentimentales.*

23 *La Folle par amour ou Lucile et Lindamore*, *FS*, p. 2-150.

24 *La Folle pythagoricienne*, *NFS*, p. 17-28.

25 *La Folle de Beaune*, *NFS*, p. 37-58.

tendres, elle le caress[e], l'appel[e] son cher mari[26] ». La poupée est une marotte et un fétiche, une miniaturisation de l'amant fantasmé. Dans *La Folle en pèlerinage*, l'héroïne semble surgir de nulle part. Sa figure est étrange, déphasée par rapport au cadre et à son errance. C'est « la plus belle forme de femme qu'on ait pu jamais imaginer[27] ». Elle offre ses services de gouvernante à monsieur de Revannes qui en tombe fou amoureux aussi bien que son fils. La pèlerine jamais ne dévoilera son identité ni son secret. Elle disparaît comme elle était venue. Dans *La Folle du Pont-Neuf*[28], le narrateur croise près des berges de la Seine une folle qui le confond avec son amant décédé et qui lui tient des discours insensés. Victime d'hallucinations visuelles et auditives, elle confond la réalité et l'imaginaire, les vivants et les morts. Une hypothèse de lecture se fait jour progressivement : la pèlerine, la folle pythagoricienne, la folle du Pont Neuf ne seraient-elles pas aussi des revenantes ? Le narrateur de *La Folle de Saint-Joseph* rentre chez lui à deux heures du matin. Il surprend, au bas d'un grand escalier, une jeune femme vêtue de blanc. La malheureuse a été quittée pour une autre avec laquelle elle s'identifie : « Déjà, je commence à lui ressembler un peu, et bientôt, avec du travail, je lui ressemblerai tout à fait[29] ». Aimée de Maisse[30] est la troisième jeune fille de notre corpus, séduite par un libertin, Dorimont, qui fait croire à sa mort à la suite d'un duel. La jeune fille perd la raison, voulant même attenter aux jours de son père qui s'était opposé à son mariage avec le roué. Aimée accouche d'un fils en lequel, confondant le fantasme et la réalité, le passé et le présent, elle croit voir son amant.

Mais la sarabande ne s'arrête pas en 1786, elle déborde au tournant du siècle et Clélie et sa farandole de « folles par amour » emmènent avec elles des figures du roman noir[31], notamment Ophelle dans *Le Château noir ou les souffrances de la jeune Ophelle*[32] d'Anne Mérard de Saint-Just,

26 *La Folle de Paris, NFS*, p. 57-85, p. 77.

27 *La Folle en pèlerinage, NFS*, p. 87-120, p. 93.

28 *La Folle du Pont-Neuf, NFS*, p. 173-183.

29 *La Folle de Saint-Joseph, NFS*, p. 185-195, p. 193.

30 *Aimé de Maisse ou l'amante en démence, NFS*, p. 197-220.

31 C. Seth, « À flanc d'abîme, à flanc d'énigme », C. Seth (dir.), *Imaginaires gothiques. Aux sources du roman noir français*, Paris, Desjonquères, 2010, p. 99-118.

32 A.-J.-F. Mérard de Saint-Just, *Le Château noir ou les souffrances de la jeune Ophelle*, Paris, Paris, Delarue et Lille, Castiaux, an VII [1799]. Voir de larges extraits dans H. Krieff, *Vivre libre et écrire. Anthologie des romancières de la période révolutionnaire (1789-1800)*, Oxford et Paris, Voltaire Fundation et PUPS, « Vif », 2005.

Malvina dans le roman éponyme de Sophie Cottin[33], jusqu'à la folle amnésique et aphasique dans *Adieu* (1830) de Balzac. Rozelle de Saint-Ophelle a perdu son cher père. Méprisée par sa belle-mère, madame de Pelverde, elle est enfermée et interdite d'épouser l'homme qu'elle aime, le comte d'Élancourt. La marâtre l'oblige à épouser un barbon du nom de Panor. Dans le château noir de ce dernier rôde le fantôme de Blanche, épouse d'un prince cruel, autrefois propriétaire du château, assassinée ou morte de tristesse, disparue en tout cas dans les souterrains. Blanche est une figure annonciatrice du destin d'Ophelle. Sa belle-mère et le soupirant d'Ophelle meurent de la vérole. Ophelle, devenue folle, est accueillie dans un couvent où elle prétend entretenir des conversations avec le défunt Elancourt. Sept ans plus tard, elle recouvre la raison en prenant le frère d'une amie pour le comte. Malvina, l'héroïne de Sophie Cottin, chaque soir à dix heures, se rend dans le bosquet où elle a lu la lettre lui révélant la trahison de son époux Edmond. Elle a voulu y mettre un cercueil pour y attendre une mort qui ne vient pas ; son entourage se plie à son rite, lui fait écouter une romance qui rappelle les temps heureux, lui fait venir l'enfant qu'on lui a arrachée, puis son époux qu'elle finira par reconnaître. Malvina comme Nina et Clélie sont figées dans un espace-temps. Et dans les trois cas, il s'agit de remettre le temps en marche, de conjurer la circularité temporelle. Enfin dans *L'Adieu*[34], Stéphanie de Vendières est devenue folle aphasique et amnésique à la suite d'un violent trauma au cours duquel elle a cru perdre son amant, Philippe de Sucy, ancien colonel. Elle l'avait accompagné en Russie lors des guerres de l'Empire. Ils ont été forcés de se séparer au bord de la Bérézina. Philippe a cédé sa place sur un radeau à l'époux de Stéphanie. Mais le radeau se renverse, le mari meurt. Philippe croit que Stéphanie a péri elle aussi après lui avoir dit : « Adieu ». Or, elle est vivante et, pendant deux ans, vivandière pour l'armée. Quand elle en est chassée, son oncle, un vieux médecin, le docteur Fanjat qui a des traits de Pinel, le célèbre aliéniste, la recueille. Comme le souligne Véronique Cnokaert[35], Stéphanie est revenue à un état sauvage, quasi animal, et

33 S. Cottin, *Malvina*, Paris, Maradan, 1800.

34 H. de Balzac, « Adieu », *La Comédie humaine*, P.-G. Castex (éd.), vol. X, *Études philosophiques*, Paris, Gallimard, « Bibliothèque de la Pléiade », 1979. D. Jullien, « Entre psychiatrie et philosophie : la folie dans *Adieu* de Balzac », *Littérature* n° 162, 2011/2, p. 24-35.

35 V. Cnockaert, « L'Empire de l'ensauvagement : *Adieu* de Balzac », *Romantisme* 2009/3 (n° 145), p. 37-49.

à un stade infantile. Elle a perdu toute féminité, toute pudeur. Elle ne reconnaît pas Philippe qui l'a retrouvée et qui tente de l'apprivoiser en vain. Il organise alors un psychodrame pour la guérir : il reconstitue la scène de la Bérézina. Stéphanie reconnaît Philippe, redit « Adieu » et meurt. La guérison de Stéphanie est en fait un crime, ainsi que l'a montré Soshanna Felman[36].

Enfin, Clélie et sa farandole de folles, dont la folle pythagoricienne et la folle du Pont-Neuf, par leur caractérisation, par la conjonction d'Éros et de Thanatos, par le tropisme de la revenance, semblent annoncer dames blanches, sylphides et wallis de l'âge romantique[37]. Les folles par amour apparaissent en effet comme par magie, en apesanteur, vêtues de robe blanche, les cheveux épars, l'air égaré. Leur psyché est hantée par le souvenir obsessionnel de l'amant perdu mais aussi par le spectre des personnages qui les ont précédées, ce qui annonce la hantologie définie par Derrida[38]. Par un procédé d'échoïsation et d'intertextualité, une folle répond à une autre. Clélie croit à la métempsycose comme la folle pythagoricienne qui voit dans un lièvre le fantôme de son amant. Clélie croit aux fantômes comme la folle du Pont-Neuf qui converse avec les spectres. Les folles d'amour sont aussi des nécromanciennes qui, en une inversion du schéma orphique, dénient la mort et font revenir à la vie leur amant perdu. Clélie, comme Nina ou cette autre « folle de Paris » qui s'est fabriqué dans son délire une poupée fétiche, simulacre de son amant, recouvrent leur raison en ressuscitant leur Orphée. Les willis ou wallis, nous explique Heine dans *Esprits élémentaires*, sont des jeunes fiancées décédées[39] qui viennent danser au royaume des mortels. Ces wallis s'apparentent aussi aux dames blanches, fées fantômes qui hantent les lieux où elles sont mortes et indiquent leur chemin aux voyageurs égarés, telle la Folle en pèlerinage.

---

36 S. Felman, « Les femmes et la folie littéraire : histoire littéraire et idéologie », *La Folie et la chose littéraire*, *op. cit.*, p. 138 *sq.*

37 La figure inspire les librettistes et fit la fortune de trois ballets célèbres : *Robert le diable* (1831) de Meyerbeer, *La Sylphide* (1832) et *Giselle* (1841) sur une musique d'A. Adam, à partir du livret de T. Gautier.

38 J. Derrida, *Spectres de Marx. L'État de la dette, le travail du deuil et la nouvelle Internationale*, Paris, Galilée, 1993.

39 A. Bland, *Histoire du Ballet et de la Danse*, Paris, Albin Michel, 1977, p. 55.

VISAGES DE LA FOLIE

La folie est donc associée à une représentation anthropologique du féminin comme s'il y avait une homologie entre la nature féminine, dotée d'une hypersensibilité, les fibres féminines étant pensées comme plus réceptives, et la folie. Le narrateur de *La Folle de Paris* précise ainsi que « l'amour a de tout temps troublé la raison, et surtout celle des femmes, dont la sensibilité est beaucoup plus exquise que celle de l'homme le plus porté à la tendresse » (*FP*, t. 1, p. IV-V). D'autre part, un *topos* galant répète à l'envi que toutes les femmes ont un grain de folie, grain qui donne du piquant à leurs charmes : « Chaque femme n'a-t-elle pas sa folie ? » (*FP*, t. II, p. 28).

La folie de ces femmes est aussi décrite en termes cliniques. La symptomatologie de la folle par amour comporte des invariants, formant une chaîne syntagmatique associant la crise de nerfs, le mutisme ou la logorrhée, les larmes, les hallucinations visuelles et auditives et l'amnésie. Comme le signale Henri Lafon[40] commentant *Malvina*, la cure illustre le changement des mentalités à la fin du XVIIIe siècle. On pensait alors que la folie était une maladie qui se traitait. On peut se référer à la technique de la « réalisation théâtrale », déjà évoquée. Le résultat n'est pas certes optimal pour Malvina qui ne retrouve sa raison que pour mourir. Dans le cas de Stéphanie de Vendières et du psychodrame inventé par Philippe de Sucy, la faute de Philippe est de cumuler les rôles de l'amant, du clinicien et du scénographe. Philippe détourne en effet les symptômes cliniques au profit d'un spectacle son et lumière et Stéphanie, expirant dans les bras de son amant, a une « mort d'opéra[41] ».

Ces « folles par amour » occupent une avant-scène freudienne, qu'il s'agisse de la représentation de la nature féminine, entre névrose et hystérie, du complexe d'Œdipe ou d'Électre, du fétichisme de Jovienne, de la frustration de Clélie et de ses fantasmes autour du sylphe et du diable, de la dilution identitaire de la folle de Saint-Joseph. Au XIXe siècle,

40 H. Lafon, « Le délire et la feinte : Fromaget, Dorat, Loaisel, Louvert, Cottin », R. Démoris, H. Lafon (dir.), *op. cit.*, p. 398-407.

41 D. Jullien, *op. cit.*, p. 16.

l'amour est diagnostiqué comme une des causes de la folie par le Dr Dulaure[42] qui dénombre 177 femmes célibataires atteintes de « folie par amour », qualifiée en termes médicaux d'érotomanie[43].

La folie de ces héroïnes est aussi performance théâtrale et littéraire. Chaque histoire de folle nous est racontée par un narrateur témoin de la folie du personnage, auditeur, spectateur et/ou *personna dramatis*. L'existence de ce regard extérieur[44] conditionne la théâtralité de la folie féminine. À leur manière, ces folles sont les dramaturges, les metteuses en scène et les autrices de leur propre fable. Formidables mythomanes, elles convertissent leur histoire d'amour en mythographie.

Ce sont aussi des *monstres* au double sens étymologique du terme, *monstratum* et *monitum*. Incarnations de l'*hybris*, spectaculaires, *drama queen*, elles excèdent les normes morales, sociales, littéraires. Leurs postures, leurs discours débordent, dérangent et fascinent. Mais aussi, telles des Pythies, elles tendent un miroir aux spectateurs, acteurs et figurants de la comédie humaine. Lindamore, après avoir vu la parade des fous dont le clou est le numéro de Lucile, s'exclame : « L'univers, hélas ! ne serait-il qu'un vaste hôpital de fous[45] ».

CONCLUSION
Le bal des folles[46]

Le *topos* des folles par amour, par son esthétique de la sérialité, égrenant les mêmes invariants dont le refus du père au mariage, la mort apparente de l'amant, la crise et le basculement dans la folie, la cure ou le retour de l'amant, la guérison avec ou sans séquelle ou la mort et

42 Y. Ripa, *La Ronde des folles : Femmes, folie et enfermement au* XVIII*e siècle : 1838-1870*, Paris, Aubier, 1986.

43 « L'érotomanie consiste dans un amour excessif, tantôt pour un objet réel, tantôt pour un objet imaginaire [...] », J.-É. D. Esquirol, s. v. « Érotomanie », *Dictionnaire des sciences médicales par une société de médecins et de chirurgiens*, Paris, Panckoucke, 1815, t. 13 (ÉPI-EXC), p. 186.

44 « L'essentiel est que dans le moment théâtral, il y ait des regardants et des regardés » écrit A. Ubersfeld dans *L'École du spectateur, Lire le théâtre II*, Paris, Belin, 1996, p. 49.

45 *Lucile et Lindamore*, *FS*, p. 132.

46 V. Mas, *Le Bal des folles*, Paris, Albin Michel, 2019.

ses variations, est donc comparable à une sarabande. Elle nous amène à Charcot et à ses « bals de folles » qui avaient lieu au moment du Carnaval (17 mars 1887, 8 mars 1888, 13 mars 1890, 8 mars 1891, 4 mars 1894). Le *Monde illustré* du 22 mars 1890 soulignait leur obscénité : « Le spectacle est, certes, fort intéressant, mais il est en même temps fort pénible car, si toutes ces pauvres femmes, profitant d'un court répit, semblent oublier leur mal, on sent qu'il les guette et que d'un instant à l'autre il les couchera, tordues dans des crises terribles qui les rendront pareilles à des bêtes furieuses ».

Laurence SIEUZAC
Plurielles – Université Bordeaux Montaigne

LES *FOLLES* DE GERMAINE DE STAËL (1786)

Repenser la folie féminine

Parmi les pistes ouvertes par l'articulation problématique entre le féminin et la folie – existe-t-il un lien entre l'aliénation et la différence des sexes ? – figure plus particulièrement celle des folles *en littérature*, autrement dit les deux modalités littéraires du féminin dans son association avec la folie : la représentation et la production, soit le personnage de la folle et l'autrice ayant choisi de s'illustrer dans ce genre très en vogue au XVIIIe siècle et qu'on appelle les *Folles*[1]. Deux questions se posent alors plus spécifiquement : quels défis littéraires la peinture de la folie représente-t-elle ? Et quels liens établir entre le motif de la folie et le geste de la donner à voir ? La folie, en d'autres termes, appartient-elle à l'héroïne ou à la conscience auctoriale ?

ÉCRIRE OU NE PAS ÉCRIRE DES *FOLLES*
Le défi de l'auctorialité

Le cas de Germaine de Staël se révèle particulièrement intéressant pour répondre à cette double interrogation. D'abord parce que la rédaction des *Folles* inaugure sa carrière littéraire, suggérant d'emblée, par cette concomitance, une troublante analogie entre la venue à l'écriture et le motif de la folie. Staël se plierait donc moins à une mode gratuite

1 Voir sur cette vogue C. Dornier, « Raconter la folie : les recueils de *Folies sentimentales* (1786) », et D. Masseau, « Les Folles par amour dans le roman français à la veille de la Révolution », R. Démoris, H. Lafon (dir.), *Folies romanesques au siècle des Lumières*, Paris, Desjonquères, 1998, p. 165-184, 214-224 ; et M. Delon, « Lionello Sozzi, le tournant des Lumières et la romance de Nina », *Studi Francesi*, n° 178, 2016, p. 54-66. Voir aussi, dans ce volume, l'article de Laurence Sieuzac.

qu'elle ne choisirait stratégiquement de placer son baptême d'écrivain sous les auspices de la déraison. C'est en 1786 en effet, l'année de ses vingt ans, qu'elle publie deux brèves nouvelles chacune centrée sur une héroïne ayant perdu la raison : *La Folle de la forêt de Sénart*, qui paraît en juin 1786 dans la *Correspondance littéraire* de Grimm[2] et *La Folle du Pont Neuf*, qui voit le jour la même année dans le second des deux recueils à succès alors lancés par le libraire Royer, *Les Nouvelles folies sentimentales ou folies par amour*[3]. Ces deux textes, comme le rappellent certaines bibliographies, constituent le soubassement primitif de son corpus : « Les premiers essais littéraires de Mme de Staël seraient de petits écrits sur des synonymes et un court récit, *La Folle de la forêt de Sénart*, qui se trouvent dans la *Correspondance littéraire* de Grimm[4] ».

Personne, en 1786, ne connaît une jeune femme qui n'a encore rien publié à cette date et dont les parents, lui prestigieux ministre des finances de Louis XVI et elle orchestratrice d'un salon où se pressent les Encyclopédistes, accaparent la notoriété et assurent à eux seuls la visibilité du nom Necker.

Plusieurs indices, pourtant, brouillent la stratégie éditoriale alors adoptée par Germaine de Staël. Loin de s'affirmer ostensiblement comme autrice, ou de chercher à se distinguer de la « singulière famille[5] » à laquelle elle appartient, elle maintient au contraire la plus grande ambiguïté sur l'origine de ses *Folles*. En témoigne la place encore problématique que ces dernières occupent dans les inventaires de son œuvre. Si P.-É. Schazmann se montre déjà circonspect, n'évoquant qu'au conditionnel leur appartenance à la production staëlienne, Frédéric-Charles Lonchamp, auteur quelques années plus tard d'une nomenclature exhaustive du même

2 *Correspondance littéraire, par le baron de Grimm*, 1786, rééd. Paris, Buisson, 1813, t. 3, p. 519-524. *La Folle de la forêt de Sénart* est ensuite réédité par A. Amend-Söchting dans le nº 52 des *Cahiers staëliens*, « Madame de Staël, sagesse et folie », Paris, Honoré Champion, 2001, p. 13-17.

3 Sur ces volumes et leur histoire éditoriale, voir l'article cité ci-dessus de C. Dornier. *La Folle du Pont Neuf* est également rééditée par A. Amend-Söchting dans le nº 52 des *Cahiers staëliens*, p. 17-20.

4 P.-É. Schazmann, *Bibliographie des œuvres de Mme de Staël*, Paris, Victor Attinger, 1938, p. 21.

5 La formule figure dans l'hommage que Staël compose pour son père après sa mort, *Du caractère de M. Necker et de sa vie privée* [1804], rééd. *Œuvres complètes de Madame la baronne de Staël*, Paris, Treuttel et Würtz, 1821, t. 17, p. 121. Elle a aussi inspiré une célèbre biographie des Necker : J.-D. Bredin, *Une singulière famille : Jacques Necker, Suzanne Necker et Germaine de Staël*, Paris, Fayard, 1999.

corpus, dans laquelle « il ne manque – et pour cause – que la brochure des *Réflexions sur la paix intérieure* et que la “première édition” de *De l'Allemagne*[6] », les passe explicitement sous silence : pour lui l'œuvre commence avec *Sophie ou les sentiments secrets*, pièce en trois actes et en vers composée par Staël en 1786, et les *Lettres sur les écrits et le caractère de Jean-Jacques Rousseau*, traité critique publié deux ans plus tard : ce sont eux qui inaugurent la série des écrits datant de « la période ayant précédé la Révolution française de 1789[7] ». Cette interprétation influence durablement la postérité staëlienne : en 1821, lorsqu'Auguste de Staël entreprend la première édition des *Œuvres complètes* de sa mère[8], les dix-sept volumes de la série, structurés par ordre chronologique comme s'en explique l'éditeur[9], s'ouvrent eux aussi sur les *Lettres sur les écrits et le caractère de Jean-Jacques Rousseau*. Non seulement les premières pièces se voient donc écartées, sous prétexte que les textes dramatiques staëliens n'auraient « jamais été destinés à l'impression[10] », mais les *Folles* ne trouvent aucune place dans une série où pourtant, précise Auguste, « rien [ne] sera omis de ce que [s]a mère a publié[11] ».

Cette éclipse tient sans doute à la difficulté d'établir clairement leur attribution. Staël multiplie en effet les stratégies qui entretiennent la plus grande équivoque sur son implication réelle dans la genèse de ces nouvelles. *La Folle de la forêt de Sénart* paraît ainsi sous couvert d'anonymat partiel : la *Correspondance littéraire* de Grimm insère, en sous-titre, « par madame la b… de St… », formule en partie transparente, mais dont Grimm se garde bien de lever toute l'ambiguïté dans son avertissement :

> Les deux Folles que nous avons l'honneur de vous envoyer ne nous ont été communiquées que sous le sceau du mystère ; mais, en confiant ce secret à nos feuilles, nous ne croyons point l'avoir trahi[12].

6 F.-C. Lonchamp, *L'Œuvre imprimé de Madame Germaine de Staël*, Genève, Cailler, 1949, p. 12.

7 *Ibid.*, p. 5.

8 *Œuvres complètes de Madame la baronne de Staël, publiées par son fils, précédées d'une notice sur les écrits et le caractère de Madame de Staël, par Madame Necker de Saussure*, Paris, Treuttel et Würtz, 1821.

9 « L'ordre chronologique est celui que je suivrai […]. Non seulement cet ordre est le plus naturel, mais il a l'avantage de mettre la marche progressive des écrits de ma mère en rapport avec celle des événements » : *ibid.*, t. 1, p. 5-6.

10 *Ibid.*, 1821, t. 2, p. V.

11 *Ibid.*, t. 1, p. VI.

12 *Correspondance littéraire, op. cit.*, p. 519.

À quoi s'ajoute, pour *La Folle du Pont Neuf*, le choix d'une publication collective : *Les Nouvelles folies sentimentales ou folies par amour*, anthologie de textes à la mode, privilégient surtout les rééditions, l'effet de série conduisant les éditeurs à occulter le plus souvent le nom des auteurs au profit de la cohérence de la collection. Qu'il s'agisse donc d'un périodique de diffusion restreinte – la *Correspondance littéraire* ne compte qu'une quinzaine d'abonnés – ou de recueils visant un succès d'ensemble plus que la singularité de chaque texte, Staël opte pour des voies éditoriales qui restreignent significativement la circulation de ses deux *Folles*.

En est-elle vraiment l'auteur ? Rien ne permet de l'affirmer, pas même sa correspondance où l'une des rares mentions de *La Folle du Pont Neuf*, en mai-juin 1786 dans une lettre à Henri Meister, maintient l'hésitation tant Staël l'évoque en des termes vagues, dépréciatifs et sans jamais en assumer l'invention :

> Voici cette *Folle* que vous désirez, Monsieur. Je vous prie de me la renvoyer : c'est ma seule copie ; mais je vous assure que je n'y mets précisément d'autre valeur que de ne pas la jeter au feu[13].

L'enjeu est d'autant plus important que la genèse de *La Folle du Pont Neuf* enchevêtre singulièrement plusieurs pistes qui empêchent, aujourd'hui encore, de savoir avec certitude qui l'a écrite. Soit il s'agit du comte de Guibert, comme Staël l'accrédite elle-même dans une lettre du 11 novembre 1786 : « Voici un petit livre qui contient un recueil de toutes les folles que la mode de ce genre a fait naître. Celles de M. de Guibert et du chevalier de la Grave passent pour les meilleures[14] ».

Soit le texte est rédigé à quatre mains par Staël et Guibert : ce dernier appartient en effet au cercle intime de ses parents et Staël, très proche de lui, aurait partagé avec ce grand homme[15] l'aventure de la composition. L'hypothèse semble avoir convaincu Royez qui précise, au moment d'insérer le texte dans ses *Nouvelles folies sentimentales* : « Nous avons cru faire plaisir au public de donner cette anecdote intéressante par deux mains habiles, et nous avons voulu en même temps restituer à chacun ce qui lui appartient[16] ».

13 G. de Staël, *Correspondance générale*, Béatrice Jasinski (éd.), rééd. Genève, Slatkine, 2009, t. 1, p. 84.

14 *Ibid.*, t. 1, p. 146.

15 Elle compose en 1790, date de sa mort, un vibrant *Éloge de M. Guibert*, resté longtemps inédit et publié en 1821 dans le t. 17 des *Œuvres complètes*.

16 *Nouvelles folies sentimentales ou folies par amour*, Paris, Royez, 1786, p. 173.

Soit enfin *La Folle du Pont Neuf* émane de Staël seule : c'est l'une des pistes explorées par Anne Amend-Söchting lorsqu'elle propose la première réédition du texte dans les *Cahiers staëliens*. Aucun manuscrit ne subsistant de cette seconde *Folle*, les seuls indices disponibles figurent sur la copie conservée dans les archives. Or on y lit : « De la main d'Auguste de Staël au haut du premier feuillet : "De la mère selon Mad. Rilliet." C'est donc Catherine Rillet-Hubert, l'amie d'enfance de Mme de Staël, qui lui attribue ce texte[17] ». L'attribution à Staël relève donc d'une simple hypothèse, fondée sur les rares allusions de la correspondance et sur un faisceau de présomptions entretenu par les amies et la famille de Staël. Il reste cependant impossible d'affirmer que cette dernière est bien l'auteur de *La Folle du Pont Neuf*. La confusion franchit même un degré supplémentaire dans le cas de la troisième et dernière *Folle* staëlienne, *L'Imbécille d'Allemagne*. Inédit jusqu'à sa publication dans le numéro 52 des *Cahiers staëliens*, ce texte, dont il ne reste qu'une copie rédigée de la même écriture que *La Folle du Pont Neuf*, présente néanmoins un « titre [...] écrit de la main de Mme de Staël qui a fait quelques corrections[18] ». Plusieurs indices autorisent ainsi à envisager l'existence d'un corpus de trois *Folles* staëliennes : *La Folle de la forêt de Sénart*, *La Folle du Pont Neuf* et *L'Imbécille d'Allemagne*. Mais il ne s'agit que d'une possibilité, fragilisée à dessein par Staël dont l'auctorialité problématique maintient perpétuellement ces nouvelles à la lisière de son œuvre. Là résident donc le premier intérêt et la première spécificité des *Folles* staëliennes : leur hésitation entre dire et taire, paraître et disparaître[19], féminin et masculin.

17 *Cahiers staëliens*, n° 52, *op. cit.*, p. 18.

18 *Ibid.*, p. 21.

19 Voir S. Genand, *La Chambre noire. Germaine de Staël et la pensée du négatif*, Genève, Droz, 2017, p. 77-119.

ÊTRE OU NE PAS ÊTRE UNE FOLLE
Le défi de l'identité

La complexité de cette démarche auctoriale pique la curiosité. À tant vouloir s'effacer au profit de couples, de masques ou de rédactions plurielles, Staël exhibe une troublante défaillance de son identité. Qui être ou comment être ? Or cette crainte d'exister comme autrice remonte, chez elle, au contexte spécifique de sa douloureuse naissance à l'écriture. Cette dernière représente en effet une expérience éminemment transgressive qui coûte à la jeune femme l'arrachement à l'ordre familial, la désobéissance à ses parents et la rupture avec les prérogatives sexuelles. Écrire des *Folles* s'apparente donc pour elle, d'emblée, à une insubordination si violente qu'elle ne lui laisse peut-être d'autre choix qu'une visibilité marginale ou clandestine. Ce dossier touche l'un des volets les plus obscurs de la famille Necker. Traditionnellement célébré pour sa bienveillance, ses valeurs libérales et l'admiration réciproque de chacun de ses membres[20], le trio formé par Jacques, Suzanne Necker et leur fille unique affronte en réalité de violentes passions, parmi lesquelles le désir d'écriture[21] et plus précisément les velléités créatrices des femmes de la famille. Toutes deux se heurtent à une sévère réprobation, très précisément documentée et qui ne laisse guère de doutes sur le tabou que représente l'écriture féminine, même chez Necker. Celle de Suzanne, dissuadée par son époux, qui a lu Rousseau avec ferveur, d'aspirer à une honteuse publicité[22], et celle de Germaine dont le premier texte connu, un *Journal* de jeunesse rédigé entre juin et août 1785, consigne

20 Voir G. de Staël, « Du caractère de M. Necker et de sa vie privée », J. Necker, *Manuscrits de Mr Necker publiés par sa fille*, Genève, Jean-Jacques Paschoud, an XII [1804], p. 121 : « Je laisserai donc dire à qui se plaira dans cette observation, bien gaie à côté de la mort : *que nous sommes une famille qui nous louons les uns les autres.* Oui, nous nous sommes aimés, nous avons eu le besoin de le dire. »

21 Voir C. Dubeau, *La Lettre et la mère. Roman familial et écriture de la passion chez Suzanne Necker et Germaine de Staël*, Paris, Hermann, « La République des lettres », 2013.

22 Il subsiste deux traces explicites de cette censure imposée à l'écriture de Suzanne Necker : un témoignage de sa fille dans son *Journal* de jeunesse en 1785 (« Maman avait fort le goût de composer, elle le lui a sacrifié » : *Mon journal*, réed. Comtesse J. de Pange, *Cahiers staëliens*, n° 28, 1980, p. 70) et les « Observations de l'éditeur » dont Necker fait précéder l'anthologie posthume des fragments de son épouse, qu'il édite lui-même quatre ans après sa mort :

scrupuleusement les sarcasmes et les réticences de son père chaque fois qu'il découvre sa fille une plume à la main :

> Mais mon père ne peut pas souffrir une femme auteur et, depuis quatre jours seulement qu'il me voit écrire son portrait, l'inquiétude lui prend déjà et [il] m'appellerait dans ses plaisanteries : « Monsieur de Saint-Écritoire[23] ».

Cette formule de « femme auteur » se révèle pourtant des plus problématiques. L'étude pionnière de Christine Planté a bien mis en lumière l'analogie entre la monstruosité de l'attelage verbal, un barbarisme réunissant de force deux substantifs de genre différents, et la singularité d'une femme elle-même hors de son sexe si elle se lance dans une carrière traditionnellement réservée aux hommes sous l'Ancien Régime :

> La tension qui résulte de l'emploi de la périphrase *femme auteur*, ou *femme écrivain*, les difficultés d'accord des adjectifs et des participes se rapportant dans une phrase à *un* écrivain qui est aussi *une* femme ont du moins le mérite d'inscrire le malaise dans les discours et de l'actualiser pour tous les locuteurs[24].

L'entrée en écriture s'accompagne ainsi, dans la trajectoire staëlienne, d'une épreuve originelle d'étrangeté : à la fois débaptisée et déféminisée par son propre père, la jeune autrice incarne soudain une différence qui fragilise et sa place au sein de la famille, et son identité sexuelle. Qui est la jeune femme qui écrit ? Ou plus précisément, quelle créature incarne-t-elle ? Appartient-elle encore à l'ordre naturel ou faut-il la ranger parmi les monstres aussi incongrus que l'hapax de « femme auteur » forgé pour les désigner[25] ?

La question de l'identité se pose d'autant plus, dans le cas de Staël, que l'année 1786 n'est pas seulement celle de sa venue officielle à l'écriture : la publication de *La Folle de la forêt de Sénart*, en juin 1786, suit en effet de quelques mois le mariage très attendu de la fille des Necker avec l'ambassadeur de Suède en France, Eric Magnus de Staël Holstein. Célébrée le 14 janvier 1786 à Paris, dans la chapelle de l'ambassade

---

« Elle n'a jamais regardé le public en se rendant compte à elle-même de ses impressions », *Mélanges extraits des manuscrits de Mme Necker*, Paris, Pougens, t. 1, an VI [1798], p. 4.

23 G. de Staël, « Mon Journal » [1785], *op. cit.*, p. 69-70.

24 C. Planté, *La petite sœur de Balzac. Essai sur la femme auteur*, Lyon, Presses Universitaires de Lyon, 2015 [1989], p. 24.

25 *Ibid.*, p. 21. Le premier chapitre de l'ouvrage de C. Planté s'intitule précisément : « Comment appeler une pareille créature ? »

de Suède, cette union s'accompagne, pour la jeune femme, d'un changement de domicile et surtout de nom qui la laisse littéralement sans repères. Ses proches la connaissent alors surtout sous le patronyme de « Louise Necker ». Dotée à la naissance de trois prénoms – Anne, Louise, Germaine –, conformément à l'usage sous l'Ancien Régime, Louise choisit le second[26] pour sa correspondance intime, ses amitiés et sa signature. Or le mariage fait soudain voler en éclats cette identité intime. Pire encore, il lui substitue une étiquette arbitraire et dans laquelle Louise Necker ne parvient plus à se reconnaître :

> Ah ! je suis une autre destinée, je suis fille de M. Necker, je m'attache à lui ; c'est là mon vrai nom ; je tâcherai qu'on me le donne encore ; lors même que je l'aurai quitté, je n'en serais pas indigne[27].

Les interjections qui scandent le *Journal* témoignent alors de la douloureuse métamorphose qui affecte la jeune femme. Non seulement elle change de place et de statut – de fille, la voici femme par l'arbitraire d'une cérémonie –, mais elle perd son nom et se voit imposer une rupture à la fois affective et patronymique. Se marier implique donc de quitter la maison familiale et pour Staël, nul doute que cette altération s'apparente à une aliénation. N'implique-t-elle pas surtout de partager l'intimité d'un inconnu ? De renoncer, pour lui, à la noce fantasmée avec le père ? Cette dernière traverse plusieurs pages du *Journal* où Staël décrit, avec une étonnante clairvoyance, sa lutte contre les sentiments complexes qui la submergent :

> C'est qu'il voudrait que je l'aimasse comme un amant et qu'il me parle pourtant comme un père, c'est que je voudrais qu'il m'aimât comme un amant, et que j'agis pourtant comme une fille. C'est le combat de ma passion pour lui et des penchants de mon âge dont il voudrait le sacrifice entier qui me rend malheureuse. [...]. De tous les hommes de la terre c'est lui que j'aurais souhaité pour amant[28].

On comprend mieux, à l'aune de ces questionnements, la genèse et la motivation particulières de ses *Folles*. Leur rédaction, contemporaine

26 « La petite fille fut nommée de son parrain et de sa marraine : Louise, prénom dont elle se servait souvent jusqu'à son mariage », précise B. d'Andlau dans *La Jeunesse de Madame de Staël (de 1766 à 1786), avec des documents inédits*, Genève, Droz, 1970, p. 18.

27 *Mon Journal*, *op. cit.*, p. 73.

28 *Ibid.*, p. 67.

des aveuglements d'un sujet tentant courageusement de démêler ses émotions, offre à la nouvelle « Madame de Staël » l'occasion d'explorer qui elle est : la fille ou la femme de Necker ? La fille de Necker ou la femme de Staël ? Une fille ou une femme ? Les injonctions contradictoires à laquelle elle se soumet – aimer et ne pas aimer, se marier et quitter, le bonheur et l'interdit –, ajoutent encore au trouble d'une conscience littéralement désorientée par les épreuves de 1786. De ces égarements, les *Folles* ne sont donc pas seulement le symptôme, mais surtout la langue la plus fidèle. Quelles héroïnes Staël pouvait-elle inventer cette année-là, sinon de jeunes âmes désorientées, traînant partout leurs souffrances et cherchant désespérément « le fil » de leur identité, pour reprendre une métaphore récurrente de ces textes ?

LA FOLIE STAËLIENNE A-T-ELLE UN SEXE ?
Le défi de la féminité

Mais l'originalité de la démarche staëlienne ne s'arrête pas là. L'archéologie de ses trois *Folles*, non contente de fictionnaliser l'impensable écriture féminine, problématise aussi la relation au féminin. L'enjeu, *a priori*, ne semble pas nouveau et c'est même l'une des caractéristiques de la folie, sous l'Ancien Régime, que de concerner surtout les femmes. Au XVIIIe siècle, cette folie féminine, devenue banale, s'est même figée en *topos* : celui de la comédie mêlée d'ariettes, dans le sillage de *Nina ou la folle par amour*, immense succès de Marsollier des Vivetières[29] qui impose à la fois le nouveau type de la folle par amour, et le nouveau genre capable de prendre en charge sa destinée. À quoi s'ajoute un scénario, lui aussi paradigmatique, dans lequel la jeune femme devient folle à la suite du départ de son amant ou de l'impossibilité de l'épouser. C. Dornier résume en ces termes le canevas qui inspire l'essentiel de la vague littéraire déferlant, à partir de 1786, en France et dans les grandes capitales européennes :

29 Voir M. Delon, « Lionello Sozzi, le tournant des Lumières et la romance de Nina », *op. cit.*, p. 62.

> Une jeune fille (un jeune homme dans le Fou d'amour) aime ; l'objet de son amour lui est enlevé (mort véritable ou supposée, abandon) ; le choix affectif qui en résulte provoque la folie. Le personnage devient le plus souvent errant, cherchant dans les visages ou objets qui l'entourent la présence de l'être aimé. La folle rencontre par hasard un personnage sensible qui écoute le délire de l'héroïne et l'interroge pour connaître son histoire qui révèle la cause de la folie. Il raconte alors l'histoire au lecteur[30].

Les *Folles*, en d'autres termes, appartiennent de plein droit au territoire du féminin dont elles déroulent, jusqu'au cliché, les épreuves pathétiques ou comiques.

Staël, cependant, s'écarte sensiblement de ces trames à la mode. Elle revendique même, dans une lettre datée du 11 novembre 1786, l'originalité de *La Folle du Pont Neuf* : « Comme on a épuisé tout ce que la sagesse peut dire, il faut essayer d'être neuf par la folie[31] », écrit-elle à Gustave III de Suède. Si elle résonne comme une coquetterie d'auteur, cette annonce met aussi en lumière l'originalité effective des fictions staëliennes. Tout, de fait, y revêt un visage inédit. À commencer par l'origine de la folie : alors qu'elle naît traditionnellement d'un traumatisme, les *Folles* ayant pour but de « représenter la folie provoquée par un choc affectif[32] », chez Staël, en revanche, la folie est déjà là. Le lecteur la découvre dès l'ouverture du texte, si bien qu'elle ne représente plus une circonstance, mais une crise structurelle du personnage. Les héroïnes staëliennes ne souffrent pas, en effet, d'une rupture amoureuse, mais d'une séparation existentielle, autrement plus déchirante puisqu'elle engage l'entrée dans l'âge adulte et la nécessité de distinguer sa vie de celle de ses parents. En témoigne le rôle capital joué par l'éloignement de ces derniers dans l'intrigue et dans la construction du personnage : « Oui, j'ai un père et une mère, mais je les ai quittés[33] », déclare la Folle de la forêt de Sénart, relayée par la Folle du Pont Neuf répondant aux interrogations du narrateur, inquiet de la savoir seule : « Non, j'ai un père et une mère[34] ». Deux des héroïnes staëliennes, découvertes l'une errant dans les rues de Paris, l'autre endormie « dans l'épaisseur

30 C. Dornier, *op. cit.*, p. 170.

31 G. de Staël, *Correspondance générale* (désormais abrégé en *CG*), t. I, Genève, Slatkine, p. 146.

32 C. Dornier, *op. cit.*, p. 166.

33 *Cahiers staëliens*, n° 52, *op. cit.*, p. 15.

34 *Ibid.*, p. 19.

des bois[35] », souffrent ainsi d'avoir dû quitter contre leur gré la maison familiale. Plus encore, c'est une douloureuse altération dont elles font l'épreuve à l'occasion de ce départ : « Des enfants, il faut en avoir quand ils ressemblent, mais s'ils ne ressemblent pas, que sont-ils[36] ? », demande la Folle du Pont Neuf. La répétition du verbe « ressembler », qui plus est employé de manière intransitive contrairement à l'usage, souligne ici la délicate discordance d'une âme soudain méconnaissable, à ses yeux comme pour ceux qui l'ont vue grandir. L'égarement, sous la plume de Staël, n'a donc plus de lien direct avec la noce ou la perte de l'amant ; il naît davantage d'une violente maturation dont les personnages, sidérés, assimilent les métamorphoses à une défiguration.

La conscience n'est pas le seul laboratoire de cette altérité : elle affecte également le corps, omniprésent dans les trois *Folles* et dont Staël met surtout en avant le caractère monstrueux ou pathologique. Le portrait de l'Imbécile d'Allemagne illustre spectaculairement cette chair douloureuse, source de dégoût quand elle n'empêche pas l'identification de la jeune femme et la lecture de ses traits :

> En entrant chez elle nous vîmes à table une femme d'une taille énorme dont les couleurs rouges et vives ne rappelaient sûrement pas la fraîcheur de la jeunesse, les traits épais, les yeux à moitié cachés par ses joues, et ce qu'on en voyait était plus propre à exprimer la joie de la bonne santé que la douce sérénité de l'âme[37].

Disparaître au profit d'une masse informe, ou vouloir à tout prix cacher sa peau – « Puisque vous m'avez vue, vous allez me quitter. Mon voile ! mon voile[38] ! », lit-on dans *La Folle du Pont Neuf* –, les symptômes abondent, sous la plume de Staël, d'une impossibilité d'affronter le regard masculin. Soit qu'il se retrouve captif – « On ne peut pas me voir sans être amoureux de moi[39] », avoue Charlotte réactivant le mythe de Méduse –, soit qu'il déclenche chez la femme l'angoisse de devenir objet de désir ou d'abandon : « Puisque vous m'avez vue, vous allez me quitter[40] », répète la Folle de la forêt de Sénart. Les héroïnes staëliennes

35 *Ibid.*, p. 14.
36 *Ibid.*, p. 19.
37 *Ibid.*, p. 22.
38 *Ibid.*, p. 15.
39 *Ibid.*, p. 22.
40 *Ibid.*, p. 15.

sont ainsi submergées par la honte, la culpabilité et une haine physique qui les disloque – comment réunir la tête et le corps ? –, inscrivant au cœur de leur chair la disjonction morale dont elles souffrent. La question initiale du « qui être » se déplace ainsi sur la scène du désir : comment s'incarner face au regard masculin ? Comment affronter la naissance érotique sans perdre la raison ?

Les *Folles* staëliennes réinventent alors la relation au féminin. À rebours de la tradition médicale qui impute à l'utérus le dérèglement de l'esprit, elles mettent en scène des personnages égarés par leurs passions, mais non plus par leurs organes. Cette évolution, contemporaine de l'émergence du « traitement moral » théorisé par Philippe Pinel (1745-1826) et de la clinique aliéniste qui se met progressivement en place[41], substitue à l'hypothèse physiologique – la femme deviendrait folle à cause de cet « organe susceptible de spasmes terribles » dont parle Diderot dans son traité[42] – l'importance des passions. Les fixations mentales ou manies, comme les désigne la nouvelle médecine de l'époque, troublent en effet l'esprit soudain enfermé dans une même pensée ou dans un sentiment obsessionnel. Le narrateur de *La Folle du Pont Neuf* ne s'y trompe pas lorsqu'il tente de cerner la personnalité chaotique de la jeune femme en face de lui : « Êtes-vous, Madame, toujours occupée d'une seule idée[43] ? ». Ses questions, à mi-chemin de l'entretien et du diagnostic, soulignent le danger d'un esprit prisonnier de ses images, de ses ressassements et d'une dévoration intérieure qui finit par anéantir la raison : « Qui est-ce qui a plus d'une idée[44] ? », demande encore la Folle de la forêt de Sénart. La folie morale naît donc plutôt d'un tourment obsessionnel ou d'une difficulté à devenir femme, que d'un déterminisme organique qui ne joue plus qu'un rôle secondaire dans les textes de Staël.

Une ultime étape est enfin franchie sous sa plume, qui achève de dissocier la folie de la féminité ou de problématiser leur articulation. Si l'hystérie ne constitue plus une clé du trouble mental, alors celui-ci, logiquement, s'empare aussi des hommes dès qu'ils traversent les épreuves affectives de l'existence. C'est le cas dans le corpus staëlien, qui propose une représentation d'autant plus originale de la folie qu'elle juxtapose

41 Voir notamment J.-C. Sournia, *La Médecine révolutionnaire*, Paris, Payot, 1989.

42 Voir D. Diderot, *Sur les femmes* [1772], rééd. A. Billy, *Œuvres*, Paris, Gallimard, 1951, p. 952-953.

43 *Cahiers staëliens*, n° 52, *op. cit.*, p. 19.

44 *Ibid.*, p. 15.

aux premières *Folles* de 1786 les fous marchant à leur tour, quelques années plus tard, sur leurs traces douloureuses : Léonce de Mondoville, l'amant de Delphine, que son amour ardent et sa crainte des préjugés conduisent à une exaltation nerveuse proche de la déraison[45], ou encore Oswald, le protagoniste de *Corinne ou l'Italie* en 1807. À l'ouverture du roman, tandis qu'un violent incendie ravage la ville d'Ancône, il se précipite en direction de « l'hôpital des fous[46] » pour délivrer des flammes les malheureux insensés. Leur rencontre le bouleverse alors plus qu'il ne l'avait imaginé :

> Un frissonnement inexprimable s'empara d'Oswald à ce spectacle ; il avait senti, dans le moment le plus affreux de son désespoir, que sa raison était prête à se troubler ; et, depuis cette époque, l'aspect de la folie lui inspirait toujours la pitié la plus douloureuse[47].

Le visage du dément, tendant un troublant miroir au jeune homme mélancolique, abolit la marginalité du fou pour inscrire au contraire sa maladie au cœur de nos vies. Non seulement l'esprit égaré n'est donc plus l'apanage des femmes, ni de leur prétendue nature, mais il invite au contraire à concevoir la possibilité, dans chaque conscience, d'une altérité destructrice. Personne ne naît fou, nous dit Germaine de Staël ; tout le monde, en revanche, peut un jour le devenir.

Stéphanie GENAND
CPTC | Université de Bourgogne

45 « Il se mit à me parler alors, mais il m'était impossible de le comprendre, car ses dents frappaient les unes contre les autres avec une grande violence », Germaine de Staël, *Delphine* [1802], rééd. Paris, Gallimard, 2017, p. 883. Voir S. Genand, « "N'ai-je pas aussi mon délire ?" Troubles du masculin dans *Delphine* de Mme de Staël », D. Maira et J.-M. Roulin (dir.), *Masculinités en révolution de Rousseau à Balzac*, Saint-Étienne, Presses de l'Université de Saint-Étienne, 2013, p. 217-226.

46 G. de Staël, *Corinne ou l'Italie* [1807], Paris, Gallimard, 1985, p. 43.

47 *Ibid.*, p. 44.

TROISIÈME PARTIE

FOLLES EN LEUR CORPS

RÉPRESSION DU FÉMININ

« DES CONDITIONS COURROUX ET GRANDES MAULVAISTIEZ DES FEMMES »

La satire du féminin dans le corpus de *La Nef des fous*

Le vaste corpus de *La Nef des fous*, ce premier succès de librairie européen d'un auteur contemporain de l'âge de l'imprimerie, connaît depuis quelques années un intérêt critique accru qui va bien au-delà de l'étude de l'original, le *Narrenschiff* allemand de Sebastian Brant (1494). L'intérêt dépasse même les traductions-imitations plus ou moins fidèles de la version latine de 1497 du disciple de Brant, Jakob Locher, la *Stultifera Navis*, qui, elle, sert de modèle aux multiples versions vernaculaires[1]. Et n'oublions surtout pas que c'est bien Locher, et non Brant, qui est le premier à se référer au texte sous la désignation de satire, ce qui n'est pas sans conséquences[2]. Parmi les adaptations de plus en plus libres de la matière, il faut renvoyer en particulier à la belle édition d'Olga Anna Duhl de *La Nef des Folles selon les cinq sens de nature*, variante axée sur la folie des femmes, leurs défauts naturels symbolisés par les cinq sens, et assaisonnée d'une longue liste de chapitres d'« exhortations ». Ce « livre de conduite à l'usage des femmes[3] » sert dans un premier

1 À ce sujet, voir notamment l'étude fondatrice, dans notre perspective, de M. Foucault, chapitre 1, « Stultifera Navis », de son *Histoire de la folie à l'âge classique*, Paris, Gallimard, « Tel », 1972, qui semble pourtant confondre systématiquement l'original allemand et la transposition latine ; voir J. Kurscheidt, « Le *Narrenschiff* de Sébastien Brant à l'épreuve du filtre foucaldien », *Babel*, 25 (2012), p. 149-169.

2 Voir l'édition partielle de N. Hartl, *Die 'Stultifera Navis'. Jakob Lochers Übertragung von Sebastian Brants 'Narrenschiff'. Band 1.2 : Teiledition und Übersetzung*, Münster, Waxmann, 2001, p. 48. Parmi les études récentes en français, voir surtout J. Lefebvre, *Les Fols et la folie. Le comique dans la littérature allemande de la Renaissance*, Paris, Klincksieck, 2003 ; A.-L. Metzger-Rambach, *« Le texte emprunté ». Étude comparée du* Narrenschiff *de Sebastian Brant et de ses adaptations (1494-1509)*, Paris, Honoré Champion, 2008 ; et B. Renner (dir.), *Le corpus des* Nefs *des fous : imitatio, translatio et satire à l'aube de la Renaissance*, *Cahiers de recherches médiévales et humanistes*, 38 (2019-2), p. 387-448 (dossier de quatre articles).

3 J. Bade, *La Nef des folles. Adaptation de Jean Drouyn et alii*, O. A. Duhl (éd.), Paris, Classiques Garnier, 2013, « Textes de la Renaissance », n° 190, p. 14.

temps à intégrer le projet des nefs dans un cadre plus vaste, à savoir celui d'un autre domaine des plus larges, la satire de la première modernité. Ce qui nous semble particulièrement remarquable dans l'entreprise de la nef des femmes, c'est justement l'écart qu'elle souligne entre les *Nefs des fous*, plus équilibrées dans leur fustigation des vices de l'humanité, et cette nef dirigée exclusivement contre les femmes et leur folie causée par la connaissance sensorielle, qui nous paraît s'intégrer pleinement dans l'arrière-plan latent de la satire contre les femmes, d'une part, et, d'autre part, de la « Querelle des femmes » ainsi que des textes médiévaux représentatifs tels *Les Quinze joies du mariage*, qui dépassent parfois la ligne de démarcation, certes souvent bien floue, entre le mode satirique et l'attaque polémique[4]. Dans ce dernier texte, par exemple, on doit se poser la question de savoir s'il s'agit bien de folie ou de ruse, de dispositions artificielles ou naturelles, d'abus d'un don, de vice ou de péché, distinctions qui changent considérablement le statut épistémologique de la femme dans notre perspective. Toujours est-il que les *Nefs des fous* nous semblent se distinguer nettement des textes satiriques attribuables plus étroitement à la « Querelle des femmes », y compris *La Nef des folles*, car les *Nefs* qui transposent l'original allemand intègrent la femme dans une vaste encyclopédie des folies, vices et péchés de l'humanité, sans particulièrement se focaliser sur elles, même si l'on constate que les chapitres consacrés aux femmes paraissent plus généraux et, par conséquent, plus stéréotypés que la majorité de ceux traitant des hommes ou bien du « genre humain » tout court.

Si la satire consiste en une tentative de « guérir les maux de la société », comme le postule Joachim Du Bellay dans sa *Défense et Illustration de la langue française* (1549), que ce soit par le « *ridentem dicere verum* » [en riant dire le vrai] horatien, méthode recommandée par l'Angevin, ou bien par l'indignation juvénalesque, la fonction de la femme folle paraît bien complexe dans l'univers varié de ce mode transgressif, et nous allons tenter d'en esquisser quelques tendances majeures qui se reflètent dans notre corpus et en font un cas d'étude particulièrement riche. Olga Anna Duhl rappelle que, dans le domaine de la folie, l'opposition entre homme et femme se laisse définir par la juxtaposition entre connaissance

4 Pour la « Querelle des femmes », voir notamment A. Dubois-Nayt, N. Dufournaud et A. Paupert (dir.), *Revisiter la « querelle des femmes ». Discours sur l'égalité/inégalité des sexes, de 1400 à 1600*, Saint-Étienne, Presses de l'Université de Saint-Étienne, 2013.

rationnelle et connaissance sensorielle, la raison masculine dénotant traditionnellement la capacité suprême qui permet de choisir entre le bien et le mal[5]. Pour l'homme, la folie reviendrait donc à une erreur de jugement, récupérable au nom de la raison et de la vertu. Cette issue semble inaccessible à la femme à cause de son infériorité cognitive et morale. La folie de cette dernière serait alors imputable aux effets d'un défaut naturel ; d'où peut-être la raison sous-jacente de la nature générale et stéréotypée des chapitres consacrés à la folie féminine dans les *Nefs* ainsi que la concentration sur les cinq sens dans la nef des femmes en dépit d'une approche moins tendancieuse de la satirisation de la femme, comme nous allons le voir.

Si, ensuite, ce défaut est au service d'une entreprise destructrice, renforcée par le tempérament flegmatique associé à la femme, comme le montre Jean-Marie Fritz, la folie de la femme, véritable *a-mentia*, privation de sens, semble inguérissable[6]. Par conséquent, l'affliction de la femme folle servirait tout au plus d'outil au service de la cure du fou masculin grâce à son altérité radicale. Or, l'avertissement contre la « menace féminine » et la force de dissuasion développée dans la fustigation de la femme relégueraient celle-ci « naturellement » à un rang inférieur, indice fort de son état irrécupérable désormais cimenté et, par conséquent, jugement dévastateur de son rôle social amoindri. En d'autres termes, ce statut « secondaire » et l'absence d'une cure rendraient une véritable satire de la femme-objet folle quasiment impossible, voire inconcevable, avant le changement épistémologique inauguré au début du seizième siècle et dont l'*Éloge de la Folie*, sa *persona* satirique féminine et la fine ironie du texte, marquent sans doute le premier jalon, voire l'inspiration majeure pour les satires à suivre[7]. Nous tenterons de montrer que c'est cependant le corpus des *Nefs des fous* et son attitude plus équilibrée envers la femme folle, attitude qui s'amplifie au cours des différentes traductions et transpositions, qui nous permettent de

---

5 O. A. Duhl, *op. cit.*, p. 20-26.

6 J.-M. Fritz, *Le Discours du fou au Moyen Âge, XIIe-XIIIe siècles*, Paris, PUF, 1992, p. 89-95.

7 À titre d'exemple, voir ce commentaire de Dame Folie : « Je ne crois pas que la gent féminine soit assez folle pour m'en vouloir si moi qui suis femme aussi, et qui suis Folie, je leur attribue de la folie. En effet, si elles réfléchissent correctement sur cette question, elles doivent porter au crédit de la folie le fait qu'elles sont à bien des égards plus favorisées que les hommes. » (Érasme, *L'Éloge de la Folie*, *Œuvres choisies*, J. Chomarat (éd.), Paris, Librairie Générale Française, 1991, p. 128-129).

situer la semence de ce développement aussi remarquable que subtil avant le célèbre éloge paradoxal d'Érasme.

Procédons donc à une brève comparaison concrète de plusieurs chapitres consacrés à la « menace féminine » dans ce corpus pour mieux cerner la part d'*inventio* et d'*amplificatio* des imitateurs de Brant. Nous avons tiré nos exemples de trois éditions : l'allemande de Brant (*NS*, 1494) ; la latine de Locher (*SN*, 1497) ; la française de « l'anonyme de Marnef », peut-être Jean Bouchet (*La Grant Nef des folz du monde* [*NF*], 1530)[8]. Dans son prologue, l'humaniste strasbourgeois inclut les femmes dans sa critique en s'inscrivant dans la tradition du *speculum* médiéval : « *Jn disen spiegel sollen schowen / All gschlecht der menschen man und frowen* » (*NS*, p. 111 : Tout le monde doit se regarder dans ce miroir / Toutes les générations, hommes autant que femmes)[9]. L'austérité morale de la satire locherienne ne tarde pas à renforcer cet appel brantien en insistant sur les désirs charnels et la turpitude des femmes qui les inciteraient à rejoindre les rangs des fous : « *Foemineumque genus turpis, quod sape voluptas / Incitat et torquet non moderatus amor, / Stulticolas inter nostros divertere gliscit / In speculo scelera et perspicere usque sua* » (*SN*, « *Hecatostichon* », p. 46 : Même l'ignoble sexe féminin, souvent séduit par la volupté et tourmenté par l'avidité amoureuse, s'impatiente de fréquenter les admirateurs des fous et de contempler sans cesse ses vices au miroir). Le texte français raccourcit considérablement le paratexte et reste souvent neutre (« chacun » ; « ceux et celles », « genre humain »)[10].

En dépit de cette annonce qui semble être indicatrice d'un traitement égalitaire, les chapitres consacrés explicitement aux femmes sont peu nombreux, ce qui est peut-être dû, au moins en partie, au fait que Brant, dans beaucoup de ses chapitres, fustige des vices et péchés humains

8 S. Brant, *Das Narrenschiff. Studienausgabe*, Joachim Knape (éd.), Stuttgart, Reclam, 2005 ; *La Grant Nef des folz du monde*, Imprimé à Lyon sur le rosne, par Françoys Juste, 1530. Cette *Nef* française que nous avons consultée est une réédition d'un texte publié quelque 30 ans auparavant, donc peu après la version latine de Jakob Locher.

9 Les traductions des citations latines et allemandes sont les nôtres.

10 *NF*, f. iii : « Parquoy chacun soit actentif à si bien prendre et confider [se fier à] les satyres de ce présent opuscule faictes à la répréhension des folz que parvenir puisse en la compaignie des sages moyennant la saincte trinité qui doint [donne] à chacun parvenir à bonne fin là où il prétend » ; *ibid.*, f. iiii : « l'humain genre. » ; *ibid.*, f. v : « tous ceux et celles » ; « Affin que ainsi comme ung trescler mirouer chacun regarde ses meurs et les allignemens de la vie ».

qui se trouvent dans les deux sexes, par exemple celui de la loquacité (« *Keyn mensch synr zungen meister ist* », *NS*, chap. 19, p. 172 : Personne n'est maître de sa langue), folie traditionnellement associée à la femme, certes, comme le montrera ensuite l'adaptation de Josse Bade, et surtout la version française de *La Nef des folles* de Jean Drouyn, de ce chapitre 19 « neutre » de la *Nef* originale, intitulé « de trop parler » dans la version française de 1530 et « De la pie » dans la nef des femmes[11]. Un attribut majeur de l'approche de Brant se manifesterait alors dans cette attitude quelque peu surprenante de viser l'humanité plus généralement dans sa tentative de guérir les maux de la société. N'oublions pas non plus que les cibles préférées de la satire sont d'habitude les autorités qui abusent de leur pouvoir, pouvoir qui était largement détenu par les hommes. L'exception se situerait justement dans un certain pouvoir charnel sur lequel se concentre d'habitude la satire contre les femmes, abus qui, chez Brant, serait dépourvu d'objectif de cure et où l'emporterait la fonction d'avertissements lancés aux hommes, comme nous venons de l'esquisser.

Dans un premier temps, on remarque que, pareillement aux stéréotypes traditionnels, la folie des femmes se reflète dans les *Nefs* certes surtout dans les chapitres consacrés à des thèmes charnels, chapitres où la ligne de démarcation entre le traitement de thèmes religieux, donc sérieux, d'un côté, et séculaires, donc comiques, de l'autre, n'est pas toujours très claire. On pense surtout aux chapitres 13, « D'amour vénéreuse », 32, « De ceulx qui veullent garder femmes », 33, « De adultere », 47, « De voluptuosité corporelle » (50 chez Brant et chez Locher, peut-être le chapitre le plus proche de la célèbre satire VI de Juvénal) ou bien 64, « Des conditions courroux et grandes maulvaistiez des femmes », les seuls titres oscillant entre facétie et moralité. L'aspect « plaisant » se reflète curieusement dans une nouvelle structure des chapitres chez les imitateurs, ce qui indique la différenciation de leurs propos par rapport à l'original allemand. Chez Locher, les vers en exergue sont systématiquement suivis par une sorte de conclusion ou de résumé sous forme de harangue qui précède le texte proprement dit.

11 Voici la première strophe de l'exhortation dans l'adaptation du chapitre dans *La Nef des folles*, « De la pie », *op. cit.*, p. 200-203 : « Venez toutes a la nef folle, / Femmes qui trop souvent parlez ! / Venez tost, la voëlle [voile] volle, / Pour vos langaiges garrulez [bavards] ! »

C'est là où l'« auteur en second[12] » se ménage une planche de liberté supplémentaire, comme dans le sermon contre l'« amour vénéreuse », ce qui traduit des soucis pédagogiques plus prononcés. Chez Brant, le comique semble plus franc (et moins problématique), en commençant par les vers suivants qui commentent la gravure qui accompagne ce chapitre 13, où Vénus mène à la corde des fous et un Cupidon aux yeux bandés : « *An mynem seyl ich draffter yeich / Vil narren / affen / esel / geüch / Die ich verfür betrüg und leych* » (*NS*, p. 149 : À ma corde je mène ci et là / bien des fous / singes / ânes / sots / Que je séduis trompe et dupe). Locher choisit non seulement d'éviter l'énumération burlesque du deuxième vers (fous, singes, ânes, sots), il ajoute aussi un vers essentiel pour les besoins de la satire :

Insanos fatuos trahimus cum fune ligatos ;
Quisquis amat, passim retia nostra subit.
Decipimus plures et saucia membra sagittis
Percutimus ; vulnus nulla medela iuvat. (*SN*, p. 66)

« Nous entraînons des fous insensés à la corde
Qui aime se prend sans faille dans nos filets
Nous en trompons beaucoup et transpercent leurs membres blessés
De nos flèches ; aucun remède n'est utile contre cette blessure. »

L'adaptateur se sert ainsi de la terminologie satirique en insistant sur les notions de blessure et de guérison dès le début tandis que Brant intègre ces concepts plus loin dans le texte du chapitre (v. 11-12) ; et on remarque que les deux insistent sur l'inefficacité de tout médicament contre la blessure infligée au nom de Vénus. La seule issue serait bien le refus de l'amour charnel. Le texte français insiste de manière plus approfondie sur le danger qui émane de la femme folle avant de conclure son « prélude », là aussi, par l'absence de toute cure :

Ne entend point a la fallace [tromperie] d'une femme et ne te abuse point d'elle. Car les leures d'une meretrice [prostituée] et folle femme sont ung miel distillant / et la gorge d'elle est plus claire et plus reluisante que huille / mais les dernieres choses d'elle sont plus ameres que abscinte ou que fiel. Et la langue de elle ague [aiguë] comme ung glayve trenchant des deux costez.

---

12 Terme emprunté à l'étude d'A.-L. Metzger-Rambach, *op. cit.* ; pour cette imitation créatrice, voir aussi B. Renner, « Juvénal et les *Nefs des folz* : Rhétorique et *translatio studii* », *Bibliothèque d'Humanisme et Renaissance*, 72 (2010), p. 283-300.

> Et si dit ung metrificateur [poète] par maniere de derrision / que en folle amour sont autant de douleurs qu'il y a de ouestres [huîtres] en la mer. [...] Nous decepvons plusieurs et frapons de noz saiectes [flèches] leurs membres ensenglantez tellement qu'il n'y a aucune medecine qui leur puisse aider et les secourir.

À ce moment-là, la tonalité de la version française reste proche de celle de ses modèles en se concentrant exclusivement sur le « danger féminin ». Le début du chapitre se révèle ainsi relativement fidèle au modèle, tout en souscrivant à la rhétorique de l'*amplificatio* qui renforce la visée pédagogique et en introduisant la notion de la « dérision » qui porte la semence d'un comique satirique plus problématique et moins austère que le ton moralisateur du modèle.

Locher procède ensuite à une harangue qui renforce la critique de la folie féminine incurable, « *Calamitas amatorum* », harangue qui est reprise dans la deuxième moitié du prélude français précité laquelle la reprend assez fidèlement.

Dans un deuxième temps, ce qui frappe surtout par rapport à l'original allemand, c'est que cet ajout initial insiste davantage sur le rôle actif de la femme séductrice, cause de la folie de l'homme, la véritable victime qu'il faut tenter de sauver, conformément au blâme attribué aux femmes chez Brant à travers une longue liste d'*exempla* classiques de femmes coupables de catastrophes (de Didon à Dalila). À l'exception de la mention de Cléopâtre, cette énumération est grandement raccourcie dans les transpositions, lesquelles, au fur et à mesure que le chapitre progresse, finissent par conférer le blâme de façon plus équilibrée aux deux sexes : « *Ad miseros casus et magna pericla Cupido / Subdolus et fallax sexum deducit utrumque* » (*SN*, p. 68 : Cupidon rusé et trompeur séduit les deux sexes à tomber en misère et en grand danger). Le raccourcissement de la liste constitue un indice fort du nouvel équilibre satirique que nous cherchons à retracer dans ces pages, et il est encore plus prononcé dans la version française que dans la transposition latine. Il y a un curieux mélange entre traductions plus ou moins fidèles, d'habitude au début des chapitres, et ajouts qui combinent différentes attitudes et traditions de notre double perspective, folie féminine et satire, en oscillant entre révérence pour l'original et insistance sur le point de vue divergent de l'imitateur. Il nous semble que le positionnement en exergue d'une « morale » qui modifie subtilement l'original chez Locher confère un statut plus important à l'auteur en second et à sa tentative de s'imposer contre son modèle. Et une des démarches les plus efficaces pour imposer sa propre identité d'auteur serait justement à travers une revalorisation de l'écriture militante, en l'occurrence de la nature de la satire des femmes.

Enfin, dans l'original de Brant, l'énumération des *exempla* met à chaque fois, répétons-le, des catastrophes causées par des hommes sur le compte de femmes et de leur folie néfaste. L'humaniste allemand, lui aussi, termine par des conseils qui, tout en restant fermement ancrés dans la satire morale, renforcent le penchant pour la subordination des femmes dans un mélange sério-comique :

Wer mit frowen hat vil credentz
Dem würt verbrennt syn conscientz
Und mag gänzlich nit dienen got
Wer mit jnn vil zu schaffen hat
Die bulschafft ist eym yeden stand
Gantz spötlich / närrisch / und eyn schand
Doch vil schäntlicher ist sie dann
So bulen dunt allt wib und mann. (*NS*, p. 152)

« Qui a beaucup de commerces des femmes
Se brûle la conscience morale
Et ne peut plus entièrement servir Dieu
Qui les fréquente souvent
Pour tout rang la galanterie est
Entièrement méprisable, folle et une honte
Mais elle est encore plus honteuse
Quand les vieilles femmes et les vieux hommes la pratiquent. »

Une fois de plus, on n'observe pas le moindre souci pour l'état de la femme, dont la folie est incurable, mais on discerne à nouveau la préoccupation de secourir l'homme-victime, alors dépourvu de raison et de service divin, en lui conseillant moins de contact avec le danger féminin ; et cela notamment dans le cas d'avoir affaire à de vieux hommes et vieilles femmes. *Pathos*, *ratio* et tragédie se voient ainsi parfois allégés par de timides tableaux de rire franc dans ces chapitres qui se dirigent, prudemment certes, vers une satire sério-comique plus équilibrée, tout en transformant la femme folle en simple instigatrice de la perte de raison, la *dementia*, masculine, véritable cible de toute tentative de guérison véhiculée par la satire.

En faisant preuve d'un mélange curieux de traduction et d'invention, comme nous l'avons déjà esquissé, les versions latine et française renforcent la tendance, tout au plus latente dans l'original, vers l'équilibre satirique et suivent une trajectoire inverse, il nous semble, les chapitres s'acheminant à partir de constats moralisateurs et harangues initiaux vers un blâme moins radical, lequel, en revanche, ménage un espace important à la notion de la cure et à un blâme partagé entre les deux sexes. Dans cette perspective, on a l'impression que la *captatio benevolentiae* ciblant le lecteur sans doute masculin et reprenant l'attitude subtilement misogyne de Brant, se voit ensuite nuancée, transformant les femmes en des participantes actives de l'affliction de la folie. Une telle transformation nous semble appropriée dans un univers plus ouvertement satirique qui finit par mettre davantage en lumière la possibilité de la cure de la folie féminine. Il s'ensuit la possibilité de sortir de l'impasse de l'impuissance face à l'affliction féminine, tout en faisant alors logiquement une plus grande place à la sévérité morale car la cure serait désormais à la portée de la femme-sujet. Le recours à la tradition de la satire classique que proclame Locher semble à l'origine de cette évolution qui privilégie d'abord une sorte de dissuasion juvénalienne ; en voici la version française qui renforce les remarques du disciple de Brant, notamment les deux vers précités qui s'adressent aux hommes et aux femmes :

> Parquoy est evidens que cupido le dieu d'amours maine a miserables fortunes et grant dangiers tant hommes que femmes. Et a ses folz luxurieux ie adiouste les bougres infames contre lesquelz se sourdent les flammes de vengeance / et les loix de iustice pour les pugnir cruellement et sans quelque misericorde. Car tout l'humain genre a horreur des villains ors [sales] et infames commerces et faictz par lesquelz les citez de sodome et gomore perirent et cheut dessus feu du ciel comme pluye. (*NF*, f. xv)

On constate donc que la tendance à l'instrumentalisation de la femme l'emporte chez Brant, tout autant qu'on observe un subtil équilibrage chez Locher et dans les transpositions en vernaculaire qui se rangent ouvertement du côté de l'écriture satirique. Punition et menace du manque de miséricorde servent ainsi de force dissuasive en guise de cure, cure qui est dorénavant impliquée au lieu d'être explicitement écartée, ce qui nous semble imputable avant tout au fait que les deux sexes sont visés par la critique.

Ces tendances se confirment dans les autres chapitres consacrés à ce qui est en train de se transformer en véritable satire de la femme dans les transpositions de la *Nef* allemande. Voici l'exemple du chapitre 32, « *Von frowen huetten* », « *De custodia mulierum* », « De ceulx qui veullent garder femmes ». Les trois vers initiaux d'*ecphrasis* de Brant se contentent à nouveau d'insister sur la fonction subordonnée de la femme-objet dont la garantie de piété relève de l'*adynaton* (garder des sauterelles sous le soleil ; verser de l'eau dans un puits) à cause de ses néfastes tendances naturelles : « *Der huett der hewschreck an der sunn / Und schüttet wasser jn eyn brunn / Wer huettet das syn frow blib frum* » (*NS*, p. 212 : Il garde des sauterelles sous le soleil / et verse de l'eau dans un puits / celui qui veille à ce que sa femme reste pieuse)[13]. Locher, lui, ajoute un vers significatif, confirmant une fois de plus les tendances générales que nous cherchons à retracer :

> *Custodit pulices fatuus sub sole calenti*
> *In puteum undantem et flumine portat aquam,*
> *Qui gerit uxoris curam metuitque pudoris.*
> *Quae sibi ni custos fuerit, custodia vana est.* (*SN*, p. 110).
>
> « Sot qui garde des puces sous un soleil brûlant
> Et porte de l'eau ondoyante du fleuve au puits,
> Qui garde sa femme et s'inquiète de sa pudeur.
> Si elle ne prend pas garde à elle-même, toute surveillance est en vain. »

Cet appel à la prise de responsabilité personnelle de la femme est significatif car on y voit à nouveau clairement la possibilité de correction, option largement absente chez Brant. Même approche dans le texte proprement dit du chapitre qui amplifie les exemples des femmes qui décident activement de leur propre destin au lieu de servir de simple instigatrices de folie et d'être entièrement soumises à l'homme et à leur nature. Le tout est assorti de conseils moraux qui, certes, ne sont pas dépourvus de la condescendance brantienne, comme à la fin du chapitre, mais n'en évacuent aucunement la tonalité satirique :

> *Foemina iucundos mores vitamque probatam*

13 Pour la figure de l'*adynaton* et le *topos* du monde renversé qui l'accueille souvent, voir surtout E. R. Curtius, *Europäische Literatur und lateinisches Mittelalter*, Tübingen-Bâle, Francke, 1993 [1948], p. 105-108.

Induat, ut famam comparet inde sibi,
Et coetus hominum fugiat vetulasque procaces
Et fugiat vafri murmura blanda proci.
Si non legisset Helene rescripta dolosque
Idaei Paridis, non male rapta foret. (*SN*, p. 112)

« Une femme devrait se doter de mœurs agréables et d'une conduite
Bienséante pour gagner ainsi du respect.
Elle devrait fuir les foules et les vieilles indiscrètes
Ainsi que les murmures séduisants des prétendants rusés.
Si Hélène n'avait pas lu les lettres perfides de Paris
Le Troyen, elle n'aurait pas été enlevée si fâcheusement. »

La semence d'une correction morale existe également dans la version de Brant, certes, mais l'inévitabilité de la nature de la femme folle et son effet sur l'homme paraissent l'emporter une fois de plus dans un texte dominé par l'austérité moralisatrice :

Eyn hübsch frow die eyn naerrin ist
Jst glich eym roß dem oren gbryst
Wer mit der selben eren will
Der machet krummer fürchen vil
Eyn fromme frow sol haben gberd
Jr ougen schlagen zu der erd
Und nit hoffwort mit yederman
Tryben / und yeden gaefflen an
Noch hoeren alles das man jr seitt. (*NS*, p. 213-214)

« Une belle femme qui est folle
Équivaut à un cheval qui manque d'oreilles
Qui veut labourer avec elle
Tracera bien des sillons tordus
Une femme pieuse doit se comporter bien
Ses yeux baissés regardent le sol
Et pas de paroles coquettes avec qui que ce soit
Ni ne faire les yeux doux à un chacun
Ni n'écouter tout ce qu'on lui dit. »

La femme semble ou bien folle (« *naerrin* ») ou bien pieuse (« *fromm* »). La comparaison à un cheval de bât, animal de ferme purement utilitaire incapable de changer de nature, et l'insinuation de la responsabilité féminine pour le désir adultère de l'homme qui clôt le chapitre mitigent considérablement les conseils didactiques visant un comportement

« correct[14] ». On n'est guère surpris d'observer que ces deux aspects manquent chez Locher, où l'on observe quasiment un renversement des rôles, le prétendant masculin et ses paroles séductrices déclenchant explicitement la folie de la femme, nouvel exemple de la tentative d'équilibre et d'*amplificatio* satiriques des transpositeurs[15].

La version française suit la même trajectoire en soulignant la culpabilité du mari jaloux tout autant que la volonté de la femme :

> Car si la femme est bonne de soy et le mari est jaloux d'elle, il luy peult donner occasion d'estre mauvaise. [...] Oustre plus dit Ovide que la garde et custode [surveillance] met aucunesfoy les femmes [*sic*] et contrainct au pechie deffendu.
>
> Car certainement la femme que la nature n'a point produicte chaste de soi et tart est fait [il arrive rarement] qu'elle garde chaste les liens de mariage. Mais la femme qui veult garder la tendre pudeur et honte / le gaige de sa chambre [l'inaccessibilité de sa chambre] et la foy de mariage ne doit estre contraincte par aucune closture de fer. (*NF*, f. xxviii)

Même si l'opposition entre femme folle et femme pieuse est maintenue, on remarque clairement le mouvement vers une culpabilité partagée entre hommes et femmes, ces dernières étant « contraintes », donc poussées à l'infidélité par leur mari.

On pourrait prolonger ce penchant pour une réhabilitation de la femme comme sujet digne de la satire chez les transpositeurs de *La Nef des fous*, réhabilitation qui atteint son point culminant allégorique dans la célèbre « Concertation de Vertuz avec Volupté » qu'ajoute Locher en guise de conclusion et qui se trouve également reprise dans la *Nef* féminine sous forme d'exhortation (*op. cit.*, p. 230-239), véritable réfutation satirique des dangers charnels associés avec la femme. Toujours est-il que les personnages de Volupté et de Vertu sont tous les deux représentés par des femmes, ce qui est souligné dans les gravures qui accompagnent

---

14 Cette comparaison de la femme folle à un animal est bien un *topos* de la littérature satirique conventionnelle ; voir P. Debailly, *La Muse indignée*. Tome 1, *La satire en France au XVIe siècle*, Paris, Classiques Garnier, « Bibliothèque de la Renaissance », n° 7, 2012, p. 779.

15 Même tendance au chapitre suivant, « *De adulterio* », « De adultaire », où Locher et ses disciples, contrairement à Brant, insistent explicitement sur la culpabilité de l'homme et de la femme ; *cf. SN*, p. 116 : « *Non mulier nec vir sacrati foedera fulcri / Conservare solent* » ; *NF*, f. xxix : « Et ainsi ne femme ne homme n'ont plus coustume de conserver les federations et promesses du lit sacré. »

ces chapitres et ce qui nie alors l'altérité fondamentale qui voulait que la vertu soit associée à l'homme[16]. À la fin de la *Stultifera Navis*, la femme n'est donc plus reléguée au rang secondaire du danger charnel irrécupérable, elle représente aussi la voie vers la guérison dans cette ultime *amplificatio*, dénouement cohérent de ce que les transpositeurs esquissent depuis la juxtaposition entre femme folle et femme pieuse que nous venons de discuter. Sa folie est donc entièrement digne d'être prise en considération par les satiriques.

L'appel au *carpe diem* de la part de Volupté[17] est contré de manière imparable dans « La response de Vertuz a Voluptuosité ». Cette réfutation des arguments de Volupté se distingue notamment par l'énumération des plus grands noms de l'Antiquité, qui auraient suivi les enseignements de Vertu (Cicéron, Virgile, Aristote et Platon), et par un appel final à suivre la voie vers la « vraye et droicte foy » ouverte par Vertu, véritable guérison qui clôt cette séquence ajoutée par Locher[18].

Si on voulait tenter de conclure, provisoirement, certes, après ce survol bien trop bref, on dirait que si la satire ciblant les femmes dérive bien, initialement, de la peur du féminin, comme le postulent Pascal Debailly et d'autres, cette peur de la « menace permanente » se manifeste de manière bien subtile, variée et complexe dans le corpus des *Nefs des fous*. Chez Brant, la femme est d'habitude reléguée à l'état subordonné de simple instigatrice de la folie ; elle est sujette à ses pulsions naturelles qui rendent tout changement de comportement et donc même tout effet dissuasif inefficace, voire impossible ; en d'autres termes, son affliction incurable la rend intrinsèquement irrécupérable. C'est aux hommes, gouvernés par la raison, de tirer leurs leçons des conseils du satirique et de se protéger des dangers de folie provoqués par les femmes. Voilà une variante de la dichotomie entre folie artificielle et folie naturelle mise au

16 Voir par exemple P. Debailly, *op. cit.*, p. 121 qui insiste sur la « "dialectique du même et de l'autre", du masculin et du féminin ».

17 *NF*, f. xcv : « Queres [cherchez] vos plaisances et joyeusetes tant que vous estes en ce monde [...] / Car apres la mort il n'est aucune volupté ».

18 « Pourtant vous jeunes hommes tant que vous avez le temps et que les dispositions le permettent, ostez, jectez au loing et expellez [évacuez] toutes les vaines illecebres [séduisantes] vanites et luxuries du corps et le pechie mortel et dampnable, mais vestez vous [vos] couraiges de l'enseignement de vertu, affin que vos poyctrines et cueurs scaichent que c'est que la vraye et droicte foy en quoy tous vertueux veullent vivre et le doivent pour bien mourir quant au corps et vivre quant a l'ame. »

service de la fustigation sans appel de la femme[19]. On est tenté de voir dans cette relégation en simple bouc émissaire naturel et subordonné une tentative aussi subtile que radicale d'effacer la menace féminine. Si satire il y a dans cette approche, il s'agirait tout au plus de la variante destructrice communément associée à l'approche juvénalienne.

Cette voie de la facilité reviendrait alors à une instrumentalisation de la femme comme pur outil de la satire d'une folie guérissable et, par conséquent, digne d'être abordée, à savoir celle des hommes. En mettant l'*inventio* au service de l'*amplificatio*, Locher et ses imitateurs s'aventurent ensuite sur un terrain satirique à la fois plus conventionnel et plus ambivalent, sans doute inspirés par la satire classique qui leur sert de modèle[20], en reconnaissant aux femmes folles les mêmes défauts qu'à leurs homologues masculins. Cette émancipation de la folie féminine est peut-être à la base des adaptations plus libres de Bade et Drouyn dont nous instruit Olga Anna Duhl, réécrivant d'autres chapitres supplémentaires que ceux traitant des femmes chez Brant, par exemple le chapitre 19, « De trop parler » rebaptisé « De la pie », ou bien les ajouts locheriens consacrés à la confrontation finale entre Volupté et Vertu. Si Pascal Debailly a donc sans doute raison de constater que la « femme dans la satire manifeste le primat du corps sur l'esprit, la prééminence des humeurs sur la volonté et la raison[21] », et nous avons esquissé des exemples de ces dichotomies, nous avons dans les différentes versions de *La Nef des fous* une large gamme d'illustrations variées de cette prémisse qui facilite le développement d'une satire plus nuancée, plus horatienne, de la folie féminine, d'une folie justement qui n'est plus irrécupérable, ce qui fait rentrer la femme dans les rangs des sujets dignes d'être satirisés et finit par diminuer son altérité dichotomique radicale, développement qui caractérise le XVIe siècle. On pourrait alléguer, dans cet ordre d'idées, des exemples tirés d'Érasme[22] (comme nous l'avons insinué plus haut) et de Bonaventure Des Périers, voire de Rabelais dont

19 À ce sujet, voir surtout O. A. Duhl, *Folie et rhétorique dans la sottie*, Genève, Droz, « Publications romanes et françaises », n° 210, 1994.

20 Rappelons que Locher est responsable de l'*editio princeps* d'Horace en Allemagne ; il est donc bien familier des prémisses de la *satura* romaine.

21 P. Debailly, « Satire et peur du féminin », J. Céard *et alii* (dir.), *Cité des Hommes, Cité de Dieu. Travaux sur la littérature de la Renaissance en l'honneur de Daniel Ménager*, Genève, Droz, 2003, p. 321-330 (p. 324).

22 Nous rejoignons là les observations de J.-M. Fritz, *op. cit.*, p. 104, qui insiste justement sur le rôle fondamental de Brant et d'Érasme dans l'évolution renaissante de la folie : « À

la prétendue « misogynie » s'est vu réévaluée récemment[23], avant même d'arriver aux contributions de satiriques féminines telles Louise Labé, Hélisenne de Crenne ou Marguerite de Navarre. L'âge d'or de la satire qu'est le seizième siècle ne manque ainsi pas de justifier sa désignation flatteuse sous cet angle de la satire du féminin, une satire finalement digne de ses modèles classiques, notamment de la veine « constructrice » horatienne qui domine en cette fin du XVe et au début du XVIe siècle. Notre corpus se révèle ainsi particulièrement intéressant dans de multiples perspectives, comme par exemple celle de l'évolution de la satire et de ses visées didactiques, celle de la problématique de la « Querelle des femmes » dans le contexte des dialectiques de l'altérité ou bien celle de l'évolution du concept de la folie juste avant le tournant majeur de l'éloge fondamental d'Érasme, des voies qui méritent d'être suivies de façon plus approfondie.

Bernd RENNER
The City University of New York

---

la Renaissance, avec S. Brant ou Érasme, tous les états du monde sont revus ou réécrits à la lumière de la folie et celle-ci assure la cohérence et la continuité de leur discours ».

23 Pour Bonaventure Des Périers, voir notre « "Icy n'y ha seulement que pour rire ?" Facétie et satire, une tentative de conciliation herméneutique », D. Bertrand (dir.), *Perspectives facétieuses et esprit de connivence dans la première modernité*, Paris, Classiques Garnier, « Rencontres », nº 502, 2021, p. 153-180. Pour Rabelais, voir surtout M. Closson, « Portrait de l'auteur en Sibylle », *Études rabelaisiennes*, LIX (2021), p. 45-60, et F. Cornilliat, « Missing Women : On the Riddle of Gender Relations in Rabelais's Fiction », B. Renner (dir.), *A Companion to François Rabelais*, Leyde-Boston, Brill, 2021, p. 429-454.

FOLIES UTÉRINES

La matrice des ménades

Lorsque sont envisagées les figures liées à la folie féminine issues de la culture dramatique, Médée et Phèdre s'imposent le plus souvent à la pensée. La première est la terrible vengeresse, la mère outragée, la sorcière infanticide. Elle est *la folle de rage*. La seconde, en proie à une malédiction héréditaire, est vouée à désirer quoi qu'il en coûte une union interdite avec le fils de son époux Thésée. Sa folie, en somme, est avant tout l'expression d'une libido mal adressée. Pourtant, en dépit de folies *a priori* différentes, l'une et l'autre sont régulièrement invoquées pour figurer l'étendue du *furor* féminin. Chez Robert Garnier par exemple, les errements de Médée contaminent « toutes les autres femmes » (y compris Phèdre) dans l'esprit hostile d'Hippolyte, personnage dont la misogynie fournit un prétexte commode à la formulation de préjugés très communs à la Renaissance :

> Je ne sçaurois aymer vostre sexe odieux,
> Je ne puis m'y contraindre, il est trop vicieux.
> Il n'est mechanceté, que n'invente une femme,
> Il n'est fraude & malice, où ne plonge son ame.
> Nous voyons tous les jours tant de braves citez
> Flamber, rouges de sang, pour leurs lubricitez :
> [...]
> Je ne veu que Medee & ses actes infames,
> Pour montrer qu'elles sont toutes les autres femmes[1].

La rhétorique de l'excès, de l'hyperbole et de la généralisation outrancière sert à développer les idées reçues les plus violentes à l'encontre des femmes. Précisément, ce qui rebute le jeune éphèbe, c'est l'expression

1 R. Garnier, *Hippolyte, tragedie de Rob. Garnier, conseiller du Roy au siege Presidial et Senechaussee du Maine. À Messeigneurs de Rambouillet*, À Paris, De l'Imprimerie de Robert Estienne, 1573, Acte III, p. 30.

d'une libido féminine, cette « lubricité » furieuse, qu'il estime être à l'origine de calamités aussi néfastes que démesurées. Pourtant Médée agit par vengeance : sa « folie » n'est pas dépourvue de motif, et c'est peut-être même Jason, l'époux infidèle, qui trouble en premier l'ordre conjugal. Ce n'est d'ailleurs pas tant l'existence d'une réponse de Médée que l'excès de sa réplique, son infanticide et son usage effroyable de la magie, qui sèment le trouble. Quant au personnage de Phèdre, si elle est aussi dotée d'une folie *explicable* c'est parce qu'elle est la petite-fille du Soleil, et parce que ce dernier a révélé au grand jour les ébats d'Arès et d'Aphrodite, qu'elle se trouve – tout comme sa mère Pasiphaé – vouée à éprouver une telle folie amoureuse. Dès lors Médée et Phèdre sont des figures qu'il est possible de comprendre, du moins jusqu'à un certain point : toutes deux ont été rejetées, repoussées par des hommes, et leur entrée dans ce *furor* tragique au féminin s'explique par ces rejets. C'est l'étendue de ce *furor*, cette rage meurtrière monstrueuse, qui laisse sans voix et qui justifie le terme de folie.

Or il existe d'autres figures antiques, non pas exceptionnelles et exemplaires mais plurielles, souvent laissées de côté alors qu'elles sont significatives pour traiter de la folie féminine. Il s'agit des créatures mythiques portant le nom de « ménades ». Tout comme Phèdre et Médée, les ménades reparaissent sur la scène du théâtre renaissant, notamment grâce à l'engouement tragique qui suit la redécouverte des pièces d'Euripide. Spécialiste de la tragédie humaniste française, Florence Dobby-Poirson relève ainsi plusieurs pièces mettant en scène ou évoquant des ménades. Celles-ci peuvent se trouver au cœur des représentations théâtrales (comme dans les *Bacchantes*), mais elles servent surtout de comparant pour caractériser de nombreux personnages féminins au moment précis où elles basculent dans le *furor* tragique, à commencer par Médée et Phèdre[2],

2 La misogynie d'Hippolyte évoquée ci-dessus est largement reprise et généralisée par le chœur à la fin du troisième acte. Apparaît la comparaison implicite de Phèdre – déjà identifiée à une nouvelle Médée – avec une ménade : « [...] Qu'une femme, que ialouzie, / Que hayne, ou qu'amour ont saisie, / Est redoutable ! & que son cœur / Couve de fielleuse rancœur. [...] / Le feu rongeant une Cité, / La peste infectant un Esté, / Et la guerre qui tout saccage, / Sont bien à craindre : & toutesfois, / D'une femme l'horrible rage, / L'est encores plus mille fois. / Comme une Menade troublee, / Hûlant d'une voix redoublee, / Faict, iure, mille ardans efforts, / Des pieds, des mains, de tout le corps, [...] », (*ibid.*, p. 35-36).

mais aussi Jocaste[3], Didon[4] et bien d'autres. La ménade, dès lors, devient le dénominateur commun à tous les types de folies féminines : même Médée ou Phèdre se « ménadisent » en entrant dans le *furor*. Or du point de vue étymologique, le terme de « ménade » ne connaît pas d'équivalent au masculin et l'origine du mot associe intrinsèquement la féminité et la folie : si le verbe μαίνομαι, « délirer, être furieux·se », est utilisé pour prédiquer des sujets féminins ou masculins, son dérivé μαινάδες est en revanche exclusivement féminin. En d'autres termes, il est possible de définir les ménades comme des femmes folles d'une folie furieuse fondamentalement féminine.

En effet, dans la mythologie gréco-latine, les ménades sont d'abord les nymphes, recueillant l'enfant-Dionysos. C'est lui qui leur inspire une folie mystique et enivrante qui, de mères adoptives, les fait passer au statut de femmes déchaînées, laissant libre cours à leurs pulsions sexuelles destructrices. Ce sont donc des figures « enthousiastes », furieuses, violentes, qui se dénudent dans leur délire. Elles massacrent et dévorent les voyageurs qui se refusent à elles et sont notamment célèbres pour le démembrement d'Orphée à son retour des Enfers. La tradition les désigne également sous le nom de « bacchantes[5] », quoiqu'à l'origine, les bacchantes, contrairement aux ménades, soient de simples mortelles subjuguées à leur tour par la transe dionysiaque, et reproduisant par « contamination » les comportements des ménades de la première génération. C'est là précisément tout l'enjeu qui inquiète les auteurs antiques et renaissants : le « ménadisme » serait contagieux

3 « Elle court furieuse, ainsi qu'une Menade / Court au mont Cithéron, de son esprit malade », R. Garnier, *Antigone ou la Pieté, tragedie de Rob. Garnier, conseiller du Roy, et de Monseigneur frere unique de sa Majeste, lieutenant general Criminel au siege Presidial et Senechaussee du Mayne*, À Paris, Par Mamert Patisson Imprimeur du Roy, au logis de Robert Estienne, 1580, Acte II, f. 10 v.

4 « Quoy ! t'esmerveilles-tu, si ma juste fureur, / Ô parjure cruel, remplit mes mots d'horreur ? / Et qu'outre mon devoir, deçà delà courante, / Il semble que je face à Thebes la Bacchante, / Qui sentant arriver les jours Trieteriques, / Fait forcener ses sens sous les erreurs Bacchiques ? », É. Jodelle, *Œuvres complètes*. É. Balmas (éd.), Paris, Gallimard, 1968, t. 2, *Didon se sacrifiant* [1573], Acte II, p. 163.

5 F. Dobby-Poirson relève également tous les sens associés au verbe latin *bacchari*, lié au délire dionysiaque : « Le terme désigne aussi, par métaphore, les mouvements déréglés du possédé, et en particulier l'action d'errer, de "courir follement". Il renvoie enfin à tous les transports d'une passion violente, d'une "fureur" qui mène au bord de la folie », F. Dobby-Poirson, « La figure de la Bacchante dans la tragédie humaniste française », *Seizième Siècle*, vol. 6, nº 1, 2010, p. 63-76 (p. 64).

et toutes les femmes risqueraient d'y succomber, précisément parce qu'elles auraient *en elles* cette folie latente. Or cette folie est avant tout *lubrique*, c'est-à-dire à la fois liée à un désir excessif (ou jaloux) mais aussi inconvenante dans ses manifestations. Dans l'Antiquité et à la Renaissance, l'expression publique de cette folie lubrique est courante, quoiqu'encadrée : c'est notamment le cas lors des fêtes populaires des bacchanales, puis du carnaval. Les mœurs changent néanmoins au tournant du XVIIe siècle. À une époque où l'invention de la pudeur[6] entraîne une restructuration des conventions sociales, l'apparition de nouvelles ménades, ne serait-ce qu'en représentation, semble s'opposer frontalement au dessein politique qui sous-tend la mise en ordre de la sphère publique[7] alors en pleine édification : il n'est désormais plus possible de montrer sur scène des femmes « nues ou à peine voilées, exécutant une danse violente », dont la « possession divine engendrant le délire » se manifeste par des « cris, courses et danses effrénées » se faisant « au mépris de toute pudeur[8] ». La conclusion de Florence Dobby-Poirson condamne ainsi irrévocablement la figure de la ménade à disparaître des représentations théâtrales au tournant des années 1610, comme si ces femmes désirantes, impudiques et folles étaient laissées sur le seuil de « l'âge classique[9] ».

Il s'agira dès lors de se demander pourquoi ces porteuses de « désordre social et moral[10] » ont été à la fois *refoulées* dans d'autres types de corpus et *obscénisées*[11] aux yeux du public. Pour ce faire et pour prolonger l'approche initiée par Florence Dobby-Poirson, il est possible d'envisager trois hypothèses, d'ailleurs non antithétiques.

6 Voir à ce propos D. Brancher, *Équivoques de la pudeur. Fabrique d'une passion à la Renaissance*, Genève, Droz, « Travaux d'Humanisme et Renaissance », n° 543, 2015.

7 Sur l'apparition du public au XVIIe siècle, voir H. Merlin-Kajman, *Public et littérature en France au XVIIe siècle*, Paris, Les Belles Lettres, « Histoire », n° 29, 1994.

8 F. Dobby-Poirson, *op. cit.*, p. 64.

9 *Ibid.*, p. 76 : « [...] le "forcènement" verbal et gestuel, ainsi que la réputation d'immoralité attachée aux Bacchantes, contreviennent aux bienséances. Il n'est donc pas surprenant que, si la Médée de Corneille reste hantée par les Furies, l'auteur ne fasse plus aucune allusion aux Bacchantes, ni que, dans la *Thébaïde* de Racine, Jocaste entre et sorte de scène sans précipitation aucune. La figure dramatique de la Ménade, relevant d'une esthétique de la fureur née avec le théâtre de la Renaissance, n'était guère compatible avec l'évolution du goût vers le classicisme. »

10 *Ibid.*, p. 65.

11 Voir à ce propos J.-C. Abramovici, *Obscénité et classicisme*, Paris, PUF, « Perspectives littéraires », 2003.

Une première conjecture expliquant cette disparition partielle serait de faire de la ménade une figure redondante de la sorcière, ce qui est on ne peut plus explicite dans les écrits d'un démonologue comme Pierre Le Loyer à l'aube du XVIIe siècle[12]. Le Loyer identifie alors clairement le ménadisme à la sorcellerie contemporaine et ne manque pas d'observer que la plupart des attributs concédés aux sorcières empruntent en effet aux anciens cultes dionysiaques : des femmes se réunissent pour danser et se livrer à des orgies avec des êtres hybrides à pied de boucs, en suivant un maître tout puissant qui inspire leurs pouvoirs, parfois d'ailleurs contre leur volonté[13]. Ce n'est d'ailleurs sans doute pas un hasard si au tournant du XVIIe siècle le satyre – l'équivalent masculin des ménades dans le cortège bachique – connaît aussi une nouvelle jeunesse : la créature hybride continue de poursuivre lubriquement les nymphes dans les textes littéraires comme diables et incubes violent les femmes dans l'imaginaire démonologique de l'époque[14].

Une deuxième hypothèse serait d'envisager l'avenir de la ménade plutôt ailleurs que dans la tragédie où elle est devenue trop voyante dans ses impudicités. Il est ainsi possible de la trouver, quoique sous des formes atténuées[15], dans les romans pastoraux, mais aussi et surtout

12 Voir à ce propos P. Le Loyer, *Discours et histoires des spectres, visions et apparitions des esprits, anges, démons et ames, se monstrans visibles aux hommes*, À Paris, Chez Nicolas Byon, demeurant au mont Sainct Hilaire, à l'enseigne Sainct Claude, 1605, Livre 7, chap. III, « Que l'Antiquité a reconnu des sorciers & des sorcières non différents de marques & de façons de faire de ceux de présent ».

13 Gabriel Naudé dénonce comme abusives les conclusions de Le Loyer sur les liens entre ménadisme et sorcellerie. Il n'en demeure pas moins que les représentations populaires des sorcières ont manifestement repris les anciens attributs des ménades. Voir G. Naudé, *Apologie pour tous les grands hommes qui ont este accusez de magie*, Paris, F. Eschart, 1669 [1625], p. 129-135.

14 « La représentation du diable au sabbat sous la forme d'un bouc est très probablement construite sur une réminiscence des cultes antiques autour de Pan ou Priape : la scène du viol de la nymphe par le satyre, qui figure un fantasme de type sadique, peut ainsi apparaître comme une sorte de matrice de celle de l'accouplement de la sorcière avec le diable », M. Closson, « Le sexe du diable : l'obscénité dans les textes démonologiques », G. Peureux, H. Roberts et L. Wajeman (dir.), *Obscénités renaissantes*, Genève, Droz, « Travaux d'Humanisme et Renaissance », n° 473, 2011, p. 319-334 (p. 321).

15 Charles Sorel par exemple se moque de l'atténuation des attributs ménadiques dans le roman précieux. Le personnage de Lysis, espérant participer à une orgie bachique, trouve particulièrement décevante la manifestation édulcorée qui lui a été servie : « Je trouve neantmoins qu'il y a eu quelque chose de manque en ce triomphe de Bacchus, dit Lysis, vous n'aviez point de faunes ny de satyres, et cependant il y a tousjours à la suite de ce dieu. Toutes ces femmes aussi que vous avez amenees estoient trop modestes pour des

dans des genres plus permissifs comme la poésie libertine satyrique ou lors de moments de liberté carnavalesque comme dans le ballet de cour. Sur la scène publique, Théophile de Viau, Saint-Amant et Boisrobert sont par exemple chargés d'écrire les vers du *Ballet du Roy représentant les Bacchanales* du 26 février 1623[16], tandis qu'en privé ils abordent également la figure de la ménade dans leurs célébrations lyriques hédonistes. Mais en 1623, à la veille du « procès Théophile » et de sa condamnation pour atteinte à « l'honnêteté publique[17] », cette veine libertine essentiellement faite de chansons à boire ne peut guère encore célébrer longtemps les ménades et leurs désirs[18].

Ces deux premières hypothèses vont donc dans le sens d'une relative disparition des ménades dans les premières années du XVIIe siècle, plutôt en lien avec des questions de pudeur : la sorcière qui est le prolongement de la ménade, tout comme le libertin qui la célèbre, sont condamnables pour leurs obscénités. Il demeure néanmoins une troisième hypothèse, la moins évidente sans doute, qui consiste à expliquer cet effacement progressif de la ménade en envisageant précisément le ménadisme sous l'angle de la pathologie libidineuse et du débordement morbide. Car en s'opposant au règne de la pudeur émergente, les bacchantes se confrontent également aux normes de genre de la période et leur héritage semble « semer le trouble » – pour reprendre l'expression de Judith Butler[19] – dans certains traités gynécologiques.

Ainsi, en admettant avec Florence Dobby-Poirson que les ménades se fassent plus rares avec la fin des « bonnes lettres » humanistes, il reste

---

bacchantes ; elles devoient avoir le thyrse, le tambour de biscaye, ou les cymballes en main, et il faloit qu'elles dançassent avec une action furieuse et vehemente » (*Le Berger extravagant, ou, parmy des fantaisies amoureuses, on void les impertinences des Romans et de la Poësie*, À Paris, Chez Toussainct du Bray, ruë S. Jacques aux Espics meurs, 1627, partie 2, livre 11, p. 422).

16 A. Adam, *Théophile de Viau et la libre pensée française en 1620*, Genève, Slatkine Reprints, 2000 [1935], p. 317.

17 Voir M. Rosellini, « Censure et "honnêteté publique" au XVIIe siècle : la fabrique de la pudeur comme émotion publique dans le champ littéraire », *Littératures classiques*, n° 68, vol. 1, 2009, p. 71-88.

18 Voir la communication de D. Foucault, « Bacchus à la table des poètes libertins du XVIIe siècle », *Vins, vignes et vignerons : passages, messages et* métissages. International Wine Symposium of Toulouse'15, Université de Toulouse Jean Jaurès, 3-6 juin 2015. URL : https://hal-univ-tlse2.archives-ouvertes.fr/hal-02085753/document (consulté le 16 mars 2022).

19 Voir à ce propos J. Butler, *Trouble dans le genre. Pour un féminisme de la subversion*, C. Kraus (trad.), Paris, La Découverte, « Sciences humaines et sociales », n° 237, 2005 [1990].

possible de trouver des résurgences très fortes de cette figure dans les traités gynécologiques qui fleurissent en France dans le sillage d'Ambroise Paré. Il s'agit alors de considérer la dégradation de la figure mythologique, désormais réduite à sa seule biologie féminine. Car laissant de côté l'explication démonologique, les épigones de Paré entendent expliquer par des causes physiques, pathologiques, les symptômes autrefois liés au ménadisme, et qui sont dans les années 1580-1630 réassociés avant tout à la matrice. Avec la résurgence du corpus hippocratique à la Renaissance, l'origine de la folie des femmes s'envisage désormais sous le prisme de l'hystérie : dans ce corpus, les effets associés à la « suffocation de la matrice » ou encore aux « fureurs utérines » inquiètent au plus haut point. C'est que la matrice, définie par Platon dans le *Timée* comme un « quasi-animal[20] » (doué d'une volonté autonome et capable de se mouvoir en quête de semence masculine), serait capable d'influencer non seulement la santé physique mais aussi et surtout l'équilibre psychique des femmes. À l'exception notable des écrits de Soranos d'Éphèse, la majorité des traités gynécologiques antiques, d'Hippocrate à Galien en passant bien sûr par Aristote, témoignent du péril qui sommeille en une matrice insatisfaite – ou au contraire, trop bien habituée. Toute incartade dans le juste équilibre des humeurs, tout caprice dans le rythme raisonné des rapports sexuels ou encore toute anomalie dans le cycle menstruel seraient ainsi susceptibles de provoquer d'innombrables maux, parmi lesquels rien de moins qu'une incurable folie ou bien, plus simplement, une mort violente. Au XVIIe siècle, malgré les innovations gynécologiques majeures qui entourent la « renaissance anatomique » initiée par Vésale et ses disciples, un médecin comme André du Laurens met toujours en garde les femmes contre les effets – jugés nocifs pour le cerveau – de leurs « vapeurs » utérines :

> Car on en voit quelques-unes qui entrent en rêverie & content des sornettes & badineries absurdes & hors de tout propos : d'autres perdent tout à fait la parole : aucunes se fâchent & outragent furieusement ceux qui les secourent et assistent, & entrent parfois en telle folie, qu'elles se jettent dans des puits[21] [...].

20 Platon, *Timée – Critias*, L. Brisson (éd.), M. Patillon (trad.), Paris, Garnier Flammarion, « GF », n° 618, 2017 [1992], 91c.

21 A. Du Laurens, *L'Histoire anatomique en laquelle toutes les parties du corps humain sont amplement déclarées enrichie de controverses et observations nouvelles traduit en français par François Sizé*, À Paris, Chez Julien Bertault, 1610, p. 780. – La référence aux puits permet d'affirmer la

Cœur des passions proprement féminines, la matrice nourrit en effet les fantasmes du monde médical qui entoure la nouvelle cour des Bourbons. Jean Liébault, Du Laurens, les Guillemeau père et fils, ou encore Louise Bourgeois y cherchent la clé de la génération tout en déplorant les pathologies qu'elle risque d'entraîner chez certaines patientes, les menant parfois jusqu'aux confins de la folie[22]. Car si les atteintes mentales dépeintes restent en substance les mêmes que dans l'Antiquité, la portée sociale liée à ces affections évolue à mesure que se développent la pudeur et le rejet des obscénités hors de la sphère publique. En cultivant pour les femmes la peur de leur propre sexualité, le corps médical de l'époque, seul détenteur des remèdes, a pu favoriser une puissante injonction au respect des normes patriarcales et ainsi discipliner cette figure de la ménade qui disparaît derrière les pathologies gynécologiques dites « hystériques ».

Aussi les récits des médecins à destination des femmes instillent-ils la peur de tout débordement par l'association des dérèglements humoraux et passionnels. Parmi les nombreux traités évoquant des effets de la folie féminine, le médecin Auguste Courrade décrit les ravages de « la mélancolie, jointe bien souvent avec la fureur hystérique, ou avec un amour forcené[23]. » Dans son chapitre « De l'Amour, fureur de matrice, et mélancolie » il développe le sujet de la sorte :

> La matière qui cause cette impression & principalement aux femmes, c'est quelque humeur retenue ; car lorsque les purgations sont supprimées & qu'elles viennent par adustion à prendre la nature de l'humeur mélancolique, & que la semence se trouve en quantité, alors il se fait de si puissantes effumations au cerveau, que les facultés en étant offensées, il ne se faut étonner de la rêverie qui les fait extravaguer [...]. Dans cette maladie vous verrez les femmes dans une perpétuelle agitation de corps & d'esprit, avec la respiration fréquente & comme oppressé, elles ne feront jamais que parler & ordinairement de choses

filiation hippocratique directe, relevée dans E. Dorlin, *La Matrice de la race. Généalogie sexuelle et coloniale de la Nation française*, Paris, La Découverte, « Poche / Sciences humaines et sociales », 2009, p. 36.

22 É. Berriot-Salvadore a notamment montré tous les enjeux médicaux qui entourent le corps féminin au tournant du XVIIe siècle dans *Un Corps, un destin. La femme dans la médecine de la Renaissance*, Paris, Classiques Garnier, « Études et essais sur la Renaissance » n° 5, 2007 [1993].

23 A. Courrade, *L'Hydre feminine combatue par la Nymphe Pougoise, ou Traité des maladies des femmes guéries par les eaux de Pougues*, À Nevers, Par Jean Millot, Imprimeur & Libraire de son Altesse Serenissime de Mantouë, 1634, p. 6.

> lascives, tantôt elles soupirent, aussi tôt vous les entendrez éclater de rire, & bien souvent après tout, la tristesse se saisit de leur âme qui quelquefois les jette dans le désespoir. D'où vient que les unes s'étranglent, les autres se précipitent. De ce mal étaient atteintes selon ma croyance les vierges milésiennes. Et Mercurial rapporte qu'en certain temps les femmes de Lyon furent si folles qu'elles se jetèrent & noyèrent dans le Rhône & dans la Saône[24].

Ces « vierges milésiennes[25] » se trouvent dès lors démythifiées et renvoyées à leur seule affection mélancolique, c'est-à-dire ici – puisque Courrade fait l'amalgame[26] – au dérèglement de l'utérus, suggérant du même coup que ce *quelque chose* qui risque sans cesse de rendre les femmes folles, c'est précisément leur matrice. Un autre médecin, Jean Liébault, reprend quant à lui les indications hippocratiques et aristotéliciennes, pour évoquer les besoins sexuels irraisonnés de certaines jeunes filles sujettes à la « rétention de l'humeur spermatique » :

> [...] le remède plus assuré selon Hippocrate au livre des affections virginales, est marier telles filles : Et au cas que l'occasion de mariage ne se présente, ou qu'elles soient moniales ou qu'elles aient voué virginité : selon le conseil d'Aristote au livre 7 de son histoire des animaux, faut les garder soigneusement en la maison, & empêcher qu'elles aient familiarité aucune avec les hommes, fussent-ils proches parents : car les filles dit-il, en leur âge de puberté sont fort légères, fort promptes à vanités & menus plaisirs, non encore assez cautes, prudentes, & avisées, ni assez fortes pour se contregarder des assauts amoureux[27] [...].

Il est frappant de constater que mariage et captivité sont les deux seules solutions envisagées médicalement pour éviter les débordements utérins. Surtout, la semence excédentaire *doit* absolument être évacuée selon

24 *Ibid.*, p. 79-81.

25 Courrade mélange vraisemblablement ici deux traditions qu'il est malaisé de démêler : celle de la folie des bacchantes milésiennes et celle héritée de Plutarque qui voudrait que des vierges aient envisagé de se suicider préventivement dès l'annonce de raids gaulois, puis se soient ravisées à l'idée de « voir leur nudité exposée ». Voir D. Brancher, *Équivoques de la pudeur*, *op. cit.*, p. 676.

26 En dépit d'une classification théorique qui les distingue, Courrade, comme plusieurs de ses contemporains dont Liébault ou Du Laurens, décrit des symptômes identiques pour la mélancolie et les affections hystériques. Il est donc difficile de ne pas les confondre en pratique, d'autant que les définitions, contradictoires d'un traité à l'autre, tendent à gommer les différences entre ces deux maladies.

27 J. Liébault, *Trois livres appartenans aux infirmitez et maladies des femmes. Pris du latin de M. Jean Liebaut docteur medecin à Paris, & faicts François*, À Lyon, Par Jean Veyrat à l'enseigne du Vaze d'or, 1598, p. 44.

les conceptions médicales du XVIIe siècle. Elle risque sinon de devenir « comme un venin mortel en notre corps[28] » selon les mots de Liébault ; elle « se tourne en poison[29] » selon Du Laurens. S'il est possible, dès l'adolescence, que cette semence s'évacue d'elle-même par le truchement de pollutions nocturnes en cas de frustrations trop grandes[30], la matrice risque toutefois, en cas de trop grande « envie », de corrompre l'organisme tout entier. C'est ce qui arrive notamment en cas de satyriasis, qui « quand ce mal tourmente les femmes [...] » fait qu'« [elles] sentent en leur partie génitale un prurit, ardeur & douleur accompagné d'un désir intolérable de Vénus, de façon qu'elles sont contraintes de porter souvent les mains aux lieux secrets[31]. »

Quoique plus fréquemment masculine, la « satyriasis » ou maladie des satyres – souvent confondue avec la « nymphomanie » plus spécifiquement féminine et aujourd'hui désignée par l'appellation épicène d'« hypersexualité » – est également bien attestée chez les femmes depuis l'Antiquité[32]. Elle connaît ainsi chez Soranos d'Éphèse un développement particulier :

> Il leur survient une démangeaison intense et douloureuse des parties sexuelles, qui leur fait constamment porter la main à cet endroit. Cela fait naître chez elles un désir irrésistible de rapports sexuels, en même temps qu'un certain dérangement mental qui, en raison de la liaison sympathique des méninges et de la matrice, bouscule en elles toute pudeur[33].

Au-delà de la seule mention du satyre qui donne son nom à la pathologie, le comportement des femmes atteintes de « satyriase » ne peut que rappeler les attributs traditionnels de la ménade. De sorte que chez

28 *Ibid.*, p. 43 : « [...] d'autant que la corruption & pourriture du sperme (qui est d'une substance subtile et delicate) est plus grande que celle du flus menstrual retenu : ains les vapeurs qui en sont esleuee, plus malignes, plus veneneuses, & plus pernicieuses : à sçavoir convulsions, paralysies, manies, strangulations, syncopes, fureurs de matrice, satyriase, [...]. »

29 A. Du Laurens, *op. cit.*, p. 753.

30 « Il advient assez souvent que les jeunes hommes & Damoiselles tant mariées qu'à marier se corrompent en dormant comme s'ils s'ébattaient ensemble. », J. Liébault, *op. cit.*, p. 72.

31 *Ibid.*, p. 89-90.

32 Voir D. Gourevitch, « Women who suffer from a man's disease : the exemple of satyriasis and the debate on affections specific to the sexes », R. Hawle et B Levick (dir.), *Women in Antiquity : New Assessments*, Londres, Routledge, 1995, p. 149-165.

33 Soranos d'Éphèse, *Maladies des femmes. Tome III : Livre III*, P. Burguière, D. Gourevitch et Y. Malinas (trad.), Paris, Les Belles Lettres, « Budé » n° 365, 1994, 17.

un auteur comme Liébault, lecteur de Soranos, la satyriasis féminine entraîne une *transformation* physique des femmes, liée à l'expression de la folie, du goût prononcé pour la danse lascive, à un comportement impudique ainsi qu'à une tentation charnelle irrépressible :

> [...] ains excite les symptômes susditcts : les parties d'alentour la matrice sont pleines de pois assez espois : leurs mamelles sont grosses, endurcies, & rebondies, leur poignent, titilles & demangent : le sein fort plein : sont sanguines, charneu, chaneuses, succulentes, & bien nourries : sont oysiues et libertines : hantent et voyent les compagnies des hommes, esquelles les amourettes se manient : parolles voluptueuses, delicieuses, & lasciuves, s'escoutent : les danses se pourmenent, qui sont les vrayes alumettes des voluptez veneriennes[34].

Aussi les femmes à la libido jugée trop inconvenante sont-elles systématiquement, par recoupement pathognomoniques, jugées atteintes de mélancolie, de fureur utérine ou de satyriasis. Se produisent alors en elles des modifications liées à la pathologie : leur semence se corrompt, leur utérus dévie, leur pilosité se développe. Toutes ces anomalies, précisément, sont ce qui permet à Elsa Dorlin de développer son concept de corps féminins « mutants », à partir des traités médicaux du tournant du XVIIe siècle :

> Pour les médecins, le groupe des femmes « voluptueuses » constitue un vrai problème au regard de leur dispositif physio-pathologique : réputées sanguines, moralement intempérantes et sexuellement entreprenantes, elles dessinent une classe de femmes à part, encombrantes. Leur sexualité publique, débridée, multiple, active ou tout simplement libre induit une disposition morale et physique en contradiction avec l'identité sexuelle assignée communément aux corps féminins. Parce que la prétendue lascivité de ces femmes est perçue comme l'indice d'un « naturel » qui n'est plus tout à fait féminin, tout se passe comme si leur tempérament connaissait une véritable mutation. Elles témoignent d'un type physiognomonique et psychophysiologique particulier, un tempérament chaud, sec et brûlant, un caractère intempérant et entreprenant, comme les complexions corporelles et caractérielles typiquement masculines. La sexualité et la moralité, en particulier des prostituées, constituent les stigmates troublants d'une virilité physiologiques – les appétits et les inclinations morales n'étant que les effets du tempérament. D'où l'idée qu'il s'agit bien d'une véritable mutation : un réchauffement du tempérament froid et humide, entraînant logiquement une modification du corps et des caractères sexués secondaires qui en découlent[35].

34 J. Liébault, *op. cit.*, p. 43-44.
35 E. Dorlin, *op. cit.*, p. 63.

Or ce qu'Elsa Dorlin appelle mutation n'est peut-être finalement qu'un déplacement du côté du médical de ce que le ménadisme impliquait en fait déjà sur la scène tragique. En quittant leur « tempérament », les femmes qu'Elsa Dorlin nomme « mutantes » perdent d'une certaine manière leur féminité pour se rapprocher d'une masculinité imparfaite et monstrueuse, ce qui est précisément la caractéristique première des bacchantes en furie. D'ailleurs, il n'est pas anodin de noter que lorsqu'il s'agit d'insulter une « médisante de l'auteur », un poète comme Jean Auvray n'hésite pas à rapprocher la figure de la ménade de celle de la prostituée[36], qu'Elsa Dorlin considère justement être la figure par excellence de la « mutante » mise à la lisière de la société. Il est dès lors possible d'envisager la pertinence de la ménade comme figure tutélaire de tous ces corps mutants.

Ainsi, tout comme les sorcières ont pu être pourchassées au tournant du XVIIe siècle, ces autres nouvelles ménades que sont les « mutantes » gynécologiques identifiées par Elsa Dorlin sont également la cible d'une obscénisation sociale progressive, intimement corrélée à une volonté rectificatrice de la part des médecins[37]. L'étude des traitements envisagés contre les différentes manifestations gynécologiques qui peuvent être associées au ménadisme est à ce titre significative. Afin d'endiguer la libido féminine, est recommandée la saignée par « la saphène » ou « la malléole droite » : l'objectif est de purger l'excès de passions générées par la matrice. Son efficacité est toutefois douteuse et le médecin Louis de Serres, constatant la gravité d'une pathologie telle que la satyriasis, met en garde ses lectrices contre tout « libertinage

36 « [...] Le nez au vent comme une haquenée, / Les yeux flambants, Bacchante forcenée, / Haute en la main, dédaigneuse en discours, / Fiere, superbe, et portant tous les jours / Tant d'affiquets, de nœuds et de dentelles, / Dessus ton col tout rongé d'escroüelles, / L'on diroit lors qu'il ne reste plus rien / Que tu ne sois une fille de bien, / Et que ton cu, tant tu fais de l'habille / Sois le faux-bourg de quelque bonne ville. », J. Auvray, *Le Banquet des muses, ou Recueil de toutes les Satyres, Panegiriques, Yambes, Mascarades, Epitaphes, Epythalames, Epygrammes, Gayetez, Amourettes, & autres Poëmes Prophanes*, À Rouen, De l'imprimerie de David Ferrand, ruë aux Juifs prés le Palais, 1623, « Contre une Médisante de l'Autheur », p. 335.

37 « Sous la plume des médecins, la fougue subversive des tribades et des masturbatrices est ainsi progressivement neutralisée par la classification pathologique et l'intervention médicale, afin de déposséder définitivement le corps féminin de toute puissance – à commencer par celle sur sa propre sexualité » (E. Dorlin, *op. cit.*, p. 90).

bachique[38] » qui risquerait de provoquer la stérilité et donc leur faire quitter définitivement leur statut de femme. C'est pourquoi, en cas de satyriasis, voire de tribadisme suspecté[39] (c'est-à-dire les pires comportements associés aux ménades parce qu'ils détournent la sexualité de sa soumission forcée à l'impératif de génération), c'est en fait bien souvent un traitement chirurgical qui est envisagé. Sans aller jusqu'à affirmer que l'excision ait été massivement pratiquée au tournant du XVIIe siècle, force est de constater que toute une tradition reprise par Ambroise Paré citant Léon l'Africain[40] n'exclut aucunement de recourir à de telles pratiques[41]. Le chirurgien Jacques Guillemeau[42] annonce ainsi exciser quotidiennement les parties honteuses de femmes jugées *anormales* – l'opération, d'une grande violence, est même décrite en détail par le maître-chirurgien[43]. Qu'il s'agisse d'une véritable pratique ou seulement d'une intimidation contre les « tribades », les femmes de la période n'en sont pas moins menacées dans leur propre corps.

Finalement, même si les références aux ménades se font de plus en plus discrètes, elles n'ont pas tout à fait disparu et certaines occasions permettent encore d'apprécier la force de ces figures renaissantes

---

38 L. de Serres, *Discours de la nature, causes, signes et curation des empeschemens de la conception, et de la stérilité des femmes. Mis en lumiere en faveur des jeunes Dames, ausquelles Dieu ne donne point d'enfans ez premieres années de leur mariage*, À Lyon, Chez Antoine Chard, en rue Merciere, au Sainct Esprit, 1625, p. 306. Au XIXe siècle, Michelet rapporte également que les sorcières reviennent stériles du sabbat : à toutes les époques, lorsque les femmes adoptent un comportement qui implique de ne plus être mères, elles sont stigmatisées comme des monstres.

39 C'est notamment le cas dans l'affaire Marin Le Marcis autrefois analysée par Foucault. Le médecin Riolan entend exciser toute anomalie génitale au tournant des années 1615. Voir à ce propos les développements présentés dans M. Closson, *L'Hermaphrodite de la Renaissance aux Lumières*, Paris, Classiques Garnier, « Masculin/Féminin dans l'Europe moderne Série XVIIIe siècle », n° 1, 2013.

40 Voir A. Paré, « Annexe III – La réponse de 1575 », *Les Œuvres*, Paris, Classiques Garnier, « Textes de la Renaissance », n° 223, 2019, p. 3639-3658.

41 « [...] les indications de Paré paraissent suffisamment précises et informées sur les risques d'une telle opération pour attester que l'excision n'était pas au XVIe siècle une pratique si exceptionnelle en France. » (E. Dorlin, *op. cit.*, p. 75).

42 Ambroise Paré louera Jacques Guillemeau, son disciple et ami. Voir à ce propos A. Paré, « Annexe VI – Les poèmes pour Jacques Guillemeau », *op. cit.*, p. 3663-3666.

43 J. Guillemeau et C. Guillemeau, *De la grossesse et accouchement des femmes ; du gouvernement de celles-ci et moyen de survenir aux accidents qui leur arrivent, ensemble de la nourriture des enfans, par feu Jacques Guillemeau, augmenté de plusieurs maladies secrettes, avec un traité de l'impuissance, par Charles Guillemeau*, À Paris, Chez Abraham Pacard, ruë St Jacques au Sacrifice d'Abraham, 1621, p. 697.

complexes. Lorsqu'en 1651, à l'occasion du carnaval, le jeune Louis XIV danse pour la première fois, dans le *Ballet des fêtes de Bacchus*, il incarne précisément l'une de ces ménades déchirant Orphée[44]. Néanmoins, ce n'est jamais que l'un des rôles dansés par le monarque durant le ballet : après avoir joué différentes figures subversives ou étranges, il endosse ultimement celui d'Apollon, symbolisant dès lors sur scène la fin des troubles. Si les intentions du roi, en pleine période de la Fronde, ne se limitent évidemment pas à la question des représentations féminines, cette mise-en-scène n'en est pas moins représentative de l'injonction d'un retour à l'ordre qui pèse également sur les femmes dans tous les aspects de leur vie, jusqu'aux dimensions les plus intimes de leur corps. Tout débordement d'impudeur, toute manifestation d'une libido jugée anormale et donc toute trace de « folie » hystérique, ce qui faisait la ménade en somme, risque d'être payé d'un bien lourd tribut.

Sacha GRANGEAN
École normale supérieure de Lyon

44 Voir A. Koana, « Le ballet de cour et Louis XIV », *Horizons philosophiques*, vol. 16, n° 1, 2005, p. 101-111.

LE DÉSIR FÉMININ COMME PATHOLOGIE

La *Nymphomanie* du Dr Bienville

La Nymphomanie ou traité de la fureur utérine du Dr Bienville[1] est paru en 1771 à Amsterdam. L'objet principal de l'ouvrage semble de décrire la naissance du désir amoureux chez la jeune fille comme un moment à haut risque, celui de basculer dans « la fureur utérine », maladie décrite par l'auteur dans des termes effrayants, non seulement dans ses effets physiologiques mais aussi psychologiques et sociaux. La malade, aussi impudique qu'immorale, est l'objet d'une stigmatisation qui semblerait sans remède, si le médecin n'entrait en scène pour soutenir une famille accablée par la honte et conduire progressivement la jeune fille, grâce à une hygiène stricte et à différentes médications, à un heureux mariage, donné à la fois comme le moyen et le signe de la complète guérison.

L'ouvrage est très connu et a été l'objet de nombreuses analyses – de Jean-Marie Goulemot, d'Elsa Dorlin et de tant d'autres[2] – qui permettent de replacer ce texte à la fois dans le savoir médical au XVIIIe siècle, mais aussi plus largement dans le processus de « laïcisation » du contrôle de la sexualité, qui ne se fonde plus sur des interdits religieux mais sur des considérations médicales et donc « scientifiques ». Cette évolution historique, loin de mettre fin aux normes morales régissant la sexualité, a contribué à leur renforcement, en particulier en ce qui concerne les femmes : ainsi

---

1 J. D. T. de Bienville, *La Nymphomanie ou traité de la fureur utérine* [1771]. Introduction et notes de Jean-Marie Goulemot, Paris, Le Sycomore, « La boîte de Pandore », 1980. J. D. T. de Bienville (1726-1813) est un pseudonyme : le nom véritable de ce médecin protestant, qui exerça principalement dans les Provinces Unies, est Jean Baptiste Louis de Thesacq.

2 J.-M. Goulemot, « "Prêtons la main à la nature…" II. Fureurs utérines », *Dix-huitième Siècle*, n° 12, 1980, *Représentations de la vie sexuelle*, p. 97-111 ; E. Dorlin, *La Matrice de la race. Généalogie sexuelle et coloniale de la nation française*, Paris, La Découverte / poche, 2009, p. 80-94 (chap. 4, « Fureur et châtiments ») ; C. de Vulpillières, « La nymphomanie des Lumières : regards des médecins et des pornographes sur le désir féminin », *Le corps des Lumières, de la médecine au roman*, M. Delon et J.-C. Abramovici (éd.), Nanterre, *Littérales* n° 20, 1997, p. 143-159.

se développa dans la médecine à partir du XVIe siècle, une pathologisation du désir féminin jugé excessif, désigné comme « fureur utérine ». L'œuvre de Bienville, appelée à un grand succès – elle connut de nombreuses rééditions et des traductions en anglais, allemand et néerlandais[3] – s'écarte néanmoins du stéréotype de la femme lubrique au tempérament chaud, en choisissant de privilégier la figure de la jeune amoureuse ; pour ce faire, il choisit le terme de « nymphomanie[4] » qui tout en étant l'équivalent grec de « fureur utérine » laisse entendre qu'il s'agit d'une maladie qui atteint surtout les jeunes filles, menacées de se métamorphoser en « monstres, malheureusement revêtus d'une figure humaine[5] ». Le médecin apparaît dès lors comme un sauveur, animé pour ses jeunes patientes d'une « tendresse philosophique[6] » qui n'est pas sans ambiguïté…

LA « FUREUR UTÉRINE »

Les traités sur les « maladies des femmes » constituent sous l'Ancien Régime un corpus important d'ouvrages[7] s'inscrivant tous dans la lignée d'Hippocrate ; la femme a un tempérament froid et humide, est molle de nature, et est davantage sujette aux dérèglements des humeurs que l'homme ; l'origine de presque toutes ses maladies se trouve dans

3 Éditions en français : Amsterdam, 1771, 1772, 1778, 1784, 1790 ; Lausanne, 1788 ; Londres, 1789. Traduction en néerlandais : Amsterdam, 1784. Traductions en allemand : Amsterdam-Leipzig, 1772 ; Presbourg, 1782 ; Vienne 1782. Traductions en anglais : Londres, 1775, 1789 (éditions recensées à partir du catalogue en ligne *Worldcat*). Le succès de Bienville se lit surtout dans le nombre d'ouvrages consacrés à la nymphomanie aux XIXe et XXe siècles et à leurs conséquences parfois dramatiques, comme les clitoridectomies.

4 Le mot « nymphomanie » n'est pas une invention de Bienville : on le trouve dans *Le Dictionnaire universel* de Trévoux dès 1721. La plupart des textes médicaux donnent à « nymphe » son sens anatomique et le mot « nymphomanie » serait donc bien l'équivalent grec approximatif de « fureur utérine ». Mais pour le public, le mot ne pouvait que renvoyer à la jeune fille, comme l'atteste, entre autres, le *Dictionnaire portatif de médecine* de Jean-François Lavoisien (Paris, Didot le jeune, 1764) qui en fait un composé des mots grecs, « nymphe », « fille mariée depuis peu, ou jeune mariée » et de « mania », « fureur, folie », et cela malgré le fait que dans la rubrique qui précède, les « nymphes » sont bien données comme « deux productions membraneuses des parties naturelles de la femme ».

5 J. D. T. de Bienville, *op. cit.*, p. 43.

6 *Ibid.*, p. 46. L'expression est utilisée pour désigner les médecins comme Tissot ou lui-même.

7 E. Dorlin, *op. cit.*, p. 34 *sq.*

les déséquilibres et même les déplacements de l'utérus ; présenté comme un animal vorace, cet organe provoque des suffocations, des convulsions, des délires : liées à l'abstinence sexuelle, ces manifestations hystériques touchent principalement les veuves et les jeunes filles, le remède en étant le mariage et parfois la masturbation thérapeutique[8].

Cette présentation très simplifiée – on connaît l'intensité des débats sur la définition même de cette pathologie, qui à partir du XVIIe siècle n'est plus, pour certains médecins, liée à l'utérus, donc à la femme, mais au cerveau[9] – permet néanmoins de distinguer l'hystérie, qui touche les femmes chastes ou contraintes à la chasteté, de la « fureur utérine ». Quasiment inconnue de la médecine antique[10], cette maladie apparaît dans les traités médicaux de la fin du XVIe siècle : Jean Liébault, traducteur en 1598 du médecin italien Giovanni Marinelli, consacre ainsi un chapitre de sa traduction des *Trois livres appartenans aux infirmitez et maladies des femmes*[11] aux « Fureurs de l'amarry » [matrice] : cette « rage et phrenesie furieuse », provoquée par les « vapeurs acres qui montent au cerveau de la matrice embrasée », atteindrait les femmes jeunes et « chaudes de nature », et les conduirait à ne « babiller » que de « choses veneriennes », à prendre plaisir aux « prurits et demangesons des parties honteuses », et à « contenter leurs charnalitez[12] ».

La chaleur de la femme « furieuse » traduit sa dangereuse masculinisation. Jacques Ferrand, dans son *Traicté de l'essence et guerison de l'amour ou de la melancholie érotique* (1612)[13] donne ainsi différents exemples de « metamorphoses de femmes en hommes » constatant qu'il « peut

8 La masturbation était en effet recommandée par Galien pour évacuer les humeurs superflues, et cette thérapeutique de l'hystérie est donc proposée, ou au moins citée, dans la plupart des traités de médecine des XVIe et XVIIe siècles.

9 Parmi les très nombreux ouvrages sur le sujet, voir É. Trillat, *Histoire de l'hystérie*, Paris, Seghers, 1989 et pour notre période, S. Arnaud, *L'Invention de l'hystérie au temps des Lumières, 1670-1820*, Paris, Éditions de l'EHESS, 2014.

10 Bienville s'étonne ainsi du « profond silence » des Anciens sur la « fureur utérine » qu'ils connaissaient pourtant (J. D. T. de Bienville, *op. cit.*, p. 44-45). Dans la médecine antique, la frénésie sexuelle connue sous le nom de « satyriasis » est en effet plutôt l'apanage des hommes, ce qui est davantage conforme à la théorie des humeurs.

11 G. Marinelli, *Trois livres appartenans aux infirmitez et maladies des femmes. Pris du latin de M. Jean Liebaut docteur medecin à Paris, & facts François*, À Lyon, Par Jean Veyrat, à l'enseigne du Vaze d'Or, 1598, Liv. I, chap. XXXIII, (voir aussi liv. II, chap. XLVI, « Fureur utérine » avec la même description).

12 *Ibid.*, p. 95-96.

13 À Tolose, Par la Vefve de Jacques Colomiez, & Raymond Colomiez, Imprimeurs ordinaires du Roy & de l'Université, 1612.

donques arriver, qu'une femme eschauffée d'une furieuse amour pousse au dehors ses parties génitales qui sont celles de l'homme renversées[14] ». Pourtant, écrit-il, la « complexion chaude et seche » étant « plus encline à aymer », les hommes devraient être plus sujets à la folie amoureuse que les femmes, mais l'amour étant « un mouvement de l'ame revesche à la raison », la femme n'a pas « la raison si forte pour maistriser cette passion[15] ».

Autrement dit, la fureur utérine a deux causes nullement incompatibles : un défaut de la raison propre à la femme, ou un tempérament chaud. C'est ainsi que se crée un archétype de la nymphomane, celui d'une jeune brune, pubère dès onze ou douze ans, et à la santé éclatante ; « la chaleur de son tempérament », explique Nicolas Venette dans son *Tableau de l'Amour conjugal* (1686), la rend dès lors incapable de résister à cette « fureur » qui la pousse « même à se prostituer au premier venu[16] ». Les remèdes proposés consistent principalement à tenter de refroidir cette anomalie du tempérament féminin[17] par des bains froids, mais aussi à « reféminiser » la malade par la maternité : lorsque la jeune fille « devient grosse, tout se calme chez elle, et ses parties amoureuses sont alors comme assouvies[18] ».

La fureur utérine entre donc, au cours des XVIIe et XVIIIe siècles dans la nosographie des maladies féminines et fait même l'objet de différents traités spécifiques en grec et latin[19], s'adressant donc à un cercle étroit. Mais l'important article de *L'Encyclopédie*[20], qui définit la « Fureur utérine » dans la première édition de 1757 comme « une espèce de délire attribué par cette dénomination aux seules personnes du sexe, qu'un appétit vénérien démesuré porte violemment à se satisfaire, à chercher

14 *Ibid.*, p. 13-16.

15 *Ibid.*, p. 113-114.

16 N. Venette, *La Génération de l'homme, ou tableau de l'amour conjugal*, Londres, [1702], 1771, t. 1, part. II, chap. IV, p. 197-207, « Quel tempérament doit avoir une Femme pour être fort amoureuse ». Le même portrait d'une jeune fille brune, poilue, pleine de santé et de jeunesse, sera repris pendant tout le XVIIIe siècle, par Buffon entre autres, dans son *Histoire naturelle* (« De la puberté » dans la section « De l'homme »). Voir E. Dorlin, *op. cit.*, p. 81-86.

17 Cette caractéristique est aussi attribuée aux Africaines, voir E. Dorlin, *op. cit.*, p. 70-73.

18 N. Venette, *op. cit.*, t. 1, p. 201.

19 Voir la « bibliographie succincte relative à la nymphomanie » de T. Tarczylo dans *Sexe et liberté au siècle des Lumières*, Paris, Presses de la Renaissance, 1983, p. 299-300.

20 Pour la fureur utérine, voir aussi l'article « mariage » rédigé par le médecin Nicolas Ménuret de Chambaud.

sans pudeur les moyens de parvenir à ce but », montre que le sujet est désormais entré dans l'espace public.

La Nymphomanie de Bienville paraît par ailleurs une dizaine d'années après l'immense succès de *l'Onanisme* (1760)[21] de Tissot, à qui on doit d'avoir fait de la masturbation[22] l'origine de tous les maux du corps comme de l'esprit ; elle provoquerait des difficultés respiratoires, des migraines, des prurits sur tout le corps, des tumeurs, des diarrhées, de l'incontinence urinaire, et ferait perdre la raison aux malades :

> [...] presque tous deviennent hypocondriaques ou hystériques, et sont accablés de tous les accidents qui accompagnent ces fâcheuses maladies, tristesse, soupirs, larmes, palpitations, suffocations, défaillances[23].

Tissot reprend ici la distinction traditionnelle entre hystérie féminine et hypocondrie masculine, mais les symptômes en sont clairement féminins. Autrement dit, la masturbation conduit, elle aussi, à une forme d'inversion des sexes ; elle efféminé les hommes allant jusqu'à les rendre stériles et impuissants, et masculinise les femmes, non seulement en faisant de certaines d'entre elles des tribades[24], mais surtout en provoquant la « fureur utérine[25] », dont Tissot décrit en termes dramatiques le fatal processus :

---

21 S.-A. Tissot, *L'Onanisme* [1760], Paris, Éditions de la différence, 1991.

22 Jusqu'à la parution anonyme de *Onania or The Heinous Sin of Self-Pollution, and all its Frightful Consequences in Both Sexes* à Londres vers 1710, la médecine n'évoquait que fort peu la masturbation sauf à titre thérapeutique pour l'évacuation des humeurs corrompues et paradoxalement Tissot lui-même semble la conseiller comme remède aux crises hystériques (*L'Onanisme*, *op. cit.*, p. 174-175). Pour l'histoire de cette « invention », voir J. Stengers et A. Van Neck, *Histoire d'une grande peur : la masturbation*, Bruxelles, Éditions de l'Université de Bruxelles, 1984, et T. Laqueur, *Le Sexe en solitaire : contribution à l'histoire culturelle de la sexualité*, Pierre-Emmanuel Dauzat (trad.), Paris, Gallimard, 2005. Pour R. Muchembled, le phénomène peut se lire comme une tentative de « substituer le seul plaisir vaginal à toutes les autres tentations », la « peinture tragique des souffrances du masturbateur pren[ant] le relais des anciennes descriptions réalistes des tourments infernaux », *L'Orgasme et l'Occident. Une histoire du plaisir du XVIe siècle à nos jours*, Paris, Points-Seuil, 2005, p. 201-202. Rappelons que la masturbation au XIXe siècle sera donnée comme une cause majeure de la démence.

23 S.-A. Tissot, *op. cit.*, p. 42.

24 *Ibid.*, p. 66.

25 Cette description provient probablement de l'*Onania* qui propose le récit dramatique d'une jeune fille se masturbant depuis l'âge de quatorze ans, saisie à dix-neuf ans de fureur utérine et qui meurt dans un état de délire à vingt-trois ans ; son autopsie permet de découvrir un clitoris démesuré. Voir *Onania or the heinous sins of self-pollution*, [15e éd.], Londres, J. Ested, 1730, p. 161-162.

> Outre tous les symptômes que j'ai déjà rapportés, les femmes sont plus particulièrement exposées à des accès d'hystérie ou de vapeurs affreux, à des jaunisses incurables ; à des crampes cruelles de l'estomac et du dos ; à de vives douleurs de nez ; à des pertes blanches, dont l'âcreté est une source continuelle de douleurs les plus cuisantes ; à des chutes, à des ulcérations de matrice, et à toutes les infirmités que ces deux maux entraînent ; à des prolongements et à des dartres du clitoris ; à des fureurs utérines, qui leur enlevant à la fois la pudeur et la raison, les mettent au niveau des brutes les plus lascives, jusqu'à ce qu'une mort désespérée les arrache aux douleurs et à l'infamie[26].

Ce passage pourrait résumer *La Nymphomanie*, qui est, d'une certaine façon le pendant féminin de *L'Onanisme*, Tissot n'ayant accordé qu'une place mineure aux femmes dans son ouvrage[27]. Mais le projet de Bienville ne s'arrête pas là : certes, la masturbation joue un rôle dans la nymphomanie, mais cette cause mécanique n'est que seconde ; c'est le désir féminin, qui naît dans « l'imagination[28] » de la jeune fille, qui serait à l'origine de sa dégradation physique et mentale. À l'instar de Tissot, Bienville invente donc une nouvelle « maladie » qui prend sa source, comme la masturbation, dans un phénomène aussi universel que banal, le désir amoureux, qui ferait ainsi de toute femme une Messaline en puissance.

L'INVENTION DE LA « NYMPHOMANIE »

Bienville signale à plusieurs reprises son ambition de rivaliser avec son collègue suisse[29], qu'il présente comme un modèle en particulier pour

26 S.-A. Tissot, *op. cit.*, p. 61-62.

27 Tissot avait pourtant écrit que « le mal paraît même avoir plus d'activité chez les femmes que chez les hommes » (*L'Onanisme*, *op. cit.*, p. 61), mais il ne présente que peu de cas de femmes masturbatrices (environ 10 %).

28 J. D. T. de Bienville, *op. cit.*, « Observations sur l'imagination par rapport à la nymphomanie », p. 103 *sq.*

29 Tissot et Bienville sont l'un et l'autre des médecins « modernes » qui cherchent à atteindre un vaste public et à imposer leurs vues sur des sujets d'actualité ; on connait ainsi quatre autres œuvres de Bienville : *Le pour et le contre de l'inoculation* (s. d), *Recherches théoriques et pratiques sur la petite vérole* (1772), *Traité des erreurs populaires sur la santé* (1775), *Réflexions importantes sur les abus de la Saignée* (1781).

ses « images vraies et effrayantes[30] » qui, par la peur qu'elles inspirent, détournent les jeunes gens de pratiques si dangereuses pour leur santé. À son tour, il se donne pour mission d'éclairer le public et de faire naître, par un « effrayant tableau[31] », une peur salutaire chez les potentielles malades. S'il adresse son ouvrage avant tout aux parents et aux éducateurs, il souhaite que son livre tombe par accident aux mains d'une jeune fille, qui ne pourra alors que « gémir sur l'assemblage prodigieux des imperfections auxquelles son sexe est sujet, et sur les causes infiniment multipliées de son dérangement et de son entière destruction[32] ».

La nymphomanie est en effet due à « la faiblesse du sexe » dans sa « construction organique » et à « la nature des fibres et des muscles qui joue le principal rôle dans les accidents de la matrice[33] ». En un mot, elle est inscrite dans la nature féminine et ne dépend plus du tempérament : chez les femmes, le « feu de la lubricité » ne « connaît point la différence des climats ni des constitutions mais brûle partout et en tout avec le dernier excès[34] ».

Si elle atteint les femmes débauchées, les jeunes veuves, les femmes mariées à un « tempérament faible », elle est avant tout la maladie des « jeunes filles nubiles dont le cœur prématuré pour l'amour a parlé en faveur d'un jeune homme dont elles sont devenues éperdument amoureuses ». Bienville se focalise donc sur la naissance du désir chez l'adolescente, situation perçue comme à haut risque dans nombre de sociétés traditionnelles et que le médecin transforme en maladie mortelle : la jeune amoureuse est ainsi une « malade » qui « a un pied dans la tombe sans se douter du danger[35] ».

La maladie progresse en trois étapes : « commençante », la raison n'est pas atteinte et la malade parvient à résister grâce aux « principes d'une bonne éducation » ; « confirmée », le « délire mélancolique » survient lorsque la jeune fille « peut se dire à elle-même que rien n'est si beau et si doux que d'obéir aux amoureux désirs[36] » ; « désespérée », la malade est alors saisie d'une fureur maniaque, avec grossissement du

30 J. D. T. de Bienville, *op. cit.*, p. 26.
31 *Ibid.*, p. 33.
32 *Ibid.*, p. 27.
33 *Ibid.*, p. 29.
34 *Ibid.*, p. 44.
35 *Ibid.*, p. 39-40.
36 *Ibid.*, p. 58-59.

clitoris et des ovaires, et dégradation physique et mentale de plus en plus monstrueuse ; elle porte son dévolu sur tous les hommes, même les « plus ignobles » et se métamorphose en bacchante : « Si on leur résiste elles se jettent sur vous avec fureur, vous frappent et vous déchirent[37] » ! Le pronostic est alors des plus sombres :

> Il n'y a plus d'espérance de rappeler la malade à aucun principe d'honnêteté, puisqu'elle n'est plus susceptible de raisonnement : d'ailleurs toutes les parties organiques sont dévorées d'abcès et d'ulcères incurables. La matrice et même les ovaires sont souvent cancérés à la suite des squirrhes [tumeurs], il ne reste plus d'autre ressource que la mort ; trop heureuses quand, au lieu de la fureur, elles tombent dans une démence et une imbécillité insensibles[38].

Masturbation et fureur utérine fonctionnent de concert ; la jeune fille est certes d'abord atteinte dans son « imagination » lorsqu'elle projette son désir sur un homme, mais ce qui fait passer la maladie du deuxième au troisième stade est la masturbation. Bienville reprend alors les effrayantes descriptions de l'ouvrage de Tissot, pour mettre en garde contre les dangers tant physiques que moraux de cette « habitude criminelle ». Mais, ce « libertinage secret[39] », qui certes n'échappe pas à l'œil expert du médecin, ne compromet pas encore l'honneur familial, à la différence du stade ultime de cette « maladie honteuse et horrible, qui couvre d'opprobre et d'infamie non seulement la personne qui en est attaquée mais aussi les parents qui ont eu le malheur de lui donner le jour[40] ».

La nymphomanie est donc un « malheur » qui atteint paradoxalement les familles les plus honorables, et les jeunes filles les mieux éduquées. Il est d'autant plus impossible d'y échapper que l'une des causes en est justement l'éducation « honnête et ordinaire » qu'on leur donne ; en effet, la « retenue » et la « décence » imposées aux jeunes filles se révèlent un facteur d'excitation, de propension à la maladie ; « l'ignorance dans laquelle on élève les jeunes personnes » échauffe leur « imagination » et entraîne un « ravage dangereux dans les parties qui sont le siège de ces

37 *Ibid.*, p. 64-65.

38 *Ibid.*, p. 71. Bienville semble attribuer à la nymphomanie toutes les pathologies de l'appareil génital féminin. Comme Tissot, il invente un principe d'explication qui rend d'une certaine façon la malade responsable de son état.

39 *Ibid.*, p. 83.

40 *Ibid.*, p. 70.

besoins[41] ». Bienville constate ainsi que l'interdit nourrit le désir, mais cela ne l'empêche pas de justifier cet « ordre nécessaire et avantageux » qui établit « les droits et les limites convenables à chaque sexe[42] ».

Quelques années plus tard en 1785, Chambon de Montaux[43], dans son chapitre sur « la fureur utérine ou nymphomanie », revient sur la situation sans issue de la femme : prise entre « la nature et les institutions civiles », sa vie « n'est qu'une suite de contrariétés physiques et morales » : si elle est d'une « organisation faible », elle n'aura ni plaisir ni souffrance, mais, si elle est « forte », elle éprouvera un « désir violent des jouissances de l'amour » ; or, si elle ose « se livre[r] à l'empire des sens qui subjuguent sa raison, le monde la punit par l'ignominie et le mépris[44] ». Cette tension entre les impératifs d'une nature en quête de jouissance, et la place désexualisée que la société impose à la femme est donc reconnue par les médecins comme une cause essentielle de la nymphomanie, qui est une révolte du corps contre les règles de pudeur définies par les hommes. Face au désir masculin qui est la norme, le désir féminin est folie.

Pire encore, par un mécanisme donné comme physiologique – et inscrit dans la matrice – la résistance morale ne peut qu'accélérer la maladie :

> Ce triomphe sur la volupté ne peut être d'une longue durée ; en multipliant ses victoires sur ses sens, elle accélère l'instant de sa défaite. Le séjour de la semence dans les organes qui en avoient fait la sécrétion, donne une nouvelle énergie à ce fluide. [...] C'est surtout sur les facultés intellectuelles qu'il porte son action ; et pendant qu'il les asservit sous l'empire des sens, il tourmente les viscères par un orage que rien ne peut apaiser. Quelquefois il occasionne des fièvres ardentes, et termine ses ravages par la mort[45].

La nymphomanie menace dès lors toutes les jeunes filles de bonne famille[46] ! Le seul moyen de les en protéger, puisque les principes

41 *Ibid.*, p. 105-106.

42 *Ibid.*, p. 105.

43 Nicolas Chambon, dit de Montaux (1748-1826), est l'auteur de plusieurs ouvrages médicaux consacrés aux femmes : *Des maladies des femmes* (1784), *Des maladies des filles*, pour servir de suite aux *Maladies des femmes* (1785), enfin *Des maladies de la grossesse*, pour compléter *l'Histoire des maladies des femmes et des filles*, par le même auteur (1785).

44 N. Chambon de Montaux, *Des maladies des filles*, Paris, rue et hôtel Serpente, 1785, t. 2, chap. XXXVII « De la fureur utérine ou nymphomanie », p. 249-250.

45 *Ibid.*, p. 225-226.

46 Onanisme et nymphomanie sont réservés à l'élite sociale ; « les pâles couleurs des passions érotiques, dont MM Tissot et Bienville ont si énergiquement peint les effrayans et funestes effets, [...] sont presqu'inconnus aux robustes, plus libres, moins sensibles,

moraux ne sauraient étouffer « le cri de la nature[47] » est de faire appel au seul expert : le médecin. Bienville propose en effet des remèdes, selon les étapes et les causes de la maladie : purgations, saignées, régimes, bains, pessaires imbibés d'eau dans les parties intimes, potions diverses dont il donne à la fin de son ouvrage les formules détaillées ; seul un régime « humectant, sobre et rafraichissant[48] » est à même d'éteindre les ardeurs de l'amour. Mais il faut aussi éloigner la malade « des objets qui pourraient rallumer ses feux » : « la lecture d'un roman, un tableau voluptueux, une chanson luxurieuse, les propos et les caresses d'un homme séduisant[49] ». Chambon de Montaux va jusqu'à inviter les parents à se tenir pudiquement devant leurs enfants, et à ne jamais parler d'amour : certes, ajoute-t-il, « il n'y a plus guère de différence entre la vie des mères de famille et les occupations du cloître », mais le devoir d'une mère n'est-il pas de « former les citoyens à la vertu[50] » ?

Le discours médical prend donc le relais du discours religieux, pour imposer un refoulement de la pulsion sexuelle, qu'il reconnaît pourtant comme inévitable ; les ouvrages de Tissot, pour les deux sexes, de Bienville, pour les jeunes filles, et de tous leurs épigones, de plus en plus nombreux à la fin du XVIIIe siècle et triomphants au XIXe siècle, transforment les peines de l'enfer et de l'au-delà, en horribles maladies ici-bas. Pour rendre leur mise en garde efficace, ils utilisent un procédé de dramatisation proprement littéraire, les récits de cas présentés comme des « antidotes » à leurs éventuels jeunes lecteurs et lectrices et à leurs familles. Aussi Bienville, dont on sait qu'il condamne la lecture des romans comme propres à enflammer l'imagination, recourt pourtant à ce qu'Alexandre Wenger appelle les « fictions médicales[51] », sous-genre romanesque de la seconde moitié du XVIIIe siècle, qui appartient autant à la littérature sentimentale que pornographique, et qui met en scène un médecin et sa patiente.

---

et moins sensuelles campagnardes », écrit ainsi J.-A. Venel, dans son *Essai sur la santé et l'éducation médicinale des filles destinées au mariage*, Yverdon, Société littéraire et typographique, 1776, p. 159.

47 S.-A. Tissot, *op. cit.*, p. 105.

48 *Ibid.*, p. 63.

49 *Ibid.*, p. 63.

50 N. Chambon de Montaux, *op. cit.*, Chap. XXXII « De la masturbation », p. 91-92.

51 A. Wenger, *La Fibre littéraire : le discours médical sur la lecture au XVIIIe siècle*, Genève, Droz, « Bibliothèque des Lumières », 2007, p. 247 *sq.*

LE MÉDECIN ET LA NYMPHOMANE

Loin de multiplier les cas qu'il aurait pu rencontrer, Bienville propose trois récits qui font chacun plusieurs pages : deux des trois héroïnes retrouvent le bonheur et la santé grâce au traitement proposé par les médecins. Dans la première histoire, Lucile[52], jeune fille de seize ans qui a assisté à une scène érotique entre deux domestiques, s'enflamme pour les hommes qu'elle rencontre puis sombre dans une mélancolie favorisée par la lecture de romans licencieux, comme *Le Paysan parvenu* de Marivaux. Elle se cache dans les bosquets pour se masturber : « Bientôt ses lèvres devinrent livides, les yeux enfoncés et hagards, son teint pâle et défiguré : joint à tout cela une maigreur affreuse[53] » ; elle est sauvée par un jeune médecin, qui décide de laisser s'écouler le flux de sang qu'elle avait dans la matrice. Lucile fait alors un mariage selon son « goût » et est entièrement rétablie.

Dans le second récit[54], Bienville intervient pour un cas désespéré, Éléonore de ***, une jeune fille qu'il a connue autrefois et dont il apprend qu'elle est « nymphomaniaque au dernier degré », plusieurs « gentilhommes du voisinage ayant échappé avec peine à ces accès de fureur ». Devenue pour ses parents « un fardeau au-dessus de leur tendresse et de leurs soins », elle est enfermée depuis deux ans dans une maison de force à Tours, tenue par des religieuses ; Bienville se révolte, bien avant Pinel, contre le traitement qu'elle y subit et qui loin de guérir la folie chez les internés ne fait que l'aggraver « jusqu'à ce qu'un épuisement total les jette dans l'imbécillité ». Pour sauver cette « infortunée », il se rend donc chez les religieuses, et l'affreuse vision d'Éléonore accroupie couverte d'excréments dans un coin de son cachot est l'occasion d'une diatribe enflammée contre l'amour, que n'aurait pas reniée un prédicateur :

> O fatal amour ! Passion véritablement infernale, tu es bien plus inhumain que ces filles qui la maltraitent sans cesse, tu es bien plus horrible que ce cachot affreux et puant ; tu es plus vil que cette nourriture malpropre qu'on lui sert ; tu es mille fois plus impur que cette paille pourrie et infectée qui

52 S.-A. Tissot, *op. cit.*, p. 71-77.
53 *Ibid.*, p. 76.
54 *Ibid.*, p. 90-102.

> lui tient de lit. Voilà donc barbare la volupté que tu promets c'est donc là le terme de ta mollesse et le comble de tes délices ! Ô ! trop infortunée Éléonore ! Puisse votre exemple servir de leçon à vos semblables ! Puisse cette triste et désolante image changer les gouttes brûlant de sang qui coulent dans leurs veines en des molécules de glace inaccessibles[55].

Bienville emmène dans sa demeure une malade qui n'a plus grand-chose d'humain, qui crie, mord, crache, grince des dents. Il lui a préparé une chambre et une surveillance permanente avec trois gardes, et lui fait entamer une « cure » qui commence le 12 mai 1761, dont il donne tous les détails et les formules ; une camisole qui empêche la malade de toucher ses parties intimes, un sommier de crin, des bains, des saignées, des injections dans le vagin pour soigner un ulcère et des dartres sur le clitoris, une nourriture principalement constituée de viandes blanches et de laitage. La malade devient de plus en plus calme jusqu'à ce que le 22 octobre, elle se réveille sur ces mots, « Où suis-je donc ? », comme sortant d'un songe. Sauvée par le traitement de Bienville, Éléonore, mariée avec « un jeune homme dont elle fait les délices », « passe encore aujourd'hui pour la plus belle et la plus honnête femme de sa province ».

Cet heureux dénouement, qui est aussi un exercice d'autopromotion des méthodes de Bienville, ne se répétera pas pour la troisième héroïne, Julie[56]. Cette jeune fille d'une famille riche et noble est corrompue par une « femme de chambre » qui lui propose de lire les livres « les plus tendres, les plus lascifs et les plus voluptueux » puis l'initie à la masturbation. Ses parents refusent par « avarice » la demande en mariage du jeune homme qu'elle aime, Saint-Albin. Elle sombre dès lors dans la mélancolie puis dans un délire maniaque lui faisant « tenir des discours et faire des gestes d'une lubricité furieuse ». Le médecin, « ayant fait une étude particulière sur la nymphomanie », conseille aux parents d'accepter le mariage, ce qu'ils refusent. L'état de Julie s'aggrave encore et les convainc « d'éloigner de leurs yeux cet objet de honte, capable sans doute de leur reprocher à chaque instant et leur imprudence et leur inhumanité » ; ils la font « transporter dans un couvent pour subir le sort des folles ». Le médecin ne l'oublie pourtant pas et lui prescrit un régime et des remèdes qui lui redonnent « insensiblement l'usage de la raison ». Ses parents la reprennent ; elle découvre alors que sa sœur

55 *Ibid.*, p. 95.
56 *Ibid.*, p. 107-116.

s'est brillamment mariée, et retombe dans son ancienne furie, ce qui la fait renvoyer derechef dans son « affreuse retraite » où « après quelque temps, sa fureur maniaque se changea en imbécillité ». C'est là que Bienville l'a vue, « sans aucun espoir de guérison ».

À l'arrière-plan de ces récits qui pourraient apparaître comme des ébauches de roman, et même de roman noir avec ces folles dont les familles se débarrassent et qui disparaissent dans les basses-fosses des couvents, se lit néanmoins la conviction qu'un bon médecin pourrait sauver toutes ces jeunes filles… et peut-être même devenir leur mari ; l'ouvrage de Bienville s'achève en effet sur une anecdote, celle d'un homme de l'art, qui après avoir soigné une jeune nymphomane, d'abord par des remèdes physiques puis en attaquant son « imagination », l'épouse, ce qui lui permet ainsi d'accéder à « une fortune bien au-delà de ses espérances et de ses prétentions[57] ». Cet épilogue était annoncé par les termes dans lesquels l'auteur décrivait la relation que le médecin devait entretenir avec la malade :

> Il ne lui fera pas voir combien il la pénètre, parce qu'elle pourrait se rebuter […]. Il la sondera avec autant de douceur que d'adresse ; il fera en un mot son possible pour gagner son cœur, et se rendre maître de tous ses secrets[58].

Ainsi, à l'arrière-plan de ces récits, et de l'ouvrage tout entier, se trouve un couple imaginaire, celui de la nymphomane et du médecin ainsi que le fantasme d'un contrôle absolu de la vie sexuelle féminine ; le traité du docteur Bienville propose, sous ses aspects bienveillants, un programme destiné à faire de la femme un être entièrement soumis à des règles d'hygiène physique et mentale, sous le regard de l'expert : une telle intrusion dans l'intimité des femmes trouve sa justification dans la menace mortelle qui pèse sur elles.

La Nymphomanie de Bienville présente donc bien le désir féminin comme une pathologie ; la passion amoureuse, cette matière de tant de romans, est le signe d'un dérangement mental, d'une folie dangereuse, qui détruit physiquement et moralement sa victime[59]. Mais dans le même

57 *Ibid.*, p. 116-117.

58 *Ibid.*, p. 69.

59 Cette idée n'est pas absolument nouvelle ; lorsque dans l'*Émile*, Sophie rêve de rencontrer un homme qui serait « aimable et vertueux » comme Télémaque, elle est dépeinte comme

temps, le médecin se pose en sauveur, proposant donc des remèdes au mal qu'il vient d'exposer, jusqu'à envisager la solution du mari-médecin.

Dans ce traité, se lit donc la prise de pouvoir d'un homme sur un corps de femme, qui n'est pas sans évoquer, dans un tout autre contexte, le couple de la possédée et de l'exorciste dans les grandes affaires de possession diabolique du XVIIe siècle. On retrouve la même situation de domination masculine, avec d'un côté la femme-corps, réduite à ses organes génitaux, sensible, imaginative, passionnée, et de l'autre l'homme de savoir, rationnel, qui a accès à l'intérieur même du corps féminin, d'une façon qu'il présente comme désexualisée. Or, c'est bien là ce que d'une certaine façon, il propose comme idéal dans la sphère privée de la famille nucléaire ; faire de la femme un être sexuellement passif, en la privant de tout désir et de toute initiative amoureuse, soumise non plus aux discours du prêtre, mais de l'homme de science, seul à même de conjurer la folie toujours prête à surgir de la matrice des femmes.

Marianne CLOSSON
Université d'Artois
Textes et cultures (UR 4028)
et SIÉFAR

une « infortunée [...] marchant à pas lents vers la mort, et descendant dans la tombe ». Ce sort funeste lui est néanmoins épargné par l'auteur : « ressuscitons cette aimable fille pour lui donner une imagination moins vive et un destin plus heureux. Je voulais peindre une femme ordinaire ; et à force de lui élever l'âme j'ai troublé sa raison », J. J. Rousseau, *Émile ou de l'éducation* [1762], Paris, Garnier-Flammarion, 1966, livre V, p. 531.

VICTIMES OU FOLLES ?

Les violences sexuelles au prisme du regard de la folie (France, XVIIe-XVIIIe siècle)

User du terme générique de folie ou de démence en lien avec une sexualité marginalisée est relativement répandu dans les sources judiciaires. On constate, en effet, dans les appels interjetés auprès des Parlements qu'une épouse, qu'un père ou qu'un parent demande la libération d'un proche réputé « atteint de folie » ; cette pathologie faisant partie des faits justificatifs qui anéantissent le caractère coupable d'un crime[1], il n'est pas rare que ce motif soit employé et mis en exergue pour obtenir gain de cause. De même, dans les sources des officialités (i. e. les tribunaux ecclésiastiques), il est possible de trouver des membres du clergé accusés de déviances sexuelles ayant une défense judiciaire reposant sur la folie afin d'être sanctionnés moins durement ; ainsi, le promoteur[2] de l'officialité de Châlons-en-Champagne va qualifier de « dément » le curé Cazin à la suite de ses hallucinations et d'un comportement très particulier : il affirme voir des anges et tient des discours avec ces derniers dans une langue incompréhensible si bien que sa vie faite de libertinage ne tombe pas sous le coup de l'accusation[3]. De même, le terme générique de « fou » peut être utilisé pour l'enfermement de celui qui a une vie sexuelle déréglée à l'image du prêtre cambrésien Ignace Barteau dont les agressions sexuelles fréquentes mènent sa mère mais aussi les fidèles à demander à ce qu'il soit placé dans une maison de correction[4].

---

1 *Code criminel de l'empereur Charles V, vulgairement appelé La Caroline : contenant les loix qui sont suivies dans les Jurisdictions criminelles de l'Empire : Et à l'usage des Conseils de Guerre des Troupes Suisses*, Paris, C. Simon, 1734, p. 249 (art. CL), p. 289 (art. CLXXIX) ; voir aussi l'ordonnance criminelle du mois d'août 1670, titre XXVIII, art. 1 : « Des faits justificatifs des accusés. »

2 On appelle « promoteur » celui qui dans les tribunaux ecclésiastiques « requiert pour l'intérêt public, comme le Procureur du Roi dans les Cours Laïques » (Furetière).

3 Archives Départementales [désormais A.D.], Marne, G 938, Cazin, 1782.

4 A. D. Nord, 5G 528, Ignace Barteau, 1786.

En revanche, ce qui est beaucoup moins commun, et qui attire l'attention, à la lecture des sources judiciaires civiles aussi bien qu'ecclésiastiques, c'est la volonté de certains hommes, des agresseurs sexuels et des violeurs (à 97 %), de se dédouaner de leur crime en accusant la victime de démence, de folie ou d'avoir une « conduite de l'esprit malade[5] ». Il ne s'agit pas là de leur seule ligne de défense mais bien souvent d'un ultime coup de poker pour échapper à une accusation de viol et ramener le méfait à un fait de débauche, nécessitant non pas une peine temporelle, éventuellement capitale (puisque le viol était, théoriquement, puni par la mort, notamment si la victime était vierge[6]), mais seulement une peine afflictive, c'est-à-dire une peine « spirituelle » ne relevant pas de la justice séculière. Dans les faits, les rares procès menés pour agression sexuelle retrouvés dans les sources montrent une justice bien plus clémente envers les agresseurs et c'est, finalement, cette dichotomie entre la norme et la pratique qui amène à s'interroger sur le pourquoi de ces accusations de folie envers les victimes et les conséquences pour ces dernières.

LE VIOL, UN CRIME STATISTIQUEMENT FAIBLE

D'un point de vue méthodologique et statistique, les procès instruisant des agressions sexuelles sont rares au sein des archives de l'époque moderne. Si l'on prend le cas du duché-pairie de La Vallière[7] étudié par Fabrice Mauclair, c'est moins de 1 % des plaintes entre 1667 et 1790 ; de même, pour la sénéchaussée criminelle de Lyon, Alexis Bernard en compte 50 entre 1660 et 1760[8]. Les archives des parlements témoignent de 49 requêtes déposées devant le Parlement de Paris entre 1540 et 1692

5 A. D. Marne, 2G 1953, Henry Hauban, 1786.

6 « Lorsque le viol est commis envers une vierge, la peine ne peut jamais être moindre que celle de la mort et cette peine doit même aller jusqu'à celle de la roue si cette vierge n'était point encore nubile » selon Pierre Muyart de Vouglans, *Institutes au droit criminel ou principes généraux sur ces matières*, Paris, Le Breton, 1757, p. 497.

7 F. Mauclair, *La Justice seigneuriale du duché-pairie de La Vallière (1667-1790)*, thèse de doctorat sous la direction de B. Maillard, Université de Tours, 2006, p. 438. URL : https://halshs.archives-ouvertes.fr/tel-00528513/ (consulté le 13 mars 2022).

8 A. Bernard, *Crimes et délits sexuels portés en justice à Lyon entre 1660 et 1760*, mémoire de maîtrise dactylographié sous la direction de F. Bayard, Université Lumière Lyon 2, 1993.

ou de 18, au XVIIIe siècle, pour le Parlement de Flandres. De même, j'ai relevé sept plaintes pour viol entre 1500 et 1789 au sein des sources de six officialités septentrionales. Ces chiffres, qui sont loin de refléter la criminalité réelle, révèlent l'ambivalence de la notion même de viol durant la période. Le crime existe et il est punissable mais sa sémantique est problématique. En effet, rien que le vocable « viol » apparaît peu dans les sources et les traités juridiques ne semblent pas avoir une définition bien établie de ce crime ; de plus, jusqu'à la fin du XVIIIe siècle, on associe souvent le rapt, qu'il soit de séduction ou de violence, avec le viol[9]. Au sein même des tribunaux, le viol est perçu comme une transgression morale, équivalente à la fornication, aux crimes contre les mœurs. De ce fait, le monde judiciaire ne tient pas compte de la détresse physique et psychologique de la femme agressée. Le deuxième motif expliquant la faiblesse statistique de ce crime dans les sources tient à la question de l'honneur car, sous l'Ancien Régime, c'est la connaissance du crime qui amène la perte de cet honneur et qui conduit à la mauvaise réputation de la victime et de toute une famille ; il y a donc tout lieu de chercher un accommodement infra-judiciaire qui n'attirera pas l'opprobre sur la parentèle. Dans cette optique, rares sont les femmes à se porter elles-mêmes en justice, même si la loi leur reconnaît une capacité à agir de façon autonome en cas de viol[10]. Les plaintes émanent essentiellement de la parentèle masculine et, surtout, lorsque le viol n'en est resté qu'à la tentative, l'honneur est sauf et le coupable doit payer par la voie judiciaire. Par exemple, Guillaume Lévêque, curé de Verrières dans le diocèse de Troyes, qui a tenté d'abuser de l'épouse de Colas Maître, est traduit en justice par ce dernier. Au cours du procès, l'épouse prouve, avec moult détails, qu'elle s'est défendue, qu'elle n'affabule pas et la justice ecclésiastique condamne le curé à dédommager l'époux à hauteur de 20 livres[11].

9 D. Jousse, *Traité de la justice criminelle de France*, Paris, Debure Père, 1771, tome III, p. 743-752.

10 Voir J. Papon, *Trias judiciel du second notaire de Jean Papon, conseiller du Roy, et Lieutenant general au Bailliage de Forestz*, À Lyon, Par Jean de Tournes imprimeur du Roy, 1580.

11 A. D. Aube, G 4188, Guillaume Lévêque, 1503-1504.

LES DIFFICULTÉS À PROUVER LE CRIME DE VIOL

Prouver l'agression sexuelle relève d'un cheminement judiciaire extrêmement compliqué. Il existe une banalisation de la violence sexuelle et la duplicité des femmes est une croyance commune de l'Ancien Régime, ce qui les rend capables d'inventer des accusations de viols mais aussi de résister, si elles le voulaient, aux assauts d'un homme. Dès lors, pour être entendues lors d'une plainte, le sérieux de leur démonstration ne devait pas fléchir : les femmes devaient prouver qu'elles n'avaient pris aucun plaisir à l'acte, qu'elles avaient résisté mais en vain car d'après les auteurs contemporains, à l'instar de Jean-François Fournel ou de Pierre Muyart de Vouglans, la femme disposait de forces suffisantes pour repousser un homme, ce qui rendait le viol impossible. En 1778, Fournel dans son *Traité de l'adultère* demande ainsi à ce que des indices de la résistance de la plaignante soient rapportés et que cette dernière porte les marques de la brutalité de son agresseur[12]. La victime devait lever le moindre doute sur les circonstances de l'agression et, pour ce faire, utilisait un vocabulaire montrant à la fois qu'elle avait été violentée mais aussi qu'elle avait tenté de résister : le violeur « a pris à force », a « connu charnellement malgré elle », fait « des contraintes et violences pour l'obliger ». La résistance passe également par la douleur physique. Les officiers de justice voulaient ces indices afin de pouvoir mesurer le degré de combativité de la victime et décider si oui ou non la plainte était fondée. La mention de cris, de recours à une tierce personne, de témoins est également essentielle : la femme hurle car elle se refuse à l'acte sexuel et si elle n'émet aucune plainte, son consentement est avéré. Rares étaient donc les femmes à se porter en justice et celles qui le faisaient devaient avoir une *fama*, une réputation inattaquable.

---

12 J.-F. Fournel, *Traité de l'adultère considéré dans l'ordre judiciaire*, Paris, J.-F. Bastien, 1778, p. 84-85.

QUAND LE PROCÈS SURVIENT
Marginalisation, folie et négation d'agression

Les plaintes débouchant sur une instruction puis sur un jugement impliquent forcément des femmes de bien, des femmes parfaitement insérées dans les solidarités de la communauté. Car évoluer en dehors de la sociabilité classique, être isolée, c'est prendre le risque d'être décrédibilisée et donc déboutée. C'est la marginalisation féminine qui conduit à la première dénonciation de folie, de démence : vivant en dehors des attendus sociétaux, la femme ne peut être que folle. Sur un échantillon statistique de 27 procès, issus majoritairement des dossiers des officialités et des Archives de la Bastille, où la victime se voit récusée en raison de sa prétendue folie, d'une conduite mentale « anormale », il appert que dans 16 cas c'est simplement parce qu'elle est seule, parce qu'elle vit en dehors de la sociabilité villageoise, parce qu'elle n'est pas pleinement intégrée. Le discours de l'accusé insiste sur cette existence à l'écart, sur les comportements jugés déments car éloignés des mentalités populaires, sur une incapacité à vivre en bonne harmonie. Dès lors, l'accusation portée par la femme n'est plus que calomnie à imputer à un degré de folie. Si elle ose accuser un homme de violence, c'est qu'elle est démente comme en témoigne sa vie mal réglée.

L'absence d'une définition claire de la folie au sein des traités médicaux et/ou judiciaires, permet finalement d'associer la marginalisation féminine à un dérèglement psychiatrique, et ce même à la fin du XVIIIe siècle. En effet, en 1770, dans son *Essai sur les opérations de l'entendement humain et les maladies qui les dérangent*, le médecin Jean-François Dufour explique que la cause de toutes les folies est l'erreur d'entendement ; il considère comme un égarement le fait de vivre en mauvaise harmonie avec les autres[13]. En fonction de ce précepte et de cette pensée trop communément répandue, les accusés d'agressions sexuelles nient alors toutes les charges. À Sorbon, près de Reims, Reine Namur, violée et blessée physiquement, voit sa plainte déboutée parce qu'elle est orpheline, vit à l'écart du village, et que, dans tout le « voisinage », elle passe pour une fille

13 J.-F. Dufour, *Essai sur les opérations de l'entendement humain et les maladies qui les dérangent*, Paris, Merlin, 1770, p. 357-359.

sans éducation. Malgré des faits avérés, la justice ne donne pas suite et reprend les termes exacts de l'agresseur dans sa fin de non jugement : elle n'a pu être violée car « elle passait dans le pays pour une fille mal famée propre à des conduites faites de folies[14] ».

D'autres finissent par reconnaître l'acte sexuel mais refusent d'avouer le viol : pour eux, il n'a pas eu viol car la femme était consentante. C'est finalement la démence, prouvée juridiquement par une vie ne correspondant pas aux standards sociaux attendus, qui conduirait ces femmes à accuser des hommes de bien, car non marginalisés, de crimes qu'ils n'ont pas commis. Certes, les rapports sexuels existent mais l'accusation de folie empêche la notion même d'agression sexuelle. L'objectif, pour les accusés, est de bénéficier d'une impunité pour les violences sexuelles infligées, et de transformer ainsi le viol en un banal acte de fornication. Ainsi, à Pézenas, dans la province de Languedoc, Bernard Virenque est accusé de viol sur une jeune fille muette, et évoluant donc en dehors des sociabilités. Sa défense n'est pas de nier le rapport sexuel mais de présenter la jeune fille comme une « aventurière », une fille de réputation douteuse, faisant ainsi de son handicap physique un signe de folie[15]. De même, à Cahors, l'apothicaire Dominique Pannepieux répond à la plainte pour viol de Françoise Estampes par une plainte en diffamation. C'est une servante qui vit éloignée de sa famille et est connue pour ses « douces folies » ; il reconnaît l'acte sexuel mais nie toute agression d'où sa plainte d'homme de bien, de notable, face à une pauvre fille, psychologiquement faible[16].

L'ACCUSATION D'HYSTÉRIE ET DE FOLIE COMME SYSTÈME DE DÉFENSE

Par nature, la femme est conçue comme contrôlée par ses pulsions et dans son essai *De la Génération*, en 1573, Ambroise Paré rappelle bien que la matrice a ses sentiments propres, hors de la volonté de la femme,

14 A. D. Marne, 2G 1941, Jean-François Aubriot, 1754.
15 A. D. Haute-Garonne, 2B 10563, Bernard Virenque, 1749-1750.
16 A. D. Haute-Garonne, 2B 10140, Dominique Pannepieux, 1766.

ce qui fait de cette dernière un animal[17]. La conception du sexe fondée sur cette pensée « scientifique » fait donc de la femme un être naturel soumis aux humeurs du corps et, plus particulièrement, à l'hystérie. En effet, les troubles du comportement observés chez les femmes sont mis en rapport avec la position de la matrice et les auteurs évoquent alors des « affections vaporeuses[18] », des « suffocations de la matrice[19] » et font de l'utérus la source même des affections psychiatriques féminines. L'hystérie étant folie, cette dernière est donc pensée comme innée chez la femme, et ce depuis l'Antiquité. Le lien entre féminité et folie avait notamment été établi par Platon qui affirme que lorsque l'utérus ne reçoit pas la semence d'un homme cela provoque toutes sortes de dérèglements chez la femme :

> [...] lorsque, chez les femmes, ce qu'on appelle la « matrice » ou l'« utérus », et qui est un être vivant possédé du désir de faire des enfants, est demeuré stérile longtemps après avoir dépassé l'âge propice, alors cet organe s'impatiente, il supporte mal cet état, et, parce que cet organe se met à errer par tout le corps, qu'il obstrue les orifices par où sort l'air inspiré et qu'il empêche la respiration, il jette le corps dans les pires extrémités et provoque d'autres maladies de toute sorte, jusqu'à ce que l'appétit et le désir de chacun des deux sexes les amènent à s'unir, cueillent un fruit, comme on cueille à des arbres, sèment dans la matrice, comme dans une terre labourée, des vivants invisibles du fait de leur petitesse et encore informes [...][20].

De même, dans le corpus hippocratique et en particulier dans le traité *Des maladies des femmes*, on décrit la folie féminine comme reposant totalement sur « l'hystéron » c'est-à-dire sur l'utérus et, de façon encore plus triviale, sur le ventre[21]. Or, ces idées prévalent toujours sous l'Ancien Régime et offrent un riche arsenal de dédouanement aux violeurs. Dans leurs plaidoyers, c'est parce que les femmes sont hystériques par nature que les accusés ont dû condescendre à leurs volontés charnelles : les

---

17 A. Paré, *De la génération* [1573], *Œuvres complètes*, J-F. Malgaigne (éd.), Genève, Slatkine Reprints, 1970, t. 2, p. 752-753.

18 J. Dumoulin, *Nouveau traité des rhumatismes et des vapeurs [1703]*, Paris, Laurent d'Houry, 1710, p. 153.

19 Aletheius Demetrius [Julien Offray de la Mettrie], *Ouvrage de Pénélope ou Machiavel en médecine*, Berlin, 1748, vol. 2, p. 212.

20 Platon, *Timée*, Luc Brisson (éd.), Paris, Flammarion, « Garnier-Flammarion », 2017, 91 c-d, p. 218.

21 Hippocrate, *Des maladies des femmes, Œuvres complètes*, Émile Littré (trad.), Paris, J.-B. Baillière, t. VIII, 1853 (notamment Livre I, chap. 7, p. 33-35).

hommes ne sont pas coupables, ils ont simplement répondu aux attentes sexuelles de femmes réputées folles en raison de leurs humeurs. Les femmes ayant besoin d'assouvir leurs pulsions, leurs passions, et étant contrôlées par la folie, elles sont donc considérées comme folles car incapables de résister à leurs pulsions sexuelles. L'hystérie devient une maladie mentale aiguë, caractérisée par une fureur sexuelle impulsive. Il est impossible de lutter face à de telles séductrices et les traités ou définitions[22] de l'époque corroborent cette opinion, reçue comme un fait. Cette vision de la femme permet aux agresseurs de se dédouaner en présentant la victime comme une femme aguichante les ayant conduits au péché. Ainsi, Prospère Dupeire justifie toutes ses incartades sexuelles et ses violences en présentant ses victimes comme des séductrices : sa servante venait le trouver au pied de son lit ; les femmes qu'il recevait chez lui seraient venues « sur ses genoux[23] ». Ses propres errances et déviances sexuelles sont présentées comme des conséquences de l'aguicheuse hystérie sexuelle féminine. L'hystérie conduit également à la mélancolie, à l'humeur triste et à l'obsession amoureuse selon ces mêmes traités. Dès lors, la femme mélancolique a, automatiquement, une obsession qui porte sur un objet unique : l'agresseur. Ce dernier ne se dépeint pas ainsi mais comme un homme qui a été poursuivi par les assiduités de la folle victime. Là encore, face à l'hystérie et la mélancolie féminines, l'homme ne peut pas lutter et cette défense est couramment employée en cas de plainte. Louis Loth, curé de Carois-les-Machaux, dans le diocèse de Reims, nie ainsi avoir violé une paroissienne : dans sa défense il reconnaît l'acte sexuel auquel il s'est livré mais l'explique parce que la plaignante le suivait partout, l'épiait, était sur son chemin « décoiffée et désatiffée » et « folle d'amour[24] ».

L'accusation de démence, d'hystérie, est encore plus aisée lorsque la plaignante a « mauvaise réputation » c'est-à-dire lorsqu'elle n'est ni vierge, ni épouse dévouée ou veuve endeuillée. L'accusé ne peut avoir violé une femme qui, de par son comportement sexuel considéré comme débridé, donc associé à la folie féminine, n'a aucun honneur à perdre. Folle d'amour, elle est réputée malfamée et ne peut donc être une victime. Dans les cas,

22 Voir par exemple dans l'*Encyclopédie* de Diderot et D'Alembert (1751-1765) les articles « Démence », t. X-2, p. 632-634, V°; « Folie », t. XIV-2, p. 842-844, V°; et « Fureur », t. XV-2, p. 536-543, V°.

23 A. D. Marne, 2G 1943, Prospère Dupeire, 1758.

24 A. D. Marne, 2G 1945, Louis Loth, 1767.

étudiés à partir des archives des officialités de la France septentrionale, où se trouvent associées la liberté féminine sexuelle et la folie, chaque plainte est déboutée. Ainsi, la plainte d'Anne de la Caille à l'égard du vicaire de Saint Léger, Barthélémy Guérard, est rejetée par ce dernier car elle a de mauvaises mœurs : elle « a toujours passé audit Saint Léger et ses environs pour une fille qui s'est toujours mal gouvernée et s'est abandonnée a plusieurs hommes et garçons[25] ». Son dérèglement moral fait qu'Anne de la Caille est vue comme hystérique et non pas comme victime par le juge, qui n'est autre que l'agresseur qu'elle accuse. De même, Margueritte Savy qui porte plainte pour gravidation, c'est-à-dire grossesse illégitime, puis pour viol contre Jean Laurend, en 1761, est déboutée puisqu'elle a été violée deux fois, ce qui montrerait son consentement[26]. Dans la logique des juges, une femme de vertu n'aurait en effet pas laissé l'accusé abuser de sa personne une deuxième fois sauf si ses pulsions, sa folie amoureuse, ne l'avaient fait céder. Dans les cas cités, la folie va donc de pair avec la mauvaise vie et cela s'entend parfaitement du point de vue judiciaire. En effet, l'Ordonnance criminelle de 1670[27] prévoit à l'encontre du ravisseur une sanction moins importante s'il est établi que la fille, enlevée ou violée, mène une vie déréglée.

Enfin, lorsque la sensualité transparaît chez la victime, le rejet de la plainte intervient systématiquement et les différentes juridictions judiciaires donnent foi aux accusations de folie émanant de l'agresseur. Les femmes sont alors associées aux « femmes folles », c'est-à-dire aux prostituées et dès lors, celle qui ne porte pas les vêtements adéquats ou affiche un trop beau corps devient une proie facile, qui doit son malheur à sa folie sexuelle. Par exemple, pour Nicolas Anthoine, curé de Soignies, dans le diocèse de Cambrai et jugé juste avant la Révolution française, le physique très avantageux d'Alexandrine Nerve fait d'elle une demoiselle non respectable, violable si l'on dire, et c'est l'érotisation de son corps et les vêtements qu'elle porte, vêtements qui lui découvrent la gorge, qui permettent à l'accusé de taxer la demoiselle de folie et d'obtenir la clémence des juges[28].

25 A. D. Oise, G 4358, Barthélemy Guérard, 1684-1688.

26 A. D. Haute-Garonne, 2B 10227, Jean Laurend, 1761-1766.

27 G. Du Rousseaud de la Combe, *Traité des matières criminelles, suivant l'Ordonnance du mois d'août 1670, & les Édits, Déclarations du Roi, Arrêts & Réglemens intervenus jusqu'à présent*, 6e éd., Paris, Bailli, 1769, p. 73.

28 A. D. Nord, 5G 530, Nicolas Anthoine, 1788.

FOLLES OU VICTIMES ?

Dans les faits, la question ne se pose pas. Certes, nous trouvons quelques dénonciations calomnieuses de viol au sein des archives mais il s'agit d'exceptions. Au cœur des sources qui ont pu être réunies grâce à l'échantillonnage de plusieurs séries d'archives, toutes les femmes qui furent déboutées pour folie ou démence nous semblent aujourd'hui d'évidentes victimes. La procédure étant si difficile, l'éventualité de perdre le procès si grande et les faits si accablants que nous ne pouvons douter de la véracité des crimes commis. Néanmoins, si de notre point de vue, la réalité criminelle des faits ne fait pas de doute, qu'en est-il au sein des sociétés d'Ancien Régime ?

UNE ACCUSATION DE FOLIE QUI DÉPEND DE LA RENOMMÉE DE LA FEMME

Comment violenter une femme folle et sans honneur quand on est soi-même un homme d'honneur ? Les défenses fondées sur l'accusation de calomnies et de folies des victimes tiennent à la notoriété, au statut et à l'honorabilité de l'agresseur. Face à un maître, un notable, un ecclésiastique, un noble, la victime se retrouve caractérisée en tant que folle. Elle n'a pas une « conduite honnête[29] », elle souffre de « dérangements à la tête[30] », elle ne sait pas se conduire, elle affabule, etc. Les témoins et la justice respectent également cette hiérarchie : une femme au statut inférieur ou de réputation parfois incertaine se voit calomniée et personne ne remet en cause les accusations de folie que l'inculpé fait peser sur cette dernière ; au contraire, les proches et villageois en viennent à corroborer la version masculine. Les procès donnent à voir des témoignages où l'on qualifie la victime de « faible d'esprit », de « démente

29 A. D. Marne, 2G 1945, Louis Loth, 1767.

30 A. D. Marne, 2G 1943, Prospère Dupeire, 1758.

d'imbécilité ». On lui octroie aussi, par ouï-dire, des comportements relevant de l'aliénation : personne n'a rien vu mais tous en témoignent ; la parole qui vient d'un notable, d'un homme de bonne condition ne peut être que véridique.

En revanche, une victime dépeinte par tous comme une femme de bien ou qui suscite la compassion et l'empathie par sa condition ou en raison d'un handicap voit la communauté refuser d'aller dans le sens de l'agresseur. Elle n'est alors pas folle mais victime, impotente, handicapée et s'en prendre à de telles femmes est une injustice aux yeux de la société d'Ancien Régime. Ainsi, Élisabeth, jeune fille de 22 ans, réputée « faible d'esprit » dans son village et les lieux circonvoisins, dépeinte comme ayant un réel trouble psychique lui faisant commettre des actions déplacées (se déshabiller dans la rue par exemple), obtient une réelle solidarité du voisinage lorsque son père porte plainte contre son agresseur[31]. Ce dernier affirme ne pas avoir agressé Élisabeth mais avoir simplement eu des rapports sexuels et, bien évidemment, met en avant la folie de la jeune femme pour se dédouaner. Or, les témoignages donnent à voir une solidarité du quotidien avec la jeune fille : tel témoin rapporte avoir insulté l'agresseur, tel autre lui avoir dit qu'il aurait mieux fait de débourser de l'argent pour se payer une prostituée plutôt que de jouir d'une fille innocente. Tous s'accordent à reconnaître le handicap d'Élisabeth, la bonté de son père et paradoxalement aucun n'accuse la jeune femme de folie ou de démence. C'est cette posture de la communauté qui va permettre à Élisabeth d'être reconnue en tant que victime et de voir son agresseur sanctionné judiciairement.

DES VICTIMES DE LA FOLIE DES HOMMES

Les femmes qui osent se porter elles-mêmes en justice sont considérées comme malades, comme démentes car elles refusent de se conformer aux normes sociétales, ce qui est alors perçu comme une pathologie. Une femme vertueuse et pleine d'intelligence n'entame pas personnellement une épopée procédurière : elle laisse les hommes de sa famille

31 Archives de la Bastille, Ms. 10593, Élisabeth Suaire, 1708.

s'en charger et reste discrète. À la lecture des dépositions des témoins ou des sentences rendues par la justice, celle qui se montre procédurière et afficherait ainsi des comportements ou des inclinaisons typiquement masculins est regardée comme folle. Les auteurs contemporains, comme Thomas Le Blanc[32], assignent toujours au sexe féminin la douceur, la passivité, la modestie, la réserve, la discrétion, si bien que la femme qui refuse le rôle attendu sort de son rôle et ouvre un espace judiciaire qui jusque-là lui était, théoriquement, interdit. Elle se retrouve alors taxée de folle ou de dérangée : paradoxe que ce non-droit des femmes à crier leur révolte dans un monde où la violence masculine s'exerce continuellement à leur égard. De folle, la plaignante désormais accusée devient mythomane, voire dangereuse, et présente donc parfaitement les signes cliniques de l'hystérie. Là encore, les récolements et les divers témoignages, issus des dossiers des officialités, montrent une acculturation de l'ensemble des protagonistes à la notion de folie féminine émise par l'accusé : telle femme réputée de bien est soudainement soupçonnée d'être folle d'amour, parce que son agresseur l'accuse de se conduire « comme un homme[33] » ; telle autre, bien considérée auparavant, voit sa version remise en cause car elle a « toujours fait des écarts de sottises[34] ». Sottise et folie sont, certes, bien éloignées mais dans ces sociétés où la folie n'a pas d'existence scientifique définie, tout devient prétexte et chaque faiblesse peut être folie. Celle qui ne porte pas de « corps », c'est-à-dire de corset, est vite considérée comme folle ; celle qui va quérir du blé seule est agressée car elle « était folle[35] ». Par leurs accusations, par leur prise de position judiciaire, par leur volonté d'obtenir réparation, ces femmes symbolisent une sorte d'inversion du monde, ce qui ne peut être que folie. Être femme suffit à être folle en fait…

Pour conclure, les procès pour viols sont rares au sein des juridictions d'Ancien Régime car la preuve du crime doit être absolue pour un procès accusatoire. De plus, les possibles choix de défense des agresseurs sont multiples ; la folie en fait partie car, finalement, le genre féminin reste couplé, même à l'aube de la Révolution, à la notion d'hystérie.

32 T. Le Blanc, *La Direction et la Consolation des personnes mariées, ou les moyens infaillibles de faire un mariage heureux d'un qui serait malheureux*, Paris, G. André, 1664.

33 Archives de la Bastille, Ms. 10566, Jeanne L'Empereur, 1713.

34 A. D. Nord, 5G 530, Nicolas Anthoine, 1788.

35 A. D. Marne, 2G 1945, Louis Loth, 1767.

Violées, agressées et taxées de folles, ces femmes doivent encore subir la loi de la justice qui cherche à prouver si l'accusation est véritable ou si elle relève de la folie. Dans les sources mettant en évidence ces questionnements, il apparaît que les interrogatoires sont quasiment menés à charge, chaque indice étant disséqué afin de remettre la parole de la victime en cause et de prouver la réalité de sa démence. Si être femme suffit à être folle, évoluer en dehors des sociabilités des communautés, avoir un comportement qui ne cadre pas avec les stéréotypes étroits du « féminin », vivre librement accentuent encore les accusations de folie et conduisent à des plaintes déboutées car il est impossible d'avoir foi dans les propos d'un sexe fragile et propice à l'hystérie.

Sarah DUMORTIER
FLSH –
Université Catholique de Lille

MARIE-ANTOINETTE EN FUREUR, LA DERNIÈRE FOLLE DE L'ANCIEN RÉGIME

> D'Artois, Coigny, Rohan, je chante vos exploits : pudeur défend d'oser, amour me dit que j'ose : au dernier j'obéis.
> Anonyme – *Fureurs utérines de Marie-Antoinette* (Enfer 653)

La seconde moitié du XVIIIe siècle apporte, partout en Europe, un flot de mouvements rébellionnaires, qui est grandement marqué en France par la prise de la Bastille en juillet 1789. Apogée ou épisode au sein des révoltes populaires, la chute de la prison située dans le Faubourg Saint-Antoine constitue un élément central dans un mouvement qui ne fera que croître ensuite[1]. Cette même année, le 24 août, avec la *Déclaration des droits de l'homme et du citoyen*, la libre communication des pensées et des opinions est officialisée. La presse est libérée de la censure, avec une exception toutefois : « sauf à répondre de l'abus de cette liberté ». Cette émancipation ne perdure que quelques années, car la Terreur ramène un durcissement du contrôle. La parenthèse d'émancipation comprise entre 1789 et 1793 entraîne une augmentation massive des critiques imprimées. Par l'image et le texte, les caricaturistes et les pamphlétaires s'emparent de l'imprimé afin de diffuser le mécontentement populaire. Ces insatisfactions traduites dans l'espace visuel et textuel entrent notamment dans le domaine de l'obscénité et de la pornographie. Ces attaques sont majoritairement portées contre le clergé, les courtisans et les membres de

1 J. Nicolas, *La Rébellion française. Mouvements populaires et conscience sociale (1661-1789)*, Paris, Seuil, 2002. Cet ouvrage marque l'aboutissement de longues recherches en archives sur les phénomènes rébellionnaires en France, dont il offre une cartographie inédite. Il déconstruit, entre autres, le mythe des causes de la Révolution française en faisant remonter les sources des rébellions à bien avant 1789.

la famille royale, tous pris en otage par l'imprimé plébéien. De ce fait, l'opinion qui circulait déjà à l'encontre des têtes dirigeantes pérégrine plus facilement par la circulation des idées sous forme de papier. Déjà mise à mal par les insurgés, la monarchie, représentée par Louis XVI et Marie-Antoinette, poursuit sa pente descendante et cette dépréciation populaire s'étend jusqu'aux derniers jours de la vie de la reine en 1793.

Cependant, la campagne de dévalorisation de la monarchie et du mode de vie prôné par l'Ancien Régime débute bien avant le démantèlement des murs de la Bastille par la population parisienne. Je crois que cette campagne de dépréciation s'amorce dès les premières années du mariage royal, en 1770. Lorsque Louis XVI et Marie-Antoinette accèdent au trône en 1774, ils remplissent mal le rôle qui leur est assigné devant la cour ainsi que devant le peuple. L'étiquette versaillaise implique une grande visibilité des souverains. Or, ceux-ci brillent plutôt par leur relative absence, alimentant ainsi les commentaires à leur propos. De surcroît, le couple royal peine à engendrer un héritier au trône de France et les moyens entrepris pour y remédier ne sont connus que d'un cercle très restreint, ce qui a tôt fait d'attiser les ragots sur l'infertilité du couple.

Dans toutes les attaques faites contre le ménage royal, la personne la plus mise à mal est sans contredit la reine. Elle est caricaturée, transformée en monstre, mais elle est surtout pornographiée, et ce bien plus que son mari. Par l'analyse et la recension d'une trentaine d'estampes pornographiques ayant Marie-Antoinette pour sujet, j'en suis venue à me demander ce que ces estampes, reléguées à l'Enfer[2] de la Bibliothèque nationale de France, voulaient réellement raconter. En créant une allégorie de la femme sexuellement folle, ces gravures, toujours comprises comme une simple critique de l'Ancien Régime, paraissent aussi traduire l'état

2 L'Enfer de la Bibliothèque nationale de France (désormais BnF) trouverait ses origines sous l'Ancien Régime ou sous le Consulat : voir les travaux de Guillaume Apollinaire et Pascal Pia pour toute l'historiographie de la création de l'Enfer. Lors de la saisie d'ouvrages proscrits, ceux-ci étaient conservés dans une section contrôlée où l'inscription Enfer était inscrite dans les premières pages. L'Enfer vit ses rangs gonfler au fil des XIXe et XXe siècles. Lynn Hunt et Chantal Thomas racontent qu'un processus de justification de consultation des collections de l'Enfer était encore nécessaire lors de leurs recherches dans les années 1980. Il faudra attendre le XXIe siècle pour qu'une valorisation des collections dites obscènes soit faite lors de l'exposition *L'Enfer de la Bibliothèque : Éros au secret* (décembre 2007-mars 2008), interdite aux moins de 16 ans. Quelque 360 documents (livres, estampes, photographies) issus des collections étaient présentés pour la première fois dans les murs de la BnF. Les œuvres pornographiques de mon corpus d'étude font partie de cette classification.

des connaissances de l'époque sur la sexualité féminine. Par l'étude de trois de ces estampes comprises dans deux éditions des pamphlets intitulés les *Fureurs utérines de Marie-Antoinette*[3], je tenterai de démontrer que, par la pornographie, ces gravures sont des représentations d'une peur socialement associée à la sexualité mal comprise des femmes. De plus, cette objectivation de la reine est aussi une manière de réaffirmer l'ordre patriarcal que la Révolution française accentue par l'exclusion des femmes des décisions et des débats politiques. Le but de cette analyse est de montrer que le corps de Marie-Antoinette, objectivé et sexualisé, est aussi un outil politique pour les défenseurs de la République pendant les dernières années du XVIIIe siècle.

ÉTUDES PORNOGRAPHIQUES ET XVIIIe SIÈCLE

Tout historien et historienne de l'art qui étudie un sujet concernant les œuvres pornographiques du XVIIIe siècle est confronté·e à deux grands défis : l'anachronisme du terme et l'anonymat des producteurs. L'utilisation du vocable « pornographie » – ainsi que ses dérivés – comme nous l'entendons au XXIe siècle, n'existe pas dans la littérature du XVIIIe siècle. On parle plutôt d'ouvrages ou d'illustrations obscènes lorsque le lectorat est confronté à la démonstration de manière explicite d'un acte sexuel. La première utilisation du terme, employé dans le sens moderne, revient à Rétif de la Bretonne qui en 1769, dans un traité sur la réglementation des prostituées, intitule son texte d'un mot qu'il invente : *Le Pornographe.*

L'autre grand défi des œuvres pornographiques se trouve dans l'auctorialité absente des graveurs, des auteurs, des imprimeurs-libraires et des autres agents qui participent de près ou de loin à l'impression

3 Je ne cite le texte que d'une seule version dans cette analyse, car les textes sont identiques dans les deux éditions conservées à la BnF. Cependant, les gravures insérées dans les deux éditions diffèrent et j'indique la cote Enfer pour les différencier : Anonyme, *Les Fureurs utérines de Marie Antoinette, femme de Louis XVI ; la mère en proscrira la lecture à sa fille*, s. l. n. d., 1791 (Enfer 654) et Anonyme, *Fureurs utérines de Marie-Antoinette, femme de Louis XVI. La mère en proscrira la lecture à sa fille…* [Suivi de] *Les amours de Charlot et Toinette*, s. l. n. d., 1791 (Enfer 653).

et à la distribution des pamphlets licencieux. L'anonymat complexifie le travail des historiens et historiennes de l'art qui s'intéressent à la question pornographique au XVIIIe siècle. Encore à ce jour, nous savons peu des origines sociales ou des idées politiques des producteurs de ces ouvrages licencieux.

Dans son ouvrage sur *L'Affaire des quatorze*[4], Robert Darnton met justement en évidence un des moyens mnémotechniques les plus efficaces, mais laissant peu de traces, de l'Ancien Régime : la transmission orale. En utilisant les Archives de la Bastille, l'historien parvient à reconstruire une histoire de la communication musicale. Cependant, ce ne sont pas toutes les archives qui abritent autant d'informations que celles que Darnton a eu la chance de démêler. L'incognito domine majoritairement chez les producteurs de pamphlets pornographiques. Dans le pamphlet des *Fureurs utérines de Marie-Antoinette* (Enfer 653), où l'adresse fictive « Au manège et dans tous les Bordels de Paris » est inscrite en page de titre, la conservation de l'anonymat des agents de production leur permet de rester à l'abri des censeurs et de l'embastillement. Cette appellation, en plus de protéger auteurs et graveurs, associe la reine aux femmes légères qui se meuvent dans les rues parisiennes et dans les maisons closes de la capitale. De l'avis de Julia Torlet, le métier de prostituée au XVIIIe siècle peut être comparé au monde des corporations et l'autrice aborde ce métier comme un corps professionnel à part entière[5]. L'acte sexuel que les pornographes imputent à Marie-Antoinette n'est pas tarifé, mais l'allusion à des mœurs prétendument dissolues qu'ils lui attribuent est le fondement des critiques montantes dirigées contre la souveraine. En associant la reine aux prostituées de la ville, les pornographes (graveurs, auteurs et autres producteurs de sujets pornographiques) travaillent dans l'ombre et peuvent ainsi faire circuler diverses admonestations contre Marie-Antoinette sans craindre les foudres des censeurs.

Justement, ce désir obscène de voir le corps sexué de la reine s'ancre dans ce que Michel Foucault définit comme l'instrumentalisation des relations de pouvoir. Il explique que « dans les relations de pouvoir, la sexualité

4 R. Darnton, *L'Affaire des quatorze : Poésie, police et réseaux de communication à Paris au XVIIIe siècle*, Paris, Gallimard, « nrf Essais », 2014, p. 8.

5 Pour une analyse poussée des milieux les plus pauvres de la capitale voir A. Farge *Vies oubliées. Au cœur du XVIIIe siècle*, Paris, La Découverte, « À la source », 2019, et J. Torlet, *Le Monde de la prostitution à Paris au XVIIIe siècle. Métier de corps, corps de métier ?*, Paris, L'Harmattan, « Chemins de la Mémoire », 2018.

n'est pas l'élément le plus sourd, mais celui qui est doté de la plus grande instrumentalité[6] ». Malgré l'effacement de la vie intime que l'on exige des souveraines (leur sexualité est souvent reléguée en arrière-plan de celle du roi qui, l'étiquette le tolérant, a le droit à une ou des maîtresses), leur vie sexuelle est un des sujets les plus instrumentalisés dans les monarchies héréditaires. Pour que le corps du roi soit valorisé dans sa virilité et sa puissance de régner, celui de la reine se doit d'être asexué. Or, en raison de l'appropriation et de la re-sexualisation du corps de Marie-Antoinette par les graveurs d'estampes pornographiques, le corps de la reine perd de son aura royale. Justement, dès le début des *Fureurs utérines*, l'auteur fait porter le blâme sur la reine : « Faire cocus les rois, les servir, n'est-ce pas joindre au laurier la rose[7] ? ». Autrement dit, quant à remplir son devoir, mieux vaut le faire en éprouvant du plaisir. Cette introduction suggère que l'adultère des reines est chose universelle à la cour. De ce fait, le corps de Marie-Antoinette devient une importante figure à abolir dans sa capacité à engendrer des héritiers ou des bâtards selon le partenaire qu'on lui attribue. La reine n'est ainsi la favorite d'aucun des partis politiques ou monarchistes de la période révolutionnaire. Et même précédemment, lorsque la reine parvient à remplir son devoir conjugal et tomber enceinte, les calomniateurs ne cessaient déjà pas leurs injures.

Heureusement, par l'avancement de la recherche et des analyses iconographiques, les œuvres obscènes ayant Marie-Antoinette pour sujet, qui ont longtemps été comprises comme une critique de l'Ancien Régime et du mode de vie courtisan de Versailles, gagnent de nouvelles significations. D'après l'analyse de Stanis Perez, le problème n'est pas l'impopularité, la révolte des pauvres ou la désacralisation des personnes royales, mais plutôt le fait que le corps de la reine est mis en scène en tant qu'objet de plaisir par procuration[8]. Par la diffusion d'images pornographiques, Marie-Antoinette devient une icône sexuelle à consommer dans le secret d'une lecture de pamphlet obscène.

Aussitôt arrivée en France en 1770, la future dauphine est déjà transformée, modelée selon les besoins de représentations qu'elle doit désormais tenir. Avant d'être érotisée par la critique imprimée, elle est

6 M. Foucault, *Histoire de la sexualité*, Paris, Gallimard, « NRF », 2017 [1976], t. 1 : *La volonté de savoir*, p. 101.

7 Anonyme, (Enfer 654), *op. cit.*, p. 1.

8 S. Perez, *Le Corps de la reine : engendrer le prince, d'Isabelle de Hainaut à Marie-Amélie de Bourbon-Sicile*, Paris, Perrin, 2019, p. 327.

premièrement dépossédée de sa personnalité et de ses racines autrichiennes par l'État. Par le cérémoniel monarchique de la cérémonie de remise de la dauphine, qui exige que la jeune archiduchesse soit dépouillée de ses vêtements autrichiens, puis revêtue à la française afin d'être prête à remplir son premier devoir, son corps devient tout d'abord la propriété de l'État monarchique avant de passer violemment, quelques années plus tard, aux mains des pamphlétaires[9].

DES PAMPHLETS PORNOGRAPHIQUES CONTRE MARIE-ANTOINETTE

Cette violente volonté de voir le corps de la reine est justement ce qui alimente l'imagination des pornographes qui utilisent savamment un sujet vendeur pour populariser leurs écrits, car « les livres qui sont un peu coquins et ceux qui attaquent les préjudices se vendent à une vitesse étonnante[10] ». Les éditions illustrées des pamphlets pornographiques sont lucratives, car leurs images sont conçues pour être vues et pour être comprises rapidement par tous[11] ce qui augmente leur lectorat. Ces estampes sont intelligemment insérées en début d'ouvrage pour donner le ton et l'envie nécessaire au lecteur de lire les coquineries qui s'y cachent. En 1791, l'imprimeur-libraire qui publie une nouvelle édition des *Fureurs utérines* y insère même deux frontispices colorés représentant la reine avec deux partenaires différents. Dans *Suivant l'ouverture du Con Suivant qu'il soit brun ou blond* (Enfer 654), Marie-Antoinette est représentée avec le général Lafayette. L'uniforme des gardes-françaises ainsi que d'autres estampes accusant leur prétendue liaison confirme l'identification du général. Dans *Le vit fut remplacer par un doigt libertin* (Enfer 654), la reine n'est plus en flagrant délit de concubinage : d'un geste de la main, elle refuse maintenant son mari, qui ne lui offre pas

9 A. Beckman Rogers, « The Historical Threshold : Crisis, Ritual and Liminality in Sofia Coppola's Marie-Antoinette (2006) », *Revue Relief*, vol. 6, n° 1, 2012, p. 95.

10 R. Darnton, *The Literary Underground of the Old Regime*, Cambridge-Londres, Harvard University Press, 1982, p. 84 (traduction de l'autrice).

11 *Ibid.*, p. 200.

grand divertissement. Les images qui ornent les pamphlets pornographiques concernant la reine ont une grande puissance sur l'opinion populaire, car les gravures ont comme point d'ancrage des rumeurs qui circulaient déjà à son égard. L'estampe pérennise ces ragots et hisse ces médisances au rang de vérité.

FIG. 1 – *Suivant l'ouverture du Con Suivant qu'il soit brun ou blond.*
© BnF (Enfer 654).

FIG. 2 – *Le vit fut remplacer par un doigt libertin.* © BnF (Enfer 654).

Parmi toutes les décisions de Marie-Antoinette qui ont sans doute abouti à cette figuration sous la Révolution, celle d'une vie moins publique constitue un grave manquement à l'étiquette. Le vide de présence corporelle au palais de Versailles n'a fait qu'accentuer les rumeurs les plus saugrenues, mais surtout les plus lubriques à son encontre. Par ce retrait, la reine ne remplit plus son devoir de représentation de la manière attendue par les femmes de la cour. Selon le modèle instauré par Louis XIV, la cour de Versailles est le lieu de la magnificence des souverains. Cependant, la reine est méfiante par rapport à la hiérarchie habituelle, notamment en ce qui concerne la maison des enfants royaux. Cela dit, le lieu que Marie-Antoinette a choisi, le petit Trianon, ses jardins et ce qui deviendra le Hameau, pour jouir d'une plus grande liberté est ce alimente le plus les calomnies.

Dès 1758, le domaine est construit et réaménagé par Louis XV pour y loger sa maîtresse, Madame de Pompadour, qui meurt avant la fin des travaux. C'est Madame du Barry qui profite du domaine qui procure l'intimité sexuelle que la cour de Versailles ne peut offrir au roi et à sa maîtresse en titre. Lors de l'accession de Louis XVI au trône, le nouveau souverain offre, non sans maladresse, le domaine à sa femme. C'est dans ce lieu évoquant directement les amoralités du règne précédent que Marie-Antoinette, telle une favorite dans son propre domaine, construit son cercle intime constitué de quelques privilégiés[12] et ce bien loin des regards curieux des courtisans mécontents de perdre leurs avantages. Ces insatisfactions sont murmurées d'un courtisan à l'autre et passent rapidement aux oreilles des domestiques qui attisent les bruits en faisant circuler les médisances sur les marchés et aux divers endroits de la ville. Dès lors, en déréglant la machine représentationnelle de Versailles, les agissements de Marie-Antoinette accentuent le déferlement de critiques plus crues les unes que les autres. Il n'en faut pas plus pour que les pornographes, en quête du prochain titre vendeur, reprennent rapidement ce qui est entendu et médit contre Marie-Antoinette.

Les gravures insérées dans les textes diffamatoires critiquent âprement les choix intimes de la reine en se référant directement au décor du lieu de débauche par excellence du règne passé. Des chansons satiriques, critiquant la vie privée de la reine, sont aussi imprimées. *Le lever de l'Aurore* (perdu à ce jour) vise directement le goût des promenades nocturnes que Marie-Antoinette avait instaurées lors des chaudes nuits à Versailles[13]. Qui d'autre qu'un courtisan frustré aurait pu être informé de ce type de sortie de nuit ? Dans les gravures *Suivant l'ouverture du con* (Enfer 654) et *Le vit fut remplacé par un doigt libertin* (Enfer 654), on peut remarquer à l'arrière-plan des boiseries ainsi qu'une tapisserie longiligne qui suggèrent un entrelacs de fleurs et de feuilles, similaire au décor frais et léger de Trianon. De plus, le plancher à carreaux foncés et clairs des deux estampes amène discrètement le regard en arrière-plan vers les

---

12 Parmi les favoris et favorites de la reine, on compte : la princesse de Lamballe, la duchesse de Polignac, le comte Axel de Fersen, le baron de Besenval, la modiste Rose Bertin, la peintre Élisabeth Louise Vigée Le Brun, le coiffeur Léonard, le parfumeur Jean-Louis Fargeon.

13 H. Fleischmann, *Les Pamphlets libertins contre Marie-Antoinette d'après des documents nouveaux et les pamphlets tirés de l'Enfer de la Bibliothèque nationale*, Paris, Les Publications Modernes, 1908, p. 13-16.

jardins. Ce plancher de marbre bicolore fait partie de la culture visuelle des œuvres obscènes. Cependant, il n'est pas sans rappeler Trianon et le carrelage du Pavillon frais ou du Belvédère.

LES RACINES INTELLECTUELLES DES *FUREURS UTÉRINES* DE MARIE-ANTOINETTE

La vie sociale que Marie-Antoinette se forge à Trianon n'est pas le seul vecteur de diffamation qui entache sa réputation et sa crédibilité. Les estampes jointes aux textes illustrent aussi ce que la médecine de l'époque appelle communément la nymphomanie ou la fureur utérine. Pour bien comprendre l'ampleur de l'attaque contre la reine, il est primordial de saisir comment la médecine du XVIIIe siècle appréhende le désir sexuel des femmes à travers la pathologie de la nymphomanie. Thomas Laqueur indique à juste titre sur le fait que la différence anatomique des deux sexes, masculin et féminin, est acquise au XVIIIe siècle : les organes masculin et féminin. Les organes des femmes ne sont plus les versions internes de l'apanage externe de l'homme[14]. Malgré l'esquisse d'une nouvelle compréhension de la sexualité féminine, Jean-Baptiste Louis de Thesacq de Bienville publie en 1771 un traité de médecine intitulé *La Nymphomanie ou traité de la fureur utérine*[15]. Dans son ouvrage, le médecin entend cette pathologie comme « un mouvement déréglé des fibres dans les parties organiques de la femme[16] ». Selon lui, la nymphomanie et la fureur utérine sont des signes du même mal, la folie sexuelle. Bienville explique que « les femmes mariées n'en sont point exemptes, surtout celles qui se retrouvent unies à des époux d'un tempérament foible, qui exige de

14 T. Laqueur, *La Fabrique du sexe : Essai sur le corps et le genre en Occident*, M. Gautier (trad.), Paris, Gallimard, « nrf Essais », 1992 [1990], p. 10.

15 J'utilise volontairement la nouvelle édition de 1784 imprimée à Amsterdam, lieu d'impression de plusieurs ouvrages pour éviter la censure à Paris car cette date se rapproche le plus de celles des pamphlets pornographiques à l'étude.

16 J. D. T. [Jean-Baptiste Louis de Thesacq] de Bienville, *La Nymphomanie, ou traité de la fureur utérine*, Lausanne, François Grasset & Cie, 1788 [1771], p. 32. Sur cet auteur, voir l'article de M. Closson.

la sobriété dans les plaisirs, ou à un homme froid, peu sensible aux délices de la jouissance[17] ».

Les débauches que les pornographes imputent à la reine illustrent ce plaisir de voir le sexe monarchique en action, mais surtout de savoir ce qui se passe, ou ce qui ne se passe pas, sous les draps royaux. Divers historiens et historiennes du XXIe siècle laissent entendre une faute mécanique chez Louis XVI, un problème érectile appelé phimosis, qui l'aurait ralenti – pendant sept ans – pour accomplir le grand œuvre. En tant que roi et père de la France, Louis XVI se doit d'incarner l'idée de la fertilité aux yeux du peuple qu'il gouverne et il ne peut pas être soupçonné d'impuissance ni d'impotence. Ainsi, pour moquer l'incapacité du souverain à connaître sa femme et pour discréditer l'impuissance royale, les pornographes passent par le corps en fureur de Marie-Antoinette, seul vecteur capable de railler le roi sans trop de risque. Ce changement de perspective transpose la maladresse sexuelle du roi vers Marie-Antoinette qui, comme dans le cas des maîtresses royales des règnes précédents, sert de bouclier à la critique populaire. Par le texte et l'image, la reine porte métaphoriquement la souche de la maladie à enrayer avant que tout le corps monarchique ne soit atteint. Ainsi, la caricature pornographique devient le diagnostic populaire de l'infertilité royale.

Certaines connaissances véhiculées par l'*Encyclopédie* de Diderot et d'Alembert font aussi partie des transmetteurs de théories discutables sur la compréhension du désir féminin. Dans l'entrée « fureur utérine », on peut lire que ce désir est compris comme une maladie :

> une espece de délire attribué par cette dénomination aux seules personnes du sexe, qu'un appétit vénérien demésuré porte violemment à se satisfaire, à chercher sans pudeur les moyens de parvenir à ce but ; à tenir les propos les plus obscènes, à faire les choses les plus indécentes pour exciter les hommes qui les approchent à éteindre l'ardeur dont elles sont dévorées ; à ne parler, à n'être occupées que des idées relatives à cet objet ; à n'agir que pour se procurer le soulagement dont le besoin les presse, jusqu'à vouloir forcer ceux qui se refusent aux desirs qu'elles témoignent[18].

17 *Ibid.*, p. 33.

18 *Encyclopédie, ou dictionnaire raisonné des sciences, des arts et des métiers, par une société de gens de lettres. Mis en ordre et publié par M. Diderot, de l'Académie Royale des Sciences & des Belles-Lettres de Prusse ; & quant à la partie Mathématique, par M. D'Alembert, de l'Académie Françoise, de l'Académie Royale des Sciences de Paris, de celle de Prusse, de la Société Royale de Londres, de*

Le médecin Arnulphe d'Aumont, auteur de l'entrée, juge insupportable un appétit sexuel fort chez la femme. Il écrit que les femmes atteintes de fureurs utérines sont dévorées par une ardeur qui pourrait être associée à un déséquilibre dans le corps – une théorie issue de la médecine humorale développée par l'école hippocratique. Depuis l'Antiquité, la médecine véhicule l'idée que le corps est composé de quatre humeurs qui, lorsqu'elles sont équilibrées, assurent la bonne santé. La maladie surviendrait lors de la rupture de l'équilibre entre les composantes circulant dans le corps[19]. Ainsi, ce serait un dérèglement de la lymphe, liquide abondamment présent dans les parties génitales de la femme, qui serait la cause des inflammations et des fureurs utérines[20]. Par la chaleur des ébats sexuels, ces irritations s'amplifient et risquent de causer des rougeurs du clitoris qui, comme l'indique Bienville, sont un signe de présence de fureur utérine[21]. Il est intéressant de noter que dans les trois estampes insérées dans les deux éditions à l'étude des *Fureurs utérines*, les artistes utilisent du rouge pour colorier le sexe de Marie-Antoinette. Le contraste de ce sexe rougi avec la pâleur de l'entrejambe de la reine reprend visuellement ce que les connaissances contemporaines comprennent comme une pathologie féminine, un désir charnel insatiable.

En plus de mettre leur santé en péril, les femmes en quête de coït fragilisent la santé des hommes, car la médecine humorale suppose que si la semence masculine est expulsée trop souvent, le liquide séminal ne pourra être repompé des canaux testiculaires vers le flux sanguin de l'organisme de l'homme[22], ce qui risque de lui causer une perte significative d'esprit vital[23]. Comme le remarque à juste titre Monique Cottret,

> la reine lubrique représente la peur de l'inversion, le fantasme de l'impuissance masculine. Le délire seul permet de conjurer la peur : la reine n'est plus qu'un sexe dévorant. Insatisfaite par son époux, elle risque de dévorer la nation, de l'étouffer, de l'absorber dans de criminelles et insondables étreintes[24].

---

l'Académie Royale des Belles-Lettres de Suède, & de l'Institut de Bologne. Tome septième, Paris, Briasson, David l'aîné, Le Breton, Durand, 1765, p. 377.

19 A. Thivel, « Hippocrate et la théorie des humeurs », *Noesis*, vol. 1, n° 1, 1997, p. 96.

20 *Ibid.*

21 J. D. T. de Bienville, *op. cit.*, p. 146.

22 Y. Ferroul, « Théorie des humeurs et sexualité », *Andrologie*, vol. 6, n° 3, 1996, p. 317.

23 *Ibid.*, p. 314.

24 M. Cottret, « Mme de Staël et Marie-Antoinette : deux femmes en politique », A. Belavitis et N. Edelman (dir.), *Genre, femmes, histoire en Europe : France, Italie, Espagne, Autriche*, Nanterre, Presses universitaires de Paris Nanterre, 2011, p. 342.

Par l'absorption de grande quantité de liquide séminal – dans les relations fictives que les pornographes lui imputent –, Marie-Antoinette, telle une *vagina dentata*[25] monarchique, se voit accusée de consommer la vitalité des hommes qu'elle côtoie et risque de gangréner la santé du roi.

Bienville conclut son traité en avouant que la véritable cause de la fureur utérine est l'onanisme[26], c'est-à-dire la masturbation. Cette conclusion du médecin est reprise visuellement par les graveurs pornographes. Dans *Rien ne ravitailla le bijou monarchique* (Enfer 653), la main gauche de la reine est élevée face au ventre de Louis XVI. Résignée, le visage sobre, elle regarde au sol et semble répondre par la négative au sexe mou que son mari lui offre. Si ce n'est son sexe rougi, elle ne semble pas encore en proie à de très grandes fureurs. Ce qui est tout le contraire dans le cas du frontispice *Le vit fut remplacé par un doigt libertin* (Enfer 654). Dans cette estampe, la reine et le roi occupent les mêmes poses, mais cette fois-ci, Marie-Antoinette regarde son mari de face et lui signale un refus bien différent. De la main gauche, elle désigne toujours le sexe pendant de son mari, mais de la droite, un doigt solitaire s'étire vers son vagin. Elle semble répondre par la négative au roi pour mieux savourer sa propre masturbation. Cette image renvoie directement au texte des *Fureurs utérines* où l'auteur écrit que pendant les douleurs de l'accouchement, Marie-Antoinette jure que « [le] vit sera remplacé par un doigt libertin[27] ». Ainsi, pour éviter de tomber enceinte, tout en continuant d'assouvir son désir ardent de sexualité, la reine passe du besoin de sperme vers celui de se masturber.

25 *Vagina dentata* signifie « vagin denté » en latin.

26 J. D. T. de Bienville, *op. cit.*, p. 113.

27 Anonyme, (Enfer 654), *op. cit.*, p. 1.

FIG. 3 – *Rien ne ravitailla le bijou monarchique.* © BnF (Enfer 653).

UNE REINE LUBRIQUE POUR LA POSTÉRITÉ ?

Somme toute, il est possible de croire que folie et fureur utérine vont de pair, car dans les entrées « fureur utérine », « folie » et « oisiveté » de l'*Encyclopédie*, les auteurs indiquent que si la femme en proie à ces maladies ne trouve pas un moyen d'assouvir sa fureur, elle risque fort de tomber dans « une rage, un délire, une folie[28] ». Nonobstant le fait que les pornographes

28 *Encyclopédie…*, *op. cit.*, « Fureur utérine », *op. cit.*, p. 378.

nomment rarement la folie dans leurs textes, c'est bien ce vent qu'ils font souffler sur leurs descriptions de la vie sexuelle de Marie-Antoinette[29]. Ainsi, l'on peut déduire des théories médicales du XVIIIe siècle que le manque de vitalité sexuelle de Louis XVI aurait déréglé la reine au niveau de ses humeurs et aurait été à l'origine du déséquilibre de sa matrice.

Cette question du voir comme preuve d'authenticité est importante dans le contexte satirique, et l'est d'autant plus dans le contexte pornographique où la récurrence des thèmes dans la gravure fait de l'image une vérité. Tout bien considéré, lors des procès royaux, le roi a été traité tel un porc imbécile[30] et cela a suffi pour le condamner. Toutefois, dans le cas de Marie-Antoinette, les textes et les images lui ont fait porter bien plus. Elle a dû être ennemie de la patrie par son origine autrichienne, monstre harpie, truie, puis redevenir femme, une femme scandaleuse et lubrique, pour que le tribunal révolutionnaire parvienne à l'anéantir. Ces accusations pornographiques et obscènes ont teinté le procès de Marie-Antoinette et, faute de preuve tangible, les estampes sont devenues des attestations fiables de ces débauches intimes.

Lors des années qui suivront immédiatement la défaite de Napoléon et la Restauration de la monarchie en 1814, une pléthore de récits produits par les défenseurs de l'Ancien Régime sera établie pour revaloriser la vertu de la dernière reine du siècle des Lumières. La monarchie restaurée sera déterminée à réhabiliter la réputation de Marie-Antoinette et dissimulera rapidement les œuvres pornographiques sous les voûtes de l'Enfer de la Bibliothèque nationale de France. Son accès pour l'historienne et l'historien de l'art moderne est resté complexe jusqu'au début du XXIe siècle. Le texte, quant à lui, a longuement été étudié grâce aux éditions non illustrées. Cette censure de l'image pornographique de Marie-Antoinette est une des raisons qui expliquent pourquoi les œuvres pornographiques concernant Marie-Antoinette sont restées dans un relatif oubli tout ce temps et si peu étudiées par l'historiographie.

Marjorie CHARBONNEAU
Université du Québec à Montréal

29 M. Bokobza Kahan, *Libertinage et folie dans le roman du XVIIIe siècle*, Louvain, Éditions Peeters, 2000, p. 23.

30 Sur l'imbécilité du roi, voir A. de Baecque, *Le Corps de l'histoire : métaphore et politiques (1770-1800)*, Paris, Calmann-Lévy, 1993, p. 62.

BIBLIOGRAPHIE

SOURCES MANUSCRITES

Archives Départementales de l'Aube, G 4185-4270 : Registres d'audiences et de sentences criminelles (1500-1723).

Archives Départementales de Haute-Garonne, 2B 10001-10500, sacs à procès (1500-1789).

Archives Départementales de la Marne, G 936-939 : Dossiers criminels (1624-1774).

Archives Départementales du Nord, 5G 509-530 : Clergé. Discipline ecclésiastique et affaires de mœurs (1594-1790).

Archives Départementales de l'Oise, G 4160-4590 : Procès criminels. Dossiers par nom de personne (1598-1789).

Archives Nationales, archives de la Bastille, Ms. 10500-10633 (1700-1789).

Bibliothèque de l'Arsenal, *Rapports de police sur ce qui se passe chaque jour dans l'église et le cimetière de Saint-Médard, miracles, affluence des fidèles, désordres et scandales, etc.*, Bibliothèque de l'Arsenal, Archives de la Bastille, Ms. 10196, 1720-1732.

Berger de Moydieu, Gaspard-François, *Tableau historique de l'Abbaye royale de Saint-Pierre. Second manuscrit, revu, corrigé et augmenté*, 1783 (Bibliothèque municipale de Lyon, Ms Coste 297).

Tallemant des Réaux, Gédéon, Ms fr. 1942, « Recueil Marbré », [BnF : « Recueil de poésie de divers auteurs du XVIIe siècle »].

Tallemant des Réaux, Gédéon, Ms fr. 19145, « Recueil de grand papier », [BnF : « Recueil de pièces de vers d'un grand nombre d'auteurs de la seconde moitié du XVIe s. et de la première moitié du XVIIe siècle »].

SOURCES IMPRIMÉES ANONYMES

Archives du mouvement convulsionnaire (1727-1816). Répertoire numérique détaillé, Caroline BERGER et Jean-Sylvain REY (éd.), Paris, Bibliothèque de la Société de Port-Royal, 2007.

Bibliothèque diabolique, Collection Bourneville, Paris, Progrès médical, A. Delahaye et Lecrosnier, 1882-1902, 9 vol.

Code criminel de l'empereur Charles V, vulgairement appelé La Caroline : contenant les loix qui sont suivies dans les Jurisdictions criminelles de l'Empire : Et à l'usage des Conseils de Guerre des Troupes Suisses, Paris, C. Simon, 1734.

Délibération capitulaire des religieuses, prieure et convent de l'abbaye de Notre-Dame de La Brelle de Biaches-lez-Péronne,… diocèse de Noyon,… contenant l'histoire abrégée des troubles de leur maison,… avec la défense du droit et privilège d'élection qui leur appartient, même au cas de destitution de leur abbesse… (6 décembre 1668), s. l. n. d.

L'École des filles, ou la philosophie des dames [1re éd. perdue, 1655], Fribourg, Roger bon temps, 1668 ; *Libertins du XVIIe siècle*, Jacques PRÉVOT (éd.), Paris, Gallimard, « Bibliothèque de la Pléiade », t. I, 1998.

Les Évangiles des quenouilles, Madeleine JEAY (éd.), Paris, Librairie philosophique Jean Vrin, et Montréal, Presses de l'Université de Montréal, « Études médiévales », 1985.

Femmes dramaturges en France (1650-1750), pièces choisies, vol. 2, Perry GETHNER (éd.), Tübingen, Gunter Narr Verlag, « Biblio 17 », 2002.

Les Folies sentimentales ou l'égarement de l'esprit par le cœur, Recueil d'Anecdotes nouvelles contenant Lucile et Lindamore, La Folle de Saint-Joseph, Bedlam, tiré de L'Homme sensible, La Démence d'Ellinor, Le Fou par amour, La Folle du Pont-Neuf et une anecdote flamande, Paris, Royez, 1786.

Les Fureurs utérines de Marie Antoinette, femme de Louis XVI ; la mère en proscrira la lecture à sa fille, s. l. n. d., 1791 (Enfer 654).

Fureurs utérines de Marie-Antoinette, femme de Louis XVI. La mère en proscrira la lecture à sa fille… [Suivi de] *Les amours de Charlot et Toinette*, s. l. n. d., 1791 (Enfer 653).

La Grant Nef des folz du monde, Lyon, F. Juste, 1530.

L'Influance de la lune sur la teste des femmes, estampe, Gallica IFN-8404239.

Instruction sur la manière de gouverner les insensés, Et de travailler à leur guérison dans les Asyles qui leur sont destinés, Paris, Imprimerie Royale, 1785.

La Médée de la France. Dépeinte en la personne de la Marquise d'Ancre, Paris, F. Bourriquant, 1617.

Mélodrames et romans noirs, 1750-1890, Simone BERNARD-GRIFFITHS et Jean SGARD (éd.), Toulouse, Presses universitaires du Mirail, 2000.

La Nef des folles selon les cinq sens de nature, Jean DROUYN *et alii* (adapt.), Olga Anna DUHL (éd.), Paris, Classiques Garnier, « Textes de la Renaissance », 190, 2013.

Nouvelles Folies sentimentales ou Folies par amour précédées de La Folle par haine, avec la Bague d'Hébé, Conte érotique ; pour faire suite à la Bibliothèque choisie de Contes, Paris, Royez, 1786.

Onania or the heinous sins of self-pollution [15e éd.], Londres, J. Ested, 1730.

Procès-verbaux de plusieurs médecins et chirurgiens, dressés par ordre de sa majesté au sujet de quelques personnes soi-disantes agitées de Convulsions, Paris, Vve Mazieres et J.-B. Garnier, 1732.

Recueil des miracles opérés au tombeau de M. de Paris diacre, s. l., 1732-1735 ; nouvelle éd., Utrecht, s. n., 1733 (vol. 1), 1734 (vol. 2), 1736 (vol. 3).

Réflexions sur les miracles que Dieu opère au tombeau de M.e Pâris ; & en particulier sur la manière étonnante & extraordinaire, dont il les opère depuis six mois ou environ, s. l. n. d. [1729].

Registres du Consistoire de Genève au temps de Calvin, Isabella M. WATT et Jeffrey Rodgers WATT (éd.), Genève, Droz, 1996, vol. VII (25 février 1552 – 2 février 1553).

La Regle de S. Augustin, et les constitutions des religieuses de S. Dominique. Avec les Declarations & les Ordonnances des Chapitres Generaux. Recüeillies & mises en François par le R. P. Jean Mahvet de l'ordre des F. F. Prescheurs, Avignon, P. Offray, 1674.

Requeste présentée au Parlement par Charlotte de la Porte, dont les jambes et les pieds ont grandi & se sont formés après l'âge de cinquante ans, dans le cours de ses Convulsions ; accusée d'imposture, décrétée de Prise de Corps, & renfermée à la Salpêtrière, Paris, Lottin, 1735.

Théâtre de femmes de l'Ancien Régime, vol. 2, *XVIIe siècle*, Aurore ÉVAIN, Perry GETHNER et Henriette GOLDWYN (éd.), Saint-Étienne, Publications de l'Université de Saint-Étienne, 2008.

Le Triumphe de Haulte Folie [1550 ?], Anatole de MONTAIGLON (éd.), Paris, L. Willem, 1879.

Le Triumphe de tres haulte et puissante dame Vérolle [1534], Anatole de MONTAIGLON (éd.), Paris, L. Willem, 1874.

SOURCES IMPRIMÉES

ARISTOTE, *L'Homme de génie et la mélancolie*, Jackie PIGEAUD (trad.), Paris, Rivages poche, 1988.

BADE, Josse, DROUYN Jean *et alii* (trad.), *Stultiferae naves sensus animosque trahentes mortis in exitium* [1501], Olga Anna DUHL (éd.), Paris, Classiques Garnier, « Textes de la Renaissance », n° 190, 2013.

BALZAC, Honoré de, *Adieu, La Comédie humaine*, Pierre Georges CASTEX (éd.), vol. X, *Études philosophiques*, Paris, Gallimard, « Bibliothèque de la Pléiade », 1979.

BATMAN, Stephen, *A christall glasse of christian reformation wherein the godly maye beholde the coloured abuses vsed in this our present tyme*, Londres, I. Day, 1569.

BENOIST, René, *Remonstrance aux prestres, religieuses, et moynes qui soubz le pretexte d'un licite mariage ont commis abominable inceste et sacrilège*, Paris, N. Chesneau, 1567.

BENOIST, René, *Catechèses, ou Instructions touchant les poincts à présent controuersés en la religion, accomodées aux Éuangiles d'vn chacun iour de Caresme, proposées en sermons en l'Église de S. Eustache à Paris, l'an 1573*, Paris, N. Chesneau, 1573.

BEYS, Charles de, *L'Hospital des fous*, Paris, T. Quinet, 1636.

BEYS, Charles de, *Les Illustres fous*, Paris, O. de Varennes, 1653.

BIENVILLE, Jean-Baptiste Louis de Thesacq de, *La Nymphomanie, ou traité de la fureur utérine*, Amsterdam, F. Grasset et comp., 1784 [1771] ; Jean-Marie GOULEMOT (éd.), Paris, Le Sycomore, « La boîte de Pandore », 1980.

BODIN, Jean, *De la démonomanie des sorciers* [1580], Virginia KRAUSE, Christian MARTIN et Éric MACPHAIL (éd.), Genève, Droz, « Travaux d'Humanisme et Renaissance », 69, 2016.

BOILEAU, Nicolas, *Œuvres*, Jérôme VERCRUYSSE (éd.), Paris, Garnier-Flammarion, 1969.

BOILEAU, Nicolas, « Satire X », *Œuvres complètes*, Antoine ADAM et Françoise ESCAL (éd.), Paris, Gallimard, « Bibliothèque de la Pléiade », 1966.

BOSSE, Abraham, *Les Vierges folles*, gravure, Gallica, IFN 8428892, et *Les Vierges sages*, gravure, Gallica, IFN 8403245, vers 1635.

BOSSUET, Jacques Bénigne, *Maximes et Réflexions sur la Comédie*, Paris, J. Anisson, 1694.

BOUNIN, Gabriel, *La Sultane*, Michel DASSONVILLE (éd.), *La Tragédie à l'époque d'Henri II et de Charles IX. Première série. Vol. 1, 1550-1561*, Paris, PUF, 1986.

BRANT, Sebastian, *Das Narrenschiff*, Joachim KNAPE (éd.), Stuttgart, Reclam, 2005.

BRIQUET, Fortunée, *Dictionnaire historique, biographique et littéraire des Françaises et étrangères naturalisées en France*, Paris, Treuttel et Würtz, 1804.

BULTEAU, Louis, *Essai de l'histoire monastique d'Orient*, Paris, L. Billaine, 1680.

BURTON, Robert, *L'Anatomie de la mélancolie* [1621], Bernard HŒPFFNER et Catherine GOFFAUX (trad.), Paris, J. Corti. 2000.

CARRÉ DE MONTGERON, Louis Basile, *La Vérité des miracles opérés par l'intercession de M. de Pâris et autres appellans*, Utrecht, chez les Libraires de la Compagnie, 1737.

CARRÉ DE MONTGERON, Louis Basile, *La Vérité des miracles opérés par l'intercession de M. de Pâris et autres appellans, avec des Observations sur le phénomène des convulsions*, 3 vol., Cologne, chez les Libraires de la Compagnie, 1745 et 1747.

CERVANTÈS, Miguel de, *Don Quichotte*, Jean CANAVAGGIO (éd.), Paris, Gallimard, « Folio », 1988.

CHAMBON DE MONTAUX, Nicolas, *Des maladies des filles*, Paris, rue et hôtel Serpente, 1785.

CHAPELAIN, Jean, *Lettres*, Philippe TAMIZEY DE LARROQUE (éd.), 2 t., Paris, Imprimerie Nationale, 1968.

CHAPPUZEAU, Samuel, *L'Académie des femmes*, Paris, A. Courbé et L. Billaine, 1661.

CHAUSSE, Marie-Hiéronyme (sœur), *Histoire de l'etablissement et du progrès du premier monastere des religieuses Annonciades celestes de la ville de Lyon, fondé par Madame Gabrielle de Gadagne,… Contenant un abregé de la vie des religieuses qui y sont mortes depuis le commencement de la fondation du monastere jusques à present. Sçavoir depuis l'an M. DC. XXIV. jusques à M. DC. XCVIII. Dedié à monseigneur l'archevéque de Lyon. Divisé en deux parties, et composé par la R. M. Marie Hieronime Chausse religieuse du même monastere*, Lyon, Vve Chavance, 1699.

COTTIN, Sophie, *Malvina*, Paris, Maradan, 1800.

COURRADE, Augustin, *L'Hydre féminine combatue par la nymphe pougoise, ou Traité des maladies des femmes guéries par les eaux de Pougues*, s. l., 1634.

CRESPET, Pierre, *La Pomme de Grenade mystique, ou Institution d'une vierge chrestienne et de l'Ame devote, qui fait profession de la vie continente, & de l'état de perfection, pour se disposer à l'advenement de sons espoux Jesus Christ*, Lyon, T. Soubron, 1592.

DALAYRAC, Nicolas, *Nina ou la folle par amour*, livret de Benoît-Joseph MARSOLLIER DES VIVETIÈRES, Paris, Brunet, 1786.

DANCOURT, Florent Carton, *Renaud et Armide*, Paris, Guillain, 1697.

DANCOURT, Florent Carton, *Angélique et Médor*, Bruxelles, Foppens, 1698.

DE SERRES Louis, *Discours de la nature, causes, signes et curation des empeschemens de la conception, et de la stérilité des femmes*, Lyon, A. Chard, 1625.

DESMARETS de SAINT-SORLIN, Jean, *Les Visionnaires* [1637], dans *Théâtre du XVIIe siècle*, t. II, Jacques SCHERER et Jacques TRUCHET (éd.), Paris, Gallimard, « Bibliothèque de la Pléiade », 1986.

DIDEROT, Denis, *La Religieuse*, Florence LOTTERIE (éd.), Paris, Garnier-Flammarion, 2009.

DIDEROT, Denis et D'ALEMBERT, Jean Le Rond, *Encyclopédie, ou dictionnaire raisonné des sciences, des arts et des métiers, par une société de gens de lettres*, Paris, Briasson, David l'aîné, Le Breton, Durand, 1751-1772 [en ligne : Enccre].

DION CASSIUS, *Histoire romaine*, Marie-Laure FREYBURGER et Jean-Michel RODDAZ (éd. et trad.), Paris, Les Belles Lettres, 1991.

DROUET DE MAUPERTUIS, Jean-Baptiste, *La Femme foible, où l'on représente aux Femmes les dangers auxquels elles s'exposent par un commerce fréquent et assidu avec les Hommes*, Amsterdam, s. n., 1755 [1714].

DU BOSC Jacques, *L'Honnête femme*, Paris, P. Billaine, 1632.

DUFOUR Jean-François, *Essai sur les opérations de l'entendement humain et les maladies qui les dérangent*, Paris, Merlin, 1770.

DUFRESNY, Charles, *L'Opéra de Campagne*, *Théâtre Italien de Gherardi*, Paris, P. Vitte, 1717, t. IV.

DU LAURENS André, *L'Histoire anatomique en laquelle toutes les parties du corps humain sont amplement déclarées enrichie de controverses et observations nouvelles*, François SIZÉ (trad.), Paris, J. Berthault, 1610.

DU LAURENS, André, *Discours des maladies mélancoliques*, Radu SUCIU (éd.), Paris, Klincksieck, 2012.

DUREY DE NOINVILLE, Jacques-Bernard, *Histoire du Théâtre de l'Académie Royale de Musique en France depuis son établissement jusqu'à présent*, 2e édition, Paris, Duchesne, 1757 ; Genève, Minkoff reprints, 1972.

ÉRASME, *Éloge de la folie*, Pierre de NOLHAC (trad.), Paris, Garnier-Flammarion, 1964.

ÉRASME, *L'Éloge de la Folie*, dans *Œuvres choisies*, Jacques CHOMARAT (éd.), Paris, Librairie Générale Française, 1991.

FARET, Nicolas, *L'Honneste homme ou L'Art de plaire a la court*, Paris, T. du Bray, 1630.

FERRAND, Jacques, *Traicté de l'essence et guerison de l'amour ou de la melancholie érotique*, Tolose, Vve J. Colomiez et R. Colomiez, 1612.

FERRAND, Jacques, *De la maladie d'amour ou melancolie érotique* [1623], Donald BEECHER et Massimo CIAVOLELLA (éd.), Paris, Classiques Garnier, « Textes de la Renaissance », n° 153, 2010.

FOUILLOU, Jacques, *Dissertation où l'on montre que des miracles operez par degrez, ou accompagnez de douleurs, n'en sont pas moins de vrays miracles, et ont été regardés comme tels dans l'antiquité*, s. l., 25 octobre 1731.

FOURNEL Jean-François, *Traité de l'adultère considéré dans l'ordre judiciaire*, Paris, J.-F. Bastien, 1778.

FURETIÈRE, Antoine, *Le Roman bourgeois* [1666], Marine ROY-GARIBAL (éd.), Paris, GF Flammarion, 2001.

FURETIÈRE, Antoine, *Dictionnaire universel contenant generalement tous les mots françois, tant vieux que modernes, & les termes de toutes les sciences et des arts*, La Haye, A. et R. Leers, 1690 [en ligne].

GAILLARD, Antoine, *Comédie*, dans *Œuvres du sieur Gaillard*, Paris, J. Dugast, 1634.

GARZONI, Tomaso, *L'Hospidale de'pazzi incurabili* [1586]. *L'Hospital des fols incurables*, François de CLARIER (trad.) [1620], Adelin Charles FIORATO (éd.), Paris, Honoré Champion, « Textes de la Renaissance », 45, 2001.

GOURNAY, Marie de, *L'Ombre de la Damoiselle de Gournay. Œuvre composé de meslanges*, Paris, J. Libert, 1626 (« Apologie de celle qui escrit. A un Prelat ») ; *Œuvres complètes*, Jean-Claude ARNOULD *et alii*, Paris, Honoré Champion, « Textes de la Renaissance », 51, 2002.

GRENAILLE, François de, *L'Honnête Fille, où dans le premier livre il est traité de l'esprit des filles*, Alain VIZIER (éd.), Paris, Honoré Champion, « Textes de la Renaissance », 64, 2003.

GUEVARA, Antonio de, *L'Oratoire des religieux et l'exercice des vertueux, composé par le Reverend et digne prelat, Don A. de Guevare*, Nicolas DANY (trad.), Paris, G. Chaudière, 1582.

GUILLEMEAU Jacques et GUILLEMEAU Charles, *De la grossesse et accouchement des femmes. Du gouvernement d'icelles et moyen de survenir aux accidents qui leur arrivent. Ensemble de la nourriture des enfants. Par feu Jacques Guillemeau chirurgien ordinaire du roi. Revu et augmenté de figures en taille douce, et de plusieurs maladies secrètes. Avec un traité de l'impuissance par Charles Guillemeau chirurgien ordinaire du roi*, Paris, A. Pacard, 1621.

GUYON, Jeanne, *Les Torrents et commentaire au Cantique des cantiques de Salomon, 1683-1684*, Claude MORALI (éd.), Grenoble, Jérôme Millon, 1992.

GUYON, Jeanne, *La Vie par elle-même et autres écrits biographiques*, Dominique TRONC (éd.), Paris, Honoré Champion, « Sources classiques », 29, 2001.

GUYOT, Joseph-Nicolas, *Répertoire universel et raisonné de jurisprudence civile, criminelle, canonique et bénéficiale. Ouvrage de plusieurs jurisconsultes : Mis en ordre & publié par M. Guyot, écuyer, ancien magistrat*, Paris, Visse, 1784-1785, 17 vol.

HECQUET, Philippe, *Le Naturalisme des convulsions, démontré par la physique, par l'histoire naturelle, & par les évènemens de cette Œuvre*, Soleure, A. Gymnicus, 1733.

HECQUET, Philippe, *La Suceuse convulsionnaire, ou la psylle miraculeuse*, s. l., 1736.

HECQUET, Philippe, *Lettre sur la convulsionnaire en extase, ou la vaporeuse en rêve*, s. l., 1736.

HIPPOCRATE, *Œuvres complètes*, Émile LITTRÉ (trad.), Paris, Éd. J.-B. Baillière, 1873, t. VIII.

INSTITORIS, Henri et SPRINGER, Jacques, *Le Marteau des sorcières*, s. l., 1486.

JOUSSE, Daniel, *Traité de la justice criminelle de France*, Paris, Debure Père, 1771, t. III.

JUSSIE, Jeanne de, *Le Levain du calvinisme ou le commencement de l'hérésie de Genève*, Chambéry, Les frères Dufour, 1611.

JUSSIE, Jeanne de, *Petite chronique*, Helmut FELD (éd.), Mayence, P. von Zabern, 1996.

LABÉ, Louise, *Œuvres complètes*, François RIGOLOT (éd.), Paris, Garnier-Flammarion, 1986.

LA FONTAINE Jean de, *Fables*, Jean-Charles DARMON et Sabine GRUFFAT (éd.), Paris, Le Livre de Poche, 2002.

LAMBERTINI, Prospero, *De servorum Dei beatificatione, et beatorum canonizatione*, Bologne, Longhi, 1734-1738.

LA METTRIE, Julien Offray de, *L'Homme machine*, Leyde, Luzac, 1748.

LANCRE, Pierre de, *Tableau de l'inconstance des mauvais anges et démons* [1613], Nicole JACQUES-CHAQUIN (éd.), Paris, Aubier, 1982.

LA PORTE, Joseph de, et LACROIX, Jean-François de (éd.), *Histoire littéraire des femmes françaises, ou lettres historiques et critiques, contenant un précis de la vie, et une analyse raisonnée des ouvrages de femmes qui se distinguent dans la littérature française*, Paris, Lacombe, 1769, 5 t.

LECERF DE LA VIÉVILLE, Jean-Laurent, *Comparaison de la Musique italienne et de la Musique française*, dans *La Première Querelle de la musique italienne, 1702-1706*, Laura NAUDEIX (éd.), Paris, Classiques Garnier, « Bibliothèque du XVIIe siècle », 30, 2018.

LESAGE, Alain-René, *Le Diable boiteux*, Roger LAUFER (éd.), Paris, Gallimard, « Folio », 1984.

LOCHER, Jakob, *Stultifera navis*, Nina HARTL (éd.), *Die 'Stultifera Navis'. Jakob Lochers Übertragung von Sebastian Brants 'Narrenschiff'. Band 1.2 : Teiledition und Übersetzung*, Münster, Waxmann, 2001.

LUTHER, Martin, *Œuvres*, Genève, Labor et Fides, 1964, vol. 3.

MAILLARD, Jean, *Louise du Néant ou le triomphe de la pauvreté et des humiliations, suivi des Lettres* [1732], Claude-Louis COMBET (éd.), Grenoble, Jérôme Millon, 2006.

MAROT, Clément, *Œuvres complètes. Tome 2. Œuvres satiriques*, Claude Albert MAYER (éd.), Genève, Slatkine Reprint, 1999.

MARSOLLIER DES VIVETIÈRES, Benoît-Joseph, *Nina ou la Folle par amour*, Paris, Brunet, 1786.

MÉRARD DE SAINT-JUST, Anne, *Le Château noir, ou les souffrances de la jeune Ophelle*, Paris, Delarue et Lille, Castiaux, an VII.

MOLIÈRE, Jean-Baptiste Poquelin dit, *Œuvres complètes*, Georges FORESTIER, Claude BOURQUI *et alii* (éd.), Paris, Gallimard, « Bibliothèque de la Pléiade », 2010.

MOLIÈRE, Jean-Baptiste Poquelin dit, *Le Malade imaginaire* [1673], Judith LE BLANC (éd.), Paris, Garnier-Flammarion, 2020.

MUYART DE VOUGLANS, Pierre, *Institutes au droit criminel ou principes généraux sur ces matières*, Paris, Le Breton, 1757.

NOUGARET, Jean-Baptiste, *La Folle de Paris ou les extravagances de l'amour et de la crédulité, Par l'Auteur des Mille et une Folies*, Paris, Bastien, 1788.

OCHINO, Bernardo, *Apologues, esquels Se Descouvrent les abuz, folies, superstitions, erreurs, idolatries et impietez de la Synagogue du Pape et spécialement des moines d'icelui, Traduits d'Italien*, Genève, J. Gerard, 1554.

PARÉ, Ambroise, *De la génération* [1573], *Œuvres complètes*, Joseph-François MALGAIGNE (éd.), Genève, Slatkine Reprints, 1970, t. II.

PARÉ, Ambroise, « Annexe III – La réponse de 1575 », *Les Œuvres*, Paris, Classiques Garnier, « Textes de la Renaissance », 223, 2019, p. 3639-3658.

PARÉ, Ambroise, « Annexe VI – Les poèmes pour Jacques Guillemeau », *Les Œuvres*, Paris, Classiques Garnier, « Textes de la Renaissance », 223, 2019, p. 3663-3666.

PARFAICT, François et Claude, *Histoire du théâtre français depuis son origine jusqu'à présent*, 15 t., Paris, P. G. Le Mercier, 1745-1749.

PLATON, *Le Timée*, Paris, Les Belles Lettres, 1925 ; *Timée, Critias*, Luc BRISSON et Michel PATILLON (trad.) [1992], Paris, Garnier Flammarion, 2017.

POISSON, Raymond, *Les Fous divertissants*, Paris, Ribou, 1681.

PRÉAU, Gabriel Du, *Histoire de l'estat et succes de l'Eglise dressée en forme de chronique generalle et vniverselle… depuis la nativité de Jésus-Christ iusques à l'an 1580… Le tout extraict des plus approuuez Historiens…*, Paris, chez J. Kerver, 1583.

QUINAULT, Philippe, *Armide*, *Livrets d'opéra*, Buford NORMAN (éd.), Paris, Hermann, « Bibliothèque des Littératures Classiques », 2016.

RACINE, Jean, *Œuvres completes*, éd. Raymond PICARD, Paris, Gallimard, « Bibliothèque de la Pléiade », 1950-1952, 2 t.

RAMEAU, Jean-Philippe, et VALOIS D'ORVILLE, Adrien-Joseph de, *Platée*, Paris, aux dépens de l'Académie, 1749.

REGNARD, Jean-François, *Les Folies amoureuses*, Sabine CHAOUCHE (éd.), *Théâtre français*, t. II, Paris, Classiques Garnier, « Bibliothèque du théâtre français », 26, 2015.

RICHEOME, Louis, *L'Academie d'honneur dressee par le filz de Dieu au royaume de son eglise sur l'humilite selon les degrez d'icelle opposez aux marches de l'Orgueil*, Lyon, P. Rigaud, 1614.

ROUSSEAU, Jean-Jacques, *L'Émile ou de l'éducation*, Paris, Garnier-Flammarion, 1966.

RUFUS D'ÉPHÈSE, *Œuvres*, Paris, Éd. Daremberg-Ruelle, 1879.

SAINT-ÉVREMOND, Charles de, *La Comédie des Académistes* [1638, 1re éd. 1650], dans *Théâtre du XVIIe siècle*, t. II, Jacques SCHERER et Jacques TRUCHET (éd.), Paris, Gallimard, « Bibliothèque de la Pléiade », 1986.

SAINT-ÉVREMOND, Charles de, *Œuvres en prose*, René TERNOIS (éd.), Paris, Didier, 1962-1969, 4 vol.

SAINT-ÉVREMOND, Charles de, *Lettres*, René TERNOIS (éd.), Paris, Didier, 1967-1968, 2 vol.

SAINT-ÉVREMOND, Charles de, *Les Opéra, comédie* [1676], dans *Œuvres meslées*, t. 2, Londres, J. Tonson, 1705 ; *Les Opera*, Robert FINCH et Eugène JOLIAT (éd.), Genève, Droz, 1979.

SAINT-HALIER, Françoise-Thérèse Aumerle de, *La Rivale confidente*, Paris, Mérigot, 1753.

SCUDÉRY, Madeleine de, *Artamène, ou le grand Cyrus*, Paris, A. Courbé, 1653 (Xe partie, livre 2, « Histoire de Sapho »).

SCUDÉRY, Madeleine de, *Clélie. Histoire romaine. Seconde partie* [1655], Chantal MORLET-CHANTALAT (éd.), Paris, Honoré Champion, « Sources classiques », 40, 2002.

SOMAIZE, Antoine BAUDEAU de, *Le Procez des pretieuses en vers burlesques, comedie*, Paris, É. Loyson, 1660.

SOREL, Charles, *Le Berger extravagant où, parmi des fantaisies amoureuses, on voit les impertinences des Romans et de la Poésie*, Paris, T. du Bray, 1627 (rééd. sous le titre *L'Anti-Roman ou l'histoire du berger Lysis, accompagnée de ses remarques*, Paris, T. du Bray, 1633-1634) ; *L'Anti-roman [...]*, Anne-Élisabeth SPICA (éd.), Paris, Honoré Champion, « Sources classiques », 115, 2014.

STAËL, Germaine de, *La Folle de la forêt de Sénart* [1786], dans *Correspondance littéraire, par le baron de Grimm* [1786], Paris, Buisson, 1813 [t. 3, p. 519-524] ; Anne AMEND-SÖCHTING (éd.), *Cahiers staëliens*, nº 52, « Madame de Staël, sagesse et folie », 2001, p. 13-17.

STAËL, Germaine de, *Delphine* [1802], Paris, Gallimard, « Folio », 2017.

STAËL, Germaine de, *Du caractère de M. Necker et de sa vie privée* [1804], rééd. *Œuvres complètes de Madame la baronne de Staël*, Paris, Treuttel et Würtz, 1821, t. XVII.

STAËL, Germaine de, *Corinne ou l'Italie* [1807], Paris, Gallimard, « Folio », 1985.

STAËL, Germaine de, *Correspondance générale*, Béatrice JASINSKI (éd.), Genève, Slatkine, 2009, t. I-VII ; Jean-Daniel CANDAUX et Stéphanie GENAND (éd.), Genève, Slatkine, 2017, t. VIII-IX.

SUBLIGNY, Adrien-Thomas Perdou de, *La Fausse Clélie, histoire française, galante et comique*, Amsterdam, J. Wagenaar, 1671.

TALLEMANT DES RÉAUX, Gédéon, *Historiettes*, Antoine ADAM (éd.), Paris, Gallimard, « Bibliothèque de la Pléiade », 1960-1961, 2 vol.

TALLEMANT DES RÉAUX, Gédéon, *Historiettes*, Michel JEANNERET (éd.), Paris, Gallimard, « Folio classique », 2013.

TISSOT, Samuel-Auguste, *L'Onanisme* [1760], Paris, Éditions de la différence, 1991.

TRUBLET, abbé, *La Correspondance de l'abbé Trublet, documents inédits sur Voltaire, La Beaumelle, Malesherbes, Fontenelle, Mme Geoffrin, La Condamine, etc. Avec une introduction et des notes explicatives*, Nicolas Charles Joseph JACQUART (éd.), Paris, L'Ouest-Éclair, 1926.

VENEL, Jean-André, *Essai sur la santé et l'éducation médicinale des filles destinées au mariage*, Yverdon, chez la Société littéraire et typographique, 1776.

VENETTE Nicolas, *La Génération de l'homme, ou tableau de l'amour conjugal* [1686], Londres, 1771, 2 vol.

VILLARS, Nicolas MONTFAUCON DE, *Le Comte de Gabalis, ou entretien sur les sciences secrètes* [1670], Roger LAUFER (éd.), Paris, Nizet, 1963.

VIRET, Pierre, *Instruction chrestienne et somme générale de la doctrine comprinse ès Sainctes Escritures*, Genève, C. Badius, 1556.

VIRET, Pierre, *De la source & de la difference & convenance de la vieille & nouvelle idolatrie, & des vrayes & fausses images & reliques, & du seul vray Médiateur*, [Genève], Reboul, 1559.

VIRET, Pierre, *De la vraye et fausse religion, touchant les voeus & les serme[n]s licites & illicites : & notamment touchant les voeus de perpetuelle continence, & les voeux d'anatheme & d'execration, & les sacrifices d'hosties humaines, & de l'excommunication en toutes religions. Item de la moinerie, tant des juifs que des paiens & des turcs & des papistes, & des sacrifices faits à Moloch, tant en corps qu'en ame*, Genève, J. Rivery, 1560.

VOLTAIRE, *Correspondance*, Théodore BESTERMAN (éd.), 13 t., Paris, Gallimard, 1963-1993.

WIER, Jean, *De Praestigiis daemonum, et incantationibus, ac veneficiis*, Bâle, J. Oporin, 1563.

WIER, Jean, *Cinq livres de l'imposture et tromperie des diables, des enchantements et sorcelleries*, Jacques GRÉVIN (trad.), Paris, J. du Puys, 1569 ; Serge MARGEL (éd.), Grenoble, Jérôme Millon, 2021.

WIER, Jean, *Histoires, disputes et discours, des illusions et impostures des diables, des magiciens infâmes, sorcières et empoisonneurs ; des ensorcelez et démoniaques et de la guérison d'iceux ; item que méritent les magiciens, les empoisonneurs et les sorcières*, Paris, J. Chouet, 1579.

CRITIQUES

Dictionnaire de spiritualité ascétique et mystique, doctrine et histoire, Paris, Beauchesne, 17 t. en 22 vol., 1937-1995.

Georges Focus, La Folie d'un peintre de Louis XIV, Catalogue de l'exposition présentée au Palais des Beaux-Arts de Paris (13 octobre 2018 – 6 janvier 2019), Paris, Beaux-Arts de Paris éditions, 2018.

ABRAMOVICI, Jean-Christophe, *Obscénité et classicisme*, Paris, Presses Universitaires de France, « Perspectives littéraires », 2003.

ALEXANDER, Franz Gabriel, et SELESNICK Sheldon T., *Histoire de la psychiatrie. Pensée et pratique psychiatriques de la préhistoire à nos jours* (traduit de l'américain), Paris, A. Colin, 1972.

AMSTUTZ, Delphine, *La Fable du favori dans la littérature française du premier XVIIe siècle*, thèse de doctorat, sous la direction de Patrick DANDREY, Université Paris-Sorbonne, 2013.

ANGLO, Sydney, « Melancholia and Witchcraft : The Debate between Wier, Bodin, and Scot », *Folie et déraison à la Renaissance*, Bruxelles, Éditions de l'Université de Bruxelles, 1976, p. 209-228.

ARDEN ROBB, Bonnie, *Félicité de Genlis : Motherhood in the Margins*, Newark, University of Delaware Press, 2008.

ARMOGATHE, Jean-Robert, « À propos des miracles de Saint-Médard : les preuves de Carré de Montgeron et le positivisme des Lumières », *Revue de l'histoire des religions*, 180, 1971, p. 135-160.

ARNAUD, Sabine, *L'Invention de l'hystérie au temps des Lumières, 1670-1820*, Paris, Éditions de l'EHESS, 2014.

ARONSON, Nicole, *Madame de Rambouillet ou la magicienne de la chambre bleue*, Paris, Fayard, 1988.

ARTIÈRES, Philippe, *et alii*, *Histoire de la folie à l'âge classique de Michel Foucault. Regards critiques 1961-2011*, Caen, Presses universitaires de Caen, 2011.

BABB, Lawrence, *The Elizabethan Malady : A Study of Melancholia in English Literature from 1580 to 1642*, East Lansing, Michigan State College Press, 1951.

BAECQUE, Antoine de, *Le Corps de l'histoire : métaphores et politique (1770-1800)*, Paris, Calmann-Lévy, 1993.

BAZAN Iñaki, « Quelques remarques sur les victimes de viol au Moyen Âge et au début de l'époque moderne » dans Benoît GARNOT (dir.), *Les Victimes, des oubliées de l'histoire ?*, PUR, Rennes, 2000, p. 433-444.

BEAUDE, Joseph (dir.), *Madame Guyon, rencontres autour de la vie et l'œuvre de Madame Guyon*, Grenoble, Jérôme Millon, 1997.

BECKMAN ROGERS, Anna, « The Historical Threshold : Crisis, Ritual and Liminality in Sofia Coppola's Marie-Antoinette (2006) », *Revue Relief*, vol. 6, n° 1, 2012, p. 80-97.

BEGUIN, Michelle, « Folles par amour », dans Michel DELON et Jean-Christophe ABRAMOVICI (dir.), *Le Corps des Lumières, de la médecine au roman*, Nanterre, Centre des sciences de la littérature, 1997, p. 121-141.

BERGAMO, Mino, *La Science des saints, le discours mystique au* XVIIe *siècle en France*, Grenoble, Jérôme Millon, 1992.

BERGER, Günter, *Pour et contre le roman*, Paris-Seattle-Tübingen, Papers on French Seventeenth Century Literature, « Biblio 17 », 1996.

BERNARD Alexis, « Les victimes de viols à Lyon aux XVIIe et XVIIIe siècles » dans Benoît GARNOT (dir.), *Les Victimes, des oubliées de l'histoire ?*, Presses universitaires de Rennes, Rennes, 2000, p. 455-466.

BERRIOT-SALVADORE, Évelyne, *Un corps, un destin. La femme dans la médecine de la Renaissance*, Paris, Honoré Champion, 1993 ; Paris, Classiques Garnier, « Études et essais sur la Renaissance », 5, 2007.

BERTHON, Guillaume, « "Triboulet a frères et sœurs" – Fou de cour et littérature au tournant des XVe et XVIe siècles », *Babel*, 25 (2012), p. 97-120.

BOKOBZA KAHAN, Michèle, *Libertinage et folie dans le roman du* XVIIIe *siècle*, Louvain, Éditions Peeters, 2000.

BOKOBZA KAHAN, Michèle, *Témoigner des miracles au siècle des Lumières. Récits et discours de Saint-Médard*, Paris, Classiques Garnier, « Littérature, histoire, politique », 19, 2015.

BOUCHER, Louis, *La Salpêtrière, son histoire de 1656 à 1790*, Thèse pour le doctorat en médecine, Paris, Imprimerie de la société de typographie, 1883.

BRANCHER Dominique, *Équivoques de la pudeur. Fabrique d'une passion à la Renaissance*, Genève, Droz, « Travaux d'Humanisme et Renaissance », 543, 2015.

BREDIN, Jean-Denis, *Une singulière famille : Jacques Necker, Suzanne Necker et Germaine de Staël*, Paris, Fayard, 1999.

BRÉMAUD, Nicolas, « Panorama historique des définitions de l'hystérie », *L'Information psychiatrique*, vol. 91, n° 6, 2015, p. 485-498.

BRÉMOND, Henri, *Histoire littéraire du sentiment religieux en France : les mystiques français du grand siècle*, morceaux choisis par Jean DUCHESNE, Paris, Presses de la Renaissance, 2008.

BRENNER, Clarence D., *The Théâtre-Italien : Its Repertory, 1716-1793*, Berkeley, University of California Press, et Londres, Cambridge University Press, 1961.

BROEDEL, Hans Peter, *The "Malleus Maleficarum" and the Construction of Witchcraft : Theology and Popular Belief*, Manchester, Manchester University Press, 2003.

BRUNEAU, Marie-Florine, « Mysticisme et folie ou l'expérience de Jeanne Guyon », *Papers on French Seventeenth Century Literature*, n° 16/1, 1982, p. 37-55.

CALLE-GRUBER, Mireille, CREVIER GOULET Sarah-Anaïs, OBERHUBER Andrea et PEÑALVER VICEA Maribel (dir.), *Folles littéraires, des folies lucides. Les états* borderline *du genre et ses créations*, Montréal, Nota bene, 2019.

CAROLUS-CURIEN, Jacqueline, *Pauvres duchesses. L'envers du décor à la cour de Lorraine*, Metz, Éditions Serpenoise, 2007.

CARREZ, Jean-Pierre, *Femmes opprimées à la Salpêtrière de Paris, 1656-1791*, Paris, Connaissance et Savoirs, 2005.

CARREZ, Jean-Pierre, « La Salpêtrière de Paris sous l'Ancien Régime : lieu d'exclusion et de punition pour femmes », *Criminocorpus. Varia*, 2008 [en ligne].

CAVAILLÉ, Jean-Pierre, « Possession et sorcellerie en France au XVIIe siècle », *Archives de sciences sociales des religions*, n° 188, 2019, p. 141-159.

CASTEX, Pierre-Georges, « Renaissance de l'irrationnel », *Le Conte fantastique en France*, Paris, Corti, 1987, p. 13-24.

CAZALS, Géraldine et GEONGET, Stéphane (dir.), *Les Recueils de* Plaidoyez *à la Renaissance*, Genève, Droz, 2018.

CÉARD Jean (dir.), *La Folie et le corps*, Paris, Presses de l'ENS, 1985.

CÉARD, Jean, « Démonologie et démonopathies au temps de Charcot », *Histoire des sciences médicales*, n° 28, 1994, p. 337-343.

CÉARD, Jean, « Entre le naturel et le démoniaque ; la folie à la Renaissance », dans Jacques POSTEL et Claude QUÉTEL (dir.), *Nouvelle histoire de la psychiatrie*, Paris, Dunod, 2012, p. 81-95.

CERTEAU, Michel de, *Surveiller et punir. Naissance de la prison*, Paris, Gallimard, « nrf », 1975.

CERTEAU, Michel de, *La Fable mystique. XVIe-XVIIe siècles*, Paris, Gallimard, « Bibliothèque des histoires », 1982 [rééd. 1987, « Tel »].

CHATAIGNIER, David, « Roxelane on the French Tragic stage, 1561-1681 », *Fortune and Fatality : Performing the Tragic in Early Modern France*, Desmond HOSFORD et Charles WRIGHTINGTON (dir.), Cambridge, Cambridge Scholars Publishing, 2008, p. 95-117.

CHESLER, Phyllis, *Women and Madness* [1972] *Les Femmes et la folie*, Jean-Pierre COTTEREAU (trad.), Paris, Payot, 1975.

CHOLLET, Mona, *Sorcières. La puissance invaincue des femmes*, Paris, Éd. la Découverte, « Zones », 2018.

CLAY, Lauren R., « L'étrange carrière de Voltaire, le dramaturge le plus rentable du XVIIIe siècle », *Données, recettes, & répertoire. La scène en ligne (1680-1793)*, Boston, MIT Press, 2020, en ligne.

CLOSSON, Marianne, *L'Imaginaire démoniaque en France (1550-1650). Genèse de la littérature fantastique*, Genève, Droz, « Travaux d'Humanisme et Renaissance », 341, 2000.

CLOSSON Marianne, « Le sexe du diable : l'obscénité dans les textes démonologiques », dans Guillaume PEUREUX, Hugh ROBERTS et Lise WAJEMAN (dir.), *Obscénités renaissantes*, Genève, Droz, « Travaux d'Humanisme et Renaissance », 473, 2011, p. 319-334.

CLOSSON Marianne (dir.), *L'Hermaphrodite de la Renaissance aux Lumières*, Paris, Classiques Garnier, « Masculin/Féminin dans l'Europe moderne », 1, 2013.

CLOSSON, Marianne, « Portrait de l'auteur en Sibylle », *Études rabelaisiennes*, LIX, 2021, p. 45-60.

CNOCKAERT Véronique, « L'Empire de l'ensauvagement : *Adieu* de Balzac », *Romantisme* 2009/3 (n° 145), p. 37-49.

COGNET, Louis, *Le Crépuscule des mystiques*, Paris, Desclée, « Bibliothèque de théologie », 1991.

CONROY, Derval, *Ruling Women : Configuring the French Prince in Seventeenth-Century French Drama*, New York, Palgrave Macmillan, 2016, 2 t.

CONSTANT, Jean-Marie, *La Folle Liberté des baroques, 1600-1661*, Paris, Perrin, « Pour l'Histoire », 2007.

CORNILLIAT, François, « Missing Women : On the Riddle of Gender Relations in Rabelais's Fiction », dans Bernd RENNER (dir.), *A Companion to François Rabelais*, Leyde/Boston, Brill, 2021, p. 429-454.

CORTEY, Mathilde, « Du boudoir aux petites maisons : la courtisane hystérique », dans René DÉMORIS et Henri LAFON (dir.), *Folies romanesques au siècle des Lumières*, Paris, Desjonquères, 1998, p. 103-115.

COTTRET, Monique, « Mme de Staël et Marie-Antoinette : deux femmes en politique », dans Anna BELLAVITIS et Nicole EDELMAN (dir.), *Genre, femmes, histoire en Europe : France, Italie, Espagne, Autriche*, Nanterre, Presses universitaires de Paris Nanterre, 2011.

COUVREUR, Manuel, « La Folie à l'opéra-comique : des grelots de Momus aux larmes de Nina », *Grétry et l'Europe de l'opéra-comique*, Philippe VENDRIX (dir.), Liège, Mardaga, 1992, p. 201-219.

CUNICH, Peter, « The ex-religious in Post-Dissolution Society : Symptoms of Post-Traumatic Stress Disorder ? », dans James G. CLARK (dir.), *The Religious Orders in Pre-Reformation England*, Woodbridge, The Boydell press, 2002, p. 227-238.

CURTIUS, Ernst Robert, *Europäische Literatur und lateinisches Mittelalter*, Tübingen/Bâle, Francke, 1993 [1948].

DARNTON, Robert, *The Literary Underground of the Old Regime*, Cambridge/Londres, Harvard University Press, 1982.

DEBAILLY, Pascal, « Satire et peur du féminin », dans Jean CÉARD *et alii* (dir.),

Cité des Hommes, Cité de Dieu. Travaux sur la littérature de la Renaissance en l'honneur de Daniel Ménager, Genève, Droz, « Travaux d'Humanisme et Renaissance », 375, 2003, p. 321-330.

DEBAILLY, Pascal, *La Muse indignée. Tome 1 : La satire en France au XVIe siècle*, Paris, Classiques Garnier, « Bibliothèque de la Renaissance », 7, 2012.

DELCAMBRE, Étienne, *Le Concept de sorcellerie dans le Duché de Lorraine au XVIe et au XVIIe siècle*, Nancy, Société d'archéologie lorraine, 1948-1949.

DELON, Michel, *L'Idée d'énergie au tournant des Lumières, 1770-1820*, Paris, PUF, 1988.

DELON Michel, *Anthologie Sylphes et Sylphides*, Paris, Desjonquères, 1999.

DELON, Michel, « Lionello Sozzi, le tournant des Lumières et la romance de Nina », *Studi Francesi*, n° 178, 2016, p. 54-66.

DELORME, Philippe, *Histoire des reines de France : Marie-Antoinette épouse de Louis XVI et mère de Louis XVII*, Paris, Pygmalion, 2011.

DELUMEAU, Jean, *Le Péché et la peur : la culpabilisation en Occident, XIIIe-XVIIIe siècles*, Paris, Fayard, 1983.

DESJARDINS, Lucie et DUMOUCHEL, Daniel, *Penser les passions à l'âge classique*, Paris, Hermann, « Les collections de la République des Lettres », 2012.

DOBBY-POIRSON Florence, « La figure de la Bacchante dans la tragédie humaniste française », *Seizième Siècle*, 2010, vol. 6, n° 1, p. 63-76.

DORLIN Elsa, *La Matrice de la race. Généalogie sexuelle et coloniale de la Nation française*, Paris, La Découverte, « Poche / Sciences humaines et sociales », 2009.

DORNIER, Carole, « Raconter la folie : les recueils de *Folies sentimentales* (1786) », dans René DÉMORIS et Henri LAFON (dir.), *Folies romanesques au siècle des Lumières*, Paris, Desjonquères, 1998, p. 165-184.

DUBEAU, Catherine, *La Lettre et la mère. Roman familial et écriture de la passion chez Suzanne Necker et Germaine de Staël*, Paris, Hermann, « Les collections de la République des Lettres », 2013.

DUBOIS-NAYT, Armel, DUFOURNAUD, Nicole et PAUPERT, Anne (dir.), *Revisiter la « querelle des femmes ». Discours sur l'égalité/inégalité des sexes, de 1400 à 1600*, Saint-Étienne, Presses universitaires de Saint-Étienne, 2013.

DUHL, Olga Anna, *Folie et rhétorique dans la sottie*, Genève, Droz, « Publications romanes et françaises », 1994.

DUPONT, Florence, *Le Théâtre latin*, Paris, A. Colin, 1988.

ELIAS, Norbert, *La Société de Cour*, Paris, Calmann-Lévy, 1974 ; rééd. Paris, Flammarion, « Champs », préface de Roger CHARTIER, 1985.

ESMEIN, Camille, *L'Essor du roman. Discours théorique et constitution d'un genre littéraire au XVIIe siècle*, Paris, Honoré Champion, « Lumière classique », 78, 2008.

FAGGION, Lucien, RERGINA, Christophe (dir.), *La Violence. Regards croisés sur une réalité plurielle*, Paris, CNRS Éditions, 2010.

FARGE, Arlette, *La Vie fragile. Violences, pouvoirs et solidarités à Paris au XVIIIe siècle*, Paris, Hachette, 1986.

FELMAN, Soshanna, *La Folie et la chose littéraire*, Paris, Seuil, 1978.

FERROUL, Yves, « Théorie des humeurs et sexualité », *Andrologie*, vol. 6, n° 3, 1996, p. 311-317.

FLEISCHMANN, Hector, *Les Pamphlets libertins contre Marie-Antoinette d'après des documents nouveaux et les pamphlets tirés de l'Enfer de la Bibliothèque nationale*, Paris, Les Publications Modernes, 1908.

FORMENT, Lise, « *La Folle Querelle ou la critique d'*Andromaque : quand la comédie de spectateurs extravague », dans Delphine ABRECHT, Lise MICHEL et Coline PIOT (dir.), *Faire œuvre d'une réception. Portraits de spectateurs de théâtre (spectacles, textes, films, images)*, Paris, Max Milo et L'Entretemps éditions, « Champ théâtral », 2019, p. 31-45.

FOUCAULT, Michel, *Folie et déraison. Histoire de la folie à l'âge classique*, Paris, Plon, 1961 ; *Histoire de la folie à l'âge classique*, 2de éd. revue et augmentée, Paris, Gallimard, « Bibliothèque des histoires », 1972.

FOUCAULT, Michel, *Les Anormaux : Cours au collège de France (1974-1975)*, Paris, EHESS, Gallimard/Seuil, « Hautes études », 1999.

FOUCAULT, Michel, *Histoire de la sexualité*, Paris, Gallimard, 2017, t. 1 : *La volonté de savoir.*

FRAPPIER, Louise, « La topique de la fureur dans la tragédie française du XVIe siècle », *Études françaises*, 36 (1), 2000, p. 29-47.

FREIDEL, Nathalie, et LECLERC, Jean, « Le *Dialogue des Héros de roman* de Boileau : de la galanterie des anciens aux simulacres des jeux mondains », *Littératures classiques*, 2012, n° 77, p. 297-310.

FRITZ, Jean-Marie, *Le Discours du fou au Moyen Âge, XIIe-XIIIe siècles*, Paris, PUF, 1992.

FRONTISI-DUCROUX, Françoise, « Qu'est-ce qui fait courir les ménades ? », dans Dominique FOURNIER et Salvatore D'ONOFRIO (dir.), *Le Ferment divin*, Paris, Éditions de la Maison des sciences de l'homme, « Ethnologie de la France », 2014, p. 147-166.

FUZIER, Jean, « L'hôpital des fous, variations européennes sur un thème socio-littéraire de la fin de la Renaissance », *Hommage à Jean-Louis Flecniakoska*, Montpellier, Université Paul Valéry, 1980, t. 1, p. 157-183.

FUZIER, Jean, « King Lear et le théâtre de l'asile », dans Société d'études anglo-américaines des XVIIe et XVIIIe siècles, *Folie, folies, folly dans le monde anglo-américain aux XVIIe et XVIIIe siècles*, Aix-en-Provence, Université de Provence, 1982, p. 115-123.

GABERT-BOCHE, Éliane, « Les miraculés du cimetière Saint-Médard », dans Jacques GELIS et Odile REDON (dir.), *Les Miracles miroirs des corps*, Vincennes, Presses Universitaires de Vincennes, 1983, p. 125-157.

GAFFIOT, Félix, *Dictionnaire latin-français* [1934], Paris, Hachette, 2000.

GARNOT, Benoît, *Une affaire de possession au* XVIIe *siècle. Les religieuses d'Auxonne (1658-1663)*, Paris, Imago, 2018.

GAUCHET, Marcel, SWAIN, Gladys, *La Pratique de l'esprit humain. L'institution asilaire et la révolution démocratique*, Paris, Gallimard, « Bibliothèque des sciences humaines », 1980.

GAUDILLAT CAUTELA, Stéphanie, « Questions de mot. Le "viol" au XVIe siècle, un crime contre les femmes ? », *Clio. Histoire, femmes et société*, n° 24, 2006, p. 57-74.

GENDT, Améa de, « *Virtus* et *voluptas*. Représentations ambivalentes des cinq sens dans les *Stultiferae Naves* de Josse Bade (1501) », *Bibliothèque d'Humanisme et Renaissance*, Vol. LXXIII, n° 2, 2011, p. 308-316.

GENAND, Stéphanie, *La Chambre noire. Germaine de Staël et la pensée du négatif*, Genève, Droz, 2017.

GILBERT, Sandra M., et GUBAR, Susan, *The Madwoman in the Attic : The Woman Writer and the Nineteenth-Century Literary Imagination* [1979], New Haven, Yale University Press, 2000.

GIMARET, Antoinette, « Louise du Néant, une sainteté problématique », *L'Atelier du Centre de recherches historiques*, 2009, 9 [en ligne].

GIRARD, René, *Le Bouc émissaire*, Paris, Le Livre de Poche, 1986.

GIRARD, René, *La Violence et le sacré*, Paris, Hachette, 2011.

GODINEAU, Dominique, *Les Femmes dans la France moderne*, Paris, A. Colin, 2015.

GOETSCHI, Milena Svec, *Klosterflucht und Bittgang : Apostasie und monastische Mobilität im 15. Jahrhundert*, Cologne, Böhlau Verlag, 2015.

GONDAL, Marie-Louise, *Madame Guyon : 1648-1717, un nouveau visage*, Paris, Beauchesne, 1989.

GOULEMOT, Jean-Marie, « "Prêtons la main à la nature…" II. Fureurs utérines », *Dix-huitième Siècle*, n° 12, 1980 (*Représentations de la vie sexuelle*), p. 97-111.

GOWLAND, Angus, *The Worlds of Renaissance Melancholy : Robert Burton in Context*, Cambridge, Cambridge University Press, 2006

GRANDE, Nathalie, *Le Rire galant. Usages du comique dans les fictions narratives de la seconde moitié du* XVIIe *siècle*, Paris, Honoré Champion, « Lumière classique », 87, 2011.

GRINTCHENKO, Marie-Hélène, *Catherine de Bourbon (1559-1604). Influence politique, religieuse et culturelle d'une princesse calviniste*, Paris, Honoré Champion, « Vie des huguenots », 50, 2009.

GROSPERRIN, Jean-Philippe, « Furies de théâtre. Mythologie et dramaturgie des fureurs dans la tragédie classique », *Littératures classiques*, hors-série, 2002 (*Mythe et histoire dans le théâtre classique. Hommage à Christian Delmas*), p. 261-281.

GUILLEMARD, Eléna, *L'Adieu aux ordres. Les sécularisations des religieuses au moment de la Réforme (France, Suisse, Angleterre, XVI*e *siècle)*, thèse sous la direction de Bernard HOURS et Olivier CHRISTIN, Université Lyon 3 et Université de Neuchâtel, 2020.

GUILLERAY, Pierre-Emmanuel, *La Fête des fous dans le nord de la France (XIV*e*-XVI*e *siècles)*, thèse pour le diplôme d'archiviste-paléographe, Paris, École nationale des Chartes, 2022, 2 vol.

GUTTON, Jean-Pierre, *La Société et les pauvres en Europe – XVI*e*-XVIII*e *siècles*, Paris, PUF, 1974, p. 122-157.

GUTTON, Jean-Pierre, « Enfermement et charité dans la France de l'Ancien Régime », *Histoire, économie et société*, 1991, 10e année, n° 3 (*Prières et charité sous l'Ancien Régime*), p. 353-358.

HAASE-DUBOSC, Danielle, « Intellectuelles, femmes d'esprit et femmes savantes du XVIIe siècle », *Clio. Histoire, femmes et sociétés*, 13, 2001.

HARPER-BILL, Christopher, « Monastic Apostasy in late Medieval England », *The Journal of Ecclesiastical History*, vol. 32, n° 01, 1981, p. 1-18.

HARRUS-RÉVIDI, Gisèle, *L'Hystérie*, Paris, PUF, « Que sais-je ? », 1997.

HAUSSOULLIER Bernard, « Bacchantes milésiennes », *Revue des Études Grecques*, 1919, vol. 32, n° 146, p. 256-267.

HENRY, Marthe, *Les Origines de l'élimination des antisociaux et de l'assistance aux aliénés chroniques. La Salpêtrière sous l'Ancien Régime*, Paris, Librairie Le François, 1922.

HÉRITIER, Françoise, *Hommes, femmes : la construction de la différence*, Paris, Le Pommier, 2010.

HODGSON, Richard G., « Du *Francion* de Sorel au *Pharsamon* de Marivaux : une histoire de la folie à l'âge de l'anti-roman », dans Nicole BOURSIER et David TROTT (dir.), *La Naissance du roman en France*, Seattle, Papers on French seventeenth century literature, « Biblio 17 », 1990, p. 29-38.

HOUDARD, Sophie, « Vie de scandale et écriture de l'obscène : hypothèses sur le libertinage de mœurs au XVIIe siècle », *Tangence*, n° 66 (*Les Écritures de la morale au XVII*e *siècle*), 2001, p. 48-66.

HOUDARD, Sophie, « La possession de Loudun (1632-1637). Un drame social à l'épreuve de la performance », *Communications*, vol. 92, n° 1, 2013, p. 37-49.

JACQUES-CHAQUIN, Nicole, et HOUDARD, Sophie (dir.), *Curiosité et* libido sciendi *de La Renaissance aux Lumières*, Fontenay-Saint-Cloud, éd. de l'E.N.S., 1998, 2 vol.

JACQUES-LEFÈVRE, Nicole, « Entre rationalité juridique et fiction : le sorcier "sujet de droit" ? », *Littératures Classiques*, n° 40, 2000, p. 327-345.

JACQUES-LEFÈVRE, Nicole, *Histoire de la sorcellerie démoniaque. Les grands textes de référence*, Paris, Honoré Champion, « Dictionnaires & références », 58, 2020.

JEANNERET, Michel, *Éros rebelle. Littérature et dissidence à l'âge classique*, Paris, Seuil, 2003.

JULLIEN Dominique, « Entre psychiatrie et philosophie : la folie dans *Adieu* de Balzac », *Littérature* 2011/2 (nº 162), p. 24-35.

KENNEDY, Theresa Varney, *Women's Deliberation : The Heroine in Early Modern French Women's Theater (1650-1750)*, Londres et New York, Routledge, 2018.

KOANA Akiko, « Le ballet de cour et Louis XIV », *Horizons philosophiques*, 2005, vol. 16, nº 1, p. 101-111.

KURSCHEIDT, Jonas, « Le *Narrenschiff* de Sébastien Brant à l'épreuve du filtre foucaldien », *Babel*, 25 (2012), p. 149-169.

LAFON Henri, « Le Délire et la feinte : Fromaget, Dorat, Loaisel, Louvert, Cottin », *Folies romanesques au siècle des Lumières*, Paris, Desjonquères, 1998, p. 398-407.

LANCASTER, Henry Carrington, *Sunset : A History of Parisian Drama (1701-1715)*, Baltimore, Johns Hopkins University Press, 1945.

LANCASTER, Henry Carrington, *French Tragedy in the Time of Louis XV and Voltaire 1715-1774*, Baltimore, Johns Hopkins University Press, 1950, 2 t.

LAQUEUR, Thomas Walter, *Making sex : body and gender from the Greeks to Freud*, Cambridge, Harvard University Press, 1992.

LAQUEUR, Thomas Walter, *Le Sexe en solitaire : contribution à l'histoire culturelle de la sexualité* [*Solitary sex : a cultural history of masturbation*], Paris, Gallimard, 2005.

LA ROCCA, Sandra, « L'Enfant-Jésus et les femmes au XVIIe siècle : une dévotion émancipatrice », *Clio, histoire, femmes et sociétés*, nº 15, 2002, p. 17-36.

LATHUILLÈRE, Roger, « La Préciosité en question : Subligny, *La Fausse Clélie* », *Cahiers de la littérature du XVIIe siècle*, nº 6, 1984, p. 301-315.

LAUX, Henri, et SALIN, Dominique (dir.), *Dieu au XVIIe : crises et renouvellements du discours : une approche interdisciplinaire*, Paris, Éd. Facultés jésuites de Paris, 2002.

LEBEL, Silvia, *Les Médées modernes. La cruauté féminine d'après les canards imprimés (1574-1651)*, Rennes, Presses universitaires de Rennes, 2013.

LE BLANC, Judith, *Avatars d'opéras. Parodies et circulation des airs chantés sur les scènes parisiennes*, Paris, Classiques Garnier, « Lire le XVIIe siècle », 29, 2014.

LE BRUN, Jacques, *Sœur et amante. Les biographies spirituelles au XVIIe siècle*, Genève, Droz, « Titre courant », 2013.

LEFEBVRE, Joël, *Les Fols et la folie. Le comique dans la littérature allemande de la Renaissance*, Paris, Klincksieck, 2003.

LE GALL, Jean-Marie, « L'ange, la moniale et l'hérétique : une affaire de possession à Lyon en 1528 », *Revue d'histoire ecclésiastique*, 2004 (*Mélanges Jean-Pierre Massaut*), p. 147-160.

LIÉBAULT, Jean, *Trois livres appartenans aux infirmitez et maladies des femmes*, Lyon, J. Veyrat, 1598.

LEONARD, Amy, « Defending Women's Communal Life. Dominican Nuns at Strasbourg (1526) », *From the Reformation to the Thirty Years War (1500-1648)*, German History in Documents and Images, s. d. [en ligne].

LE THIEC, Guy, « Le complot de Roxelane. *La Soltane* de Gabriel Bounin (1561) et *Il Solimano* de Prospero Bonarelli (1619) : deux tragédies politiques à la cour de France et dans la Florence des Médicis », dans Yves-Marie BERCÉ et Elena FASANO GUARINI (dir.), *Complots et conjurations dans l'Europe moderne. Actes du colloque international organisé à Rome, 30 septembre-2 octobre 1993*, Rome, École Française de Rome, 1996, p. 137-161.

LÉVI-STRAUSS, Claude, « Le sorcier et sa magie », *Les temps modernes*, n° 41, 1949, p. 385-406.

LÉVY, Maurice, *Le Roman « gothique » anglais (1764-1824)*, Paris, Albin Michel, 1995.

LIVI, Jocelyne, *Vapeurs de femmes. Essai historique sur quelques fantasmes médicaux et philosophiques*, Paris, Navarin, 1984.

LOGAN, Francis Donald, *Runaway religious in medieval England : c. 1240-1540*, Cambridge, Cambridge University Press, 1996.

LONCHAMP, Frédéric-Charles, *L'Œuvre imprimé de Madame Germaine de Staël*, Genève, Cailler, 1949.

LYON-CAEN, Nicolas, *La Boîte à Perrette. Le jansénisme parisien au XVIIIe siècle*, Paris, Albin Michel, 2010.

LYON-CAEN, Nicolas, « Un "saint de nouvelle fabrique". Le diacre Paris (1690-1727), le jansénisme et la bonneterie parisienne », *Annales. Histoire, Sciences Sociales*, 2010/3, p. 613-642.

MACLEAN, Ian, *Woman Triumphant*, Oxford, Oxford University Press, 1977.

MACLEAN, Ian, « La doctrine de la preuve dans les procès intentés contre les sorciers en Lorraine et en Franche-Comté autour de 1600 », dans Jean-Paul PITTION et Stéphan GEONGET (dir.), *Droit et justice dans l'Europe de la Renaissance.* Actes du XLIVe colloque international d'études humanistes de Tours (2-7 juillet 2001), Paris, Honoré Champion, 2009.

MAGENDIE, Maurice, *La Politesse mondaine et les théories de l'honnêteté en France au XVIIe siècle, de 1600 à 1660* [1925], Genève, Slatkine, 1993, 2 vol.

MAIGNE, Vincenette, « Les *Historiettes* de Tallemant des Réaux : un immense discours rapporté », Actes du XXIVe Colloque de la North American Society for Seventeenth Century French Literature, Athens, Georgia (1-3 octobre, 1992), Francis ASSAF (dir.), Paris/Seattle, *Papers on French Seventeenth Century Literature*, 1993, vol. XX, p. 135-141.

MAIRE, Catherine, *De la cause de Dieu à la cause de la Nation. Le jansénisme au XVIIIe siècle*, Paris, Gallimard, 1998.

MAÎTRE, Jacques, *Mystique et féminité*, Paris, Cerf, 1997.

MAÎTRE, Myriam, « Trouble dans la galanterie ? Préciosité et questions de genre », *Littératures classiques*, 2016/2, n° 90, p. 107-118.

MALLET-JORIS, Françoise, *Jeanne Guyon*, Paris, Flammarion, 1978.

MARGOLIN, Jean-Claude, « Le sujet de l'énonciation dans l'*Éloge de la Folie* d'Érasme », dans Pol DEFOSSE (dir.), *Hommages à Carl Deroux. Christianisme et Moyen Âge, néo-latin et survivance de la latinité*, Bruxelles, Latomus, 2003, vol. 5, p. 475-496.

MASSEAU, Didier, « Les Folles par amour dans le roman français à la veille de la Révolution », dans René DÉMORIS et Henri LAFON (dir.), *Folies romanesques au siècle des Lumières*, Paris, Desjonquères, 1998, p. 214-224.

MASSEAU, Didier, *Fêtes et folies en France à la fin de l'Ancien Régime*, Paris, CNRS Éditions, 2018.

MATHOREZ, Jules, *Mathurine et les libelles publiés sous son nom*, Paris, H. Leclerc, 1922.

MAUCLAIR Fabrice, *La Justice seigneuriale du duché-pairie de La Vallière (1667-1790)*, thèse de doctorat sous la direction de Brigitte MAILLARD, Université de Tours, 2006.

MAURY, Serge, *Une secte janséniste convulsionnaire sous la Révolution française. Les Fareinistes (1783-1805)*, Paris, L'Harmattan, 2019.

MAUSS DE ROLLEY, Thibaut, « La part du diable : Jean Wier et la fabrique de l'illusion diabolique », *Tracés. Revue de Sciences humaines*, 8, 2005 [en ligne].

MÉKOUAR-HERTZBERG, Nadia, et URDICIAN, Stéphanie (dir.), *Histoires de folles : raison et déraison, liaisons et déliaisons*, Binges, Orbis tertius, 2018.

MÉNIEL, Bruno, « La colère dans la tragédie humaniste », *Cahiers de recherches médiévales et humanistes*, n° 21, 2011, p. 359-375.

MÉROT, Patrick, « L'expérience mystique de Madame Guyon à Freud », *Libres cahiers de psychanalyse*, n° 30, 2014/2, p. 113-129.

METZGER-RAMBACH, Anne-Laure, *« Le texte emprunté ». Étude comparée du* Narrenschiff *de Sebastian Brant et de ses adaptations (1494-1509)*, Paris, Honoré Champion, « Études et essais sur la Renaissance », 76, 2008.

MIGLIORE, Sam, « The Doctor, the Lawyer, and the Melancholy Witch », *Anthropologica* 25, n° 2, 1983, p. 163-192.

MONTOYA, Alicia, *Marie-Anne Barbier et la tragédie post-classique*, Paris, Honoré Champion, « Les dix-huitièmes siècles », 106, 2007.

MUCHEMBLED Robert, *La Violence au village : sociabilités et comportements populaires en Artois du XVe au XVIIe siècle*, Paris, Brepols, 1989.

MUCHEMBLED, Robert, *L'Orgasme et l'Occident. Une histoire du plaisir du XVIe siècle à nos jours*, Paris, Seuil, « Points », 2005.

MUCHEMBLED, Robert, *Le Fils secret du Vert-Galant*, Paris, Les Belles Lettres, 2021.

MURPHY, Gwenaël, « Destins de religieuses pendant la Révolution française : l'exemple du diocèse de Poitiers », *Clio. Histoire, femmes et sociétés*, 15, 2002, p. 111-122.

MURPHY Gwenaël, « Les stratégies de défense masculines dans les affaires de violences conjugales (France, XVIIe-XVIIIe siècles) », Lucien FAGGION, Christophe REGINA, Bernard RIBÉMONT (dir.), *La Culture judiciaire. Discours, représentations et usages de la justice du Moyen Âge à nos jours*, Dijon, Éditions Universitaires de Dijon, 2014.

NACCACHE, Lionel, *Nous sommes tous des femmes savantes*, Paris, O. Jacob, 2019.

NORDERA, Marina, « Working or dancing : iconography of the Ten Virgins (Netherlands, 16th-17th centuries) », Marian ROTHSTEIN (trad.), *Clio. Femmes, genre, histoire*, 46, n° 2, 2017, p. 199-213.

PASTER, Gail K., *Humoring the Body Emotions and the Shakespearean Stage*, Chicago, The University of Chicago Press, 2004.

PEREY, Lucien, *Histoire d'une grande dame au XVIIIe siècle*, Paris, Calmann-Lévy, 1888.

PERRAS Jean-Alexandre, *L'Exception exemplaire. Inventions et usages du génie (XVIe-XVIIIe siècle)*, Paris, Classiques Garnier, « Lire le XVIIe siècle », 34, 2015.

PIGEAUD, Jackie, *La Maladie de l'âme. Étude sur la relation de l'âme et du corps dans la tradition médico-philosophique antique*, Paris, Les Belles Lettres, 1989.

PIGNET, Louise, « Madame Guyon, une légitimité paradoxale », *Littératures classiques*, n° 90, 2016/2, p. 61-75.

PINSON, Yona, *The Fools' Journey : a Myth of Obsession in Northern Renaissance Art*, Turnhout, Brepols, 2008.

POMATA, Gianna, « Malpighi and the holy body : medical experts and miraculous evidence in seventeenth-century Italy », *Renaissance Studies*, vol. 21, n° 4, 2007, p. 568-586.

PORRET, Michel, « Différencier les "magiciens infâmes, les sorcières et les empoisonneurs" : l'œil naturaliste de Jean Wier », dans Christine PLANTÉ (dir.), *Sorcières et sorcellerie*, Lyon, Presses universitaires de Lyon, 2002, p. 41-64 [en ligne].

POUGIN, Arthur, *Figures d'opéra-comique*, Lyon, Symétrie, 2012.

POULET, Françoise, « L'asile dans le théâtre : la folie comme miroir tendu au spectateur dans *Les Illustres Fous* de Charles Beys (1653) », dans Juan Carlos GARROT ZAMBRANA (dir.), *Métathéâtre, théâtre dans le théâtre et folie dans la scène européenne de la Renaissance et de l'âge baroque*, 2010, p. 65-88 [en ligne].

POULET, Françoise, *L'Extravagance. Enjeux critiques des représentations d'une notion dans le théâtre et le roman du XVIIe siècle (1623-1666)*, thèse de doctorat, sous la direction de Dominique MONCOND'HUY et Michèle ROSELLINI, Université de Poitiers, 2012.

QUÉTEL, Claude, *Histoire de la folie de l'Antiquité à nos jours*, Paris, Tallandier, « Texto », 2020 [2009].

REGINA, Christophe, « Brimer les corps, contraindre les âmes : l'institution du Refuge au XVIIIe siècle », *Genre & Histoire*, 1, Automne 2007 [en ligne].

RENNER, Bernd, « Juvénal et les *Nefs des folz* : Rhétorique et *translatio studii* », *Bibliothèque d'Humanisme et Renaissance*, 72 (2010), p. 283-300.

RENNER, Bernd (dir.), *Le Corpus des* Nefs des fous *:* imitatio, translatio *et satire à l'aube de la Renaissance*, *CRMH*, 2019-2, n° 38, p. 387-448 (dossier de quatre articles).

RENNER, Bernd, « "Icy n'y ha seulement que pour rire ?" Facétie et satire, une tentative de conciliation herméneutique » dans Dominique BERTRAND (dir.), *Perspectives facétieuses et esprit de connivence dans la première modernité*, Paris, Classiques Garnier, 2021, « Rencontres », 502, p. 153-180.

REQUEMORA, Sylvie, « Les "turqueries" : problèmes de définition d'une vogue théâtrale en mode mineur », *Littératures classiques*, n° 51, été 2004 (*Le théâtre au XVIIe siècle : pratiques du mineur*), p. 133-151.

REY, Alain (dir.), *Dictionnaire historique de la langue française*, Paris, Le Robert, 2010.

RICHET, Charles, « Les Démoniaques d'aujourd'hui – étude de psychologie pathologique », *Revue des Deux Mondes*, 3e période, t. 37, 1880, p. 340-372.

RIPA Yannick, *La Ronde des folles : femmes, folie et enfermement au XIXe siècle, 1838-1870*, Paris, Aubier, 1986.

ROBERT, B., « Alençon protestant en 1562 d'après un document catholique de l'époque », *Bulletin de la Société de l'Histoire du Protestantisme Français*, vol. 86, 1937, p. 116-145.

RODIER, Yves, « Les libelles et la fabrique de l'odieux (1615-1617) : l'imaginaire de la haine publique et le coup d'État de Louis XIII », *Dix-septième siècle*, vol. 276, n° 3, 2017, p. 441-454.

SAY, Hélène, « Filles abandonnées, perdues ou repenties : le Refuge de Nancy aux XVIIe et XVIIIe siècles », *Vie Sociale et Traitements*, vol. 106, n° 2, 2010, p. 29-37.

SCHANG, Marie-Cécile, « Pour une dramaturgie de la comédie mêlée d'ariettes (1750-1810) », thèse sous la direction de Raphaëlle LEGRAND et Pierre FRANTZ, soutenue à l'Université de Paris Sorbonne le 4 décembre 2017, à paraître chez Hermann.

SCHAZMANN, Paul-Émile, *Bibliographie des œuvres de Mme de Staël*, Paris, V. Attinger, 1938.

SCHRÖDER, Volker, « Madame Deshoulières, ou la satire au féminin », *Dix-Septième Siècle*, vol. 65, n° 1 [258], 2013, p. 95-106.

SGARD, Jean, « Les folles de 1786 », *Du visible à l'invisible, pour Max Milner*, Paris, J. Corti, 1988, t. 1, p. 111-121.

SERROY, Jean, *Roman et réalité, les histoires comiques au XVIIe siècle*, Paris, Minard, 1981.

SERROY, Jean, « Madeleine de Scudéry travestie : *La Fausse Clélie* de Subligny », dans *Les Trois Scudéry*, Actes du colloque du Havre, octobre 1991, Alain NIDERST (dir.), Paris, Klincksieck, 1993, p. 462-475.

SETH, Catriona (dir.), *Imaginaires gothiques. Aux sources du roman noir français*, Paris, Desjonquères, 2010.

SHOWALTER, English Jr., « Writing off the Stage : Women Authors and Eighteenth-Century Theater », *Yale French Studies*, 75, 1988, p. 95-111.

SOURNIA, Jean-Charles, *La Médecine révolutionnaire*, Paris, Payot, 1989.

SPICA, Anne-Élisabeth, « L'extravagance du berger extravagant de Charles Sorel (1627-1634) : un concept heuristique de la création fictionnelle au XVIIe siècle », *Carnets*, Première Série, 4, 2012 [en ligne].

STAROBINSKY, Jean, *L'Encre de la mélancolie*, Paris, Seuil, 2012.

STENGERS, Jean, et VAN NECK, Anne, *Histoire d'une grande peur : la masturbation*, Bruxelles, Éditions de l'Université de Bruxelles, 1984.

SWAIN, Gladys, *Dialogue avec l'insensé. Essais d'histoire de la psychiatrie*. Précédé de *À la recherche d'une autre histoire de la folie* par Marcel GAUCHET, Paris, Gallimard, 1994.

SZABARI, Antonia, « The Crescent Moon and the Orb : Political Allegory and Cosmographie Detour in Gabriel Bounin's *La Soltane* », *French Forum*, Philadelphia, University of Pennsylvania Press, printemps/automne 2015, Vol. 40, n° 2/3, p. 1-16.

TARCZYLO, Théodore, *Sexe et liberté au siècle des Lumières*, Paris, Presses de la Renaissance, 1983.

THIVEL, Antoine, « Hippocrate et la théorie des humeurs », *Phenomenologica – Hellenica*, vol. 1, n° 1, 1997, p. 85-108.

TIMMERMANS, Linda, *L'Accès des femmes à la culture sous l'Ancien Régime*, Paris, Honoré Champion, « Classiques Champion », 2005.

TRANIÉ, Ghislain, « L'Apocalypse a-t-il un genre ? L'imaginaire eschatologique au féminin entre France et Empire à la Renaissance », *Le Verger* X, décembre 2016, *Cornucopia*, [en ligne].

TRANIÉ, Ghislain, *Philippe de Gueldre (1465-1547), « royne de Sicile » et « povre ver de terre »*, Paris, Classiques Garnier, « Bibliothèque de la Renaissance », 13, 2018.

TRANIÉ, Ghislain, « "Pour servir d'éclaircissement à ceux qui pourroient estre abusez par les artifices, cabales et colligations" : négocier l'autorité au sein des communautés de religieuses à l'époque moderne », *Chrétiens & sociétés*, 27, 2020, p. 61-86.

TRÉNEL, Marc, « La Galerie des portraits de demi-fous et d'aliénés de Tallemant des Réaux », *Bulletin de la société française d'histoire de la médecine*, 23 (1929), p. 205-235.

TRILLAT, Étienne, *Histoire de l'hystérie*, Paris, Seghers, 1989.

TROPÉ, Hélène, *Folie et littérature dans l'Espagne des XVI*e *et XVII*e *siècles*, Paris, L'Harmattan, 2014.

TROTT, David, « Migration, naturalisation et transformation : les dernières années de la Comédie-Italienne en France (1752-1779) », *À Paris sous la Révolution : Nouvelles approches de la ville*, Paris, Éditions de la Sorbonne, 2008 [en ligne].

USSHER, Jane M., *The Madness of Women : Myth and Experience*, Londres-New York, Routledge, 2011.

VERDEAU-PAILLÈS, Jacqueline, LAXENAIRE Michel, STŒCKLIN Hubert, *La Folie à l'opéra*, Paris, Buchet Chastel, 2005.

VERGNES, Sophie, « Anne d'Autriche pendant la Fronde. Une régente dans la tourmente devant le tribunal de ses contemporains », Fabien SALESSE (dir.), *Le Bon Historien sait faire parler les silences. Hommage à Thierry Wanegffelen*, Toulouse, Presses universitaires du Midi, 2012, p. 77-90.

VERGNES, Sophie, *Les Frondeuses. Une révolte au féminin (1643-1661)*, Seyssel, Champ Vallon, 2013.

VICKERMANN-RIBÉMONT, Gabriele, « Nouvelles images de la séduction féminine : *Armide* de Lully et Quinault et ses reprises en peinture », *Littératures classiques*, 2009/2, n° 69, p. 205-225.

VIDAL, Daniel, « De la quête de Dieu à la question de la femme : les états de mystique », *Archives des sciences sociales des religions*, 2000, n° 110, p. 41-51.

VIDAL, Fernando, « Modernizing the Miraculous Body in Prospero Lambertini's *De servorum Dei* », *Benedict XIV and the Enlightenment. Art, Science, and Spirituality*, Rebecca MESSBARGER, Christopher M. S. JOHNS et Philipp GAVITT (dir.), Toronto/Buffalo/Londres, University of Toronto Press, 2016, p. 151-176.

VIGARELLO Georges, *Histoire du viol. XVI*e*-XX*e *siècle*, Paris, Seuil, « Points », 1998.

VIRCONDELET, Alain, *L'Art jusqu'à la folie. Camille Claudel, Séraphine de Senlis, Aloïse Corbaz*, Monaco, Éditions du Rocher, 2016.

VULPILLIÈRES, Catherine de, « La nymphomanie des Lumières : regards des médecins et des pornographes sur le désir féminin », *Le Corps des Lumières, de la médecine au roman*, Michel DELON et Jean-Christophe ABRAMOVICI (dir.), *Littérales* n° 20, 1997, p. 143-159.

WENGER, Alexandre, *La Fibre littéraire : le discours médical sur la lecture au XVIII*e *siècle*, Genève, Droz, « Bibliothèque des Lumières », 70, 2007.

WENZEL Éric, « Quelle place pour la victime dans l'ancien droit pénal ? », dans Benoît GARNOT (dir.), *Les Victimes : des oubliées de l'histoire ?*, Presses universitaires de Rennes, Rennes, 2000, p. 31-40.

WIEL, Véronique, « Du bon usage de l'imagination selon Malebranche », *L'Information littéraire*, vol. 58, n° 4, 2006, p. 20-27.

WIESNER-HANKS, Merry E., *Convents Confront the Reformation : Catholic and Protestant Nuns in Germany*, Milwaukee, Marquette University Press, 1996.

YERMOLENKO, Galina I., *Roxolana in European Literature, History and Culture*, Farnham (RU), Ashgate Press, 2010.

ZIMRA, Georges, *Les Pouvoirs de l'excès : éloge de l'infini*, Paris, Berg international, 2016.

INDEX NOMINUM

RÉSUMÉS

Marianne CLOSSON et Ghislain TRANIÉ, « Avant-propos. Pour une histoire genrée de la folie à l'époque moderne »

Absente de l'*Histoire de la folie à l'âge classique* de M. Foucault, la folie des femmes constitue pourtant un enjeu majeur dans le processus de construction « scientifique » de la domination masculine à l'époque moderne. Le passage d'une définition principalement morale et religieuse à une conception pathologique de la folie s'accompagne de la volonté d'exclure les femmes de l'ordre rationnel, processus que l'on peut voir à l'œuvre dans l'histoire, la médecine mais aussi la littérature.

Eléna GUILLEMARD, « Le cloître déstabilisé. Les religieuses et la folie au moment de la Réforme »

Au sein des écrits traitant des cloîtres au moment de la Réforme, les religieuses forment un sujet à part de controverse. La folie de ces femmes, celles qui choisissent le couvent ou celles qui, séduites par les propositions réformées, en sortent, est dénoncée. À ces discours confessionnalisés sur la folie monastique s'ajoutent chez les moniales des comportements concrets, hors normes, qui montrent que les bouleversements confessionnels ont aussi des conséquences psychiques.

Astrée RUCIAK, « De "povres vieilles folles". Les procédés de disculpation et leurs limites dans la caractérisation des sorcières chez Grévin traducteur de J. Wier »

Cette étude montre l'image ambiguë de la femme que construit le plaidoyer de Wier, traduit par Grévin. Si l'argument de la folie disculpe les « femmelette[s] » accusées de sorcellerie, les choix stylistiques du traducteur se lisent néanmoins comme une mise en avant d'une irresponsabilité qui profite à Satan. À travers une analyse de phénomènes linguistiques centrés autour des adjectifs et des participes, on étudiera comment les *Cinq livres* rappellent que le féminin serait corrompu.

Bénédicte DE MAUMIGNY-GARBAN, « Mystique féminine et folie au XVIIe siècle. Jeanne Guyon et Louise du Néant, entre condamnation et relégation »

Après avoir été au cœur d'un profond renouvellement chrétien, les mystiques deviennent suspectes dès la deuxième moitié du XVIIe siècle, leur liberté étant désormais synonyme de danger pour l'Église et l'État. Madame Guyon (1648-1707) est condamnée comme hérétique et Louise de Bellère du Tronchay, dite Louise du Néant (1639-1694), est soupçonnée d'aliénation mentale : il convient de réduire au silence celles qui offrent des voies inédites d'exploration religieuse et d'affirmation féminine.

Ghislain TRANIÉ, « Du trouble à l'exaltation. Formes admises et usages intempestifs de la folie dans les couvents féminins, XVIIe-XVIIIe siècles »

Aux XVIIe et XVIIIe siècles, les religieuses se retrouvent souvent associées à la folie. Celle-ci est liée à leur désir de quitter le monde, aux troubles psychiques induits par leurs dévotions et par les pressions de la communauté, à la difficulté enfin à anéantir toute ipséité. Surtout, l'examen de la relation de la religieuse à la folie, produite à l'intérieur du couvent, conduit à poser les jalons d'une histoire psychique des communautés régulières féminines.

Eva YAMPOLSKY, « Les femmes en convulsion au XVIIIe siècle, entre miracle et folie ou la polémique médico-religieuse autour des Convulsionnaires de Saint-Médard »

Hystériques, obscènes et érotiques, sujettes aux convulsions et au délire, les convulsionnaires de Saint-Médard ont fait l'objet de polémiques. Le corps de la femme a été instrumentalisé autant par les défenseurs que par les détracteurs de ce mouvement janséniste. Surnaturelles pour certains, ces convulsions ont été interprétées par d'autres, notamment le médecin Philippe Hecquet, comme des signes d'hystérie et de folie, ce qui lui permet de discréditer la dimension mystique de ce mouvement.

Élisabeth LACOMBE, « Rose ou la fabrique de la folie dans *La Soltane* de Gabriel Bounin (1561). Entre fureur, mélancolie et sorcellerie »

Cet article étudie la folie de Rose, héroïne de la tragédie humaniste *La Sultane* de Gabriel Bounin (1561). L'héroïne est au cœur des multiples ambiguïtés de la pièce, qui permettent au spectateur d'interpréter sa folie protéiforme à la fois comme une forme de furie et de mélancolie, une sorcellerie réelle ou rêvée, une performance autant qu'une folie réelle. Sa puissance fait aussi d'elle une source de contagion physique, rhétorique et magique pour les autres personnages.

Aurélie BONNEFOY-LUCHERI, « De la folie des passions aux raisons de la folie dans les *Historiettes* »

S'il apparaît que les *Historiettes* de Tallemant des Réaux regorgent de femmes « visionnaires » ou « bizarres » qui correspondent au regard traditionnel porté sur l'hystérie féminine, il n'en reste pas moins que la folie, pour Tallemant, revêt un aspect profondément divertissant et que tout comme l'esprit, la folie n'a point de sexe. Collectionner les extravagants semble éminemment lié au projet d'écriture de cette mosaïque du Grand Siècle où l'anormalité s'érige en norme anthropologique.

Claudine NÉDELEC, « Les "folles" d'amour et de lettres »

Au XVIIe siècle, la comédie comme le roman en tombent d'accord : une femme savante, c'est une folle. Non tant parce qu'elle a tendance à abandonner, par amour des bibliothèques, les devoirs et les habitus dévolus aux femmes, mais parce que l'amour des livres tend à produire chez la femme et la jeune fille des formes de déviance par rapport à la norme sociale et sexuelle, qu'il s'agisse d'érotisation de la relation intellectuelle ou de refus de la vie conjugale, voire de nymphomanie.

Nathalie GRANDE, « Madeleine de Scudéry au péril de la folie. Comment un argument poétique devient une critique misogyne (Molière, Boileau, Subligny) »

La traditionnelle accusation de « folie romanesque » prend aux alentours des années 1660 un caractère précisément satirique en se focalisant sur une autrice en vue et bien vivante, Madeleine de Scudéry. *Les Précieuses ridicules* de Molière en 1659, le *Dialogue des héros de roman* de Nicolas Boileau, composé vers 1664-1665, enfin *La Fausse Clélie* de Subligny parue en 1671, tous ces textes, de nature différente, accusent de folie la romancière, manière de la discréditer sans autre forme de procès.

Theresa VARNEY KENNEDY, « La folie sur scène. L'"angoisse de l'auctorialité" chez les femmes dramaturges »

Dans une tentative pour affirmer leur liberté créatrice, les premières femmes dramaturges ont projeté leurs impulsions rebelles non pas dans leurs héroïnes, mais dans des « folles » dont les actions remettaient en cause l'autorité littéraire patriarcale. Ce phénomène est examiné dans trois œuvres : *Genséric* (1680), tragédie d'Antoinette Deshoulières, *Les Amazones* (1749), tragédie d'Anne-Marie du Boccage, et *La Rivale Confidente* (1752), comédie de Françoise Thérèse Aumerle de Saint-Phalier.

Judith LE BLANC, « Folles d'opéra et folles amoureuses dans le théâtre musical de l'Ancien Régime »

Les liens de prédilection qui unissent les femmes et la folie sur la scène de l'Ancien Régime se déclinent à travers les rôles de folles d'opéra et les scènes de « folies amoureuses ». Dès la fondation de l'Académie royale de musique (1672), la comédie mêlée de musique exploite la mode de l'opéra et met en scène un nouveau type comique : la fanatique d'opéra. L'article propose de voir comment la folie musicale ou amoureuse renouvelle l'esthétique du théâtre musical des XVIIe et XVIIIe siècles.

Laurence SIEUZAC, « La sarabande des folles. Variations autour de *La Folle de Paris* (1788) de Jean-Baptiste Nougaret »

En 1786, le *topos* des « folles par amour » est à la mode. Dans *La Folle de Paris ou les extravagances de l'amour et de la crédulité* (1787), Jean-Baptiste Nougaret imagine le personnage de la lunatique Clélie, partagée entre sa marotte, son idée fixe pour Saint-Albin et ses chimères. Le roman rhapsodique apparaît comme une caisse de résonance des engouements de l'époque et témoigne de la courbure illuministe du siècle. Enfin, Clélie entraîne à son tour une farandole de « folles » dans une sarabande sérielle.

Stéphanie GENAND, « Les *Folles* de Germaine de Staël (1786). Repenser la folie féminine »

Germaine de Staël commence sa carrière en écrivant trois nouvelles consacrées à des folles. Rédigés en 1786, ces textes éclairent sous un nouveau jour la relation entre féminité et folie : la déraison n'y naît pas du corps, mais de passions morales et des obstacles qui pèsent sur l'écriture féminine. Comment créer sans transgresser des tabous familiaux et sociaux ? La déraison devient alors l'autre nom d'un génie empêché et dont l'auctorialité problématique est l'un des symptômes.

Bernd RENNER, « "Des conditions courroux et grandes maulvaistiez des femmes". La satire du féminin dans le corpus de *La Nef des fous* »

Dans le corpus de *La Nef des fous* de S. Brant, et de ses adaptateurs/traducteurs, J. Locher et l'anonyme auteur de *La Grant Nef des folz du monde* (1530), on peut repérer une variation et une évolution dans la représentation de la folie des femmes. Chez Brant, sa folie est « naturelle », et donc impossible à corriger. Ses adaptateurs rééquilibrent subtilement les torts, en évoquant la possibilité d'une correction des vices féminins, et en faisant par-là de la femme une véritable cible de la satire.

Sacha GRANGEAN, « Folies utérines. La matrice des ménades »

Parmi les figures antiques de femmes folles, les ménades font figure d'exception. Elles sont extrêmement représentées dans le théâtre de la Renaissance mais disparaissent au tournant des années 1610. Deux hypothèses se conjuguent pour expliquer cette disparition. D'une part, la très grande ressemblance avec les figures de sorcières, devenues trop problématiques pour être représentées. D'autre part, la pathologisation des comportements liés au ménadisme, désormais consignés dans des traités médicaux.

Marianne CLOSSON, « Le désir féminin comme pathologie. La *Nymphomanie* du Dr Bienville »

Dans *La Nymphomanie ou traité de la fureur utérine* (1771), inspiré de l'immense succès de *L'Onanisme* de Tissot (1760), le Dr Bienville ne se contente pas de reprendre les écrits de ses prédécesseurs sur la « fureur utérine », mais invente une nouvelle maladie, la « nymphomanie » ; la naissance du désir chez la jeune fille y devient le premier signe d'un basculement dans une folie érotique aussi inéluctable qu'abjecte, que seul le médecin saura empêcher ou guérir.

Sarah DUMORTIER, « Victimes ou folles ? Les violences sexuelles au prisme du regard de la folie (France, XVIIe-XVIIIe siècle) »

Accuser la victime de folie pour se dédouaner d'un crime est un usage que l'on rencontre dans les sources judiciaires à l'époque moderne et, majoritairement, à l'encontre des femmes. Devant faire face à l'agresseur, à la justice et au voisinage, les victimes de violences sexuelles se retrouvent alors dans une position où tous s'octroient le droit de les juger, notamment en tant que « folles » selon des argumentaires très éloignés du sens médical.

Marjorie CHARBONNEAU, « Marie-Antoinette en fureur, la dernière folle de l'Ancien Régime »

À la fin de l'Ancien Régime, Marie-Antoinette se retrouve victime d'une campagne de discrimination particulièrement violente lors de la libération de la presse en 1789. Les pamphlets et les estampes pornographiques qui y sont insérées visent majoritairement les goûts intimes de la reine, mais surtout les prétendues relations sexuelles qu'elle entretiendrait avec divers favoris et favorites. Le désir sexuel de la souveraine est ainsi accolé aux théories des fureurs utérines qui circulent au XVIIIe siècle.

TABLE DES MATIÈRES

DEUXIÈME PARTIE

FOLLES DE LITTÉRATURE, FOLLES EN LITTÉRATURE

TROISIÈME PARTIE

FOLLES EN LEUR CORPS
RÉPRESSION DU FÉMININ

IMPRIM'VERT®

Achevé d'imprimer par Corlet,
Condé-en-Normandie (Calvados),
en Mars 2023
N° d'impression : 180288 - dépôt légal : Mars 2023
Imprimé en France